奉化年鉴

2020

《奉化年鉴》编纂委员会　编

方志出版社
Publishing House of Local Records

图书在版编目（CIP）数据

奉化年鉴. 2020 /《奉化年鉴》编纂委员会编. --
北京：方志出版社，2020.9

ISBN 978-7-5144-4365-3

Ⅰ. ①奉… Ⅱ. ①奉… Ⅲ. ①奉化—2020—年鉴
Ⅳ. ①Z525.54

中国版本图书馆CIP数据核字（2020）第220524号

奉化年鉴（2020）

编　　者：《奉化年鉴》编纂委员会

责任编辑：宁　芳

出 版 者：方志出版社

地址　北京市朝阳区潘家园东里9号（国家方馆志4层）

邮编　100021

网址　http://www.zgfzcb.cn

发　　行：方志出版社图书经销中心

电话（010）67110500

经　　销：各地新华书店

印　　刷：杭州佳园彩色印刷有限公司

开　　本：889 × 1194　　1/16

印　　张：23.5

字　　数：611千字

版　　次：2020年9月第1版　　2020年9月第1次印刷

印　　数：001 ～ 700册

ISBN 978-7-5144-4365-3　　定价：168.00元

《奉化年鉴》编纂委员会

（2019年12月调整）

《奉化年鉴》编辑部

编辑说明

一、《奉化年鉴（2020）》旨在全面、系统地记载2019年奉化经济、政治、文化、社会和生态等方面发展情况，为各级党政机关和社会各界人士了解、研究、建设奉化，提供丰富、翔实的资料。

二、《奉化年鉴（2020）》的编纂，以马克思列宁主义、毛泽东思想、邓小平理论、“三个代表”重要思想、科学发展观、习近平新时代中国特色社会主义思想为指导，坚持辩证唯物主义和历史唯物主义的立场、观点和方法，全面客观记载2019年奉化区域范围内的新事物、新变化、新成就和新经验，为执政提供借鉴，为发展开创思路，为历史留存资料。

三、《奉化年鉴（2020）》记事时间为2019年1月1日至12月31日（除特载栏目中收录的区委全会及区政府工作报告，部分单位、部门主要负责人任职时间外）。

四、年鉴由特载、大事记、概况、专记、正文和附录组成，配以地图、图片、表格。记述以文字为主，采用分类编辑法编纂，分为类目、分目、条目3个层次；各层次以不同的字号和字体表示。条目是年鉴的基本单位，其标题以“【 】”引出，以便查阅。

五、年鉴资料由全区各部门、镇（街道）提供，稿件由各单位指定专人撰写，经编辑部编纂统稿，再经区委办公室、区政府办公室审核后定稿。

六、凡涉及奉化国民经济和社会发展全局性的数据，以区统计局编纂的《奉化统计年鉴》为准，其他数据由各部门、镇（街道）提供。

1月15—17日，区第一届人民代表大会第三次会议召开

1月14—16日，区政协一届三次会议召开

3月30日，庆祝新中国成立70周年“宁波豪发液压杯”2019中国·宁波奉化海峡两岸暨香港排球精英赛开幕式在奉化举行

4月29日，喜迎新中国成立70周年纪念五四运动100周年《这一代青年》朗读会举行

国庆前夕，武岭小学举办“怀爱国之心 唱祖国赞歌”红歌大联唱活动，师生组成“70”字样

8月15号，“我和我的祖国”统一战线庆祝新中国成立70周年主题活动举办

9月17日，庆祝新中国成立70周年法律知识竞赛决赛在区老年大学举办

9月23日，“大爱中国·醉美溪口”文艺晚会上演

9月27日，“‘奉’进新时代 勇担新使命”庆祝中华人民共和国成立70周年晚会在奉化剧院举办

11月17日，奉化设区三周年大会举行

12月27日，区贸促会暨奉化国际商会第一届会员代表大会召开

区工商联被评为全国工商联2019年民营企业调查点工作示范单位及2018—2019年度全国“五好”县级工商联

东江大闸

入选教育部2019年乡村优秀青年教师培养奖励计划的老师潘林佳在课堂授课

3月27日，2019海峡两岸婆媳文化节开幕式暨乡村婆媳故事会在奉化举行

3月24日，2019奉化海峡两岸桃花马拉松开跑

11月5日，以“慈行天下、和乐人间”为主题的2019雪窦山弥勒文化节开幕式举行

10月19日，大堰水稻收割节启动

12月10日，奉化区总工会“中国梦·大国工匠”百名全国劳模服务团暨奉化工匠成才计划启动仪式举行

1月12日，2019年中国·尚田草莓文化节在尚田镇冷西村举行

2月18日，青云村元宵灯会

4月29日，奉化区举行庆祝“五一”国际劳动节暨先进表彰大会

9月23日，“浙江·宁波滕头2019年中国农民丰收节”开幕

1月14日，奉化区举办教育培训行业促进会成立暨第一次会员大会

5月5日，浙江医药高等专科学校奉化校区正式启用

11月16日，奉化中学新校区启用仪式举行

11月20日，上海师范大学附属宁波实验学校暨宁波生命科学城重点项目集中开工仪式举行

2月1日，区城投集团与宋都集团合作签约仪式举行

6月10日，“一带一路”国家经贸代表团到奉化开展经贸交流活动

5月5—7日，奉化区与吉林延边安图县、珲春市对口帮扶合作协议签署

9月18日，浙台合作周签约仪式在奉化举行

11月18日，奉化设区三周年重大项目集中开工活动举行

奉化经济交通走廊

7月10日，由奉化首发到杭州东的高铁列车开通

5月31日，中塔路（中山路—中塔禅寺）立面整治景观提升工程开工

11月12日，县江两岸及道路节点景观绿化改造项目完成

11月20日，5座新建公厕与45座改建公厕项目完成

11月25日，中山公园景观提升项目完成

3月6日，全区生活垃圾分类工作推进会举行

8月12日，区人大常委会生活垃圾分类工作专题视察活动会议召开

10月25日，区委书记高浩孟在城区各小区检查垃圾分类工作

垃圾分类志愿服务

8月1日，区首届"最美退役军人""最美军属"发布仪式举行

区首届"最美退役军人"

总 目

Table of Contents

目　录

特　载

大事记

奉化概况

专　记

中国共产党宁波市奉化区委员会

宁波市奉化区人民代表大会常务委员会

宁波市奉化区人民政府

政协宁波市奉化区委员会

纪检　监察

民主党派

社会团体

农　业

农村工作

自然资源

工　业

贸易合作

旅　游

城市建设与管理

交通运输

水利　水务

邮政　通信　信息

金 融

经济综合管理

生态环境保护

教育　科技　卫生

文化　新闻　体育

军　事

法　治

社会生活

社会保障服务

镇　街道

人　物

附　录

特　载

在区委一届七次全体（扩大）会议暨区委经济工作会议上的报告（摘要）

区委书记　高浩孟

（2020年1月6日）

这次区委全会的主要任务是：以习近平新时代中国特色社会主义思想为指导，全面贯彻党的十九届四中全会、中央经济工作会议、省委十四届六次全会和市委十三届七次全会精神，总结回顾2019年工作，审议《中共宁波市奉化区委关于贯彻落实党的十九届四中全会精神高水平推进区域治理现代化的决定》，研究部署2020年工作。

一、关于2019年工作回顾

过去一年，区委常委会认真贯彻落实上级决策部署，团结带领全区上下攻坚奋战、开拓进取，顺利干成“三年大变样”，全国综合实力百强区排名上升至第71位。预计全年区属GDP增长7%左右，一般公共预算收入增长21.3%，城乡居民人均可支配收入分别增长7.5%和8.6%。重点抓了5件大事：

一是深入开展“不忘初心、牢记使命”主题教育。常委会始终把政治建设摆在首位，坚定不移做到“两个维护”，第一时间学习传达、贯彻落实中央和省市委重要会议精神，引领全区党员干部学懂弄通做实习近平新时代中国特色社会主义思想。先后召开理论中心组学习30次，集体学习上级精神70批次，开展各类宣讲5720余场次，为开展主题教育打下坚实基础。主题教育开始后，区委常委会严格履行“六个坚持”“六个带头”“六个始终”集体承诺，一体推进学习教育、调查研究、检视问题、整改落实等措施，推出“初心图谱”48门课程、组织“初心之旅”670余批次、选树“初心红榜”52名。全区累计开展专题学习研讨350场次，上专题党课595场次，赴基层专题调研2507人次，“8+1”专项整治123项重点举措全部完成，支部教育分层分类推进等做法得到上级肯定。同时，坚持主题教育和各项工作两不误、两促进，扎实推进扫黑除恶专项斗争、全国文明城市复评、全国海洋督察、中央环保督察、“大棚房”整治、违建别墅清查、宗教督查“回头看”、省委巡视对照自查等工作。

二是扎实推进“357”工作。常委会紧扣上级部署要求和奉化发展实际，集中力量推进各项重点任务。“三大计划”全面实施，77个“三年大变样”项目74个进展顺利，112项“高质量发展”重点工作103项高效推进，50个“改革创新”年度项目全部落实。“五大攻坚战”打出成效，新引进亿元以上项目30个，实到浙商回归资金80亿元、市外境内资金85亿元；105个重大平台突破项目完成投资131.7亿元、完成率114.5%；6个老工业园区改造项目启动建设，置信工业城、启迪智能装备（气动）科技园一期主体完工；农村住房改造完成拆旧1074亩、建新650亩，完成率分别为134.3%、130.1%，惠及农户4547户，印家坑等7个村成功创建省AAA级景区村；城市品质提升6个专项行动有序开展，中山公园、凤山体育公园、县江两岸等6处公共绿地提质开放。“7个专项工作”有序开展，12个拆迁清零区块8个完成清零；79件新排定历史遗留问题破解74件、破解率93.7%；举办“周周融”政银企融资对接20场、帮助企业融资3.1亿元，落实减税降费16.6亿元、惠及企业1.6万余家；东西部扶贫协作完成社会帮扶资金2206万元、消费帮扶4432万元；东部门户区开发主体顺利调整，“茗山智谷”创新综合体一期开工；宁南区块累计完成投资48亿元，科普中心城展馆建成投用；宁波·上海产业转移双创示范基地和国家技术转移东部中心宁波分中心合作共建，上师大附属宁波实验学校开工建设，始发上海班列开通运行。

三是顺利干成“三年大变样”。常委会按照“135”工作节奏，举办设区三周年大会，400多名海内外奉化人齐聚家乡，共同见证奉化“三年大变样”。三年来，奉化经济发展更富活力，固定资产投资增速连续12个季度位居全市前列，一般公共预算收入连续3年位居全市前二、年均增长7.7亿元，区属GDP提前一年完成“十三五”目标。空间格局更加优化，新设方桥街道，莼湖、尚田撤镇设街道，城市建成区面积新增3平方公里，“一体两翼、轴带发展”格局基本形成。交通出行更显便利，新增公路路网38.7公里，跨区域公交线路增至16条，打通断头路9条，“三高”连接线取消合并收费，成功创建省级“四好农村路”示范县、“美丽经济交通走廊”示范县。城乡面貌更有品质，新增绿地57公顷，改造城乡危旧房348万平方米，提前两年基本完成“污水零直排区”创建。社会认同更见成效，“桃花盛开的地方”“中国佛教五大名山”“宁波湾·奉化玩”等品牌逐渐打响，各类媒体系列报道“三年大变样”500余篇，人民群众的认可度、信心度以及奉化城市的知名度、影响力持续提升。

四是坚决打好防范化解重大风险攻坚战。常委会召开区委理论学习中心组会议，深入学习习近平总书记在省部级主要领导干部专题研讨班上的重要讲话精神，专题部署“防风险、保平安、迎大庆”工作，排摸梳理重大风险20类46项，逐一落实防范化解措施。召开区委一届六次全会，出台防范化解重大风险深化平安奉化建设的实施意见，进一步明确6方面25项具体举措，圆满完成庆祝新中国成立70周年等重大活动维稳安保任务。积极应对中美经贸摩擦，开展精准服务外贸企业专项行动，出口信用保险出口渗透率、企业覆盖面达37%和26%。

五是谋划实施“春苗计划”。常委会主动对接市委“栽树工程”，谋定实施以引育“小而美”企业为主的“春苗计划”，为奉化长远发展积蓄动能。制定颁布新政16条，明确每年动态整合不少于5亿元用于专项扶持，累计储备“小而美”苗子企业近60家。实施“科创飞地”模式，在北上杭深及东北等地设立5个异地孵化器，入驻企业50余家。加快打造“3号青创大走廊”，复旦科技园、58众创等平台建成运营，累计引进注册项目300余个。

具体来讲，过去一年，在以下六方面工作取得了新成效。

一是聚焦转型升级，经济质量变得更优。围绕高质量发展要求，加快推进产业转型升级。新兴产业加快培育，新增国家高新技术企业20家、省级工程技术中心8家、省高成长科技型企业20家、宁波市企业研究院2家，17家企业入选全国瞪羚企业名单，预计全年规上企业研发投入增长15%，高新技术产业投资增长12%。传统产业加快改造，关键基础件、时尚服装入选宁波“246”万千亿级产业集群培育计划，1–11月完成技改投资24.9亿元、增长13.9%，全年预计新增“小升规”企业78家，新增甬股交挂牌企业47家，新增工业机器人应用316台。特色产业加快提升，商品销售额增长16%、增速全市第一，旅游总收入、总人次分别增长24.7%、13.2%，获评省旅游发展十佳区。

二是聚焦环境改善，城市形象变得更美。坚决打好污染防治攻坚战，推动奉化更加宜居美丽。“拆”的力度不断加大，累计完成拆违115.5万平方米、“三改”103.4万平方米，分别完成年度目标的144.4%和141.6%。“治”的效度不断增强，分别完成“治水治污”“小城镇环境整治”投资2.2亿元和1.4亿元、累计完成投资26.9亿元和18.5亿元，空气优良率达88.8%，成功捧得“大禹鼎银鼎”，获评全省小城镇环境综合整治工作优秀单位，成功创建省级节水型社会，“环保议事厅”入选全国环保公众参与十佳案例。“管”的精度不断提升，新增街景小品30个、停车位3700余个，创建省级放心农贸市场4个。创新实施垃圾分类“三级点长”制，创建省级高标准示范小区1个、市级示范小区12个。

三是聚焦靶向突破，乡村振兴变得更快。坚持集中资源、精准发力，持续推进“三农”建设。农业产业多元发展，实现农林牧渔业总产值50.5亿元、增长2.7%，成功举办中国农民丰收节分会场活动，新增“品字标”认证企业2家，建成市级农业标准化示范区3个，奉化曲毫国家地理标志正式启用。农村治理持续深化，完成公厕改造125座，农村生活污水治理列入国家住建部“县域统筹”案例；滕头乡村振兴学院组建成立，新建农村文化礼堂40家，道德庭建设实现全覆盖。农民生活稳步改善，全面消除集体经营性收入不足10万元的薄弱村，低保户保障标准由原来的745元/月提至799元/月，沿海地区农村生活用水纳入市政管网，农村宅基地及住房确权完成年度任务。

四是聚焦百姓福祉，民生保障变得更好。坚持以人民为中心发展思想，群众获得感、幸福感日益增强。社会事业加快发展，75.4%的公共财政支出用于社会民生事业，市区两级民生实事项目全面完成，全域教育现代化发展水平达成度超过70%、全市排名上升至第五位，新开公办幼儿园3所，奉化中学、实验小学完成迁建，区域医共体建设实现全覆盖，区人民医院获评国家级“示范防治卒中中心”单位，城乡居民基本医疗保险参保率超过99%，城镇登记失业率降至1.7%。社会大局持续稳定，坚决打好“安全生产整治百日大会战”，安全事故起数和死亡人数分别下降35.3%和35.7%，信访四级走访批次及人数分别下降6.2%和34%，刑事、治安案件发案量全市最低，社会力量参与社区矫正“奉化模式”被央媒专题报道，成功捧得“平安金鼎”。社会文明积极向上，深入开展“文明奉邑在行动”“五整顿两提升”（指社区整顿、背街小巷整顿行动、菜场及周边整顿行动、城乡接合部整顿行动、景区整顿行动，停车秩序提升行动、公益宣传提升行动）文明强基专项活动，新时代文明实践中心建设列入全国试点，“中国梦·大国工匠”百名全国劳模服务团在奉启动，金钟社区获评全市十佳品质社区，崔译文、何华海荣登中国好人榜，城市文明程度和文化发展指数不断提升。

五是聚焦改革创新，发展动力变得更活。坚持改革撬动、创新驱动，发展环境进一步优化。改革攻坚持续推进，“最多跑一次”改革提速扩面，政府数字化转型纵深推进，政务服务事项100%实现“网上办”，251项民生事项实现“一证通办”，企业投资、安置房项目审批分别提速50%、61%，助残服务“一次不用跑”、不动产登记“一路通”等改革经验领跑全省。平稳完成机构改革，奉化海关、融媒体中心组建运行。创新资源加快集聚，升级人才新政22条，区博士联谊会成立，区人才公寓和“人才之家”启动建设，新增省级博士后工作站2个、博士38

人、高端人才团队25个，入选宁波“3315系列计划”9个。

六是聚焦管党治党，工作作风变得更实。坚持党要管党、从严治党，推动政治生态持续向好。党的领导全面加强，支持人大政协、“一府一委两院”依法履行职能，提升多党合作效能，加强党管武装工作，深化群团组织改革，团结协作氛围进一步浓厚。基层基础不断巩固，创新实施村社书记管理责任“上压一级”模式，为380余名村社书记建立个人基础档案，10名书记“跨村任职”，整顿后进村党组织26个、处置调整村社干部51人。干部队伍更有作为，提拔或进一步使用干部60名，入选市“六争攻坚”好干部7名。稳妥推进公务员职务和职级并行制度，完成全区2094名公务员职务信息核查和职级套转工作。制定干部政治表现5方面“正向标准”和15条“负面清单”，55人受到组织处理。严格落实“三个区分开来”，为10名干部澄清正名。作风建设深入推进，落实“基层减负年”要求，会议数、发文数分别减少48.6%、54.5%。深化“四联四跑”（联企业、联村社、联项目、联乡镇，跑企业、跑村社、跑工程、跑街巷）活动，共发现问题20549个、解决20343个、解决率99%。举办民生大问政4期，30余家单位接受问政，解决民生问题82个。清廉建设持续深化，全区纪检监察机关立案225件，其中区管领导干部20件；运用监督执纪“四种形态”处理716人次，其中查处违反中央八项规定精神问题15起、处理24人。对140个村（社）和68个站（所）开展巡察，发现问题1486个，党纪政务处分17人次、移送司法3人。

二、关于高水平推进区域治理现代化

党的十九届四中全会，在党的历史上第一次专门研究部署国家制度和国家治理问题，是一次具有开创性、里程碑意义的重要会议。习近平总书记就坚持和完善中国特色社会主义制度、推进国家治理体系和治理能力现代化作了重要讲话，开辟了“中国之治”的新境界。省委十四届六次全会和市委十三届七次全会，对全面贯彻党的十九届四中全会精神，高水平推进省域、市域治理现代化作出系统部署。前段时间，区委常委会认真学习贯彻中央和省市委全会精神，对进一步把握奉化发展新方位、高水平推进区域治理现代化进行了深入研究，主持起草了《中共宁波市奉化区委关于贯彻落实党的十九届四中全会精神高水平推进区域治理现代化的决定》。相信经过本次全会修改完善和审议通过后，《决定》将成为全区上下共同遵循、一体落实的指导性文件。下面，我就高水平推进区域治理现代化，讲三点意见。

第一，奉化高水平推进区域治理现代化，重中之重是要加快推进“两大转型”。区域治理现代化是一项宏大的系统工程，涉及经济、政治、文化、社会、生态文明和党的建设方方面面，涵盖地区治理、部门治理、行业治理、基层治理等各个领域，必须树立系统思维，高标准推进。对奉化来说，当前最紧迫的任务就是要加快推进县域经济向城市经济、县域管理向城市治理“两大转型”。这既是一个地方落实中央和省市委决策的实践要求，又是顺应现代城市发展规律和奉化发展阶段的客观要求。在传统的城镇化进程中，大家更看重物理空间和物质基础的累积，追求的是以硬件建设为表象的现代化。到了信息时代的今天，我们在推进新型城镇化的进程中，必须把焦点更多对准“人”的需要，依托人工智能、互联网、大数据等新型基础设施，把智慧化治理、精细化治理、人性化治理等软件建设摆上更加重要的位置，更好满足人民群众对美好生活的向往。过去三年，我们顺利实现了“一年一个样”“三年大变样”，但对标治理现代化的更高要求，奉化经济总量偏小、创新动能偏弱、城市品质不高、基层基础薄弱等突出短板没有得到根本解决，党员干部治理观念不新、治理手段不多、治理能力不足等问题仍然突出，亟需我们抓住“治理现代化”的有利契机，按照区第一次党代会的既定部署，坚定不移推进“两大转型”，推动奉化全方位、全领域现代化。

第二，贯彻新发展理念，

高质量推进县域经济向城市经济转型。习近平总书记指出："新时代抓发展，必须更加突出发展理念"。我们要推进县域经济向城市经济转型，必须坚定不移贯彻落实好新发展理念。在创新发展方面，要进一步贯彻落实市委"科技争投"要求，完善创新产业招引、政产学研合作、创新要素保障等机制，全力推进"3号青创大走廊"建设，大力引育"小而美"企业，推动传统产业转型升级，努力把奉化打造成为全市科技成果转移转化的加速区和集聚区。在协调发展方面，既要主动参与市域一体化发展，加强市区两级规划、交通、项目等沟通对接；又要对内加强统筹，不断完善城乡融合、区域均衡、产业协同等机制，努力提升区域一体发展的协调性。在绿色发展方面，既要落实最严格的生态环境保护制度，又要坚持环保服务高质量发展，依托"环保议事厅"不断提高环保审批服务、执法监管的精准化水平，加快探索"两山理论"转换的有效通道，努力把奉化的生态优势转化为发展优势。在开放发展方面，要放宽视野和格局，主动融入"一带一路"、长三角一体化、"四大建设"等重大战略，积极对接宁波"17+1"经贸合作示范区建设和"225"外贸双万亿行动，优化营商环境，建立更加自由的资源准入机制，推动高端科技和人才引进来、本土优质产业和品牌走出去。在共享发展方面，要坚持有序实现民生同城化的方向，读懂"群众的期待"，始终牢记"老百姓的事再小也是大事、反映的问题再难也要解决、提出的意见再尖锐也要虚心接受"，不断完善民意征集、快速回应、诉求解决等工作机制，持续提高群众"进城入市"的获得感、满意度。

第三，坚持"大治理"理念，高质量推进县域管理向城市治理转型。一要深化法治奉化建设这一保障。必须坚持区委统一领导，聚焦全国法治政府示范区建设这一目标，各级党委政府带头依法执政、依法行政、依法执法，带动全区上下学法守法，努力形成办事依法、遇事找法、解决问题用法、化解矛盾靠法的良好法治氛围。二要夯实平安奉化建设这一基石。既要坚持点面结合，深化扫黑除恶专项斗争、综治维稳、安全生产、政府消债、稳定就业等工作，又要注重健全长效机制，用好新时代"枫桥经验"，加快完善矛盾纠纷化解"最多跑一地""三治融合"等治理机制，着力构建"党建引领+四个平台+全科网格+社会组织"的基层治理体系，努力以制度的办法防范、化解和管控各类风险。三要做强文明奉化建设这一引领。主动对照全国文明城市中心城区标准，以新时代文明实践中心全国试点为牵引，加大全区学习教育、志愿服务、文化礼堂、党群服务、社会组织等资源整合力度，同步推进线上、线下两大平台建设，努力打通宣传群众、依靠群众、发动群众、服务群众的"最后一公里"，不断提升老百姓的思想觉悟、道德水准、文明素养和全社会文明程度。四要强化数字奉化建设这一支撑。以打破"信息孤岛"、打通数据壁垒为重点，加快健全数据采集、应用、共享、保护机制，建设"城市大脑"，努力推动经济社会各领域数字化转型发展。

推进"两大转型"，加快区域治理现代化，关键要做好三件事：一要加强党的领导。党的领导是我国发展的核心优势。要通过建立保障"两个维护"、贯彻落实上级决策部署等机制，强化各级党委对"两大转型"的统筹领导，确保各项工作方向不偏、力度不减。二要提升治理能力。制度很重要，但执行更重要。要通过加强思想淬炼、政治历练、实践锻炼、专业训练，全面提升干部治理能力和执行力，加快打造一支与区域治理现代化要求相适应的高素质干部队伍。三要形成工作合力。共建共治共享是社会治理的最终目标。要健全同党外知识分子、非公有制经济人士、新的社会阶层人士的沟通联络机制，充分调动人民群众、海内外人士的积极性，合力打造社会治理新格局。

三、关于2020年工作安排

2020年是高水平全面建成小康社会和"十三五"规划的收官之年，贯彻十九届四中全会精神的起步之年，推进"五年奉献一个新奉化”的攻坚之年，做好各项工作意义重大。今年工作的总体思路是：高举习近平新时代中国特色社会主义思想伟大旗帜，深入贯彻党的十九大、十九届二中、三中、四中全会、中央经济工作会议和省市委经济工作会议精神，坚持“稳中求进”工作总基调，坚决践行新发展理念，大力实施“五大专项行动”，全力打好“五大攻坚战”，统筹做好稳企业、增动能、补短板、保平安等各项工作，确保高水平全面建成小康社会、为“五年奉献一个新奉化”打下扎实基础。

基于“不低于全市平均”和“确保完成‘十三五’规划目标”两方面考虑，全年经济社会发展的主要预期目标为：区属GDP增长6.8%；区属规上工业增加值增长6.8%；一般公共预算收入增长7.5%；固定资产投资增长15%；商品销售总额增长10%；货物出口总额增长5%；城乡居民人均可支配收入分别增长6.8%、7.5%；居民消费价格涨幅3%左右；城镇新增就业岗位10000个；研究与试验发展经费支出占区属GDP比重达3%；空气优良天数320天以上；完成省市下达的消债、降耗、减排等目标任务。

下面，着重强调两大方面的工作。

一方面，大力实施“五大专项行动”，按照专班化运作、精细化治理、制度化推进的要求，成立工作专班，形成工作合力，确保快速推进、快出成效。

一要大力实施“五年奉献一个新奉化”专项行动。参照“三年大变样”做法，制定“五年奉献一个新奉化”行动计划，按照“今明两年内可建成、可出实效”的原则，梳理排摸100个重大项目，制定目标要求、任务举措、责任分工、进度安排、服务保障等工作清单，主动向社会公示，自觉接受社会监督，确保“135”承诺不折不扣、全面兑现。

二要大力实施“联企跑企”专项行动。全面落实中发〔2019〕49号文件和《浙江省民营企业发展促进条例》，把服务企业作为“四联四跑”的重点，切实稳定企业发展预期和信心。关键要突出三点：一是突出企业服务实效。做深做实企服专班、8718企服平台，有效破解企业融资难、出口难、盈利难等问题。二是突出营商环境优化。集中清理一批有碍营商环境的政策、制度和机制，特别是要整顿解决中介机构垄断性服务中存在的突出问题。三是突出惠企政策兑现。出台支持民营企业改革发展的若干举措，按照市委“一个产业一个政策”和“一个新产业一个新方案”的要求，抓紧整合、优化各类产业政策，启动惠企政策奖补兑现“一键通”平台，设立政策服务专窗，实现惠企政策“最多跑一窗”“最多跑一次”，坚决把该减的税减到位、该降的费降到位、该补的钱补到位，力争再为企业降本减负10亿元以上。

三要大力实施“小而美”企业培育专项行动。重点做到两个强化：一是强化双招双引扩增量。高标准推进3号青创大走廊建设，争取全年引育“小而美”苗子型企业50家、高端创业创新人才200名，新增创新孵化平台面积12万平方米以上。二是强化新旧对接优存量。大力推广新引进企业的首台套设备、首批新材料、首批软件和重大创新产品，助推传统企业智能化改造和数字化建设，力争数字经济核心产业产值增长8%以上。

四要大力实施改革治理专项行动。以“最多跑一次”改革为牵引，梳理排摸100个年度改革治理项目，加快推进区域治理现代化，统筹做好社会维稳等各方面工作。特别是两类改革要取得实质性进展：一是深化矛盾纠纷化解“最多跑一地”改革。统筹打造社会矛盾纠纷调处化解中心，实施“区领导周一夜访村社”制度，力求在群众信访之前就把问题解决掉、把情绪化解掉。二是深化国有企业改革。坚持分类监管，探索差异化激励约束、市场化选人用人等机制，持续加大国企减员增效力度，加快实现从“管得住”向“管得好”转变，力争区属国企资产增长10%以上。

五要大力实施“补短板”专项行动。把“补短板”作为基本工作方法，全力推动经济社会可持续发展。重点要坚持三个导向：一是坚持任务导向。深化打好污染防治、脱贫攻坚、防范化解金融风险“三大攻坚战”，确保高水平建成全面小康社会。二是坚持问题导向。全面梳理“十三五”规划任务完成情况，对落后指标深挖根源、落实举措、加快补齐。三是坚持效果导向。对标宁波高质量发展6大领域、71项指标考核要求，深入查摆和补齐关键性、根本性短板，推动奉化各项事业高质高效高速发展。

另一方面，全力打好“五大攻坚战”，按照工作项目化、项目节点化、节点责任化的要求，建立工作清单，集中力量攻坚，确保打出声势、打出实效。

一要全力打好招商引资“一号工程”攻坚战。坚持“一号工程要由一把手来抓”，为高质量发展提供项目支撑。重点做到三个聚焦：一是聚焦短板抓项目招商。紧盯数字经济、总部经济、先进制造业、营利性服务业等领域，加大专业招商、协同招商、精准招商力度，力争浙商回归、市外境内到位资金达到“双100亿元”。二是聚焦效益抓项目推进。紧盯近三年引进的招商项目，分类分层做好跟踪服务、帮助解决实际困难，确保尽快形成实物工作量和有效产能。三是聚焦人才抓项目见效。深化实施“凤麓英才”计划，再引进一批符合奉化城市建设和产业发展导向的创新团队和人才项目，以项目的落地见效发挥人才最大功效。

二要全力打好重大平台突破攻坚战。各大平台作为重点开发区域，必须当好扩大投资的主力军，成为项目建设的主战场，力争固定资产投资增速、投资强度、产出效益等指标均高于全区平均。其中，经济开发区要突出做好招商引资、产业集聚、配套提升等工作，导入一批引领性、标志性的大项目好项目。东部门户区要加快推进“茗山智谷”创新综合体建设，积极培育人工智能、5G商用、区块链等新兴数字产业，持续营造城区科创氛围。雪窦名山要对标名山、名镇、名胜、名声、名位，拉高标杆、加强统筹，在做深全域旅游产业链方面取得新进展。滨海旅游休闲区要进一步统筹资源力量，推动项目建设再提速，持续凝聚休闲旅游的人气。宁南区块要加强片区协同开发，加快建设未来社区，高品质打造同城融入的主窗口。

三要全力打好老工业园区改造攻坚战。坚持“退二优二”“退二进三”协同推进，把园区改造与产业提升有机结合起来，在“腾笼换鸟”过程中做强实体经济。重点做到三个加强：一是加强园区改造提升。完成老工业园区改造3个，创成省级小微企业园区2个。二是加强低效企业整治。扎实推进“低散乱”整治和“亩均论英雄”改革，消化存量建设用地1500亩，完成低效用地开发900亩。三是加强园区专业运营。引入更多专业运营商，提供研发设计、检测展示、金融保险等配套服务，促进产业集群化发展。

四要全力打好农村住房改造攻坚战。坚持把农房改造作为新时代美丽乡村建设的突破口，协同推进乡村产业发展，确保所有行政村经营性收入达到15万元以上。重点做好三件事：一是加大靶向力度。以22个靶向村为牵引，分层分类推进城镇规划区外219个农村改造，力争完成拆旧800亩、建新500亩。二是加强串点成线。深入推进美丽乡村、美丽田园、美丽庭院、美丽走廊、美丽河道、美丽风景线、美丽经济带等建设，全力打造百里剡江水乡文化带，力争新增市级新时代美丽乡村示范村5个。三是强化乡村治理。持续深化农村“三治融合”，完成行政村规模调整，强化道德庭作用发挥，实现农村文化礼堂全覆盖，力争打造15个文明实践示范村。

五要全力打好城市品质提升攻坚战。聚焦城市顽疾，强化精细管理，确保城市形象再变样、变好样。重点在四方面着力：一是城市有机更新。以旧城改造带动老旧小区改造、道路改造、景观改造，力争完成征收拆迁100万平方米，全力冲刺省“无违建区”。二是城区环境整治。加大美丽城镇、美丽社区建设力度，做好垃圾分类、背街小巷整治、拔杆清网等工作，力争创成省级污水零直排区、再夺大禹鼎。三是城市空间整理。对全区"五花肉""边角料""三角带"等地块进行一次系统梳理，通过指标整合、景观设计、道路改扩建等多种方式"变废为宝"，力争盘活闲散土地1000亩。四是生活品质改善。进一步强化民生的兜底保障，优化以民生实事工程为代表的公共产品质量，深化社会治安总体管控，让老百姓每年都有新的获得感。

同志们，凡是过往、皆为序章。在新的一年，我们要深入贯彻习近平新时代中国特色社会主义思想，在省委、市委的坚强领导下，翻篇归零再出发，砥砺前行谋新篇，为加快实现"五年奉献一个新奉化"、全面推进区域治理现代化而努力奋斗！

政府工作报告

——在宁波市奉化区第一届人民代表大会第四次会议上

代区长　胡永光

（2020年5月8日）

一、2019年工作回顾

过去的一年，极不平凡、令人振奋，我们隆重庆祝了新中国成立70周年，举办了设区三周年大会。精彩的"三年大变样"，收获了海内外奉化人的"点赞"，凝聚了"五年奉献一个新奉化"的信心和决心。一年来，区政府坚决贯彻落实中央决策部署和省市、区委工作要求，统筹推进"六争攻坚"和"三大计划""五大攻坚战"，较好地完成了区一届人大三次会议确定的目标任务。全年实现地区生产总值645.3亿元，其中区属地区生产总值增长6.5%；固定资产投资增长18.8%，增速全市第二；财政总收入90.1亿元，增长14.7%，其中一般公共预算收入60亿元，增长21.3%，增速全市第一。城乡居民人均可支配收入分别为56551元和33185元，分别增长7.1%和8.5%。

一年来，我们坚持稳中求进总基调、三强三促总抓手，全力打好高质量发展组合拳，重点抓了以下工作：

（一）抓改革、重创新，发展动能高效汇聚

营商环境持续优化。服务企业专项工作深入开展，一揽子减税降费政策落地落实、政策奖励资金快速兑现，共减免各类税费22.6亿元，拨付政策奖励3亿元，惠及企业2万余家。政府数字化转型纵深推进，"最多跑一次"向"一次也不跑"升级，政务事项100%实现"网上办"，99.6%实现"掌上办"，251项民生事项实现"一证通办"。金融服务有力有效，"周周融"政银企合作机制在全省推广，年末人民币存贷款余额分别增长17.8%和16.7%；其中，制造业贷款增长8.6%，普惠口径小微企业贷款增长29.4%，贷款不良率下降至0.72%。

改革攻坚与时俱进。政府机构改革全面完成，奉化海关、融媒体中心、大数据中心、贸促会组建运行，方桥街道挂牌成立，莼湖、尚田撤镇设街道。国企改革纵深推进，年末区属国企资产总额达到1245.2亿元，增长25.6%。"亩均论英雄"改革深入实施，整治提升"低散乱"企业134家，区属规上工业亩均增加值增长13%，盘活闲置土地1280亩、闲置厂房11.7万平方米。

创新资源高效聚集。3号青创大走廊建设加快，"茗山智谷"一期开工，启迪智能装备（气动）科技园一期主体完工，瑞凌、锋成、麦博韦尔等研究院开工新建。对接上海专项工作成效初显，复旦科技园（浙江）创新中心建成运营，宁波上海产业转移双创示范基地、国家技术转移东部中心宁波分中心合作共建。“春苗计划”启动实施，高新技术产业增加值增长11.1%、投资增长11.4%，规上企业研发投入增长11%，技改投资增长7.7%，预计全区研发经费支出占区属地区生产总值比重2.85%。新增国家高新技术企业20家、省高成长科技型企业20家，华璞微电子获评全国创新创业大赛新材料行业优秀企业。

（二）抓转型、促升级，实体经济稳中有进

工业经济量质并举。实现工业增加值352.5亿元，其中区属规上工业增加值增长7%，规下工业增加值增长8.8%，区属规上工业企业利润总额增长21.1%，工业投资增长22%。新增规上企业96家、产值亿元以上企业19家，索诺工业入选工信部首批专精特新小巨人企业名单，秉航电子、精芯科技等17家企业入选全国瞪羚企业名单，鲍斯股份获评省隐形冠军企业。数字经济“一号工程”深入实施，新增工业机器人应用316台，数字经济核心产业增加值增长6.3%。老工业园区改造攻坚战有序推进，中信创新工业综合体、溪口气动智创产业园改造启动，循环经济园区、联东U谷产业园建设加快，置信工业城一期建成投用，万洋众创城一期主体结顶，全区新增工业厂房95万平方米。

现代服务业增势强劲。实现服务业增加值221.9亿元，增长6.7%；商品销售总额增长18.7%、限上商品销售额增长29.4%，增速均为全市第一。实现网络零售额57.5亿元，增长25.3%，电子商务产业园、凤麓新材料加速器入选省级众创空间。克服中美贸易摩擦不良影响，实现货物出口总额182.5亿元，增长6.5%，其中跨境电商出口总额增长超200%。房地产市场健康发展，商品房销售面积增长104.3%，主城区新房价格得到有效稳控。全域旅游蓬勃发展，来奉游客突破2800万人次，增长17.7%，实现旅游综合收入268.1亿元，增长24.7%，荣膺省旅游发展十佳区、首批省AAA级景区城。

都市农业稳步提升。实现农林牧渔业增加值32.2亿元，增长2.3%。奉化曲毫国家地理标志商标正式启用，成功创建省级绿色畜牧业发展示范区、农业“机器换人”示范区。网易现代农业综合体、新希望生猪养殖综合项目签约落户，中国农民丰收节浙江主会场活动在滕头举行。

（三）抓招商、扩投资，平台项目加速突破

招商引资攻坚战再创佳绩。北京、上海、杭州、深圳和东北飞地孵化器揭牌运营，生命健康产业园、58众创新经济产业园、天安智谷双创基地和融光纳米、戈润环保、瑞嘉通讯等一批优质项目签约落户。新引进亿元以上项目30个，10亿元以上项目7个；实际利用外资1.1亿美元，实到浙商回归资金80亿元、市外境内资金85亿元。升级人才新政22条，新增省级博士后工作站2家、市级院士工作站1家、博士38人、高端人才项目25个。

重大平台突破攻坚战扎实有力。宁南新城初展新颜，汇诚南路、顺浦路、山隍路正式通车，市第一医院、滨江生态公园建设加快，国美电商基地、宁波农副产品物流中心一期建成投用。经济开发区扩容提效，南区块土地整理基本完成，祥和纸业、虔宁科技、安通机械等投产见效，比亚迪叉车、滨海社区二期、沿海中线以南河道治理工程等有序推进。宁波滨海旅游休闲区启动省级旅游度假区创建，恒大滨海健康旅游小镇、滨海华侨城建设提速，滨海再生水厂开工新建。雪窦名山、溪口名镇联动共建，弥勒圣坛主体建成，民国风情街一期完工。

项目建设大会战全面推进。63个区重点项目实现投资135.2亿元，完成年度计划的108%，“三年大变样”项目计划高质量完成。瑞凌科技一期投产，锋成纳米实现试产，中烟二期、亚德客三期、君禾智能产业园开工建设，正岳汽车零部件、丞智科技等按期实施。甬金高速至大张、至生态公路连接线全线通车，城轨3号线、机场快速路南延“复合走廊”和五大站点主体完工，金甬铁路奉化段、203省道奉化段、沿海旅游专线等加快建设。葛岙水库主体大坝开始施工，东江剡江堤防整治二期、剡江及支流河道治理稳步推进。

（四）抓建设、强管理，城乡面貌精彩蝶变

城市形象更美。城市品质提升攻坚战成效斐然，完成城乡危旧房改造130.7万平方米，圣墩、老城区一号、塘下一期等区块实现拆迁清零。凤山体育公园建成开放，县江两岸景观、中山公园新妆亮相，新增城市绿地23.6万平方米、街景小品30个，改建江滨步行道6.6公里。惠政老街完工交付，本堂路、惠政西路等建成通车。桃源、广南等老旧小区改造完成，创建省级放心农贸市场4个，金钟邻里中心主体完工，金钟社区获评市第三届十佳品质社区第一名。城市管理智慧升级，云停车系统投入运营，新增城区停车位3712个，“一跨十乱”等民生顽疾整治有效。

乡村振兴更快。示范村建设靶向发力，滕头荣膺全国首批乡村旅游重点村、全国乡村治理示范村，印家坑、谢界山、蒋家池头等7个村创成省AAA级景区村庄，“桃花盛开”“海韵渔歌”风景线展露新颜，获评省级“四好农村路”示范区。农村住房改造攻坚战全面打响，完成农房拆旧1074.7亩、建新650.7亩，惠及农户4547户。

生态底色更绿。全域“污水零直排区”基本建成，勇夺省“五水共治”最高荣誉“大禹鼎银鼎”，荣膺省小城镇环境综合整治工作优秀单位，环保议事厅获人民日报头条报道。全年空气质量324天达到国家优良标准，裘村、松岙成功创建省森林城镇，大堰荣膺省美丽乡村示范镇。创新实施垃圾分类“三级点长”制，创建省级高标准示范小区1个、市级示范小区12个。

（五）抓民生、优服务，群众福祉持续提升

文化建设续写新篇。热烈开展庆祝新中国成立70周年系列主题活动，成功举办弥勒文化节、桃文化节、“诗画浙江”全省旅游歌曲大赛，获评省民间文化艺术之乡。文化类IP知识产权交易平台落户运营，国内首部城市祈福动画片《神奇布袋小子》在央视播出，规上文化创意产业增加值增长10.5%。崔译文、何华海荣登中国好人榜，南渡广济桥入选全国重点文物保护单位。

社会事业均衡发展。教育综合改革稳步推进，获评省学习型城区，奉化中学、锦溪书院、实验小学新校区和萧王庙、惠政、方桥中心幼儿园建成投用，上师大附属宁波实验学校和新城、宝龙、宁南二号安置房配套幼儿园等开工建设，浙江医药高专奉化校区获国家优质工程奖。健康奉化建设纵深推进，三大医共体组建运行，溪口医院医共体由宁波市医疗中心李惠利医院全面托管，区人民医院医共体获评国家级“示范防治卒中中心”单位。

民生保障更加有力。公共财政用于社会民生支出62亿元，占财政总支出的75.4%，市区两级民生实事项目全面完成。积极推进高质量就业，新增城镇就业岗位16088个，开发就业实践岗位1185个，城镇登记失业率控制在1.2%低水平。奉化至上海始发班列开通运营，三高连接线取消合并收费。养老保险、基本医保、被征地人员养老保障待遇持续提高，医保、医疗救助实现一站式即时结算全覆盖，新增省级示范型居家养老服务中心4家。

社会大局和谐稳定。风险隐患稳控有力，平安奉化建设和扫黑除恶专项斗争纵深开展，“七五”普法圆满完成，社会治安持续向好，发案量全市最少，安全事故起数下降23.5%，勇夺省平安建设最高荣誉“平安金鼎”。

过去一年，区政府深入开展“不忘初心、牢记使命”主题教育，着力增强“四个意识”，坚定“四个自信”，坚决做到“两个维护”。坚持区委统一领导，自觉接受区人大依法监督、区政协民主监督，充分听取民主党派、人民团体和各界人士意见，办理人大代表建议198件、政协委员提案199件。高标准开展“三服务”（即服务企业、服务群众、服务基层）“四联四跑”和民生大问政，积极回应群众诉求。常态化、长效化推进作风建设，超额完成省市下达的化债任务，公务接待费下降16.8%。

同时，区政府积极支持工商联、工会、共青团、妇联、科协、残联、红十字会、文联、经促会等群众团体和社会组织发挥桥梁纽带作用，关心下一代、老龄、慈善等事业持续发展，国防动员、退役军人、国家安全、海防打私、统计、史志、档案、气象、保密、外事、侨务、审计、应急管理、民族宗教、对台事务、流动人口服务等工作不断加强。此外，东西部扶贫协作和对口支援、山海协作稳步推进，吉林省延边州安图县提前脱贫摘帽。

各位代表，奉化设区这三年，是奉化历史上发展氛围最浓、发展速度最快、发展变化最大的三年。三年来，我们开启了“追赶跨越”的新征程，全国综合实力百强区排名从第78位上升至第71位，区属地区生产总值、固定资产投资、一般公共预算收入等重要经济指标增速持续跑赢全省全市，区属地区生产总值提前一年完成“十三五”目标。三年来，我们绘就了“最美奉化”的新画卷，获评中国天然氧吧、省清新空气示范区，连续两年荣获美丽浙江建设优秀，成功创建省全域旅游示范区、省生态文明建设示范区、省美丽经济交通走廊示范区；新增公路路网38.7公里、防洪堤坝28.2公里、绿地87.6公顷，改造城乡危旧房348万平方米，拆迁面积接近前10年总和，8818户城市居民、11441户农村居民搬离危旧房、住进新楼房。三年来，我们书写了“更好生活”的新篇章，省属大学浙江医药高专建成投用，市级三甲医院宁波市第一医院开工建设，城市文化中心、博物馆、图书馆、书城和科普中心城展馆建成投用；民生同城五年计划116个项目，已完成96个，奉化人的获得感、自豪感、归属感也实现了“大变样”。

历尽天华成此景，人间万事出艰辛。“三年大变样”的优秀答卷，是区委正确领导、科学决策的结果，是区人大、区政协有效监督、大力支持的结果，是全区人民团结一心、奋力拼搏的结果。在此，我代表区政府，向全区人民和外来建设者，向全体人大代表、政协委员，向驻奉部队指战员和武警官兵，向所有参与、关心、支持奉化发展的社会各界人士和海内外朋友，致以崇高的敬意和衷心的感谢！

在肯定成绩的同时，我们也清醒地看到，提升经济发展质量仍是当前面临的重大挑战，受疫情影响，国际经济形势更加复杂，民营企业和实体经济面临的困难增多。提升城市能级品质仍是当前面临的重大课题，城市功能对标、产业培育、环境提升有待持续发力。加快民生服务同城仍是当前面临的重大任务，教育、医疗、养老等短板还需尽快补齐。提升政府治理能力仍是当前面临的重大考验，个别政府部门和工作人员服务发展、主动担当的意识有待进一步提高。对此，我们一定增强忧患意识，着力解决各种不平衡不充分问题。

各位代表！年初，面对突如其来的新冠肺炎疫情，我们按照党中央和习近平总书记提出的“坚定信心、同舟共济、科学防治、精准施策”总要求，在区委的坚强领导下，打响了疫情防控的人民战争、总体战、阻击战。全区上下万众一心、众志成城，绘细绘实全区疫情防控一张图，筑起了联防联控的钢铁长城；广大医务人员、党员、志愿者奋战一线、驰援基层，暖心故事不断涌现，彰显了共战时疫的必胜信念；海内外奉化人同舟共济、踊跃捐助，大量宝贵物资及时抵达，展现了血浓于水的家国情怀。

经过全区上下的艰苦努力、顽强拼搏，奉化本地疫情防控取得了决定性胜利，经济社会秩序基本恢复。但国际疫情持续蔓延，为奉化夺取疫情阻击战和发展总体战“两战赢”，带来了前所未有的重大挑战。我们要坚持底线思维，做好较长时间应对外部环境变化的思想准备和工作准备，在常态化疫情防控中加快推进生产生活秩序全面恢复，力争把疫情造成的损失降到最低限度。

二、2020年主要工作安排

2020年是高水平全面建成小康社会和“十三五”规划的收官之年，也是贯彻习近平总书记在浙江、宁波考察时的重要讲话精神、推进“五年奉献一个新奉化”的关键之年，意义非凡、任务艰巨。

今年政府工作的总体要求是：高举习近平新时代中国特色社会主义思想伟大旗帜，全面贯彻党的十九大和十九届二中、三中、四中全会精神，深入学习贯彻习近平总书记在浙江、宁波考察时的重要讲话和对浙江、宁波工作的重要指示精神，坚决落实省市和区委各项工作部署，坚持稳中求进工作总基调，大力实施“五大专项行动”，全力打好“五大攻坚战”，统筹推进疫情防控和经济社会发展，确保打赢疫情防控的人民战争、总体战、阻击战，确保高水平全面建成小康社会和“十三五”规划圆满收官，为“五年奉献一个新奉化”打下扎实基础，在浙江建设“重要窗口”、宁波当好模范生的新篇章中展现奉化担当。

习近平总书记在浙江、宁波考察时指出，新冠疫情带来的危和机是同生并存的，克服了危即是机。我们要坚持“两手都要抓、两战都要赢”，充分估计困难、风险和不确定性，打好化危为机、危中抢机的主动仗，决心不变、目标不变，用9个月的全力以赴抢回3个月的损失。建议今年经济社会发展的主要预期目标保持不变，依然为：区属地区生产总值增长6.8%，在高质量基础上能快则快；财政总收入突破100亿元，一般公共预算收入增长7.5%，城镇和农村居民人均可支配收入分别增长6.8%和8.5%；固定资产投资增长15%，商品销售总额增长10%；研发经费支出占区属地区生产总值比重3%；居民消费价格涨幅3%左右，城镇新增就业岗位10000个，城镇登记失业率控制在3.5%以内；全员劳动生产率稳步提高，能耗和环境指标完成上级下达的计划任务。

上述目标，落实了习近平总书记“统筹推进疫情防控和经济社会发展”的工作要求，凝聚了全区上下“后来居上、最美最好”的发展信念，顺应了人民群众共促发展、共享幸福的美好愿景，更体现了党员干部明责于心、履责于行的政治担当。各位代表，“奉”进新时代，“奉”楫新奉化，必须保持定力绘好一张蓝图，准确把握“努力成为新时代全面展示中国特色社会主义制度优越性的重要窗口”的新目标新定位，坚定不移沿着“八八战略”走下去，继续书写好“加速南融合、念好山海经、做强增长极、建设新城区”四篇文章，努力完成区委一届七次全会确定的各项目标任务。必须慎终如始抓好疫情防控，以不获全胜决不轻言成功的责任担当，始终保持警惕、严密防范，把“外防输入、内防反弹”各项工作做得更加扎实，全员、全方位、全链条精准防控、闭环管理，守住人民群众生命安全和身体健康。必须危中抢机加快经济转型，在稳就业、稳企业、稳外贸基础上，紧紧抓住海内外市场、产业链重构和人才招引、科技创新、扩大投资的窗口期和机遇期，抢机遇、抢市场、抢项目、抢人才，全力推动经济社会高质高效高速发展。今年，要在以下十个方面实现新突破：

（一）在改革集成赋能上实现新突破。把“跑改”“数转”的理念方法作风运用到发展全领域，争创一批具有奉化特色、创新特质、引领特征的国家、省级试点。拓展“跑一次”理念。推动办事事项向个人和企业全生命周期“一件事”集成迭代，全面实现“网上办、掌上办、一证办”。启动“实景”模拟审批，力争一般企业投资项目审批最多80天、低风险小型项目审批最多20个工作日。着力开展“联企跑企”专项行动，健全驻企专员、村（社）指导员、街巷跑长、项目经理长效机制，全面应用惠企、人才政策奖补兑现“一键通”平台，打通政策服务落地“最后一公里”。拓展“供给侧”理念。以最大力度推进减税、减费、减息、减租、减支，再出台一批普惠化、功能性惠企政策，对冲疫情带来的不利影响，力争全年为企业新增减税降费16.1亿元、拨付奖励资金3.8亿元以上。落实落细融资畅通工程，增加首次贷、信用贷和无还本续贷，完善政策性融资担保体系和增信体系，着力解决贷款需求不对称、贷款周期与生产周期不匹配问题，力争制造业贷款增长10%、普惠口径小微企业贷款增长20%以上。鼓励工业用地“提容增效”，深化“标准地”、差别化地价政策，消化存量建设用地1500亩，完成低效用地再开发900亩，新垦造耕地1200亩以上。拓展“市场化”理念。高效落实“亩均论英雄”和用地、用能等要素市场化配置举措，全面出清亩均税收1万元以下的“低散乱”企业，力争区属规上工业亩均增加值增长7%。深化国企改革，健全区属经营性国有资产统一监管，力争区属国企资产增长10%以上。旗帜鲜明鼓励、支持、保护民营经济，让企业家在社会上有地位、在媒体上有形象、在政府决策上有声音。

（二）在开放合作共赢上实现新突破。以开放的主动赢得发展的主动，实现两个市场、内资外资、内贸外贸互促、互动和互通。推动产品走出去、企业走出去。聚力发展外向型经济，鼓励企业深度拓展国内大市场、“一带一路”新兴市场，支持有条件的企业合理有序布局全国全球生产贸易网络。深入实施“225”外贸双万亿行动奉化方案，建立出口企业靶向清单，做深做实“订单+清单”监测预警系统，帮助企业应对国际疫情影响，坚决稳住外贸基本盘，稳住出口占全国份额。推动项目引进来、经验引进来。持续打好招商引资攻坚战，完善“一核心三平台多节点”机制，全力引进500强企业区域型、功能性总部，力争新引进亿元以上项目30个、10亿元以上项目5个，实际利用外资1.1亿美元。以开放包容的胸怀，推进项目共建、技术共享、管理共商、人才共培，促进招引、运营双效提升。推动接轨长三角，谋深甬绍一体化。全方位、全领域接轨长三角城市群，深层级参与杭绍甬一体化、甬舟一体化，规划好奉化、溪口火车站周边和沈海高速出口等重要交通节点的产业布局，谋细谋实普陀奉化旅游、甬绍（嵊新奉）等合作项目。复制借鉴上海自贸区政策，谋划新建上海工业园。

（三）在创新生态营造上实现新突破。全力实施“小而美”企业培育专项行动，始终不忘把关键技术搞上去，为奉化高质量发展注入更多创新动能。做优创新平台。打造东部门户区最具活力科创基地，加快“茗山智谷”及瑞凌、锋成、麦博韦尔研究院等项目建设，确保生命健康产业园一期开工新建，启动茗山智造园前期工作。力促复旦科技园（浙江）创新中心、启迪智能装备（气动）科技园、宁波·上海产业转移双创示范基地、58众创新经济产业园等创新综合体，北、上、杭、深和东北飞地孵化器激活更多双创动力。培育创新主体。深入实施“春苗计划”，引育“小而美”苗子企业50家以上，新增创新孵化平台12万平方米以上，国家高新技术企业25家、省高成长科技型企业20家以上，力争高新技术产业投资和增加值均增长10%。鼓励企业技术革新、设备更新、管理创新和产品出新，实施智能化技术改造项目30个，力争技改投资增长5%。健全与市场接轨的基金运行机制和监管体制，发挥国资引导基金乘数效应，力争注入产业引导基金1亿元以上。争抢创新人才。打造英才磁场，开放人才之家，力争新增院士、国家和省重点人才计划专家10名，高精尖缺人才500名、高技能人才4500名。大力实施新时代工匠培育工程和“金蓝领”职业技能提升行动，进一步加大对人才住房、子女就学、职业教育等保障力度。

（四）在工业经济提质上实现新突破。升级产业、企业、产品、创新“四个新优势”，在新设施、新技术、新应用、新产业上抢占先机，力争区属规上工业增加值增长6.8%，规下工业增加值增长7.8%。推进产业集群集聚。深度融入宁波“246”产业集群，实施传统产业智能升级革新计划，优化新兴产业发展路径，加快打造新材料、新能源、气动、汽车零部件四个百亿级产业集群，鼓励产业链共同体和集群创新生态建设。探索数字经济+区块链融合发展，打造“5G+工业互联网”产业生态，试点服装、气动行业智能化改造，推进智能工厂、数字化园区建设，力争数字经济核心产业产值增长8%以上。扶持企业做大做强。深入实施凤凰行动、强龙工程和“小升规”行动，形成大中小企业融通发展的良好态势，力争新增上市企业1家、隐形冠军培育企业3家、产值10亿元以上企业2家、规上企业100家。力争中烟二期、瑞凌科技二期、亚德客三期、君禾泵业、汇峰嘉福、双亲纳米材料一期等投产见效，工业投资增长10%。加快园区提升提效。打好老工业园区改造攻坚战，编制工业集聚区规划，启动新一轮小微企业园区建设三年行动，完成老工业园区改造3个，创成省级小微企业园区2个。力促置信工业城二期、溪口气动智创产业园、秉航产业园一期等建成运行，中信创新工业综合体安置厂房启动区块、万洋众创城二期等主体结顶，加快东郊工业园、三横开发区、罗蒙红帮产业园、大埠工业园区等改造进度。推进经济开发区高端产业集聚，实施尚桥产业园扩容开发，确保滨海社区二期建成投用，融光纳米一期、腾宏科技等投产达效，兰生智能制造园、竣盛电器等按期开工。

（五）在城市经济转型上实现新突破。加速集聚平台建设和业态模式创新，力争服务业增加值增长7%，新增营业收入亿元以上服务业企业5家。抓实消费升级扩容。打好提振消费政策组合拳，力争零售业商品销售额增长10%，餐饮业营业额增长12%。引导商业综合体智能化提升、差异化竞争，创建一批全市知名、集聚热点的综合商圈、特色街区，提升一批奉化老字号，创新一批在线消费业态。抓实城市产业提升。大力发展楼宇经济、总部经济、现代电商和智能物流，积极培育税收千万元以上优质楼宇，力争网络零售额增长15%。打造创意时尚的文化产业群，培育影视动漫、创意设计、非遗文化等新兴文化业态，力争规上文化创意产业增加值增长10%。抓实现代金融产业。积极引进银行分支机构、证券基金公司和保险法人，支持本土金融机构做大做强，力争年末人民币存贷款余额分别增长8%和10%，保费收入增长6%，牢牢守住不发生系统性金融风险的底线。抓实全域旅游转型。推进全域资源串珠成链，深度融合农旅、文旅、商旅，开发一系列短途游、乡村游、自驾游产品，吸引周边城市游客，拉长旅游时间、提升综合收入。

（六）在同城统筹发展上实现新突破。把牢名副其实的核心主城区定位，高标准编制“十四五”发展规划，全力推进“五年奉献一个新奉化”项目建设和高水平全面建成小康社会补短板专项行动。加速市域发展一体化。深层次对接上级发展规划，力争更多重大改革、重大项目、重大平台列入省市盘子。力促城轨3号线、机场快速路南延“复合走廊”竣工通车，确保金海路客运中心、轨交站点周边公交和公共自行车系统同步开通。加快203省道奉化段建设，完成四明路东延工程（东环线至203省道）、象山湾疏港高速（塘溪至下陈）前期准备，深化象山港二通道、西环线北延（江拔线至鄞城大道）等前期工作。打造城轨经济带、科创廊、生活圈，推进3号青创大走廊承接甬江科创大走廊科技成果转化，谋划与前湾新区、南湾新区等市级重大平台的互动模式。加速区域统筹一体化。围绕“现代化健康美丽新城区”建设目标，持续打好重大平台突破攻坚战，积极推动全域城市化。加快宁南新城建设，推进中交未来城、宁波生命科学城和江口、方桥联动发展，打造标杆型未来社区，力促联东U谷、宁南产业园、中交智慧城快出效益，确保两高连接线、葭浦路、方茂路（恒兴路至儒江路）建成通车。打造滨海省级大花园，推进滨海旅游休闲区和莼湖、松岙、裘村融合发展，确保沿海旅游专线一期建成通车，推动恒大滨海健康旅游小镇、时光宁波文旅小镇、滨海华侨城建设再提速，宁波湾区智慧文旅小镇开工建设。彰显雪窦名山、溪口名镇新貌，加快恒大生态旅游小镇、民国风情街二期、老镇区综合改造提升等项目建设。推进西坞、尚田、萧王庙融入主城区，打开大堰“两山”转化新通道，建设新时代美丽城镇。加速同城治理一体化。实施治理创新专项行动，成立区社会矛盾纠纷调处化解中心和镇级分中心，实现社会治理“只进一扇门”“最多跑一地”。完善“全科网格”，健全社区党组织领导下的居委会、业委会和物业企业议事协调机制，打造社会治理共同体，创建一批智安小区、文明社区。

（七）在品质新区打造上实现新突破。深化城市开发建设市场化改革，打好城市品质提升攻坚战，持续优化功能品质、内涵品位和精细治理。在功能完善上精心布局。启动全域控制性详规编制，优化东部门户区、宁南新城等重点区块城市设计，推进宁波保利生态文化城建设。统筹开发地上、地下两个空间，全面整理城市边角、拆后空间，建设更多公共设施、建筑小品和休憩空间，新增绿地10万平方米。融合水脉文脉，打造县江文化带，加快市民公园、体育中心、仁湖公园二期、滨江生态公园、龙潭美丽田园等城市客厅，把最美景观、亲水岸线留给广大市民。在有机更新上精准发力。竞争性成片改造老旧区块和城中村、城郊村，力争完成征收拆迁100万平方米以上；完成广济、金钟等老旧小区整治提升40万平方米，确保葛岙水库、宁南二号和三号等安置房建成交付，让群众住得更安心。完成东环路（岳林东路至明化路）拓宽、锦屏南路（东门路至宝化路）改造，新建宝化路东延一期、西圃路二期、城区至大堰快速通道，整治提升大成路、四明路、锦奉大道等城区道路，新增城市停车位3000个，让群众出行更顺心。在居住品质上精致提升。坚持“房住不炒”，健全“稳地价、稳房价”管理机制，供给更多高品质住房产品，建设宁波美丽宜居示范区。升级“菜篮子”消费体验，投用金钟邻里中心和大桥农贸市场，创建星级文明规范市场4家。加快5G网络、数据中心等智慧城市基础设施建设，运用大数据、云计算、区块链、人工智能创新城市治理模式。整治广平路、茗山路、义门路等背街小巷，破解马路拉链、城市噪音、交通乱象、乱摆乱占、线乱拉等民生痛点，冲刺省“无违建区”。

（八）在乡村全面振兴上实现新突破。建立健全“科技、资金进乡村，青年、乡贤回农村”长效机制，深化“百村示范、千村整治”的奉化实践，推动乡村经济、乡村法治、乡村文化、乡村治理、乡村生态全面强起来。提升农业质效。培育推广农业新品种、新技术、新装备、新主体、新渠道，做优绿色都市农业全产业链和产业体系，力争农林牧渔业增加值增长2.3%，确保“米袋子”“菜篮子”货足价稳。逐步实现决胜精准脱贫攻坚战，确保所有行政村经营性收入达到15万元、低收入农户增收10%。在更深层次、更宽领域推进东西部扶贫协作对口支援和山海协作。彰显农村风貌。片区化打造“让城市更向往”的美丽村庄群，持续打好农村住房改造攻坚战，靶向施策推进100个村的农房改造、环境整治和三生融合，完成农房拆旧900亩、建新600亩，新增A级景区村庄40个、市新时代美丽乡村示范村5个，大力扶持滕头“未来乡村”建设。深化三农改革。开展新时代美丽乡村综合集成改革试点，稳妥推进行政村撤并，统筹推动农村集体产权、农合联和集体经营性建设用地等改革举措，加快城西乡村振兴先行区建设。持续深化农村“三治融合”，实现农村文化礼堂功能全覆盖。

（九）在生态文明创建上实现新突破。践行两山理论，坚持生态优先，倍加珍爱、精心呵护奉化最美山海、绿色根基，争创全国生态文明建设示范区。厚植生态优势。统筹开展“山水林田岛、江河湖海湾”多元自然与生态资源保护，守护好四明山绿肺和象山港蓝底，完成森林抚育7000亩，整治修复海岸线9.7公里。确保剡江（畸山至萧王庙）及支流河道治理工程全面完工，加快葛岙水库主体大坝和迁建公路、甬江防洪工程东江剡江奉化段堤防整治二期、滨海再生水厂等项目建设，做好柏坑水库扩容工程前期工作。优化生态治理。推进治气治水治土治废“四治”协同，确保城区污水处理厂扩建和提标工程、生活垃圾焚烧发电项目、危废综合处置利用中心建成投用，实施循环经济园扩园计划、方桥污水厂前期工作。力争全年环境空气质量优良率保持在88%以上，创成省级污水零直排区，再夺大禹鼎。弘扬生态文化。倡导绿色生活，让垃圾分类、低碳生活成为新时尚。加强环境信用差别化管理，依法精准处理企业环保问题。

（十）在民生事业提升上实现新突破。集中更多资源夯实民生基础、补齐民生短板、干好关键小事，提升人民群众“最美最好”的获得感、幸福感、安全感。让社会保障更有温度。在抗疫情、稳经济的特殊时期，必须以最大力度落实就业优先、援企稳岗等系列政策，积极开发公益性岗位，确保零就业家庭动态归零。带着深厚感情做好公益、慈善、双拥、社会救助、退役军人和困难群众保障，推动职工养老保险、就业社会保险补贴接轨宁波，实现居家养老服务镇、街道全覆盖，送餐服务村、社区全覆盖。让山海文化更具魅力。以新时代文明实践中心全国试点为牵引，弘扬与时俱进的特色文化。规划百里剡江水乡文化带、最美景观带，深入开展和乐大舞台、“一人一艺”、万场活动进百村等文化惠民工程，继续办好弥勒文化节、桃文化节，申办第六届世界佛教论坛。让社会事业更有质量。探索城乡教育共同体建设，加强学生综合素质培养。加快宁波城市职业技术学院奉化校区迁建，启动锦屏中学迁建和锦溪小学扩建，确保上师大附属宁波实验学校主体结顶，中园等5所幼儿园竣工投用，新增公办幼儿园学位1710个。深化“五医”联动改革，加快市第一医院、区中医医院建设。健全重大疫情防控体系，做好医疗物资储备、公共卫生教育和服务提质提效等重点工作，提升公共卫生突发事件应急处置能力。让平安奉化更加和谐。全力织牢精密智控网，深化省级基层应急管理体系和能力建设试点，统筹防范化解社会治安、企业“两链”、危旧房、危化品、交通运输、海上渔船、安全生产、食品药品、消防等领域风险。健全扫黑除恶长效机制，建久安之势、成长治之业。

各位代表，为群众办好实事要事，让人民过上美好生活，是政府一切工作的出发点和落脚点。根据民生实事项目人大代表票决制度，区政府深入调研，经项目征集、遴选比较等程序，形成了12件候选项目建议方案，提交大会票选确定。下一步，区政府将带着感情和责任，真诚回应群众关切，主动接受群众监督，确保好事办实、实事办好、办出成效。

三、推进政府治理体系和治理能力现代化

各位代表，目标在前，重任在肩。要答好时代考卷，回应好群众期待，必须把党的领导贯彻到政府工作各领域、各方面、各环节，落实“不忘初心、牢记使命”的长效机制，打造“整体智治、唯实惟先”的现代政府。

（一）建设忠诚政府。把学习贯彻习近平新时代中国特色社会主义思想作为区政府党组会议第一议题，切实提升谋划能力、专业能力、攻坚能力和群众工作能力，将习近平总书记在浙江、宁波考察时的重要讲话精神和中央、省市、区委各项工作部署创造性落实到一个个项目、一项项工程、一件件实事中。践行群众路线，建立最有力、最及时、最温暖的“三服务”工作体系，持续开展民生大问政，启动群众意见诉求、问题反映“最多问一次”改革，尽心竭力为群众干实事、办好事、解难事。

（二）建设法治政府。坚持依法行政，自觉接受人大依法监督和政协民主监督，主动接受监察监督、司法监督、群众监督、舆论监督，强化审计监督。健全政府法治体系，进一步完善落实重大事项公众参与、专家论证、合法审查、政务公开、第三方评估等决策制度，切实提高用法治思维和制度手段研究解决问题的能力。推进机关内部“最多跑一次”改革，全面落实鼓励担当的容错、纠错、防错机制。

（三）建设数字政府。统筹推动大数据、云计算、区块链广泛革新施政理念、机制、工具和手段，推进“互联网+服务”，大力推广“浙政钉”“浙里办”“掌上奉化”，加快实现全天候、全流程、不打烊的政务服务。推进“互联网+治理”，在经济调节、城市治理、公共服务等领域拓展数字化应用。推进“互联网+监管”，形成全程留痕、可追溯的行政监管体制。规划城市大脑，健全大数据平台，扩大公共数据归集、共享、开放，探索数据资源创新、开发和利用。

（四）建设实干政府。干字当头，围绕区委的工作部署、群众的期盼关切，在追赶跨越中担重任，在改善民生中啃硬骨头，以辛苦指数换取发展指数、幸福指数。实字为上，持续抓好基层减负，务实功求实效，到实地解难题，以实绩论英雄，确保工作说一件、干一件、成一件。严字托底，严格重大事项、重点项目、重要工作全过程、清单式管理。落实首问负责制度，严厉整肃中梗阻、庸懒散、不作为。

（五）建设清廉政府。坚决扛起全面从严治党主体责任，严格落实中央八项规定及其实施细则精神，杜绝形形色色的形式主义、官僚主义。坚决把纪律和规矩挺在前面，加强重点环节、重点领域监管，切实纠正侵害群众利益的不正之风。坚决厉行节约、勤俭办事，深化财政预算绩效管理，今年一般性支出再压减10%，日常公用经费支出再压减5%，集中财力资源为发展添后劲、为群众谋福利。

各位代表，逐梦之路没有坦途，破浪前行唯有奋进。让我们在区委的坚强领导下，以实干践行初心、以实干诠释使命、以实干推动发展、以实干赢得未来，打赢疫情防控阻击战、发展总体战，交出高水平全面建成小康社会的奉化答卷，为“五年奉献一个新奉化”而不懈奋斗！

《政府工作报告》附件

名词解释

1. 六争攻坚：即宁波市委部署实施“六争攻坚、三年攀高”行动，全力推进项目争速、产业争先、科技争投、城乡争优、服务争效、党建争强。

2. 三大计划：即“三年大变样”、高质量发展、改革创新三个年度计划。

3. 五大攻坚战：即招商引资“一号工程”、重大平台突破、老工业园区改造、农村住房改造、城市品质提升“五大攻坚战”。

4. 周周融：即每周五定期举行的政银企对接会，由区企服中心组织有融资需求的企业，同时邀请多家银行、保险、担保等金融机构参加，企业挑选最适合自身状况的金融产品。

5. 亩均论英雄：即浙江省正在全面深化进行的一项经济改革，用“亩均效益”对经济效果进行评价，而非“唯GDP”，建立企业综合评价指标体系，推动资源要素向优质高效的领域集中。

6. 春苗计划：即主动对接市委“栽树工程”，每年动态整合不少于5亿元用于专项扶持，引育“小而美”企业50家以上，为奉化长远发展积蓄动能。

7. 专精特新小巨人企业：即由工信部认定的，专注于细分市场、创新能力强、市场占有率高、掌握关键核心技术、质量效益优的排头兵企业。

8. 瞪羚企业：即以科技创新或商业模式创新为支撑，符合国家战略新兴产业发展方向的高成长型中小企业。

9. 一跨十乱：“一跨”指跨门营业行为；“十乱”指乱设摊、乱设置、乱吊挂、乱堆放、乱停放、乱派发、乱占道、乱挖掘、乱搭建、乱倾倒。

10.“四好”农村路：即建设好、管理好、养护好、运营好农村公路。

11. 四个意识：即政治意识、大局意识、核心意识、看齐意识。

12. 四个自信：即道路自信、理论自信、制度自信、文化自信。

13. 两个维护：即坚决维护

习近平总书记党中央的核心、全党的核心地位，坚决维护党中央权威和集中统一领导。

14. 三服务：即服务企业、服务群众、服务基层。

15. 四联四跑：即区级领导联企业、联村社、联项目、联乡镇，党员干部跑企业、跑村社、跑工程、跑街巷。

16. 五大专项行动：即“五年奉献一个新奉化”项目建设专项行动、“联企跑企”专项行动、“小而美”企业培育专项行动、治理创新专项行动、高水平全面建成小康社会补短板专项行动。

17. 宁波“225”外贸双万亿行动：“2”指到2025年，通过存量扩张和增量突破，实现进出口总额翻一番，达到2万亿元，其中进口额、出口额分别达到1万亿元；“2”指到2025年，机电及高新技术产品出口额、能源及大宗商品进口额分别达到5000亿元；“5”指到2025年，跨境电商、数字贸易、服务贸易、优质商品进口、转口贸易额分别达到2000亿元。

18. “订单+清单”监测预警系统：即为精准有效应对贸易摩擦建立的预警预判监测系统，强化商务部门对外贸出口的预测预判能力，了解企业开拓市场的动态和订单走向，开展有针对性的研判分析和精准帮扶。

19. 一核心三平台多节点：“一核心”即投促局招商核心；“三平台”即招商信息、资源、政策三大平台；“多节点”即各平台、各镇街道、区属国企等节点单位。

20. 宁波“246”产业集群：即打造绿色石化、汽车制造2个万亿级产业集群，建设高端装备、新材料、电子信息、软件与工业互联网等4个五千亿级产业集群，培育生物医药、节能环保、智能家电、纺织服装、关键基础件、文化教育6个千亿级产业集群。

21. “两山”转换：即绿水青山变为“金山银山”。

22. 宅基地“三权分置”：即宅基地所有权、资格权、使用权“三权分置”。

23. 三治融合：即自治、法治、德治相结合。

24. “五医”联动：推进医疗、医保、医药、医防、医养改革，加快建设健康奉化。

大事记

1月

1日 中国水利工程协会公布2017—2018年度“中国水利工程优质（大禹）奖”工程项目名单，奉化区东江水系整治和生态治理工程榜上有名。

4日 全区机构改革动员大会召开，机构改革拉开帷幕。区领导为新组建机构集中授牌。

9日 萧王庙街道青云村原党总支书记杨海定荣登2018年12月“中国好人榜”。

13日 方桥街道成立大会暨授牌仪式举行。

14—16日 中国人民政治协商会议第一届宁波市奉化区委员会第三次会议举行。

15—17日 宁波市奉化区第一届人民代表大会第三次会议举行。

20日 奉化区被评为2018年度全省小城镇环境综合整治工作优秀单位，松岙镇、江口街道获评小城镇环境综合整治省级样板；区体育局被省体育局授予“第十八届亚运会突出贡献奖”；周英芳劳模创新工作室上榜省第八批高技能人才（劳模）创新工作室；绿苑果蔬放心园和南山茶场生态茶园被认定为浙江省种植业“五园创建”省级示范基地。

23日 在2019中国旅游产业发展年会上，2018年中国旅游产业影响力风云榜揭晓，奉化入选“2018中国旅游影响力县区TOP10”，为全省唯一。

25日 区政府与宁波航天鸿源控股有限公司签订冰雪体育小镇项目投资框架协议，在奉化打造集滑雪滑冰、体育运动项目、休闲娱乐于一体的旅游度假营地。

26日 长汀路全线正式通车。该线东接东环线，途经金钟路、桥西岸路、南山路，与锦奉大道贯通。

27日 由区文化和广电旅游体育局主办的奉化布龙走乡串村闹新春活动，在西坞街道蒋家池头村启动。

同日 由奉化区全资援建的位于安图县二道白河镇的长白山冰雪乐园正式开园营业。

31日 农业农村部和应急管理部联合公布2018年度全国“平安农机”示范县名单，奉化区榜上有名。

2月

3日 裘村镇上榜2018年度“浙江省美丽乡村示范乡镇”。

14日 意大利当地时间2月14日上午10时，2019雪窦山海外弥勒文化节在普拉托市拉开序幕。

18日 宁波市自然资源和规划局奉化分局揭牌成立。

28日 奉化区城市转型示范区核心区块启动项目——以“城市之眼”为主题的未来城科普中心，钢结构主体建设完成。

3月

1日 健康奉化建设推进会暨区域医共体建设动员大会召开，标志着奉化区医共体建设正式进入全面实施阶段。

4日 溪口镇被列入第二批浙江省旅游风情小镇名单。

7日 奉化区枢纽型女性社会组织妇女联合会成立。

12日 宁波市生态环境局奉化分局揭牌成立。

14日 由市文化广电旅游局、区政府主办的“春满桃源·花开东方”奉化、安图、珲春三地旅游情定上海滩暨2019奉化水蜜桃文化节发布会在上海外滩茂悦大酒店举行。

20日 2019奉化水蜜桃文化节开园仪式在萧王庙、溪口、莼湖、大堰四地举行。

21日 宁波市水利局、宁波原水集团有限公司和溪口镇人民政府联合在沙堤村举行以“共饮一江水同筑一座城”为主题的2019“世界水日·中国水周”启动仪式。

24日 2019奉化海峡两岸桃花马拉松开跑。

25日 奉化区不动产登记和电力全面实现网上联动办理。

同日 由中国旅游报社和区政府联合主办的“2019美丽中国行·走进桃花盛开的地方采风暨‘中国休闲30人’和名作家奉化品鉴行”活动正式启动。

同日 参加2019奉化海峡两岸桃花马拉松的台湾跑团和中国国民党南投县党部参访团到溪口镇新建村，参加浙台邻里宁波专场启动仪式暨2019奉化海峡两岸桃花马拉松“走亲连心”活动。

27日 2019海峡两岸婆媳文化节暨“乡村婆媳故事会”在西坞街道金峨村举行。

28日 溪口举行“神奇布袋·链接未来”首个城市超级IP发布会暨《神奇布袋小子》首映礼。

同日 2019年全国游泳冠军赛暨世锦赛选拔赛在青岛展开第五日的争夺，奉化选手汪顺以1分56秒66的成绩勇夺男子200米混合泳冠军。

29日 全省建设平安工作会议召开，奉化连续12年获评浙江平安县（市、区），喜接浙江平安建设最高荣誉的“平安金鼎”。

同日 2019年奉化水蜜桃文化节——萧王庙街道林家村书香桃源·桃花源读书会暨“师恩桃源”启动仪式举行。

30日 奉化区危旧房改造四期（中塔区块二期）项目启动签约工作。

30—31日，中国新乡村音乐发展计划“111工程”首个音乐创作体验营地在裘村镇马头村开营。

4月

1日 区安澜发展建设有限责任公司法人代表孙召荣从区不动产登记服务中心窗口领到了全区首本海域使用权不动产证书。

同日 2018奉化经济风云榜颁奖典礼在奉化剧院举行，宁波瑞凌新能源科技有限公司、宁波锋成纳米科技有限公司等40家企业分别获得重大科技奖、突出贡献奖、发展进步奖、转型创新奖、重大贡献奖。

2日 何华海荣登2019年3月“中国好人榜”，获评“敬业奉献”类中国好人。

同日 经国家知识产权局商标局审核及3个月的初审公告，“奉化曲毫”成功注册为地理标志证明商标，成为继“奉化水蜜桃”“奉化千层饼”之后第三个获此商标的奉化名产。

4日 中国人民大学公共政策研究乡村振兴观察站落户溪口镇岩头村的写意岩头艺术写生基地。

5日 22时，央视《晚间新闻》以专题形式介绍松岙籍裘古怀烈士的事迹。

同日 《农民日报》公布2019年全国农民专业合作社500强名单，奉化银龙竹笋专业合作社榜上有名。

8日 奉化区桃花盛开美景美食体验线路入选农业农村部发布的60条2019中国美丽乡村休闲旅游行（春季）精品景点线路推介名单。

9日 奉化柬埔寨工业产品对接会举行，柬埔寨侨商宁波（奉化）经贸联络处授牌成立。

同日 奉化区获评2018浙江旅游总评榜之旅游发展十佳区县（市），商量岗景区获2018浙江旅游总评榜之年度“旅游+”创新奖。

12日 宁波君禾智能科技产业园项目在萧王庙街道奠基。

同日 宁波市奉化区新闻工作者协会成立大会召开，会议审议并通过区新闻工作者协会章程，选举产生协会第一届理事会理事、监事、正副主席、正副秘书长等，马钧当选为首届区新闻工作者协会主席。

13日 西坞街道金峨村杜鹃花旅游文化节启幕。

14日 中国诗歌网揭晓“2018年度十佳诗集”获奖名单，区文联秘书长、区作协主席高鹏程的诗集《萧关古道：边地与还乡》上榜。

16日 中华全国总工会副主席、书记处书记、党组成员魏地春一行到奉化考察滕头村劳模引领新农村建设情况。

17日 罗蒙集团被工业和信息化部、中国纺织工业联合会选为重点跟踪培育纺织服装品牌企业。

19日 中宣部“壮丽70年·奋斗新时代”大型主题采访活动走进奉化。

同日 奉化区首届礼堂文化节启动仪式在裘村镇黄贤村举行。

23日 奉化区博士联谊会成立大会举行。

同日 由奉化银龙竹笋专业合作社选送参评的“山丁丁”牌羊尾笋，在2019第三届中国（上海）国际竹产业博览会上获金奖。

25日 奉化·安图小草扶贫志愿联盟成立暨“平安亮万家”公益行动合作签订仪式在安图县政府举行。

26日 “最美宁波人”2018年度人物颁奖典礼举行，尚田镇冷西村淘宝服务站负责人宋小赞和杏林援边医疗队获奖。

28日 国家电网有限公司第三次团代会在北京开幕，国网宁波市奉化区供电公司杨建立获“杰出青年岗位能手”称号。

29日 第14届中国（义乌）文交会公布100项浙江省优秀非遗旅游商品，棠岙纸入选“文房制作”类优秀非遗旅游商品。

5月

4日 《奉化日报》头版头条刊发《青春绽放美丽的勇敢——记奉化女大学生崔译文》，区委书记高浩孟作出批示：“大无畏的军人气质，小女孩的美丽心灵。”

5日 奉化区引进的第一所高校——浙江医药高等专科学校奉化校区正式启用。

同日 奉化区“信访超市”正式运行。

7日 宁波东西部扶贫协作重点项目——年产3万吨杏鲍菇项目在吉林省延边州安图县开工。

10日 2019年“宁波好人”榜（3—4月）发布，“挡刀女孩”崔译文名列其中。

11日 2019首届健康长三角峰会在上海举行，区卫生健康局选送的两个案例《奔走在大山深处的“健康快车”——乡愁小镇的流动医疗》和《基层胸痛中心建设》获得“健康长三角医疗卫生治理最佳实践案例评选”活动提名奖。

13日 在全省高质量建设美丽浙江暨高水平推进“五水共治”大会上，奉化区被授予浙江省“五水共治”（“河长制”）工作优秀市县“大禹鼎”银鼎。

16日 浙江省科学技术奖励大会在省人民大会堂举行，奉化区3个项目榜上有名，宁波市奉化区奥纪农业科技有限公司与省农业科学院等单位合作的“浙江省鸭遗传资源挖掘与利用”项目获省科学技术进步奖二等奖；宁波昊鑫裕隆新材料有限公司与浙江大学等单位合作的“氯化聚合物绿色工艺制备及系列涂料产品开发”项目，获省科学技术进步奖三等奖；区水蜜桃研究所与省农业科学院等单位合作的“桃新品种选育与新型栽培模式创建”项目，获省科学技术进步奖三等奖。

16—18日 来自“一带一路”沿线的菲律宾、日本、马来西亚、孟加拉、印度、泰国、缅甸等12个国家的海洋渔业官员，以及上海海洋大学的部分外国留学生，到奉化考察水产品加工营销和水产养殖技术经验。

19日 方桥街道综合服务中心启用，承接各类行政审批和公共服务事项。

同日 奉化区获得2018年度美丽浙江建设（生态文明示范创建行动计划）工作考核优秀单位称号。

24日 香港奉化联谊会会长张宗琪出资的雅星服饰有限公司举行开业仪式，落户奉化经济开发区尚桥科技工业园。

26日 瑞凌研究院获批浙

江省博士后工作站，落户奉化。

同日 区生态环境分局首创的生态环境议事厅入选“美丽中国，我是行动者”主题实践活动十佳公众参与案例。

27日 区政府与杭州铁路枢纽指挥部签订征地拆迁补偿费用包干协议，甬金铁路奉化段工作全面铺开。

28日 宁波市奉化区锦美城市资源经营有限公司正式揭牌运行，奉化区城市智慧停车项目进入实体操作阶段。

6月

1日 晚上22：03，中央电视台社会与法频道播出时长36分钟的奉化社区矫正工作纪实片《回归阳光家园》。

6日 奉化区融媒体中心正式揭牌成立。

8日 复旦科技园浙江创新中心举行开园暨项目签约仪式。

同日 2019年残疾人射箭世界锦标赛暨东京奥运资格赛中，奉化区射箭运动员周佳敏与队友携手，获复合弓女子团体（236环，破世界纪录）和复合弓混合团体（排名赛1381环，破世界纪录）两枚金牌，并获得2020年东京残奥会参赛席位。

19—20日 省级生态文明建设示范区创建通过验收。

20—21日 “点亮溪口”2019文化旅游产品发布会，在溪口雪窦山风景区举行。

21日 奉化区召开网络文化协会成立大会。周浩当选区网络文化协会第一届理事会会长。

27日 跨越速运集团浙东区域总部落户奉化区签约仪式举行。

28日 奉化海关举行开关仪式。

同日 2019年奉化水蜜桃开摘仪式在萧王庙林家村举行。

7月

1日 宁波市人民政府举行常务会议审议通过奉化区《关于要求调整奉化区莼湖镇和尚田镇行政区划的请示》（奉政〔2018〕22号），作出《宁波市人民政府关于奉化区莼湖镇和尚田镇行政区划调整的批复》（甬政发〔2019〕35号）：同意撤销莼湖镇，设立莼湖街道，以原莼湖镇的行政区域为莼湖街道的行政区域，街道办事处驻东盛路306号；同意撤销尚田镇，设立尚田街道，以原尚田镇的行政区域为尚田街道的行政区域，街道办事处驻镇西路12号。

4日 由区测绘院、宝略科技（浙江）有限公司和深圳飞马机器人科技有限公司3家单位联合研发的“室内外实景三维海量数据融合及云服务关键技术研究与应用”项目获2019国家地理信息科技进步奖二等奖。

同日 罗蒙集团股份有限公司董事长盛静生上榜“2018中国纺织行业年度创新人物”。

8日 宁波股权交易中心“科技创新板”开板。奉化区宁波海上鲜信息技术有限公司成为首批挂牌上板的24家企业之一。

11日 奉化区引进的首个全国级优秀律所浙江海泰（奉化）律师事务所举行揭牌仪式。

24日 区政协第一批委员工作室授牌活动在溪口举行。

27日 由区人民政府主办，宁波锋成先进能源材料研究院和中国科学院宁波材料技术与工程研究所承办的2019年能源与信息先进材料国际研讨会在奉化召开。

28日 滕头村在四川召开的全国乡村旅游工作现场会上，入选首批全国乡村旅游重点村。

29日 浙江纪念建军92周年暨双拥模范城（县）命名表彰大会召开，奉化区周长忠、马名锋入选“最美退役军人”。宁波市入选11人。

31日 区人民检察院林杰荣被最高人民检察院检察日报社评为2018年度全国检察宣传先进个人。

8月

1日 奉化区举行首届“最美退役军人”“最美军属”发布仪式，马莹标、马名锋、王建行、孙玉其、阮红斌、李则龙、李士峰、陈四海、竺国兴、周长忠为“十佳最美退役军人”；王勋红、王琳、王柳、王纯朴、叶小国、吴金泉、陈超萍、周旭荣、胡梅筠、程铜斐为“十佳最美军属”。

同日 中央文明办发布7月“中国好人榜”，“挡刀女孩”崔译文榜上有名。

2日 莼湖镇顺利通过省小城镇环境综合整治考核验收，并成功创建为省级样板镇。

同日 区图书馆的“巴人读书节”项目入选全国“2018年阅读推广优秀项目”。

3日 宁波三横房地产2019中国—卡塔尔男排挑战赛在奉化体育馆举行，中国队以3：0战胜卡塔尔队。

9日 浙江智能装备产业创新领袖峰会暨2019智能装备产业高峰论坛举行，一批启迪众创工社入驻项目签约落户，园区二期工程签约启动，奉化智能装备产业引导基金揭牌成立。

8—11日 受超强台风“利奇马”袭击，全区受灾人口15972人，直接经济损失39795万元。

23日 在匈牙利塞格德2019国际皮联世界皮划艇静水锦标赛上，奉化运动员邢松和搭档李强组合以1分37秒33的成绩获得冠军，实现了中国运动员皮划艇世锦赛金牌零的突破。

26日 莼湖、尚田街道成立大会暨授牌仪式分别在两地举行，莼湖街道和尚田街道正式成立。

同日 中国液压气动密封件工业协会公布“2019年度液压液力气动密封行业技术进步奖”获奖产品及企业名单，奉化区星宇电子（宁波）有限公司的XYZKF-CT系列真空发生器和EPV系列电器比列阀获二等奖，宁波佳尔灵气动机械有限公司的SCF辅助刹车电磁阀获三等奖。

27日 第三届国之名医盛典在北京举行，岳林街道乡贤——浙江大学医学院附属儿童医院党委书记舒强获“国之名医·优秀风范奖”。

29日 第八届中国创新创业大赛宁波赛区总决赛落幕，奉化华璞微电子科技（宁波）有限公司获二等奖。

9月

1日 两所新建公办幼儿园奉化区第四实验幼儿园惠政丽都园区和方桥中心幼儿园投入使用。

同日 机场快速路南延工程第九标段主线桥箱梁架设任务全部完成，为该工程首个完成预制箱梁架设任务的路段。

7日 报告文学《中国有个滕头村》获省“五个一工程”奖。

9日 《省交通运输厅关于核定第三批“四好农村路”省级示范县的通知》（浙交〔2019〕170号）发布，奉化区被核定为“四好农村路”省级示范县。

10日 浙江医药高等专科学校校长任文霞，作为2018年国家教学成果奖一等奖获奖者代表，赴京参加庆祝2019年教师节暨全国教育系统先进集体和先进个人表彰大会。

13—14日 2019年宁波湾第三届海上嘉年华活动隆重举行。

15日 2019奉化开渔节暨中国农民丰收节分会场活动在莼湖街道桐照村启幕。

16—17日 宁波市首届全民运动会舞龙总决赛在奉化体育馆举行。

29日 九三学社宁波市奉化区支社委员会召开成立大会。

10月

2日 中国体育彩票·孙家杯奉化第十一届新奉化人篮球赛在尚田街道孙家村落幕。

9日 宁奉城际铁路金海路站轨道交通管理用房主体结构完工，移交给宁波市轨道交通指挥部。

16日 江口街道南渡村的广济桥上榜第八批全国重点文物保护单位（建筑类）。

18日 “宁波宇杰杯”2019年全国青少年舞龙舞狮锦标赛在区体育馆开幕。

22日 区自然资源管理中心被国家林业和草原局评为全国保护森林和野生动物植物资源先进集体。

同日 在庆祝中华人民共和国成立70周年文艺盛典暨“盛世夕阳红”第六届中国文化艺术交流总会演中，奉化代表团选送的《鼓舞》和《红色娘子军》获得2项金奖（表演、团体）和1项银奖（表演）。

26日 新的奉化中学校舍正式投入使用。

30日 奉化区第一家社工机构——和善社工服务中心在区民政局成立。

31日　区生态环境保护综合行政执法队、区文化市场综合行政执法队、区市场监管综合行政执法队、区交通运输综合行政执法队、区农业综合行政执法队挂牌成立。

11月

2日　凤麓新材料众创空间和奉化电子商务产业园上榜2019年度省级众创空间名单。

4日　2019中国佛教讲经交流会在溪口雪窦山开幕。

同日　由区城投集团承建的浙江医药高等专科学校奉化校区工程荣获2018—2019年度第二批国家优质工程奖。

5日　2019雪窦山弥勒文化节在雪窦寺开幕。

9日　首届宁波湾·天妃湖福文化节在宁波滨海旅游休闲区天妃湖景区启幕。

17日　奉化设区三周年大会举行。

23日　“叙中韩情·结雪窦缘”2019第六届溪口旅游一带一路中韩国际登山体验大会在溪口雪窦山举行。

25日　奉化区直属商会成立。

25—27日　全国文明城市测评工作顺利完成。

27日　全国人大华侨委员会委员，省十二届人大常委会党组书记、副主任王辉忠一行到奉化考察。

12月

2日　占地面积约4.6万平方米的生命科学城中央公园落成开放。

同日　溪口镇被中国林学会命名为“中国大毛竹之乡”。

4日　奉化区陈君庙山窑址考古发掘、何家遗址考古发掘、下王渡遗址Ⅱ期考古发掘3个项目，入围2019年度浙江重要考古发现评选。

5日　宁波市公安局奉化分局驻金融机构联络室在奉化农商银行揭牌设立。

8日　“最美浙江人·浙江骄傲”2019年度人物评选活动提名名单，崔译文入围。

10日　“中国梦·大国工匠”百名全国劳模服务团暨奉化工匠成才计划启动仪式举行。

同日　奉化区关工委被评为省级综合型先进集体。

13日　奉化区林场获“浙江省生态文化基地”称号。

17日　2019年度延边州“我推荐、我评议身边好人”活动进行颁奖仪式。奉化区挂职干部陈晖被评为“敬业奉献”类好人。

22日　坐落于奉化经济开发区千人创业园的戈润环保水处理项目正式投运。

同日　奉化区工商联被评为2018—2019年度全国“五好”县级工商联和全国工商联2019年度民营企业调查点工作示范单位。

25日　穿过方桥街道的鄞城大道中段建成通车。至此，西接甬金高速、东接甬莞高速的鄞城大道全线贯通。

27日　奉化区贸促会暨奉化国际商会第一届会员代表大会举行。

同日　奉化吉田智能洁具科技有限公司上榜2019年浙江省工业旅游示范基地。

31日　区消防救援大队挂牌成立。

同日　奉化区获评全省万里美丽经济交通走廊示范县。

奉化概况

地理　历史　人口

【名称来历】 奉化县名由来，历代志书有三说：最早见于北宋建隆中（960—963），鄞县令金翊《纂异记》：“开元改鄞为明，郡名奉化。”《元丰九域志》：“是时（指738年）州曰明，郡曰奉化，以郡名名县。”南宋乡人陈著《题奉化图志揭首》：“奉化为邑，以民皆乐于奉承王化得名。”明曹学佺《舆地名胜志》：“以其民淳，易于遵奉王化，故名。”明嘉靖《奉化县图志》：“县东南五里，有山特起曰奉化，唐开元二十六年析鄮县地置奉化县于此，因以名焉。”

【地理位置】 奉化区位于北纬29° 24′ 30"—29° 47′ 22"，东经121° 03′ 12"—121° 46′ 32"。地处浙江省中东部，宁波市南部。东濒象山港与象山县隔港相望，南连宁海县，西与绍兴市新昌县、嵊州市接壤，北与余姚市、鄞州区交界。

【历史沿革】 春秋战国时期，奉化地属越国、楚国。秦王政二十五年（前222）属会稽郡鄞县。隋开皇九年（589）属句章县。唐武德四年（621）析句章县为鄞、姚两州，奉化属鄞州。八年，废鄞州设鄮县。开元二十六年（738），析鄮县，置鄮、慈溪、奉化、翁山四县，奉化治设今锦屏街道，隶属明州。元元贞元年（1295）升为州。明洪武二年（1369）复为县，属明州府。清沿明制，属宁波府。1913年，属浙江省第四行政区。1914年，属会稽道。1928年，属鄞县区。1936年，属浙江省第六行政督察区。1948年，属浙江省第二行政督察区。1949年5月，属宁波专区；6月，成立大桥、西坞、江口、溪口4个区；10月，增设莼湖、方门2个区，辖28个乡镇。1950年10月，分设6个区、2个县属镇、71个乡镇。1956年，撤区并乡，设5个镇、27个乡。1958年，成立11个人民公社，33个管理区。1961年，恢复区建制，管理区升为公社。1983年，实施政社分设，恢复乡镇建制。1985年，设5个区，9个镇、22个乡。1988年10月，撤县设市（为县级市）。1990年末，设5个区，10镇、21个乡。1992年5月，撤区扩镇并乡，改设11个镇、8个乡。2001年，设9个镇、2个街道。2003年末，设6个镇、5个街道。2016年11月，经国务院批准，撤销奉化市设立宁波市奉化区，行政区域维持不变。2018年末，设立6个镇、6个街道。2019年末，设4个镇、8个街道。

【行政区划】 2019年末，辖溪口、裘村、大堰、松岙4个镇，锦屏、岳林、江口、西坞、萧王庙、方桥、莼湖、尚田8个街道；有社区28个，居民委员会13个，村民委员会351个。

【地貌】 奉化区地处天台山脉与

四明山脉交接地带，西南多高山峻岭，东北部地势平坦，河网纵横，属宁奉平原。东南部靠象山港，海岸线曲折，沿海狭长地带形成港湾平原。海岸线总长63千米，岛屿24个。境内最高点黄泥浆岗位于溪口镇北部，海拔976米。最低点为沿海滩涂，位于莼湖裘村松岙沿海，海拔1米。

【气候】 奉化属北亚热带季风气候区，气候温和湿润，四季分明，雨量充沛，雨热同步，无霜期长。冬夏长，春秋短。冬季干燥寒冷；夏季晴热高温，时有台风影响；春秋季多连阴雨。

2019年，全区平均气温17.6℃，比常年偏高0.7℃。全年最高气温37.9℃，出现在7月26日；高温天数（日最高气温≥35℃）19天，比常年多1天。全年最低气温-1.5℃，出现在1月27日；年度内低温天数（日最低气温≤0℃）6天。3月10日入春，比常年偏早4天；5月22日入夏，比常年偏早5天；10月13日入秋，比常年推迟22天。霜日共18天。年度总降水量1830.3毫米，比常年偏多345.6毫米；总雨日184天，比常年偏多22.9天。全年日照总时数1517.6小时，比常年偏少270.1小时。2018年12月至2019年2月，奉化出现历史罕见的连阴雨天气，多项指标达历史极值。其中2018年12月2日至2019年1月16日，34天降水日数超过历史极值，日照时数29.4小时，为历史同期最少；2月7日至3月9日降水日数、累计降水量破历史同期极值，日照时数20.3小时，为历史同期最少。

2019年天气总体较差，年内主要气象灾害有连阴雨、台风、暴雨、强对流等。冬季没有严重的雨雪冰冻天气，但出现了历史罕见的连阴雨天气，造成越冬作物生长偏弱，大棚草莓、番茄等坐果率降低，灰霉病、白粉病等病害高发重发且防治困难，给农事活动、交通出行等生产生活带来了诸多影响。春季无明显倒春寒现象，但4月初的冷空气影响使白茶遭受冻害，5月中旬集中降水导致成熟收晒期的小麦赤霉病暴发，方桥、岳林、西坞等地灾情严重，90%以上小麦达不到国家收购标准。梅汛期偏长，雨量多、日照少，气温偏低，属于“冷黄梅”。台汛期台风影响严重，特别是第9号超强台风“利奇马”使各镇、街道均不同程度受灾，总受灾15972人，32个村庄不同程度受淹，房屋倒塌60间、损坏1153间，全区发生3处小量塌方，直接经济损失达7.82亿元。9月和11月出现连晴少雨天气，导致轻度干旱发生，影响了晚稻产量、柑橘等作物品质。

【水系水文】 境内河道主要有两大水系：奉化江水系和莼湖水系。奉化江水系由剡江和县江、东江组成，汇于方桥三江口，流域面积802平方千米。莼湖水系由诸多小河组成，流域面积72.5平方千米。宁波市级河有剡江、县江、东江、甬新河（奉化段）4条，总长194.63千米；县级河有莼湖溪、西晦溪、泉溪、县溪、亭下总渠、外婆溪、周家河等23条，总长321.55千米；河网密度2.03千米/平方千米，径流总量11.6亿立方米。境内最大河流为剡江，从剡界岭流经境内溪口镇、萧王庙和江口街道，长75.5千米，萧王庙以上流域面积454平方千米，年均流量10.6立方米/秒，主要支流有剡源、东岙溪、筠溪、岩头溪和泉溪等。

沿海潮流，每日早晚2个潮次，潮位冬低夏高，落潮流速大于涨潮流速。历年平均高潮位5.50米，平均涨潮历时7时零4分；平均低潮位2.25米，平均落潮历时5时25分。平均潮差3.25米。

【人口】 年末，全区户籍人口480597人，比上年减少711人，其中城镇人口202821人。全年出生人口2891人，出生率为6.01‰；死亡人口2849人，死亡率为5.92‰；人口自然增长率为0.09‰。至年底，全区常住人口为51.6万人。计划生育符合率为98.84%，出生婴儿性别比106.88（户籍人口性别比为112.25），综合避孕率为86.52%。

【面积】 辖区东西最大距离70.5千米，南北最大距离42千米，总面积1268平方千米。其中陆地面积1189.4平方千米，占93.8%；

水域面积78.6平方千米，占6.2%。海域面积91平方千米。

【自然资源】境内矿藏有铅、锌、花岗岩、砂、紫砂土等8种金属矿和7种非金属矿。其中花岗岩等建筑石料年开采量为2227万吨。矿泉水年开采量为2.4万吨。可开发内河水力资源2.8万千瓦，潮汐资源14万千瓦。有水库92座，总库容3.16亿立方米，可供水产养殖及旅游。象山港港宽水深，适宜造船业和近海养殖。拥有林地126万亩，其中竹林31万亩，用材林19万亩。有野生植物180科1500余种，其中凹叶厚朴、青檀为国家三级保护植物。有野生动物1000余种。

2019年奉化区国民经济和社会发展统计公报

宁波市奉化区统计局

（2020年3月28日）

2019年面对错综复杂的外部环境和宏观经济下行压力，全区坚持稳中求进、稳中向好的工作总基调，统筹推进“六争攻坚”、“三大计划”和“五大攻坚战”，全力冲刺“三年大变样”，突出稳企业、增动能、保平安，聚焦聚力高质量发展、竞争力提升、现代化建设，结构调整稳步推进，发展质效继续提升，民生福祉不断改善，为高水平全面建成小康社会奠定坚实基础。

一、综合

初步核算，全年实现地区生产总值（GDP）645.25亿元，按可比价格计算，比上年增长5.4%，其中，区属地区生产总值增长6.5%。分产业看，第一产业实现增加值31.11亿元，增长2.1%；第二产业实现增加值392.27亿元，增长5.0%（区属6.8%）；第三产业实现增加值221.87亿元，增长6.7%。三次产业之比为4.8:60.8:34.4。按常住人口计算，人均地区生产总值12.52万元，增长4.9%，按年平均汇率折算为18145美元。

全年实现财政总收入90.14亿元，比上年增长14.7%，其中一般公共预算收入60.0亿元，增长21.3%，一般公共预算收入中税收收入增长18.1%，占一般公共预算收入比重为81.6%，比上年下降2.2个百分点。财政一般公共预算支出82.27亿元，增长14.5%，其中各项民生支出完成62.02亿元，增长12.1%。

全年新增就业岗位16088个，共举办各类人力资源洽谈会95期，有37569名求职者与企业达成用工意向。帮助933名就业困难人员实现再就业。登记失业人数3853人，城镇登记失业率为1.2%。

全年居民消费价格指数（CPI）累计比上年上涨3.8%。其中，消费品价格上涨4.5%，服务项目价格上涨2.5%。构成居民消费价格指数的八大类商品呈现“七升一降”的格局。食品烟酒类上涨7.7%，其他用品和服务类上涨7.7%，教育文化和娱乐类上涨4.9%，医疗保健类上涨3.8%，生活用品及服务类上涨3.3%，衣着类上涨2.9%，居住类上涨0.5%；交通和通信类下降1.1%。

二、农业和农村

全年我区实现农林牧渔业总产值52.41亿元，比上年实际增长2.6%，其中农业增长0.5%，林业增长3.1%，畜牧业增长6.4%，渔业增长3.6%。实现农林牧渔业增加值32.2亿元，增长2.3%。成功创建省级畜牧业绿色发展、农业“机器换人”等示范县。“桃蹊”牌桃花醉、“山丁丁”牌羊尾笋、“雨易”牌红茶获得各级博览会金奖。新增绿色食品2家、无公害农产品7家，绿色优质农产品比例达到61.98%。列入小城镇整治、美丽城镇建设的9个镇（街道）全部通过省考核验收，其中5个镇（街道）被评为省级样板镇。318个行政村实施了生活垃圾分类，农村垃圾桶点位设置率100%、农村生活行政村垃圾分类处理覆盖率达到90.1%。农村公厕建设完工89座，农村卫生户厕覆盖率已达99.82%。

全年水利建设完成投资17.96亿元，其中重点水利工程建设完成投资15.3亿元。葛岙水库、甬江防洪、东江剡江奉化段堤防整治（二期）、剡江（畸山至萧王庙）及支流河道治理、龙潭滞洪分洪区改造、滨海新区沿海中线以南河道治理等重点工程顺利推进。继续实施了山塘水库除险加固、镇村水环境、河湖库塘清淤、小型农田水利等民生水利工程。完成了3个镇村联网、5个村级水站归并、34个村级水站规范标准化改造，解决了7.94万人农饮水达标提标问题。

三、工业和建筑业

全年实现工业增加值352.51亿元，比上年增长5.5%，其中区属工业增长8.3%。实现规模以上工业增加值291.12亿元，同比增长4.8%，其中区属规上工业增加值同比增长7.0%。规上工业涉及的31个行业大类中，18个行业增加值实现正增长，行业增长覆盖率为58.1%。实现规上工业出口交货值134.5亿元，同比下降0.6%，工业新产品产值135.56亿元，同比增长1.2%。工业创新驱动效果显现。“246”万千亿集群发展良好，全区“246”万千亿级产业集群合计实现工业增加值89.93亿元，同比增长6.8%，高于规上工业增加值增速2.0个百分点。高新技术、装备制造业、节能环保等产业增加值分别为62.96亿元、74.4亿元和19.3亿元，分别增长11.1%、7.8%和8.4%。工业经济运行质量较好，全年规模以上工业企业实现利润总额41.91亿元，同比增长17.8%。年末规模以上工业企业主营业务收入上亿元企业达到107家，比上年减少3家。

全年实现建筑业增加值40.13亿元，比上年下降0.2%。全区资质以上建筑企业81家，完成建筑业总产值114.23亿元，比上年下降35.3%；房屋建筑施工面积630.76万平方米，比上年下降34.4%。新批建筑业企业8家，报批资质21项，招引企业4家，完成资质增项18项。

四、固定资产投资和城市建设

全年完成固定资产投资比上年增长18.8%，按产业分，第二产业增长22.0%，其中增长22.0%；第三产业增长18.2%。完成项目投资151.30亿元，增长14.1%，其中基础设施投资70.82亿元，增长25.4%；完成房地产投资114.7亿元，比上年增长25.5%；完成商品房销售面积214.7万平方米，比上年增长104.3%。二手住房成交5430套、58.83万平方米，分别增长12.9%、19.4%。完成民间投资195.78亿元，增长20.4%，建安工程投资160.82亿元，增长33.0%。产业投资质量提升，高新技术产业投资21.77亿元，增长11.4%。

城乡人居环境优化升级。涌现出凤山体育公园、城市文化中心、未来城科普中心、城区亮化工程等一批地标性建筑和蝶变样板工程；奉化中学、实验小学迁建工程交付使用，宁波市第一医院、奉化中医院迁建工程加紧建设。大成东路改造提升工程、金钟路—汇诚路交叉口改造、金融中心岛顺浦路以南支路网工程、琎琳站和葭浦路以南绿化水系廊道工程等配套工程相继开工建设。完成城镇危旧房改造面积3.43万平方米，基本完成桃源小区、广南商城改造，城南三区主体建筑改造完成，总建筑面积14.2万平方米。

物业行业管理“六大主题”（基础物业、阳光物业、法治物业、文明物业、平安物业、诚信物业）不断深化，电梯加装实现“破零”，竞争性推进多层住宅电梯加装5部。捷达物业入选中国指数研究院中国物业服务百强企业（第76位）。小区生活垃圾分类多管齐下。加强宣教力度，累计分发《垃圾分类指南》2.5万份，张贴海报、公益广告4万余张（处），悬挂横幅 977条。全年供水量4308万立方米，平均日供水 11.82 万立方米。

五、交通运输业

全年完成交通固定资产投资比上年下降7.5%。甬金高速至生态公路工程、甬金高速至大张公路工程、奉化沿海农村联网公路一期（石沿段）、甬临线中修工程、奉钱线白杜段大修工程顺利完工。203省道奉化段公路工程（一期）、宁波市葛岙水库迁建公路工程、甬金高速溪口东至甬台温高速姜山连接线一期工程(汇诚北路）按计划进度建设。成功创建省级2019年美丽交通经济走廊、“四好农村路”示范区及完成13条25.85千米农村公路加密提升工程，继续实施危桥改造、边坡整治等项目。年末，全区公路总里程1356.648千米，其中三级以上公路435.673千米，路网密度107.08公里/平方千米。

完成营业性公路客运量493万人次，同比下降2.6%，旅客周转量18667万人千米，下降16.9%；完成公交输送旅客3116.6万人次，同比增长8.5%；完成营业性公路货运量2055万吨、同比下降6.2%，货运周转量437258万吨千米、增长3.6%；完成水上货物运输量486万吨，货物周转量807225万吨，分别增长6.1%、14.4%。

公共交通不断优化，大力推进与宁波主城区公交一体化发展，新增686、570跨区域公交线路并增设站点，优化调整181、186、188、987等跨区域公交线路；奉化公交已纳入宁波公交统一编码；公交车辆智能IC全支付系统实现移动支付全覆盖。不断调整优化区域内公交线网，结合新建道路、居民区建设及百姓需求，对区域内公交线路进行优化调整，年度共优化线路15条，新开通9条。至目前，全区共有营运公交车879辆，公交线路总长度2330.9千米。进一步完善公共交通基础设施，裘村公交站已完成招投标程序，并已开工建设；积极购置比亚迪新能源公交车27辆，并分批投入营运。

六、贸易和旅游业

全年实现商品销售总额404.51亿元，增长18.7%，其中限上商品销售额174.55亿元，增长29.4%。实现社会消费品零售总额190.1亿元，比上年增长8.1%；实现网络零售额57.5亿元，比上年增长25.3%。海上鲜公司被商务部确认为全国首批线上线下融合发展数字商务企业，入选省、市两级重点培育电商平台，云溪村成功创建省电商示范村，滕头村、前横村、长汀村成功创建省电商专业村。促进梅里达新零售广场签约启动改造和太平洋购物广场转型德克德家家居广场开业运营。

全年完成外贸进出口总额211.36亿元，比上年增长5.7%，其中外贸出口总额182.49亿元，增长6.5%。全年实际利用外资达1.1亿美元，比上年增长358.2%。组织企业参加广交会、消博会、华交会等各类进口博览会，达成意向成交额2.78亿美元。

全年接待国内外游客2801.28万人次，比上年增长17.0%，实现旅游总收入268.08亿元，增长24.7%。成功创建宁波市专项休闲旅游基地2个。推进宁波滨海健康旅游小镇、宁波湾滨海华侨城文化旅游项目、溪口恒大生态旅游小镇、民国风情街、尚田冰雪小镇等重大旅游投资项目的建设。打造国内首部城市祈福IP动画片《神奇布袋小子》。完成A级景区村庄创建56个，滕头村入选首批全国乡村旅游重点村。开展美丽中国行走进桃花盛开的地方采风活动和“中国休闲30人”奉化品鉴行，成功入选2018年度中国旅游影响力TOP十佳榜单，入选浙江省旅游发展十佳县市区。做好首届“七彩四明山，醉美徐凫岩”摄影短视频创意大赛、海鲜美食节、杜鹃花节、旅游生态文化节和蜜桃文化节等特色节事活动。

七、金融和证券

全区年末金融机构本外币各项存款余额789.79亿元，比年初增加116.98亿元，比上年增长17.4%，其中人民币存款余额780.78亿元，增长17.8%。金融机构本外币各项贷款余额815.20亿元，比年初增加119.25亿元，比上年增长17.1%，其中人民币贷款余额808.09亿元，增长16.7%。银行业金融机构不良贷款余额5.83亿元，不良贷款率为0.72%，比年初下降0.28个百分点。全年保险机构实现保费收入14.53亿元，比上年增长17.6%。其中，财产险保费收入8.16亿元，增长29.7%；人身险保费收入6.37亿元，同比增长5.1%。全区证券经营机构证券成交总额786亿元，比上年同期增加105.82亿元，增长15.6%。年末证券投资者户数为58689户，比上年增加2158户。

八、科技、教育、人才

全区新立项实施宁波市级以上科技计划项目271项，其中国家级科技项目21项、省级科技项目30项。全年申请专利 2405件，其中申请发明专利 534件；授权专利 1758件，其中授权发明专利 147件；有效发明专利拥有量 874 件。高校、企业研究中心（院）、赛伯乐奉化创社、摩米创新工场等新引进企业160余家，引进高端技术人才220余人。全年立项实施区级农业和社会发展科技项目32项。

全区现有中小学校和特殊教育学校53所、幼儿园80所。全区在校中小学和特殊教育学校学生53627人、幼儿园在园幼儿14677人，其中普通高中学生5761人、中等职业学校学生3936人、初中学生13670人、小学学生30195人、特殊教育学校学生65人。中小学和特殊教育学校专任教师3921人、幼儿园教师979人，其中普通高中644人、中等职业学校316人、初中1134人、小学1806人、特殊教育学校21人。全区学龄儿童入学率、小学毕业生升学率均达到100%，初中毕业生升学率为99.73%，基本实现了普及十五年教育。

组织实施“全国引才”战略，先后10次组团外出招聘人才，成功举办了春夏等30次大型公益性人才交流大会，有近24500人次进场应聘。全年共引进和新增各类人才14900余人，其中博士38人，硕士228人；培训各类人才15879人次。推荐晋升高级及以上职称248人，晋升中级职称319人，498人获得初级职称。年末有各类专业技术人才55305人，其中中级以上技术职称人员19357人。各类农民技术人员 3697人，当年农函大与农村党员实用技术人员培训6115人，科学知识宣传120 场，宣传3.06万人次。

九、文化、卫生、体育

深入推广“和乐大舞台”文化惠民活动，安排文化惠民补助场次250场，开展“一人一艺”全民艺术普及系列活动，共开设117门课，1527课时。组织举办第五届巴人读书节、“庆祝建国七十周年”系列活动、2019宁波市奉化区首届礼堂文化节启动仪式、奉化撤市设区三周年文艺晚会、第二届“少年非遗说”布袋弥勒故事大赛暨“渌渚周雄杯”第三届浙江省少儿故事会等活动。承办2019“诗画浙江”全省旅游歌曲创作演唱大赛，奉化区选送的《梦里梦外都想你》《奉化故事》分别获得金奖、银奖。《中国有个滕头村》获省“五个一工程”奖，《布袋和尚传说》、奉化布龙获省民间文艺“映山红”奖。全区文艺作品获奖或入展国家级39件、获奖或入展省级86件、获奖或入展地市级265件。南渡广济桥列为第八批全国重点文物保护单位，棠岙纸入选浙江省优秀非遗旅游商品。

全区有医疗卫生机构483家，核定床位2761张，有卫生技术人员4018人，其中执业（助理）医师1703人，注册护士1671人。实现省卫生镇建设全覆盖，其中溪口镇、大堰镇为国家卫生镇。实现0—6岁儿童预防接种损害补充保险全覆盖。全年报告HIV/AIDS 39例，同比下降34.48%，无甲类传染病报告，乙类报告发病率为301.94/10万。医疗单位自助机全面投放，区级医院自助挂号、诊间结算、第三方支付平台、分时段精准预约等智慧服务功能全部实现。4家公立医院（医共体）22个学科分别与上海、杭州、宁波等地12家三甲医院建立了长期合作关系，与省、市三级医院共建特色专科6个。全区基层就诊率达到66.91%，县域就诊率达到95.04%。组建家庭医生签约团队51支，签约家庭医生192人，家庭医生签约参与率为94.1%，在签居民总数6.2万人。

完成全血采集4558人次、1408升，荣获2016—2018年度浙江省无偿献血先进县（市、区）称号。

体育事业再创佳绩。在宁波市第十八届运动会上，我区获得金牌182枚、银牌106枚、铜牌136枚，团体总分3495分，位列金牌榜第二位、团体总分榜第三位。天驿马术俱乐部申报的马术培训基地建设项目被评选为省级重点项目；徐凫岩景区成功申报省级引领性运动休闲综合体项目。建设社区多功能运动场6片、全民健身广场1片、体育休闲公园1片、笼式足球场1片、拆装式游泳池2片、体育小康村升级工程12个，购建健身路径、篮球架、乒乓球桌等体育设施。举办第四届海峡两岸桃花马拉松、“王者之战”国际街舞挑战赛、海峡两岸体育舞蹈（国标舞）公开赛等赛事200余次。举办6期区级公益培训班。奉化籍运动员邢松、汪顺在世界比赛勇创佳绩，汤凯伦在全国比赛获得金牌。

十、人口、居民生活和社会保障

年末，全区户籍人口480597人，比上年减少711人，其中城镇人口202821人。全年出生人口2891人，出生率为6.01‰；死亡人口2849人，死亡率5.92‰；人口自然增长率为0.09‰。年末，全区常住人口为51.6万人。计划生育符合率98.84%，出生婴儿性别比106.88，其中户籍人口性别比为112.25，综合避孕率为86.52%。

全年全体居民人均可支配收入44767元，比上年增长8.1%，扣除价格因素，实际增长4.1%。其中城镇居民可支配收入56551元，增长7.1%；农村居民可支配收入33185元，增长8.5%。城乡居民收入比由上年的1.73：1缩小到1.70：1。城镇居民人均生活消费支出37326元，农村居民人均生活消费支出20153元，分别比上年增长7.5%、9.5%。城乡居民恩格尔系数分别为29.4%、36.4%，比上年同期下降0.33个百分点、2.73个百分点。年末，城镇居民人均住房建筑面积46.3平方米，农村居民人均住房建筑面积58.8平方米。

年末，全区企业职工养老保险参保人员266931人，城镇职工医疗保险参保人数210858人，工伤保险参保人数200109人，失业保险参保人数133254人，生育保险参保人数120024人，被征地人员参保人数12760人。实施城乡居民养老保险，年末参保人数达113692人。

调整城乡居民最低生活保障标准，由745元/月提高到799元/月。年末有低保对象6506户8665人，全年发放低保金6485万元。发放节日生活困难补助金595.24万元，1.2万人次低保对象、低保边缘家庭及其他生活困难群众获得了帮扶。在册困境儿童605人，发放保障金597万元；有孤儿24人，其中机构集中供养6人，分散供养18人；有特困供养对象286人，集中供养276人，集中供养率在96%以上；全面实施困难残疾人生活补贴和重度残疾人护理补贴制度，受益人数11936人。新增养老床位818张，每百名老年人拥有床位数5.25张。年末有居家养老服务机构386家，区域性居家养老服务中心9家，示范型居家养老服务中心9家，覆盖100%城市社区和98%的农村社区。

全年慈善机构募集善款4345万元，救助支出4058万元，受助的困难群众达1.91万人次。区慈善机构累计募集已达34464万元，累计救助支出28527万元，受助51.89万人次。

年末，全区有个4镇、8个街道，28个社区、13个居民委员会、351个村民委员会。

十一、资源环境、社会安全

顺利通过省级生态文明示范区创建工作。“环保议事厅”推出“线上+线下”模式，累计开展线下议事16期，参与企业1800余家，群众600余人；线上议事4期，累计有9万人次参与议事。第一轮中央环保督察涉及我区的11项问题，按时完成5项，剩余的6项问题落实了整改措施，并达到序时进度。全年环境空气质量优良率为88.8%，PM2.5年均浓度为27微克/立方米，15个区控以上地表水断面水质达到或优于Ⅲ类比例达到100%，功能区达标率为100%。全社会用电量36.60亿千瓦时，比上年增长1.7%，其中城乡居民生活用电5.54亿千瓦时，增长5.3%。

全年发生各类生产安全事故13起、死亡11人，同比分别下降23.5%、21.4%。发生火灾112起，直接经济损失90.04万元，无人员伤亡，分别下降20.3%、24.2%、100%。开展了海上安全铁拳专项行动，下达警告125次，责令限期整改61起，没收并拆解“三无”渔船7艘。全面推进危险化学品使用单位及小企业、小加工作坊安全生产和消防安全整治百日大会战，累计检查单位7951家，整治隐患10036条，整改率为82.0%。检查生产经营单位577家1019家次，查处生产安全事故隐患1466条，完成整改1390条，整改率为94.8%。更新了382张村级防汛防台形势图，建立各级抢险突击队和专业抢险队伍。

全年完成食品定量检测3347批次，其中检出不合格23批次。药品监督抽检250批次，不合格10批次，阳性检出率为4%，全年上报药品不良反应551例、医疗器械不良事件145例。共查处各类经济违法违规案件524件，其中食品药品领域案件279起，移送司法机关案件3起。举报投诉中心与消保委共受理投诉举报1989件。

全年信访总量（含网上信访）为6242件人次，“12345”热线13.67万件。四级走访共1220人次，其中五人以上集体访626人次，占比为58.7%。来信766件，重复信476件，占比为62.1%。四级走访387批，重复访137批，占比为35.4%。进京越级访13人次，其中老访户12人次，占比为92.3%。

着力构建和谐稳定的劳动关系，企业劳动合同签订率和已建工会企业集体劳动合同签订率分别达到98.2%和100%；健全防范处置欠薪机制，共处理各类劳资纠纷案件161起，涉及职工1201人，涉案金额1569万元，结案率达99%；提升劳动人事争议处理效能，受理劳动争议618件，仲裁结案率达到94%，调节率达到72%。

注：(1）本公报所列各项数据均为初步统计数。

(2）全区生产总值、各产业增加值绝对数按当年价格计算，增长速度按可比价格计算，人均GDP按常住人口测算。

(3）规模以上工业企业指年主营业务收入2000万元及以上企业。

限额以上批发、零售、住宿、餐饮企业指：

批发业：年主营业务收入2000万元及以上；

零售业：年主营业务收入500万元及以上；

住宿业：年主营业务收入200万元及以上；

餐饮业：年主营业务收入200万元及以上。

固定资产投资指计划总投资500万元及以上项目。

(4）“246”万千亿级产业集群，是宁波市根据自身的产业基础和区位优势，把握新一轮科技革命和产业变革趋势基础上提出的新目标。“2”是建设绿色石化、汽车2个万亿级产业集群。“4”是建设高端装备、电子信息、新材料、软件与新兴服务等4个五千亿级产业集群。“6”是建设关键基础件（元器件）、智能家电、时尚纺织服装、生物医药、文体用品、节能环保等6个千亿级产业集群。

(5）网址：http://www.fh.gov.cn/col/col139487/，搜索“奉化统计公报”。

2019年区领导班子、区直属各部门、各镇（街道）和民主党派、人民团体主要负责人

中国共产党宁波市奉化区委员会

书　　记：高浩孟

副 书 记：张文斌（2019年12月免）
　　胡永光（2019年12月任）
　　陈红伟（2019年10月免）
　　张行波（2019年12月免）
　　魏建根（2019年12月任）

常　　委：周世君
　　翁　敏（女，2019年12月免）
　　邵方毅
　　杜中权
　　方国波（2019年12月免）
　　徐震宇（2019年12月任）
　　唐军华
　　黄　峻（2019年12月任）
　　徐海伟
　　王兰平（挂职）
　　郭　峰（挂职，2019年4月免）
　　傅岳炳（2019年12月任）

区委办公室主任：
　　竺剑虹（2019年12月免）
　　卓奇荣（2019年12月任）

区委区政府督查考核室主任：
　　蒋伟平（2019年1月免）
　　王　刚（副局长级，2019年1月任）

区委党史研究室（区志编纂办公室）主任：陈黎明

区委组织部部长：唐军华

区委宣传部部长：邵方毅

区委统战部部长：
　　方国波（2019年12月免）
　　黄　峻（2019年12月任）

区委政法委员会书记：
　　陈红伟（2019年11月免）
　　魏建根（2019年12月任）

区委全面深化改革委员会主任：
　　陈红伟（2019年12月免）
　　魏建根（2019年12月任）

区机构编制委员会办公室主任：
　　汪建芳（2019年1月免，机构更名）

区委机构编制委员会办公室主任：
　　汪建芳（2019年1月任，2020年1月免）
　　董志松（2020年1月任）

区委台湾工作办公室主任：应丰杰

区委巡察工作领导小组办公室主任：卓伟波

区委区政府信访局局长、党组书记：俞　磊

区委老干部局局长：沃红波（女）

区委党校校长：唐军华

区委党校党委书记：邬志坚

区档案局局长、党组书记：
　　张　雷（2019年1月免，机构更名）

区档案馆馆长、党组书记：
　　张　雷（2019年1月任）

宁波市奉化区人民代表大会常务委员会

主任、党组书记：周　涛

副 主 任：何剑波

陈鹏忠
葛素梅（女，2019年12月辞）
王汉存
蒋国宝
竺剑虹（2019年12月提名副主任候选人）
党组副书记：何剑波
党组成员：陈鹏忠
王汉存
蒋国宝
竺剑虹（2019年12月任）
刘德英（2019年12月任）
顾垒松
办公室主任、机关党组书记：顾垒松
代表工作委员会主任：潘　峰
财政经济工作委员会主任：胡显浪
法制工作委员会主任：
汪平义（2020年1月免，机构更名）
监察和司法工作委员会主任：
汪平义（2020年1月任）
城乡建设环境保护工作委员会主任：庄国平
农业和农村工作委员会主任：张雪峰
教育科技文化卫生工作委员会主任：
张燕萍（女，2018年12月任）
社会建设工作委员会主任：
叶国辉（2020年1月任，机构建立）

宁波市奉化区人民政府

区长、党组书记：张文斌（2019年12月免）
胡永光（2019年12月任党组书记、副区长、代区长）
副　区　长：魏建根（2019年12月免）
傅岳炳
陈彩凤（女）
马亚伟
陈锦杰
王兰平（挂职）
张　巍
潘　多（女，挂职，2019年5月任）
党组副书记：魏建根（2019年12月免）
傅岳炳（2020年1月任）
党组成员：杜中权
马亚伟
陈锦杰
张　巍（2018年7月任）
办公室主任：
卓奇荣（2019年12月免）
谢宏辉（2019年12月任）
区行政执法中心主任：张义波
区发展和改革局局长、党委书记：张传仙
区经济和信息化局局长、党委书记：
李雷杰（2019年4月免）
毛洁红（2019年4月任）
区教育局局长、党委书记：周永龙
区科学技术局局长、党组书记：王倍龙
宁波市公安局奉化分局局长、党委书记：马亚伟
区民政局局长、党委书记：叶国辉（2020年1月免）
周开波（2020年1月任）
区司法局局长、党组书记：袁义琛
区财政局局长、党委书记：鲍飞海
区人力资源和社会保障局局长、党委书记：曹岳勇
区住房和城乡建设局局长、党委书记：褚明生
区交通运输局局长、党委书记：徐天真
区水利局局长、党委书记：杨伟军
区农业农村局局长、党委书记：杜志维
区商务局（粮食局）局长：
卓海峰（2019年1月免，机构更名）
区商务局局长：卓海峰（2019年1月任）
区商务局党委书记：卓海峰
区文化和广电旅游体育局局长、党委书记：柳一兵
区卫生健康局局长、党委书记：童云龙
区退役军人事务局局长、党组书记：单旭升
区应急管理局局长、党组书记：余林海
区审计局局长、党组书记：张乐意（女）
区市场监督管理局局长、党委书记：陈晨磊
区统计局局长、党组书记：邬锋伦

区医疗保障局局长、党组书记：张　良
区综合行政执法局（城市管理局）局长、党委书记：
张义波（2019年1月免，机构更名）
区综合行政执法局局长、党委书记
张义波（2019年1月任）
区综合行政执法局党委书记：张义波（2018年8月免）
区环境保护局局长、党组书记：
徐　军（2019年1月免，机构改革）
经济开发区党委书记：杜中权（2020年1月免）
刘海华（2020年1月任）
经济开发区管委会主任：江建业（2019年12月免）
区行政审批管理办公室党组书记：
魏建根（2019年7月免，机构更名）
区政务服务办公室党组书记：
魏建根（2019年7月任，2020年1月免）
傅岳炳（2020年1月任）
区行政审批管理办公室主任：
毛志达（2019年1月任，2019年7月免，机构更名）
区政务服务办公室主任：毛志达（2019年7月任）
区国有资产管理中心主任、党工委书记：
俞　峰（2019年10月免）
庄旭东（2019年10月任）
区机关事务局局长、党组书记：王东海
区投资促进局局长、党组书记：
谢功益（2019年5月免）
毛岳明（2019年5月任）
区广播电视中心主任、党组书记：
徐海刚（2019年5月免，机构改革）
区广播电视中心总编辑：
鲍再优（2019年5月免，机构改革）
区融媒体中心主任、党委书记：
徐海刚（2019年5月任）
区融媒体中心总编辑：
马　钧（2019年5月任，2020年1月免）
周龙泉（2020年1月任）
区政府投资项目公共建设管理中心主任：
沈海松（2019年10月免，机构改革）
区政府投资项目评审中心主任：
宁波市住房公积金管理中心奉化分中心主任、党组书记：袁满君
区综合创建办公室（区大型活动办公室）主任、党组书记：毛水东
区房屋征收办公室（区房屋拆迁管理办公室）主任、党组书记：孙海港
区供销合作社联合社主任、党委书记：朱正天
区溪口旅游集团有限公司资产经营管理领导小组组长、党委书记：周　盛（2020年1月免，机构改革）
宁波宁南贸易物流区党工委书记：蒋国宝
宁波宁南贸易物流区管委会主任：江雪明
区政府金融工作办公室主任、党组书记：邬永本
宁波滨海旅游休闲区党工委书记：胡　荣
宁波滨海旅游休闲区管委会主任：
董志松（2020年1月免）
夏　勇（2020年1月任）
区大数据发展服务中心主任：
汪建潮（2019年7月任，机构建立）
区体育管理中心主任：王建明
区住房管理和保障中心主任：李世杰
区农业机械化管理站站长：王银富（2019年1月免）
梁　宏（2019年1月任，2019年10月免，机构改革）
区农机畜牧发展中心主任：梁　宏（2019年10月任）
区林特技术服务推广总站站长：
竺尧方（2019年7月免，机构改革）
区农技总站站长：竺尧方（2019年7月任）
区畜牧兽医总站站长：
邬纪庆（2019年10月免，机构改革）
区亭下水库管理局局长：
汪明峰（2020年1月免，机构更名）
区亭下水库管理站站长：汪明峰（2020年1月任）
区横山水库管理局局长：
蒋备松（2020年1月免，机构更名）
区横山水库管理站站长：
蒋备松（2020年1月任）
区公路运输管理所所长：
董培宏（2019年10月免，机构改革）

区公路管理段段长：
王宏峰（2019年10免，机构改革）
区公路与运输管理中心主任：
王宏峰（2019年10月任）
区港航管理处（区航道管理处、浙江省船舶检验局奉化检验处）处长：
骆维涌（2019年10月免，机构改革）
区港航管理中心主任：骆维涌（2019年10月任）
奉化中学校长：方　颖
人民医院院长：王盛强（2019年7月免，机构改革）
人民医院医共体党委书记：王盛强（2019年7月任）
区土地储备中心主任：谢贤伦（2019年1月免）
吴　京（2019年1月任）

中国人民政治协商会议宁波市奉化区委员会

主席、党组书记：
王德彪（2019年10月免党组书记，2019年11月辞主席）
陈红伟（2019年10月任党组书记、主席候选人）
副　主　席：俞　伦（2019年11月辞）
方国波（2019年12月提名副主席候选人）
周海飞（女）
胡　荣
庄孟勇
吴亚芬（女）
邬旭光
党组副书记：俞　伦（2019年10月免）
方国波（2019年12月任）
黄　峻（2019年12月任）
党组成员：胡　荣
庄孟勇
朱海高
周　峰
秘　书　长：朱海高（2018年12月免）
办公室主任：周　峰
社会法制和港澳台侨委员会主任：李海涌
教文卫体和文史资料委员会主任：余亚君（女）
经济和城建资源环境委员会主任：王校美（女）
委员工作委员会主任：胡昌宣
提案委员会主任：舒华朝
农业和农村委员会主任：王冬宁（2020年1月任）

宁波市奉化区人民法院

区人民法院院长：赵江涛（2019年1月任）
党组书记：赵江涛

宁波市奉化区人民检察院

区人民检察院检察长：叶林达（2019年1月任）
党组书记：叶林达

中国共产党宁波市奉化区纪律检查委员会（监察委员会）

书记、主任：
翁　敏（女，2019年12月免纪委书记，2020年1月辞监委主任）
徐震宇（2019年12月任纪委书记，2020年1月任监委副主任、代主任）
副书记、副主任：康建方　何　彪

民主党派和社会团体

民革宁波市奉化区委会主委：张　雄
区总工会主席：王汉存
区总工会党组书记、副主席：王艳儿（女）

共青团宁波市奉化区委员会书记、党组书记：

陈　璟（2019年5月免）

吴　哲（2019年10月任）

区妇女联合会主席、党组书记：邬伦素

区科学技术协会主席、党组书记：孙明锵

区归国华侨联合会主席：何　山

区工商业联合会执行委员会主席、党组书记：

汪仁芳

区文学艺术界联合会主席：王亦建

区文学艺术界联合会党组书记：滕杰君

中国国际贸易促进委员会奉化区委员会会长：

孙　耀（2019年5月任，机构建立）

区残疾人联合会理事长、党组书记：张礼传

区红十字会会长：陈彩凤

区红十字会党组书记、专职副会长：李永正

区台胞台属联谊会会长：陈平儿

区属国有企业

区溪口旅游集团有限公司董事长、总经理、党委书记：

周　盛（2020年1月任）

区城市投资发展集团有限公司董事长、总经理、党委书记：孙红光

区交通投资发展集团有限公司董事长、总经理、党委书记：吴　波

区工业投资集团有限公司董事长、总经理、党委书记：林志锵

区水利建设投资集团有限公司副董事长、副总经理、党委副书记：朱正杰

区商贸投资集团有限公司副董事长、副总经理、党委副书记：邬春茂

区文化旅游集团有限公司董事长、总经理、党委书记：陆　川（2019年10月任）

区水务建设有限公司董事长、总经理：陈士军

区新农村建设有限公司董事长、总经理：

王荣辉（2019年10月免）

王旭东（2019年10月任）

区保安服务有限公司董事长、总经理：

陈　浩（2019年7月免）

胡朝安（2019年10月任）

市属驻奉行政、事业单位

区人武部部长：徐海伟

区人武部政委：付　欣

奉化日报社社长、总编辑：

马　钧（2019年5月免，机构改革）

宁波市国税局奉化分局副局长、党组副书记：

娄逢堂（2018年10月免，机构更名）

国家税务总局宁波市奉化区税务局局长、党委书记：

娄逢堂（2019年6月任）

奉化出入境检验检疫局局长、党组书记：

陈建跃（2019年1月免，机构更名）

奉化海关关长：沈　骊（2019年1月任）

宁波市国土资源局奉化分局局长、党组书记：

陈光辉（2019年2月免，机构改革）

宁波市规划局奉化分局局长、党组书记：

褚明生（2019年2月免，机构改革）

宁波市自然资源和规划局奉化分局局长、党组书记：

陈光辉（2019年2月任）

宁波市生态环境局奉化分局局长：

徐　军（2019年1月任）

宁波市生态环境局奉化分局党组书记：

徐　军（2019年5月任）

区安全工作站站长：宋希宇

区烟草专卖局局长、书记，宁波市烟草公司奉化分公司经理：袁　静（2019年12月任）

区气象局局长、党组书记：廉　亮

人民银行奉化支行行长、党组书记、外汇局局长：

傅华明（2020年2月任）

市属企业驻奉机构

国网奉化区供电公司执行董事：应肖磊
国网奉化区供电公司总经理、党委副书记：吴　军
区邮政局总经理、党委书记：田　华
奉化农村商业银行党委书记、董事长：
　　姜永福（2019年12月免）
　　孙继峰（2019年12月任）
中国移动奉化分公司总经理：
　　邬　杰（2019年1月免）
　　邵先供（2019年1月任）
中国联通奉化分公司总经理：
　　董　杰（2019年10月免）
　　陈琦琼（2019年10月任）

镇、街道

锦屏街道党工委书记：施军瑶
锦屏街道办事处主任：王志明
岳林街道党工委书记：周武军
岳林街道办事处主任：范申松
莼湖镇党委书记：刘海华(2019年8月免，区划调整）
莼湖街道党工委书记：刘海华（2019年8月任）
莼湖镇镇长：滕晓君（2019年8月免，区划调整）
莼湖街道办事处主任：滕晓君（2019年8月任）
西坞街道党工委书记：徐　娜（2019年12月免）
　　戴志锋（2019年12月任）
西坞街道办事处主任：王国成
尚田镇党委书记：
　　周开波（2019年8月免，区划调整）
尚田街道党工委书记：
　　周开波（2019年8月任，2020年1月免）
　　张维斌（2020年1月任）
尚田镇镇长：张维斌（2019年8月免，区划调整）
尚田街道办事处主任：
　　张维斌（2019年8月任，2020年1月免）
萧王庙街道党工委书记：陈横树
萧王庙街道办事处主任：陆剑波
江口街道党工委书记：卓仲强
江口街道办事处主任：周　原
方桥街道党工委书记：江雪明
方桥街道办事处主任：毛海涛
溪口镇党委书记：江定康
溪口镇镇长：张安乐
大堰镇党委书记：戴志锋（2019年12月免）
　　宋炳林（2020年1月任）
大堰镇镇长：王　盛
裘村镇党委书记：毛洁红（2019年4月免）
　　裘尧辉（2019年5月任）
裘村镇镇长：裘尧辉（2019年5月免）
　　陈　璟（2019年5月任）
松岙镇党委书记：谢宏辉（2019年12月免）
　　童华斌（2019年12月任）
松岙镇镇长：缪盛雷（2019年5月免）
　　周　平（2019年10月任）

中共宁波市委溪口雪窦山名山建设工作委员会

书　　记：高浩孟
副 书 记：张文斌（2019年12月免）
　　胡永光（2019年12月任）
　　周世君
党工委委员：江定康
　　谢功益（2019年4月任）
　　楼正进

宁波溪口雪窦山名山建设管理委员会

主　　任：张文斌（2019年12月免）
　　胡永光（2019年12月任）
副 主 任：周世君
　　江定康
　　谢功益（2019年4月任）

楼正进（2019年1月免）

办公室主任：竺　丰

投资促进局局长：庄科裕

名山发展局局长：曹培珍

开发建设局局长：沈　孟

景区管理局局长：夏　勇

财政局局长：胡志春

专 记

奉化区高质量实现“三年大变样”

2016年11月17日，奉化撤市设区，成为宁波最年轻、面积最大的区。三年来，奉化沿着“融入主城区、实现新跨越”的发展主线，深入践行新发展理念，按照“一年一个样、三年大变样、五年奉献一个新奉化”工作节奏，倍道兼程、倍速前进，各项事业发展呈现出积极态势。2017年实现GDP549.9亿元，区属GDP增长9.9%，增速居全市第一；2018年实现GDP602.4亿元，区属GDP增长7.6%，增速居全市第五；2019年前三季度实现GDP446.21亿元，区属GDP增长6.8%，增速居全市第五，固定资产投资增速居全市第二，全国综合实力百强区排名从第78位上升至第71位。

一、抓党建、强作风，全力锻造奉化铁军。始终把作风建设作为引领发展的“牛鼻子”，连续三年开年第一会部署“干部作风大整治”，纵深推进全面从严治党。三年来，累计设立作风监督点100个，排查整改作风问题2407个，破解区级历史遗留问题151个，破解率达88%。一是围绕纪律规矩抓“五不”问题整治。聚焦重大决策落实不快、服务保障不优、难题破解不力、执行规矩不严、干部形象不佳等“五不”问题，分层分类开展专项整治行动。2017年初抓领导干部，制定出台《贯彻落实中央八项规定精神全面建设过硬区级领导班子的实施意见》，32名区管干部受到处理。2017年中抓中层干部，开展“打通中梗阻、提升执行力”专项行动，280名中层获提拔，44名中层被降职、免职。2017年底，抓基层干部，开展“八讲八整治”活动，135名基层干部受到组织处理。推广“海定治村十条”，区域党建联合体、责任“上压一级”抓村社书记队伍建设等做法受到中组部肯定，滕头新老班子接力苦干得到中宣部和省委、市委主要领导批示肯定。推进“清廉奉化”建设，在200多个基层单位探索实行“五小一跑”工作清单制度（囊括小单位决策、小资金使用、小物资采购、小项目实施、小职位管理和“最多跑一次”等6个方面。），42人被问责，节约资金4500多万元。二是围绕行为自觉抓深化“思想大解放”。结合庆祝改革开放40周年，2018年8月、10月相继召开区委“思想大解放”专题读书会和民主生活会，9家区直部门重开民主生活会，部署全民大讨论、难题大攻坚等8项子活动，举办“民生大问政”8期，152个民生问题得到有力推进。贯彻省委“大学习大调研大抓落实”要求，出台《进一步改进学风会风文风的意见》，组织开展“一线调研月”活动，梳理各类问题350项，形成调研成果105份，制订实施“1+20”改革政策文件、“构筑一流发展环境”新政60条。三是围绕优化服务抓“四联四跑”活动。贯彻省委、市委“三服务”部署，组建工作专班，领导带头联企业、联项目、联乡镇、联村社，发动干部跑企业、跑工程、跑村社、跑街巷，1896名党员干部和583家企业、105个重大项目、391个村社、100条街巷建立联跑关系，共发现问题14447个，解决14322个。全面落实降本减负一揽子政策，2019年前三季度累计减免企业负担13.4亿元，惠及企业10000家左右。

二、抓招商、强项目，全力扩大有效投资。始终把重大项目作为推动发展的“强支撑”，连续三年把“招商引资”作为“五大攻坚战”之首，全力以赴大抓项目、抓大项目。2017年固定资产投资增长8.5%居全市第四；2018年固定资产投资增长25.1%居全市第二；2019年前三季度，固定资产投资增长23.4%居全市第二。一是招商机制不断健全。针对总部经济、文化创意、教学医疗等新兴产业组建九大专业招商组，实施重点项目区领导全周期联系制度，对2018年梳理出来的38个重大招商项目和2019年排摸的32个重大招商项目，实行“签约—落地—开工—投产”全过程服务，区委主要领导先后30余次赴外地招商洽谈，接待客商110余批次，全区“大招商”格局逐步形成。二是招商效率持续提升。累计引进亿元以上项目68个，新设亿元以上企业135家，引进浙商回归资金218.2亿元人民币、市外境内资金213.5亿元人民币、外资4.63亿美元，实际利用外资连续两年翻番，2017年首次举办了全省扩大有效投资重大项目集中开工宁波分会场活动，并获宁波市重点工程建设金奖、浙商回归工作金奖。三是招商项目加快落地。万达广场项目30天内完成审批，恒大溪口项目3个月内实现策划到动工，比亚迪1年内实现新车下线，全区第一家省属大学浙医药高专建成投用，第一家市级三甲医院宁波第一医院开工，第一家国际学校诺德安达建成。2019年还安排了77个“三年大变样”项目，主动向社会公示，接受群众监督，截至三季度，完成投资120亿元，投资完成率为90.3%。

三、抓人才、强平台，全力打造创新高地。始终把创新作为带动发展的“永动力”，依托宁奉轻轨3号线，全力打造“一轴五城多点”的青创大走廊，让奉化成为“最美桃花源、最好创业地”。一是创新人才实现新突破。深入实施“人才强区”战略，制定人才新政22条，全区人才总量突破12万人。三年来新增高端人才团队46个、博士74人，引进国内外院士等顶尖人才7人，同比均实现了大幅增长。其中，全球物理十大突破之一的瑞凌降温薄膜项目在10个月内实现产品下线，抢占全球“石油三采”（一采指利用储层天然能量衰竭开发;二次采油指利用注水补充地层版能量开发;三次采油指利用权注气，化学驱等开采。二次采油主要通过扩大波及面积提高采收率，三次采油可以从扩大波及面积和增加洗油效率两方面提高采收率）技术制高点的锋成石墨烯项目顺利开工。二是创新机构实现新提升。复旦大学科技园（浙江）创新中心、浙大气动产业技术研究中心、哈工大宁波技术转移中心相继落户，其中复旦创新中心已引进注册企业120余家，入驻50余家。全省首家气动行业博士后工作站成立运行，国家气动产品质量监督检验中心获国家科学技术进步二等奖，启迪智能装备（气动）科技园、“茗山智谷”创新综合体开工建设。新增省级以上企业创新平台9家，超过撤市设区之前总数的40%。三是创新产业实现新发展。高新技术产业增加值连续两年保持10%以上高速增长，新增国家级高新技术企业29家、省高成长科技型企业73家。2017年，装备制造业增加值增长17.6%，居全市第一；战略性新兴产业增加值增长22.5%，居全市第二。2018年工业技改投资增长34.6%，居全市第二。全国首个共享经济小镇在溪口启动，亚德客入选国家制造业单项冠军培育名单，海上鲜获省首届电商创业大赛一等奖。

四、抓名山、强名湾，全力推进全域旅游。始终把生态建设作为健康发展的“基本色”，积极探索“两山”实践，全力推进全域旅游发展。2018年，共接待国内外游客2360万人次，实现旅游综合收入215亿元，分别增长13.5%和24.9%，成功创建省全域旅游示范区。一是西建一座神奇的名山。2014年启动新一轮名山建设，2018年组建新的雪窦山名山建设管委会，编制名山建设项目库，启动以“弥勒文化园”项目为龙头的硬件建设，累计完成投资近50亿元，其中浙江佛学院建成投用，中国社科院佛教研究基地、弥勒文化研究基地揭牌，国研中心雪窦山全球智库论坛永久落户，2019年雪窦山弥勒文化节升格为市级节庆，中国佛教五大名山地位基本确立。大力推动弥勒文化“走出去”，2016年举办第十九次中韩日佛教友好交流会，2018年开展中华弥勒东南亚（柬埔寨）之行、欧洲之行等系列活动，2019年在意大利举办雪窦山海外弥勒文化节，佛教文化正能量得到积极弘扬。溪口民国小镇建设同步推进，总投资15亿元的民国风情街、总投资5.5亿元的溪口古镇街景改造、总投资40亿元的恒大溪口生态旅游小镇等项目进展顺利。二是东拓一片蓝色的海湾。宁波滨海旅游休闲区管委会获批成立，成为全市唯一的省级大花园建设示范平台，联合国首个绿色发展中国试点挂牌成立，累计完成固定资产投资42亿元，按照国家级旅游度假区标准申报省级旅游度假区，已通过资源评估。总投资300亿元的恒大滨海健康旅游小镇、总投资120亿元的华侨城文化旅游、总投资30亿元的“时光宁波”风情小镇等项目加快推进，获评国家级渔港经济区。经济开发区完成体制机制调整，比亚迪新能源汽车、德朗能电池、众兴新材料等项目建成投产，置信工业城一期即将交付，2017年经济开发区综合实力首进全省前十，2018年升至全省第七。

五、抓品质、保民生，全力提升幸福指数。始终把民生福祉作为城乡发展的“落脚点”，打响城市品质提升、农村住房改造攻坚战，不断增强群众获得感。一是城乡形象加快蝶变。累计实施交通道路工程31条，新增公路路网38.7千米、绿地57公顷。智能停车系统项目（一期）工程建成，新增智能公共停车位超过1000个，有效改善城区交通拥堵、车辆乱停等现象。打响“治水治污”攻坚战，安排“污水零直排”项目161个，总投资18.75亿元，已完工141个，完成投资16.8亿元，提前2年基本完成“污水零直排区”创建，成功捧得省“大禹鼎银鼎”；开展“治危拆违”攻坚战，完成城乡危旧房改造248.5万平方米，拆迁面积超过前10年总和，“拆违”472.7万平方米、“三改”471.68万平方米，成功创建省“基本无违建区”。开展“小城镇环境综合整治”攻坚战，安排项目177个，总投资18.9亿元，大堰等5个镇（街道）被评为省级样板镇，获评全省小城镇综合整治工作优秀单位。出台乡村振兴四年行动计划和六大类政策，农房拆旧1602亩、建新936亩，新增省A级景区村庄56个，全国“党建引领乡村振兴”滕头研讨会成功召开，尚田镇入选全国农业产业强镇，青云村入选全国美丽乡村示范村，尚田青农创客被授予国家级星创天地。二是民生福祉不断提升。每年近八成财政支出用于社会民生，116个社会民生同城化项目完成96个，城乡居民收入分别从4.5万元、2.6万元增至5.7万元、3.3万元，年均分别增长8.2%和9.1%，位居中国幸福小康百强县市区第31位。教育事业优质均衡发展，奉化中学、实验小学迁建完成并投入使用，获评省教育基本现代化区。卫生事业建设加快，新增社会办医28家，全面建成区人民医院医共体、区中医医院医共体、区溪口医院医共体三大区域医疗服务共同体，获评国家慢性病综合防控示范区。文体事业全面进步，图书馆获评县级一级图书馆，档案馆晋升为国家级数字档案馆，亚运会金牌实现零的突破。三是社会大局更加稳定。深入贯彻省委全会精神，制定《防范化解重大风险实施方案》，排摸梳理20类、46项重大风险，坚决消除重大安全隐患。深化平安建设，健全“一中心四平台一网格”治理体系，各类事故起数和死亡人数同比下降55.3%、58.3%，成功夺得“平安金鼎”，获评省级食品安全区、首批“浙江无欠薪”示范区。信访形势总体平稳，开设“信访超市”，实施信访代办制，信访总量同比减少10%以上，赴京访人次同比减少20%以上，初信初访问题化解率在96%以上。开展扫黑除恶专项斗争，顺利完成中央督察迎检任务，综合绩效居全市第一，打掉涉黑团伙

2个、恶势力犯罪集团10个、恶势力团伙31个、“套路贷”犯罪团伙19个，抓获涉黑涉恶犯罪嫌疑人833人，打掉“保护伞”11人，4名涉黑涉恶村干部被开除党籍。

六、抓改革、提效能，全力优化营商环境。始终把营商环境作为持续发展的“软实力”，累计出台改革文件200余个，政府效能不断提升。一是“最多跑一次”改革深化推进。创新推行领导坐堂、企业投资项目统办、涉企证照市场监管通办、“跑前咨询”体系等制度，持续拓宽企业和群众全生命周期“一事联办”，助残服务“一次不用跑”等改革经验领跑全省，打造不动产网上联办“一路通”品牌，获市委书记郑栅洁批示并全市推广；政务服务事项100%实现“最多跑一次”，企业投资项目全流程审批时间从147天缩减至59天，企业常态化开办压缩到1天，分别提速60%和86%，不动产登记全生命周期提速30%，牵头制定《政务服务中心服务现场管理规范》国家标准。“区域统一审批”做法获央视点赞，入选中宣部贯彻落实习近平新思想调研首个典型案例。二是“亩均论英雄”改革协同推进。完成规上企业和3亩以上规下企业的综合评价，区属规上工业企业亩均税收从2016年的25.8万元增加到2018年的30.3万元，年均增长8.5%，连续两年居全省第一。坚决打好“旧工业园区改造”攻坚战，江口民营科技园与中信城开完成签约，启动区块30家企业完成签约，签约率为90.9%，37亩安置工业用地完成招拍挂程序；建成小微企业园6个，整治提升“低散乱”企业580家，完成低效用地再开发4120亩，盘活存量建设用地5923亩，全域范围100%实现“标准地”供地。三是投融资改革稳步推进。实施“XOD”模式（以城市基础设施为导向的城市空间开发模式），引入中交集团投资435.5亿元，在17平方千米的合作区块打造长三角一流的城市转型示范区；引入中国金茂投资145亿元，在宁南贸易物流区合作开发宁波生命科学城；引入上海珠江集团投资308亿元，合作实施棚户区和旧城改造。全省首推“农信盈”融资制度，70余家会员累计授信超过1亿元，相关做法在全省推广。四是重点改革扎实推进。顺利完成机构改革，方桥街道、莼湖街道、尚田街道成立运行。深化国企改革，工投、商投等五大集团和新农投、水务等四大公司完成组建。深化集体林权制度改革，换发林权证80019本。农产品质量安全监管“奉化模式”在全国现场会交流推广，检察院派驻公安机关工作室创建经验在全省推广。

奉化区“不忘初心、牢记使命”主题教育活动

根据中央和省委、市委关于第二批“不忘初心、牢记使命”主题教育的统一部署，在市委第四巡回指导组的具体指导下，奉化区委始终将主题教育作为首要政治任务来抓，坚持学做结合、查改贯通、知行合一，推动党员全方位、全过程、全覆盖参与，区四套班子、68家区级机关及区直属单位、12个镇（街道）、1760个基层党组织、35580名党员高标准完成规定动作，共开展集中学习7860场次、专题研讨264场次、专题党课1872场次，开展领题调研2507人次。滕头乡村振兴学院获省委书记车俊和市委书记郑栅洁批示肯定；《在真包实走中破解百姓烦心事》《滕头村：传好接力棒、一犁耕到头》等26篇信息在省委、市委刊物上刊发，《光明日报》、新华社、浙江卫视等中央及省市媒体高频度报道210多篇。

一、坚持以上率下推动纵深开展。区委常委会坚持履主责、作表率，高起点谋划、高标准示范，统筹推进主题教育。一是谋划早。6月中旬，成立筹备小组；7月初，召开书记专题会议专项研究主题教育工作；8月初，下发通知要求“学在前、走在前、做在前、抓在前”。常委会专门制定带头开展主题教育方案，作出“六个坚持”“六个带头”“六个始终”集体承诺，明确6方面76项任务。二是部署准。坚持把开展三年的干部作风大整治有机融入主题教育，推出“四联四跑”“五对标五自查”“三色督查令”等特色载体，形成“标

准化清单”等工作载体，以干部作风优化推动问题整改落实。三是示范强。区委书记高浩孟认真履行第一责任人职责，牵头召开相关会议12次，带头开展学习教育、调查研究、检视问题、整改落实，为全区党员做出示范。区委常委会组织3次7天集中学习研讨，带头上党课12次，受众达2059人次，赴基层专题调研158人次，带动全区各级党组织和党员干部自觉对标对表，推动主题教育走心、走深、走实。

二、立足本土资源推动学思践悟。牢牢把握学习贯彻习近平新时代中国特色社会主义思想这个根本任务，筑牢思想根基，补足精神之钙。一是推出“初心图谱”。充分挖掘卓兰芳、王鲲等革命先烈的红色精神，整合本土红色资源，推出涵盖48个教育基地、60名讲师、48门课程的“全域图谱”，为各类党员群体定制教育体验套餐。特别是针对农村党员年龄偏大、学历不高等现状，开设乡土课堂，邀请农村支部书记等运用方言授课，以当地人讲当地事的方式，提升学习效果。二是打造“初心之旅”。充分发挥红色教育基地辐射作用，联动开展爱国主义、革命传统教育，区四套班子集体赴松岙带头开展“红色传承、砥砺奋进”初心之旅，寻访红色印记，聆听初心党课，回顾初心誓词。各基层党支部累计开展“初心之旅”670余批次，参与党员5万余人次。三是选树“初心红榜”。注重用身边人讲身边事，推出“我身边的优秀党员”初心红榜52个，采取固定展示、巡回展览等方式，累计组织280多批次、24000多名党员参观学习。举行“初心红”专题访谈，通过关键词演绎、身边人讲述、现场访谈等形式，展现身边优秀党员的先进事迹和初心感悟，600余名党员现场体验，4万多人次直播学习。

三、突出“四联四跑”推动服务破难。紧扣省市“三服务”要求，聚焦事关企业、民生和发展任务的“辛辣问题”，大力推行“四联四跑”活动，以干部担当作为推动问题解决，真正变“问题清单”为“满意清单”。全区1896名党员干部与企业、项目、村社、街巷建立联跑关系，领题调研672项，发现问题20549个，解决问题20343个，解决率达99%。一是聚焦企业困难。建立企服专班，创新“周周融银企对接”等做法，全区各级干部常态化走访服务企业6877家次，解决企业发展问题1685个，兑付扶持资金2.5亿元，惠及企业6500家，减免各项税收16.7亿元。深化“最多跑一次”改革，创新实行领导坐堂、企业投资项目统办、涉企证照市场监管通办等制度，制定“春苗计划”新政16条等专项扶持政策，不断优化企业发展环境。二是聚焦群众关切。深入开展包乡走村深化“三服务”活动，在落实37位区领导分头包干12个镇（街道）、378个村（社区）基础上，组织900余名镇（街道）干部一线走访，全力解决乡村振兴、农房改造、社区治理等村社发展困境、民生小事，累计解决重点问题205个，拆除农村危旧房800亩，新建农民住房440亩。三是聚焦发展任务。围绕77个“三年大变样”项目，组建1名区领导、1名区管干部、1名中层干部的“1+2”工作专班，通过全程跟踪、专项帮扶等方式推动项目落地见效。截至11月底，“三年大变样”项目累计完成投资135亿元，完成率达101.5%。同时，建立“1条街巷、1个单位、1名‘路长’”责任制，通过区领导带头跑、“路长”上街跑、单位交叉跑等方式，发动干部参与垃圾分类、文明巡查等行动，彻底解决一批社会治理顽疾。

四、开展“五对五查”，推动问题检视。在市里“三对标三自查”基础上，自我加压，围绕“五不”作风问题，深入开展“五对标五自查”活动，实查立改。一是广开言路找问题。召集“两代表一委员”、党外人士、企业家、老干部等各领域各层次意见征求座谈会6次，结合掌上奉化APP爆料平台、民情会办中心等渠道，梳理汇总涉及企业发展、物业管理、车辆违停等热点问题的意见、建议552条次，各地各单位党委（党组）班子累计征求到意见1589条次，全面分解责任、逐项落实。二是回头检视查问题。开展“五不”作风问题“回头看”，梳理重点工程推动不力等16种情形，把解决一批问题、破解一批难题、推进一批项目、优化一批民生“四个一批”作为专项检视重要内容，同时对照党章党规、“18个是否”逐一检视、逐条剖析，全区召开专题会议80多次，为高质量召开民主生活会营造氛围、打好基础。三是对标对表找差距。坚持开门搞教育，聚焦生态环境、消费维权等民生问题，累计举办“民生大问政”8期，现场问政单位40余家，152个民生问题得到有效解决。开展政治素质专项考察，按照政治忠诚、政治定力、政治担当、政治能力、政治自律5个方面“正向标准”和15条“负面清单”对干部定量考核，绘出领导班子、领导干部“政治画像”，督促提升干部政治素养。

五、深化作风整治推动立行立改。坚持把作风大整治融入主题教育全过程，做到即知即改、立行立改。一是专项整治始终改。按照上级部署和工作实际，把垃圾分类、安全生产整治百日大会战等重点工作，以及党员领导干部“酒驾醉驾”“赌博”“违规占用农村集体土地”特别是违规领取、侵占村级分红等突出问题与“8+1”专项整治紧密结合，全程、全域、全力整改。集中整治开展以来，累计整改513个重点问题，查处党员干部“酒驾醉驾”问题13人，清退村级股份1034人。二是动态跟踪督促改。围绕“8+1”专项整治，创新推行蓝橙红“三色督查令”制度，动态跟踪，限期整改。对3个滞后项目下发蓝色督查令，促使项目顺利推进。强化正风肃纪，共开展明察暗访56次，出动287人，检查单位330家，发现问题186起，查处党员干部19人，进一步营造担当作为、干净干事的良好氛围。三是建章立制巩固改。根据区委常委会征求到的问题，明确牵头单位、完成时限，梳理形成工作机制43项，持续巩固整改成效。聚焦学习教育、调查研究、检视问题、整改落实、基层支部5个方面，建立健全“周一夜访村社”、基层党员轮训等21项主题教育长效机制，着力巩固主题教育成果。

六、强化分类施策推动支部教育。针对基层党支部点多面广、党员素质参差不一等实际，牢固树立“一盘棋”思想，分类施策、靶向发力，着力打通“最后一公里”，促使主题教育不走过场、不落一人。一是分群体抓实教育。在不折不扣抓好“两书一章”学习等规定动作基础上，制定出台《关于基层党支部推进主题教育的指导意见》，明确党支部书记“五带头”和支部党员“八个一”工作标准，细化形成4个具体项目、9项刚性指标、20条任务要求，切实做到“一把钥匙开一把锁”。二是分领域明确重点。根据村社、学校、医院等领域基层党组织特点，分类开展“万名党员进党校”集中轮训、“十查十看”检视整改等活动，通过书记带头、党员跟进、上级点题等形式，推促广大党员深入查摆自身问题。各基层支部累计集中学习7050次，全体党员普遍得到一次以上轮训。三是分层级破难帮困。聚焦帮学送医、垃圾分类等“关键小事”，组织开展“一名党员办成一件好事”活动，通过小事普通党员领头办、大事党员干部领衔办、难事处级干部领导办等方式，推促党员干部为群众办好事、办实事。累计开展志愿服务4.6万人次、办成好事实事4.3万件。

七、注重严督实导，推动有序高效。始终把从严从实、强化指导作为推进主题教育的重要手段。一是严选力量。精选24名领导干部以及24名组织、纪检等综合部门年轻干部，组建12个巡回指导组，对全区各单位严格督导。各指导组坚持高标准、严要求，认真负责、扎实工作，敢于较真、敢“唱黑脸”，确保主题教育压茬推进。二是严实标准。根据针对处级干部、基层党组织量身定制任务清单，指导组对照“共性+个性”标准体系，按照10个具体项目、29项刚性指标、62条任务要求实行流程化、清单化、日历化指导，按单评估、照单验收，实现每个环节扎实到位、每个动作不打折扣、每个活动不走过场。三是严格管理。实行巡回指导组“一周一汇报”“两周一碰头”“定期比实效”常态化管理机制，对照清单公布各组工作进度。至9月开始，指导组召开各类会议180余次，深入指导12000余人次，退回重写材料6400余份，有力推促各地各单位主题教育高质高效开展。

中国共产党宁波市奉化区委员会

综　述

2019年，奉化区委认真贯彻落实上级决策部署，团结带领全区上下聚焦“357”中心工作，顺利干成“三年大变样”，全国综合实力百强区排名上升至第71位。全年区属GDP增长6.5%；一般公共预算收入增长21.3%，商品销售额增长18.7%，均列全市第一；固定资产投资增长18.8%，列全市第二；城乡居民人均可支配收入分别增长7.1%和8.5%。

把政治建设摆在首位，坚决落实中央和省委、市委决策部署，确保方向不偏、重心不移。第一时间学习传达、研究落实习近平总书记重要讲话、重要指示，以及党的十九届四中全会等中央、省委、市委重要会议精神，跟进学习最新党内法规，组织理论中心组学习30次、集体学习上级精神70余次。深入开展“不忘初心、牢记使命”主题教育，严格履行“六个坚持”“六个带头”“六个始终”集体承诺，一体推进4项重点措施，建成初心教育基地48个，选树“初心红榜”52人，赴基层专题调研2507人次，“8+1”专项整治123项重点举措全部完成，支部教育分层分类推进等做法得到上级肯定。扎实推进中央环保督察、违建别墅清查等工作，按时完成整改任务。严格执行民主集中制，有效发挥区委财经委、深改委等协调机构作用，召开常委会33次、财经委会议12次、深改委会议3次，不断提升统筹领导和科学决策水平。支持人大政协、“一府一委两院”依法履行职能，提升多党合作效能，统筹推进党管武装、群团建设等工作，团结协作氛围进一步浓厚。

围绕高质量发展要求，加快推进产业转型升级。深化招商引资攻坚战，聚焦科技研发、数字经济、总部经济等短板，新引进亿元以上项目30个，实到浙商回归资金80亿元、市外境内资金85亿元。加快培育新兴产业，新增国家高新技术企业20家，17家企业入选全国瞪羚企业名单，企业研发投入增长15%，高新技术产业增加值增长11.1%。加快改造传统产业，打响老工业园区改造攻坚战，技改投资增长13.9%，新增“小升规”企业78家、甬股交所挂牌47家。加快推进全域旅游发展，旅游总收入、总人次分别增长24.7%、13.2%，获评省旅游发展十佳区。持续深化重大平台突破攻坚战，105个重大平台突破项目完成投资131.7亿元，完成率114.5%。东部门户区开发主体顺利调整，“茗山智谷”创新综合体一期开工。宁南区块累计完成投资48亿元，科普中心城展馆建成投用。宁波·上海产业转移双创示范基地和国家技术转移东部中心宁波分中心合作共建。

坚持改革撬动、创新驱动，发展环境进一步优化。深入实施改革创新年度计划，50个年度项目全部落实。深化“最多跑一次”改革，政务服务事项100%实现“网上办”，251项民生事项实现“一证通办”，企业投资、安置房项目审批分别提速50%、61%，助残服务“一次不用跑”、不动产登记“一路通”等改革经验领跑全省。平稳完成机构改革，新设方桥街道，莼湖、尚田撤镇设街道，奉化海关、融媒体中心组建运行。主动对接市委“栽树工程”、甬江科创大走廊建设，谋划实施“春苗计划”，制定出台新政16条，每年动态整合不少于5亿元用于专项扶持，累计储备“小而美”苗子企业近60家。实施“科创飞地”模式，设立5个异地孵化器，入驻企业50余家。加快打造“3号青创大走廊”，复旦科技园、58众创等平台建成运营，累计引进注册项目300余个。升级人才新政22条，成立博士联谊会，新增高端人才团队25个，入选宁波“3315系列计划”9个。

坚决打好污染防治攻坚战，推动奉化更加宜居美丽。打响城市品质提升攻坚战，新增街景小品30个、停车位3700余个，中山公园、凤山体育公园等6处公共绿地提质开放。持续深化“治水治污”“治危拆违”“小城镇环境整治”，累计完成拆违115.5万平方米、“三改”（“三改”：旧住宅、旧厂区、城中村改造。）103.4万平方米，12个拆迁清零区块中的8个完成清零，成功捧得“大禹鼎银鼎”，“环保议事厅”入选全国环保公众参与十佳案例。创新实施垃圾分类“三级点长”制，创建省级示范小区1个、市级示范小区12个。成功举办中国农民丰收节分会场活动，奉化曲毫国家地理标志正式启用，实现农林牧渔业总产值增长2.7%。稳步改善农民生活，农村住房改造完成拆旧1074亩、建新650亩，完成公厕改造125座，成功创建省AAA级景区村7个。持续深化农村治理，新建农村文化礼堂40家，道德庭实现全覆盖。深入开展东西部扶贫协作专项工作，完成社会帮扶资金2206万元、消费帮扶4432万元。

坚持以人民为中心发展思想，群众获得感、幸福感日益增强。75.4%的公共财政支出用于社会民生事业，民生实事项目全部完成，奉化中学、实验小学完成迁建，上师大附属宁波实验学校开工建设，城市文化广场启用开放，区域医共体建设实现全覆盖，城镇登记失业率降至1.7%。坚决打好防范化解重大风险攻坚战和“安全生产整治百日大会战”，安全事故起数和死亡人数分别下降35.3%和35.7%，信访四级走访批次及人数分别下降6.2%和34%，侦办涉黑团伙2个、涉恶犯罪集团10个、涉恶团伙37个，刑事、治安案件发案量全市最低，社会力量参与社区矫正“奉化模式”被央媒专题报道，成功捧得“平安金鼎”。深入开展“文明奉邑在行动”“五整顿两提升”文明强基专项活动，新时代文明实践中心建设列入全国试点，“中国梦·大国工匠”百名全国劳模服务团在奉化启动，金钟社区获评全市十佳品质社区，崔译文、何华海荣登“中国好人榜”。

坚持党要管党、从严治党，推动政治生态持续向好。创新实施村社书记管理责任“上压一级”模式，为380余名村社书记建档，10名书记“跨村任职”，整顿后进村党组织26个，处置调整村社干部51人。扎实推进滕头乡村振兴学院建设，承办“滕头论坛”，获得省委书记车俊批示肯定。深化干部竞速履职“红黑榜”制度，提拔或重用干部60人，入选市“六争攻坚”好干部7人。稳妥推进公务员职务和职级并行制度，完成全区2094名公务员职务信息核查和职级套转工作。制定干部政治表现5个方面“正向标准”和15条“负面清单”，55人受到组织处理。严格落实“三个区分开来”，为10名干部澄清正名。落实“基层减负年”要求，会议数、发文数分别减少48.6%、54.5%。深化“四联四跑”活动，共发现问题20549个，解决20343个，解决率为99%。举办“民生大问政”4期，30余家单位接受问政，解决民生问题82个。

重要会议

【区委一届五次全体（扩大）会议暨区委经济工作会议】 1月5

日召开，由区委常委会主持。区委书记高浩孟代表区委常委会，向全会作工作报告，区委副书记、区长张文斌部署2019年度经济工作。报告结束后进行分组讨论，区委书记高浩孟作结束时讲话。会议深入贯彻党的十九大、十九届二中、三中和省委十四届四次全会、市委十三届五次全会精神，全面落实庆祝改革开放40周年大会、中央和省委、市委经济工作会议精神，总结回顾2018年工作，研究部署2019年工作，动员全区上下紧紧围绕市委“六争攻坚、三年攀高”行动部署，以“三年大变样”为总目标，以“思想大解放、改革再出发”为总引领，以“三强三促”为总抓手，制定实施“三大计划”，坚决打响“五大攻坚战”，以优异成绩向新中国成立70周年献礼、为宁波发展添彩。

【区委一届六次全体（扩大）会议】 7月29日召开。区委书记高浩孟代表区委常委会，向全会作工作报告；报告结束后，分组讨论区委全会报告和《中共宁波市奉化区委关于防范化解重大风险深化平安奉化建设的实施意见》，区委书记高浩孟作结束时讲话。会议深入学习贯彻党的十九大、十九届二中、三中全会和省委十四届五次全会、市委十三届六次全会精神，认真落实省委书记车俊在奉化调研时的指示要求，回顾总结2019年以来的工作，部署“防风险、保平安”攻坚战和下半年工作，力争以“三年大变样”的优异成绩迎接新中国成立70周年。

（张玉宝）

办公室工作

【概况】 2019年，区委办公室按照习近平总书记“五个坚持”和省委书记车俊“四个永无止境”要求，突出办文、办会、办事三大重点，认真履行参谋助手、综合协调、督促检查、后勤保障等各项职能，全面完成年度各项目标任务，为各级党委决策部署落地见效、区委全面冲刺“三年大变样”提供了有力保障。

【以文辅政】 紧跟中央和省市区重大决策部署和工作要求，推动区委各项中心工作落实，全年撰写各类文稿290篇、95万字，起草会议纪要45期、《甬人奉话》专栏文章11篇，审发媒体新闻稿件320篇，专题党课、读书会讲话稿等一批重大文稿获领导和社会各界好评。坚持把调查研究作为综合文稿撰写的源头“活水”，全年完成课题研究报告60个，编发《奉化调研》8期，制定出台《关于实施“春苗计划”培育“小而美”企业的意见》，高质量完成了区委六次、七次全会报告及《关于防范化解重大风险深化平安奉化建设的实施意见》和《关于贯彻落实党的十九届四中全会精神高水平推进区域治理现代化的决定》。常态化开展全员大调研活动，领导班子带头深入基层专题调研45人次，发动全办党员下沉基层一线，了解实情，倾听民意，形成了有分析、有体会、有思路、有对策的调研报告40余篇，为领导决策提供参考依据。改进信息采集、报送工作，全年编发本级《奉化信息》251期，编辑短信600余条次，上报信息被中央办公厅录用15篇，被省委办公厅录用69篇，被市委办公厅录用127篇，其中上级领导批示11人次，区级领导批示52人次。

【办会办事】 坚持重程序、讲制度，紧扣区委各项中心工作，把牢重要事件、重要节日、上级重大活动部署等节点，加强同各相关部门的沟通协调，做到会前周密安排，会中、会后搞好服务，确保会务优质高效。压缩会议数量和规模，严肃会议纪律，严格执行会议计划立项和会前请示报批、会议请假“一会一请”等制度，不断提高办会效率。全年安排全区性会议46次，常委会、财经委员会会议等专题会议50余次，力求会议服务准确高效。坚持上下统筹、左右兼顾，实行“4+5+1”工作机制，对重要事务、重大活动定期沟通衔接，涉及部门多、事权有交叉的工作，主动牵头，协调各方，及时传递党委声音，以点上的同频共振确保面上的执行顺畅。按照急事急办、特事特办的原则，注重程序，加强沟通，多请示，常汇报，做到不误事、能成事。

【督查工作】 发挥督查“指挥棒”作用，持续提高督查实效，一年来，配合开展市级以上各类专项督查20余批次，办理、上报市委、市政府领导批示件41件，全年累计交办、办结领导批示件914件，牵头或参与各类专项督查38批次，交办、督办人大建议198件、政协提案199件，编发《督查与落实》53期，下发“三色督查令”3期，有力推动了区委、区政府各项工作落实见效。坚决落实“基层减负年”要求，持续深化整治，至12月底，全区会议、文件、督查考核3项事项与上年同期相比分别下降48.6%、40.5%、64%，涉村（社区）职责事项多、机构牌子多、制度上墙多、工作台账多等问题得到进一步遏制，表彰奖励和通报表扬项目、进校园各类事项、“一票否决制”事项等进一步规范，减负成效明显。

【史志工作】 加强史志鉴编研工作力度，提高文献整理和宣教工作水平。印行第五册《中共奉化历史第三卷（1978—2002）专题集》，含专题35个，约35万字；党史三卷正本完成初审稿排版印制，进入审阅阶段。年中召开全区地方志工作推进会，部署第二轮区基层志工作。《奉化气动志》定稿待出版，《奉化区工会志》《奉化区图书馆志》进入初稿编写阶段；《奉化区检察志》《岳林寺志》完成大纲编写，进入资料收集阶段。《松岙镇志》复审稿修改完成；《裘村镇志》完成初稿，进入统稿阶段。出版《奉化年鉴（2019）》，加入出版协会年鉴工作委员会，启动《奉化年鉴》电子版上知网。方志馆场馆基建完成；竺扬故居（中共竺家支部旧址）于7月1日整修后开放，成为宁波市级党史教育基地和区文物保护单位；裘古怀烈士纪念馆主体建筑和基础设施已经完成，展陈方案、上墙文稿基本确定。举行赠书活动7次，赠送奉化党史、方志、地情刊物等书籍350余册，涉及村（社区）、企业、学校等多个单位。《奉化红色记忆》出版；《江圣泗纪念文集》《郑源兴——中国人的企业家》印行；《奉化历代人物选》进入出版阶段；点校完成清光绪《奉化县志》、民国《奉化补义志》。《奉化史志》编印合刊1期，总30期，发行400册。《习近平关于宗教论述与奉化实践》一文获宁波市党史学界庆祝新中国成立70周年学术研讨会论文评比优秀奖。

【队伍建设】 以习近平新时代中国特色社会主义思想和党的十九大精神为指导，自觉把讲政治贯穿于党性锤炼全过程，始终同以习近平为核心的党中央保持高度一致，特别是把贯彻落实习近平总书记和各级党委领导对党委办的重要指示精神和部署要求作为重要的政治任务，坚决贯彻各级党委决策部署，确保各级党委方针政策、决策部署落实到位，以实际行动践行“两个维护”。把学习贯彻习近平新时代中国特色社会主义思想作为首要政治任务，通过每月主题党日活动和“不忘初心、牢记使命”主题教育两个载体，深入开展理论学习和廉政教育，先后组织开展“警示教育月”主题活动、“不忘初心、牢记使命”迎“七一”微型党课比赛、“不忘初心、牢记使命”主题教育集体夜学、初心之旅、专题党课、专题交流会等学习交流活动。严格落实党风廉政建设“两个责任”机制和“四专三书一报告”制度，将党风廉政建设和反腐败工作纳入委办工作全局，做到同研究、同部署、同落实、同考核。定期召开班子会议，专题听取、研究、布置党风廉政建设工作，协调解决有关问题，推动中央和省市区委全面从严治党要求落地生根。严格执行“一岗双责”制度，分级分层做好各类风险防控，强化全办干部的底线意识和红线意识，开展班子成员与分管科室人员廉政谈话，切实做到早提醒、早纠正，促进党员干部廉洁从政。

（李鑫江）

组织工作

【概况】 2019年，全区组织工作紧紧围绕“高质量”发展这个主题，对标省市组织工作高质量发展规划纲要，编制《奉化区组织工作高质量发展项目清单（2019—2022年）》，高质量开展主题教育，高标准锻造干部铁军，高要求落实“两个必须”，取得了积极成效。

【领导班子和干部队伍建设】 制定实施《领导干部政治素质考察办法》，定性定量相结合评价干部政治表现，努力考准考实干部。建立干部为事业担当、组织为干部担当的良性互动机制，选派258名干部到攻坚一线挂职，7名干部被评为市级“六争攻坚”好干部，21名党员干部入选市级“六争攻坚”先锋榜，35名党员干部被评为“省市担当作为好支书”和“两优一先”表彰对象，提拔或进一步使用的60名干部中，51人具有重点工作挂职经历。加大关心关爱干部力度，建立干部关心关爱“六项机制”，实施“组织干部长夜谈制度”，积极稳妥推进公务员职务与职级并行制度，完成2094名公务员的职务信息核查和职级套转工作。优化干部队伍结构，公开考录公务员48人，选调生公务员7人，高层次紧缺人才11人，“名校优生”19人。

【干部日常监督管理】 创新从严监督管理干部大排查机制，对全区32家单位的党委（党组）议事、选人用人等6个方面内容进行压茬式检查，发现整改问题21类220多个，相关做法受到市委组织部领导批示肯定。深入实施干部选拔任用工作全程纪实制度，修订出台《中层干部选聘工作指导意见》，组织开展第二轮从严监督管理大排查，完成基层选人用人和干部因私出国（境）违规违纪问题专项整治工作，全年55名干部因违反因私出国（境）等政治规矩受到组织处理。深化党员干部“身份识别体系”，累计收集党员干部监督信息线索1600多条，对160余名干部作出组织处理。

【干部教育培训】 持续抓好“四大课堂”培训，牵头举办各类主体班会56期，累计参训3万余人次。创建滕头乡村振兴学院，着力传播乡村振兴经验、培育乡村振兴人才，共承接各类培训30个班次，承办全国基层书记谈振兴“滕头论坛”，得到省委书记车俊和市委书记郑栅洁批示肯定。

【“不忘初心、牢记使命”主题教育】 坚持把主题教育作为全年首要政治任务来抓，按照区委部署要求，以“作风大整治”为牵引，提前3个月筹备谋划，构建标准化工作体系，一体推进学习教育、调查研究、检视问题、整改落实4项重点举措，组织实施“四联四跑”“三色督查令”“民生大问政”“初心红榜”等特色做法，推动全区1959个基层党组织、35580名党员分层分类参与，完成513个“8+1”专项整治和4类重点问题整改，各项工作达到预期目标。省委第二巡回指导组3次到奉化指导调研并给予高度评价，区委主要领导在全市主题教育总结大会上作典型发言，省委、市委主题教育简报刊发信息26篇，新华社、《光明日报》等中央及省市媒体报道210多篇。

【基层组织建设】 全面推行“上压一级”，坚持像抓区管干部一样抓好村社书记的选任调整、教育培养、履职管理和保障激励，全年建立村社书记档案380份，清理调整曾受刑罚村干部39人、组织处理37人，连续召开区委村社书记工作交流例会6次，举办“书记面对面”等专题培训17期，相关做法写入全省组织部部长会议工作报告并在全省推广，得到市委书记郑栅洁的批示肯定。持续深化“区域党建联合体”“跨村任职”、党建引领乡村振兴“支部大会战”等做法，集中抓好26个后进村党组织整顿转化，完成137个经营性收入10万元以下村的消薄任务，培育机关党建品牌示范点5个，新建“两新”党组织58个，发展本科学历以上党员134人，有力推动新一轮“整乡推进、整区提升”工作。组建成立滕头乡村振兴学院，承接东西部扶贫协作、乡村振兴专题培训等30余个班次，相关做法得到车俊、郑栅洁、陈金彪、钟关华等省委、市委领导的批示肯定。

【自身建设】 以“八个带头、八个走在前”为标准，认真抓好自身建设，在主题教育中深入开展包乡走村深化“三服务”和“四联四跑”活动，收集问题、意见60余条，完成调研课题12个，解决群众难题46个。召开专题民主生活会和专题组织生活会，以案为戒，深刻查摆突出问题，逐条抓好整改落实，有力锻造“模范部门、过硬队伍”，部机关各有1名干部被评为市级“六争攻坚”好干部和市级“组工好干部”，省委组织部《时代先锋》刊登了部机关主题教育相关做法。注重调研宣传，强化以文辅政，全年9个调研报告在市级以上获奖；刊发组工宣传稿件111篇，其中中央电视台《新闻联播》《人民日报》、新华社等国家级媒体刊发20篇；刊发组工信息35篇，其中被中央办公厅和中央组织部采用5篇次，被省级采用信息7篇次，获得市级以上领导批示10人次，数量和质量均居全市第一。

（印晨瑶）

宣传工作

【概况】2019年，全区宣传工作紧紧围绕学习宣传贯彻习近平新时代中国特色社会主义思想这条主线，以“不忘初心、牢记使命”主题教育和宣传思想文化系统增强“四力”（指脚力、眼力、脑力、笔力）教育实践活动为契机，固本强基，攻坚克难，对标赶超，争先创优，全方位推进宣传思想文化领域各项工作。新时代文明实践中心建设列入全国试点，中央宣传工作（9月13日第17期）刊登《浙江奉化“三四五六”工作法推动文明实践》；滕头农民丰收节在《新闻联播》播放，时长30秒；“挡刀女孩”崔译文故事在各类媒体广为传播，累计阅读超过9.2亿人次，并在央视新闻频道《面对面》节目播出。组织“民生大问政”，相关经验得到市委书记郑栅洁批示推广，并列入宁波市第五期“六争攻坚”先锋榜；“奉邑学堂走乡间”理论普及工作得到省委宣传部常务副部长来颖杰批示肯定；崔译文、何华海获评“中国好人”。

【理论学习】深入开展习近平新时代中国特色社会主义思想学习宣传研究，出台《2019年度区委理论中心组学习意见》，组织中心组开展集中学习24次，其中举行报告会4次；全区各基层党委（党组）中心组累计开展各种形式学习2000多场次，区委宣传部组织对20多家基层中心组学习进行巡听，每季度通报学习情况。出台《2019年奉化区“强学习、悟初心、促发展”基层党员群众学习教育工作实施方案》，开展教育活动2320场次，受众4万多人。打造“奉邑学堂走乡间”基层理论宣讲品牌，累计开展走乡间活动200多场，受众12000余人次，并在“掌上奉化”开设“奉邑学堂”干部学习专栏。“奉化区新时代基层宣讲工作的实践与创新”调研课题被列为2019年全省宣传思想文化系统调研课题。在“学习强国”平台上累计刊发稿件58篇，《我和我的祖国》MV登陆“学习强国”中央平台实践版块头条。2人参加宁波市第十一届微型党课比赛，分别获一等奖、二等奖，区委宣传部获优秀组织奖；1人参加宁波市“我最喜爱的习总书记的一句话”演讲比赛，获一等奖。

【对外宣传】保持《宁波日报》每周头版1篇以上的宣传频率，“甬派”客户端累计发稿536篇；在省级以上媒体发稿173篇，其中中央级主流媒体发稿120余篇（不含新媒体）；其他“中字头”媒体和海外华文媒体发稿量300多篇，累计刊发各类对外宣稿件1500余篇，居宁波各县（市、区）前列。乡村振兴、对口扶贫协作、亩产论英雄工作获得央视《新闻联播》《晚间新闻》和《经济日报》报道，《奉化区“电视问政”倒逼民生难题加快破解》获省委副书记、市委书记郑栅洁批示肯定。全媒体讲好“挡刀女孩”崔译文最美故事，央视《面对面》、新华社、《人民日报》等超过800家全媒体平台刊发相关信息，“挡刀女孩”成为新浪微博和抖音热搜榜第一位，累计阅读超过9.2亿人次。累计录制“民生大问政”节目8期，40多家单位接受现场问政，122个民生问题的解决得到有力推进，相关做法得到市委书记郑栅洁批示肯定，并在全市推广。区融媒体中心正式挂牌，成为宁波市有正式刊号报系县（区、市）中率先成立融媒体中心的区。扫黑除恶宣传工作成效显著，区级媒体刊发相关报道200余篇，投放公益广告宣传150余万条，“套路贷”短视频播放量230多万次。

【文化事业】 新建农村文化礼堂40家，开展文化礼堂亮灯提升工程，出台《奉化区农村文化礼堂管理员考核奖励办法》，在《奉化日报》开设《带你走礼堂——我们的礼堂》专栏，举办首届“爱我中华 唱响礼堂”礼堂文化节。报告文学《中国有个滕头村》正式出版，获省“五个一工程”奖。动漫《神奇布袋小子》列入2019年宁波市文化精品工程扶持项目，10月28日起，在央视少儿频道首播。

“文化宁波2020”建设持续推进，集书城、博物馆、图书馆、文化馆、展览馆于一体的城市文化中心正式启用；“文化类IP知识产权交易平台”项目正式落户并投入运营，已引进影视、设计等企业35家；滕头村和马头村分别获中国新乡村音乐基地和新乡村音乐创作体验营地称号，举办2019“产城之夜”新年音乐会；加大对文化企业扶持力度，发放补助资金544万余元。

新闻出版监管工作有序推进，对全区6家电影放映单位开展多次安全检查，发现并督促整改3例；开展“秋季行动”，检查书店、印刷企业205家，取缔无证游商摊贩2家次，办结非法出版物案件4件，收缴非法少儿出版物246本、音像制品1件、非法音像制品173张；溪口镇被评为全省第三批“扫黄打非”进基层示范点。

（蒋珊珊）

统一战线工作

【概况】 2019年，全区统一战线工作以政治建设为统领，全面贯彻落实中央和省委、市委、区委关于新时代统战工作的一系列决策部署，紧紧围绕“135”奋斗目标和“357”工作部署，在恪守初心中把握职责定位，在践行使命中积极开拓进取，各领域工作取得新的进展。乡贤统战“四步工作法”获省委常委、统战部部长熊建平批示肯定并获评全省统战工作实践创新奖；区台办获评全国对台宣传工作先进单位；雪窦山海峡两岸交流基地获评浙台经济社会融合发展突出贡献单位称号，雪窦山华侨国际文化交流基地获评第一批浙江省华侨国际文化交流基地，基层统战工作相关做法在全市统战部部长会议上作典型交流发言。

【多党合作】 指导民建奉化区基层委员会、区党外知识分子联谊会换届，新成立九三学社奉化支社；引导各民主党派、工商联和无党派人士围绕中心参政议政，撰写市两会建议提案40件、区两会建议提案133件，开展“民营经济高质量发展”等专项民主监督8次。

【宣传交流】 聚焦“壮丽七十年、奋进新时代”主题，举办统一战线“我和我的祖国”主题会演、“不忘初心、砥砺前行”主题图片展、“奉化百家民企企业精神，书法展”等大型同心主题活动5场；登记入库六大类乡贤2100余人，推动12个镇（街道）实现乡贤联谊会组织全覆盖，建成镇（街道）乡贤馆11个、村（社区）

8月15日，“我和我的祖国”奉化区统一战线庆祝新中国成立70周年主题活动现场

9月17日，奉化区百家民企"企业精神"书法展开幕

乡贤长廊等平台205个；设立美国、法国、德国"海联驿站"和上海"海创驿站"，成立柬埔寨侨商宁波（奉化）经贸联络处；组织开展"同心·博爱""同心·思源""留创·爱"等社会服务活动30余次；区工商联直接引导骨干会员企业参与东西部和"山海协作"结对扶贫，捐资510万元，捐赠实物价值323.9万元；引导宗教界捐款捐物价值150余万元；鼓励引导海外侨胞公益慈善捐赠1600余万元。2篇信息被中央统战部录用，4篇专题被省委统战部《情系中华》杂志刊登推广，中央主流媒体正面宣传报道奉化统战工作23条次。

【"四名"工程建设】 名山工程方面，承办"2019中国佛教讲经交流会"，举办"2019雪窦山弥勒文化高峰论坛"和"2019数字佛教论坛"，现代佛教网开通运行；持续推进海外弥勒文化弘扬计划，两赴意大利举办弥勒文化交流活动，吸引华人华侨社团和当地民众上万人参加；"2019雪窦山佛文化用品展"现场成交金额1525.7万元，意向成交金额7200万元；文化节综合曝光量超2亿人次，雪窦名山影响力进一步提升。名镇工程方面，深入开展两岸文化、基层、经贸交流合作，共同举办"2019海峡两岸婆媳文化节""浙台邻里节宁波专场活动""海峡两岸山地桃花马拉松比赛""海峡两岸暨香港排球精英赛"等活动；"2019浙江台湾合作周"奉化专场活动促成签订总投资15亿元的"海峡两岸大健康产业基地"项目合作框架协议。名人工程方面，研究出台《关于鼓励乡贤回归的实施意见》等系列文件，区委书记浩孟先后4次带队赴北京、上海、深圳、杭州召开乡贤座谈会，形成了党委统一领导、统战部门牵头、职能部门协同、社会团体配合、区镇村三级联动、社会各界广泛参与的工作体系；以"情系桑梓·共建奉化"为主题，协助区委、区政府举办"设区三周年大会"，邀请区外奉化籍乡贤300余人参会，活动得到了海内外乡贤的广泛"点赞"。名牌工程方面，莼湖街道"政府靶向服务"模式作为全市3个镇（街道）试点之一纳入宁波亲清政商关系体系建设（宁波试点工作得到了中共中央政治局常委、全国政协主席汪洋；中共中央书记处书记、中央统战部部长尤权的批示肯定），相关做法入选中组部编印的《贯彻落实习近平新时代中国特色社会主义思想在改革发展稳定中攻坚克难案例》"政治建设"篇；培育省级宗教普法工作示范点2个、市级"新力甬动"基地3个、市级"侨界创新创业基地"1个；宗教"传习驿站""慈善公社"试点有序推进，承办全市民间信仰活动场所文化提升现场会；畸山小学民族团结进步示范点工作得到省民宗委主任楼炳文的肯定。

【宗教场所管理】 坚持以导为先、依法为要、服务为重，扎实做好宗教领域各项工作。全区120处宗教场所和271处民间信仰场所全部纳入社会综合管理全科网格化管理。落实专项资金131万元，探索引入第三方安全监管模式。扎实开展假僧专项治理、农村小庵小庙综合管理、宗教及民间信仰场所规范化管理等专项行动，依法取缔非法培训活动，查处违建行为，提升"低小散"民间信仰场所30处，承办全市宗教活动场所消防安全标准化建设现场会。

【和谐政商关系】 紧扣“两个健康”工作主题，打好亲清政商关系“组合拳”。围绕“企业上市”“智慧用工”等专题，举办8期“政企面对面”交流会；启动企业家“青蓝接力”培养工程暨“511”培养计划，举办专题培训16期，覆盖面1500余人次，建成镇（街道）亲清家园6个；扎实开展基层“商协会建设提升年”活动，“搭建政商服务平台，优化营商环境”项目被列为县级工商联项目化改革试点。建立乡贤回归定期研判机制，协助引进超竣电器增资技改、雅星服饰增资、“16+1”侨文化产品体验中心等8个项目落户；实施“乡村振兴合伙人”计划，推动落实乡贤回归实事项目8个，涉及资金2588万元。

（叶徐挺）

人才工作

【概况】 2019年，区委大力实施“人才强区”战略，把“双招双引”作为奔跑赶超、推动高质量发展的重要引擎，把优化“人才生态”作为集聚创新资源、提升区域竞争力的重要抓手。全区新增各类人才14900余人，人才总量达13.59万人。新增高端人才项目25个，入选市“3315系列计划”9个，新引进高校院所和省级以上企业创新平台25家，引进各类高端人才150余人，其中顶尖特优人才18人、同比增长29%，列入国家重点人才计划重点推荐1人。

【招才引才体系完善】 实施常态化会商机制，召开区委常委会、区委人才工作领导小组会议，专题研究人才工作10余次，审议人才相关文件22个。定期召开人才办主任会议、镇（街道）人才工作季度例会和驻外招商引才联络站站长会议，实现“横向联动、条线协作”，有序推进工作开展和决策落实。搭建立体式招引网络，设立北上深杭等4个人才科创“飞地”，推动更多科创成果在奉化实现产业化。建立人才项目信息库，梳理在外知名人士信息605条、项目信息110条，引荐人才项目75个，落地20余个。推动一揽子政策落地，实施人才新政“升级版”22条，出台企业“三领”人才（根据管理、研发、技术等不同岗位、不同特点，具体分“凤麓金领”“凤麓银领”“凤麓蓝领”三类进行认定评价）、人才住房保障等一批惠才政策，全年发放各类人才补贴3800余万元。强化政策叠加效应，制定出台引育“小而美”企业的“春苗计划”16条，每年动态整合投入不少于5亿元，引进高端人才200人以上。

【人才队伍建设】 抓顶尖人才的招引，支持瑞凌、锋成等企业召开国际级峰会和论坛，邀请乌克兰、白俄罗斯等国两院院士到奉化参与企业座谈，引进院士8人。抓实用人才的培育，通过举办职业技能大赛、高技能人才直接认定等措施，全年新增高技能人才5977人，其中2人入选省“百千万”第二层拔尖技能人才。实施“乡土人才”百人计划，选树文化艺术类、生产生活类、经营管理类人才29人。抓青年人才的集聚，实施大学生就业创业工程，发挥青年人才驿站作用，全年新引进大学生5466人，创历年新高，新增大学生创业实体180家，发放创业担保贷款1890万元。积极培养青年社会骨干，打造“青竿计划”，组建“剡社”青年联合会，发布83名青年标杆先进事迹。持续开展“名校优生”引进计划，48名知名高校优秀毕业生到奉化工作。

【人才平台提升】 力抓核心平台谋划，组织专门力量编制“3号青创大走廊”生命科学城、中交智慧城、智能制造城、茗山科技城、滨海低碳城等“五城”发展规划，实现板块之间错位发展、协同发展。其中，生命科学城、茗山科技城已初步纳入甬江科创大走廊整体布局。力推创新平台培育，先后引进云狐数字产业综合体、“58众创空间”等项目，合作共建宁波·上海产业转移双创示范基地和国家技术转移东部中心宁波分中心，实质运行启迪智能装备科技园、复旦科技园（浙江）创新中心、哈工大宁波技术转移中心，全年入选省级小微企业园5家、省级众创空间2家。力促企业平台建设，积极推动本土企业与宁波材料所、乌克兰科学院、上海交大等国内外高校院所合建研发中心，开展产学研项目40余个，新建院士工作站1家、省级博士后工作站2家，17家企业入选全国瞪羚企业名单，企业创新和人才培育能力不断提升。

【人才服务优化】 创新推出“高层次人才服务包”，首批93位在奉博士获得咖啡畅饮、旅游畅行、家政畅享等定制生活服务。结合“三服务”“四联四跑”活动，深入企业开展送政策活动，累计举办人才政策宣讲会19次，参与企业2000余家次。聚焦人才落户难、购房难等实际问题，实施人才优先购房办法，启动人才公寓建设，发放人才购房补贴2761万元，帮助解决人才落户、子女入学等问题297个。强化思想政治引领，在大堰镇搭建“连山堰情”人才爱国奋斗教育基地，设立企业人才初心教育基地10个。成立奉化区博士联谊会，开展博士服务团下基层等各类活动10余场。借力设区三周年大会，建立由260余名海内外专家组成的高质量发展智库，为奉化发展提供高端智力支持。

（印晨瑶）

信访工作

【概况】 2019年，区信访工作以“无信访积案县（市、区）”创建、“信访超市”建设为抓手，开展“清初访、查重访、化积案”攻坚行动，扎实推进“控增量、去存量、防变量”工作，完成重点时间段信访工作任务，实现进京“零非访、零登记、零集体访”。全区信访形势总体平稳，信访秩序持续转好。全年信访总量（含网上信访）6242件人次（含上级转办1614件人次），比上年上升15.7%（统计口径调整后）。其中来信766件（含上级转办557件），下降17.1%；四级走访381批、1092人次（含上级转办113批、194人次），批次与人次分别下降8.6%和36.27%。到国家信访局登记13批、13人次，批次与人次分别下降18.8%和23.5%。百万人口国家信访局走访数25.2人次，低于全省均值16%；网上信访4384件（含上级转办863件），上升58.78%。获全省“零进京扰序”“无信访积案县（市、区）”称号。

【信访源头治理】 坚持“处置走在矛盾冲突前”的原则，严格执行区委主要领导批示要求，区信访工作联席会议办公室会同区委作风整治工作领导小组开展突出信访问题排查化解工作，确保全方位不留死角。对排摸出来的有化解可能的突出信访事项明确化解举措，限期化解；对一时难以化解的，建立帮扶机制，确保矛盾不激化、人员不上行，将可能影响社会稳定的风险隐患在源头处置到位。至年底，排查出的31件信访突出问题已化解8件。严格落实首办责任制、初信初访每季度通报制，确保初信初访化解走在矛盾激化前，推动提速办理，降低新增积案率。对在初信初访化解过程中存在思想不重视、担当不够、处置不到位等问题的单位，由区委副书记直接约谈涉事单位党政主要领导。2019年，全区受理初信初访643件（批）2294人次，其中初信290件、1341人次，初访353批、953人次。至年底，共化解622件（批），化解率在96.7%以上。严格执行初信初访回访核实制度，建立以跟踪回访为主要抓手、群众满意为评判标准的信访基础业务定期检查通报制度，通过以回访核实来督促事权单位抓好首办环节的工作质量和效率。对群众不满意或评价有异议的，由区信访局牵头，组织事权单位逐一到现场回访核查，发现调查不实、处理不当的，一律给予改正处理。全年群众和企业的满意率为98.6%。

【信访积案化解】 落实信访积案领导包案和挂牌督办工作，以“领导领衔包案”撬动积案化解。对上级交办和本级确定的信访积案予以全面梳理，制定符合实际、务实管用的化解方案，落实工作责任，对积案实行节点化管理、挂图滚动作战、“红黑榜”通报，确保限期化解。至年底，11件国家级交督办件已化解8件，5件省级交办件及市、区级16件已全部化解。对已化解的重要信访积案开展“回头看”，通过回访、现场督察等手段跟踪关注问题处置进展，严防问题反弹。对问题矛盾集中、诉求反映强烈、疑难复杂久拖不决的镇（街道）强化督查督办力度，对存在责任未压实、化解不到位、销号不及时等问题的事权单位予以直接点名通报。全年下发通报15期，90%经区委、区政府主要领导阅批后交由区委督查处或区委作风整治办跟进落实。将解决好群众合理诉求作为信访工作的出发点和落脚点，探索建立“道德庭”“调解工作室”等综合模式，构建多元化解闭环。广泛动员信访志愿者、律师、人民团体等基层第三方力量参与信访疑难问题调处，增强纠纷调处合力。如让志愿者与信访人结成帮扶对子，以人性化举措帮助其改善生活状况。奉化区成为宁波市唯一无信访重点乡镇（街道）的区（市、县）。2019年，全市信访积案化解工作现场会在奉化召开，奉化区经验做法获得市委副书记宋越舜充分肯定。

6月13日，宁波市委副书记宋越舜（左二），宁波市委常委、秘书长施惠芳（左三）在区“信访超市”与来访群众交谈

【信访超市建设】 以“最多跑一次”改革为切入点，打造“一站式接待、一揽子调处、一条龙办理”的“信访超市”，实现群众信访和矛盾纠纷化解“最多跑一地”“最多访一次”。区矛盾纠纷调处化解中心（区“信访超市”）于2019年2月底开始筹建，5月5日正式实体运行，是全区矛盾纠纷多元化解的总枢纽，实行统一领导、统一管理、统一要求、统一调度、统一考核，下设联合接待登记、接待等候、接访等候、安检、接访调解、常驻单位办公6个功能区，实行8个基层治理重点事权单位集中常驻、7个矛盾纠纷法定渠道部门定期常驻、24个职能单位（含属地）轮驻、第三方社会力量（28名信访志愿者、23名调解员、5名法律顾问、2名心理咨询师）及信访事项调解委员会预驻的运行模式。实体化运行以来，累计接待群众934批、1935人次，85%以上的群众来访诉求得到协调解决或得到有效回复。4月19日，在全市信访系统“满腔热情服务、千方百计解难”专题教育实践活动工作会议上，市委常委、秘书长施惠芳对奉化区的“信访超市”建设进度（筹建进度为全市最快）和推进情况予以肯定。

设立区、镇（街道）、村（社区）三级信访代办服务中心（站、点），构建全覆盖、全领域、全流程的信访代办工作机制。选聘群众认可的离退休干部、社会知名人士、“两代表一委员”、乡贤等组建各级信访代办人才库，为群众提供委托代办、主动代办、指定代办等全程代办服务，“以点带面”实现“一次受理、全程代办”。至年底，全区信访代办人才库入库人员413人，基本实现信访代办全覆盖。区级信访代办中心、镇（街道）代办站共受理代办代写事项152件，办结率为100%。

【信访业务规范化建设】 压缩民生诉求事项办理时效。出台《奉化区民生诉求事项处理办法》，推行民生诉求事项转送一小时、签收一小时、转办一小时的“三个一”工作机制，确保“12345”政务服务热线、网络民生问政、“掌上奉化”报料内容、领导信箱的按期转送、限期办结和及时

12月17日，省委政法委副书记朱恒毅（左三）到奉化调研

2月27日，全区信访工作会议现场

回访。《奉化区委作风办、融媒体中心联动暗访 力促民生诉求问题解决》的报道分别在省信访局官网和《信访与民情》杂志上发表。2019年，全区咨询投诉举报事项（“12345”政务服务热线）比上年下降8.4%，按期受理率为99.98%，群众满意率达到99%。

实施全区信访事项办理效能指数发布制度。5月起，每季度通过《奉化日报》及“平安奉化”微信公众号、“掌上奉化”APP等媒体发布全区信访事项办理效能指数排名情况通报，接受社会公众监督，形成倒逼效应，推动合理合法诉求及时就地解决，切实维护群众合法权益。效能指数是对各承办单位“信、访、网、电”四渠道信访事项办理情况的综合评价指标，主要由按期受理率、按期办结率、回访核实率、满意率组成。通报对效能指数完成好的单位公开表扬，对排名靠后的尤其是存在操作不规范、答复不及时、化解不到位的单位予以预警。全年有5家单位被公开预警。对被预警单位整改情况开展跟踪督查，避免出现流于形式、走过场，确保一抓到底。

【“非访”治理】 双向规范，一方面强化法治处置，优化信访秩序。区信访局联合区委政法委、区公安分局、区人民法院、区人民检察院等部门对进京“非访”、组织串联、闹事滋事等行为开展专案经营、实施精准和有效处置，对经批评教育仍屡教不改的，移交公安部门依法予以训诫、处罚。开展依法治理“非访”专项行动。另一方面，突出法治教育，加强思想引导。强化因势利导，深入释法明理，对越级访、赴京访、缠访、闹访人员开展法制教育，引导群众依法依规理性反映诉求。

（崔　岩）

党校工作

【概况】 2019年，区委党校紧扣区委“三年大变样”战略决策部署，坚持“党校姓党”，扎实推进“五彩校园”建设，通过“四抓两助推”，整体办学实力和服务全局能力稳步提升。

【干部培训】 全年完成主体班次

教育培训54期，受教育12586人次，超额完成年初制定的目标；对外培训108期，受教育16675人次。以领导干部大讲堂、星期六课堂、局长汇智论坛、乡邑学堂“四大课堂”教学为重点，分类分层开展主体班次干部教育培训，理论教育和党性教育占总课时的73.1%，领导干部讲课占总课时的28.3%，党校培训轮训党员干部的主渠道作用充分体现。创建干部心理健康教育特色品牌。采用案例式、体验式、模拟式等多种教学形式，获主体班学员和邀请单位好评，《与压力同行——基层干部心理压力调适》入选中央党校（国家行政学院）网络课程，在宁波乃至全省党校系统具有一定的知名度和品牌效应。全年心理健康相关课程在全省各级党校主体班次授课42场次，受众1700余人。

【理论宣讲】 切实担负起党校干部理论培训主业主责，助力全区“不忘初心、牢记使命”主题教育，相继开办全区“区管干部‘不忘初心、牢记使命’主题教育专题读书班”“机关基层党组织书记及机关党员‘不忘初心、牢记使命’主题教育专题轮训班”等系列专题培训班，引领全区政治理论学习，发挥党校理论学习“领头雁”作用，校党委理论学习中心组被评为全区优秀理论学习中心组。坚持名师工程扬党声。为了让基层党组织和广大党员更加准确地把握“不忘初心、牢记使命”主题教育的重大意义，提前筹划、主动作为，组织教师备写教学专题，开设《开启中国特色社会主义新时代》《党员的义务和权利》《铭记党的历史 不忘初心使命》《全面从严治党　立德立规》等专题课，7人次参加区“初心讲师团”，为全区开展“不忘初心、牢记使命”主题教育理论宣讲发挥了积极作用，全年完成对外宣讲110场次，受教育15336人次，是2018年度宣讲量的3倍。

【课题研究】 共有“多元文化背景下流动妇女核心价值观培育研究”等9项课题结题，“协同治理视角下农村公共文化设施建设研究”“乡村振兴中产业发展之路探析”“合力共促新乡贤助推乡村振兴研究”等14项课题在浙江省委党校系统、宁波市委党校系统、宁波市社科联等立项，并组织实施研究。

2019年奉化区委党校结题课题一览表

表1

序号	姓名	课题名称	级别			验收单位
			省级	市级	区级	
1	邬志坚	推进产业发展的滕头实践与启示			√	奉化区委
2	张亚君	乡村振兴战略中基层党建引领发展的路径思考——基于新时代“滕头党建”的实践与探索		√		宁波党校
3	裘曙洁	多元文化背景下流动妇女核心价值观培育研究	√			浙江省妇联
4	裘曙洁	乡村振兴背景下新乡贤作用发挥问题研究		√		宁波党校
5	裘曙洁	发挥基层党组织在乡村振兴中引领作用研究		√		宁波市党建研究
6	裘曙洁	乡村振兴战略背景下全域旅游发展研究	√			宁波市社科规划
7	陶　杰	奉化区推进新乡贤统战工作的实践与思考		√		宁波市委统战部

续表1

序号	姓名	成果名称	级别			验收单位
			省级	市级	县级	
8	张烜华	全面从严治党视域下加强机关党员干部作风建设的研究——以奉化区深化“中梗阻”问题排查工作为例		√		宁波党校
9	张广州	党员队伍结构性变化对党的建设提出的新任务新要求研究		√		宁波党校

【学术交流】 积极参加征文交流。《关于推进县级党校教研咨一体化的思考》一文在全省党校（行政学院）系统教学改革研究征文活动中获评优秀论文。力促课题成果转化，发挥科研资政作用。12篇文章发表于《学习时报》《江南论坛》《奉化日报》等报纸杂志；5篇文章参加理论研讨会。

2019年奉化区委党校在区级部门以上刊物发表论文

表2

序号	作者	论文名称	发表报刊
1	邬志坚	推进产业发展的滕头实践与启示	《奉化日报》
2	张亚君	乡村振兴战略中基层党建引领发展的路径思考——基于新时代“滕头党建”的实践与探索	《宁波市情研究》
3	裘曙洁	充分发挥基层党建联合体引领作用	《学习时报》
4	裘曙洁	推进基层网格化治理的思考	《奉化日报》
5	裘曙洁	乡村振兴中做好产业兴旺要素保障的思考	《奉化日报》
6	裘曙洁	推进民宿发展有利于乡村振兴战略实施	《奉化日报》
7	裘曙洁	外来务工女性价值观的培育及其践行研究	《浙江妇女研究》
8	裘曙洁	基层党建引领乡村振兴的实现路径探析——基于滕头村的考察	《江南论坛》
9	裘曙洁	妇联组织培育流动妇女核心价值观研究	《山东女子学院学报》
10	张烜华	加强基层机关党的作风建设研究	《奉化日报》
11	张广州	十八大以来奉化党员结构不断优化	《奉化日报》

（邬佩红）

老干部工作

【概况】 2019年，区老干部工作认真贯彻落实浙委办发〔2017〕51号、甬党办〔2018〕62号文件精神及省、市老干部工作会议部署要求，紧紧围绕和服务于区委、区政府中心工作，立足高质量发展的要求，找准老干部工作契合点、切入点，认真制订实施“三个计划”，求创新、促重点，抓转型、促提升，全区老干部工作水平又上一新台阶，为奉化区实现“三年大变样”贡献“银辉”力量。年末，全区有离休干部46人，其中抗日战争时期入伍的4人，曾担任副区级以上领导职务的离退休干部35人（其中离休干部1人）；另有代管离休干部3人和异地安置离休干部2人。

【离退休干部党建工作】 以学习贯彻习近平新时代中国特色社会主义思想为重点，召开全区老干部情况通报会、全区老干部理论培训班等，进一步引导老同志树牢“四个意识”，坚定“四个自信”，坚决做到“两个维护”；以新中国成立70周年为契机，结合“不忘初心，牢记使命”主题教育，开展“我和我的祖国”征文书画摄影作品征集活动，举行“忆青春·话初心”老党员风采展示活动，召开“话70年中国史，谈初心启新程”座谈会，在《奉化日报》开设《70年，他们忆往昔岁月，看今朝发展》专版，弘扬正能量主旋律；以离休干部学习需求为导向，坚持每月编印《老干部参阅》。以原单位离退休干部党支部为依托，围绕“提升组织力”要求，通过开展全区离退休干部党组织建设情况摸底调查、离退休干部党支部书记系列党建活动、离退休干部党支部书记座谈交流会、“一支部一亮点”特色培育等活动，增强党建工作活力；以老干部活动中心、老年大学两大阵地为平台，探索“银辉”阵地党建。年初，在老干部活动中心精心打造以“一基地四中心”为内容的老党员驿站，9月30日建成的党建共享基地、正能量汇聚中心、志愿者培训孵化中心、健康科普中心、文化休闲中心，为老同志提供了学习教育培训、正能量汇聚展示实践、健康文体活动等综合性平台。老年大学党员活动中心推进“党员亮显”工程，充分发挥中心教育培训、组织引领、志愿服务三大功能，凝聚更多“银辉”党员，培育孵化一批优秀“银辉”志愿骨干，在社区、农村、“银辉”志愿者联合会等公益组织中积极发挥带头引领作用；以城区社区为延伸，推进社区“银辉”党建，在总结试点经验、开展实地调研、召开工作交流会基础上，与区委组织部联合下发《关于推进城区社区“银辉党建+正能量”工作的通知》。5月29日，在居敬社区召开“银辉党建+正能量”工作现场推进会。年底，全面完成城区社区“银辉”党支部和志愿服务团队的组建工作。

【为老服务工作】 5月15日，召开区委老干部工作领导小组会议，调整充实区委老干部工作领导小组成员单位，新增区医保局、区科协、区文联等单位，完善成员单位工作职责，落实成员单位办实事机制，重点推动区卫健局做好离休干部和副区级以上

7月9日，省委老干部局副局长诸春华（左二）到奉化老年大学调研

老领导医疗保健服务，区文广旅体局在老干部活动中心设立“流动图书馆”，安装电子书自助借阅机，区科协在老干部活动中心建立健康文化科普基地等助老惠老实事项目。健全完善关爱热线电话联系、包片联系、定期慰问长期住院老干部等制度，督促各主管单位落实离休干部护理费调整政策以及新中国成立70周年之际走访慰问离休干部要求，并开展“迎新春”“送清凉”“迎重阳”全覆盖走访慰问活动，给予老同志更多的精神慰藉和温暖关爱。老年大学注重提升教学质量，引进浙江医药高等专科学校师资力量，建立课堂教学管理制度与教师教研奖惩制度，重视教学理论研究，多篇论文在全国、省市刊物上刊出；主动发挥示范辐射作用，积极培育星级校外教学点，对12个校外教学点实行星级建设、分类指导、动态管理模式；打造“九九”校园文化品牌，九九大讲堂强学习、九九大舞台展风采、九九志愿服务团队献余热、“九九之声”广播传好声音等，同时依托微信公众号开设“微党课”。3月，奉化老年大学微信公众号获得浙江省老干部工作系统“十佳微信公众号”荣誉称号；开展“清廉校园”创建，并将“清廉文化”结合到校园文化建设中。老干部活动中心注重“党建+文化+清廉+健康”元素，多方筹措资金，投入约150万元用于修缮基础设施、增设活动场所和配置文体设备，创设“银辉之家”、开展“清廉站所”建设，举办“我和我的祖国”征文书画摄影作品展、迎重阳游园等活动，充分展现了老干部活动中心的新面貌、新形象。

【“增添正能量”活动】 开展“三服务三助力”活动。由市老科协牵头在方桥街道正式挂牌成立宁波市首个“银辉”安全生产志愿服务基地，并将22家企业纳入服务范围。多次召开副区级以上老领导座谈会，组织离休干部、副区级以上退休干部等实地考察新建村、金峨村、滕头村和诺德安达学校、浙江医药高等专科学校等，多形式引导老同志建言献策。开展“奉城银辉志愿行”活动。举办4期“银辉”志愿者培训班，组织“银辉”志愿者走进大堰镇竹林村、萧王庙街道林家村、西坞街道开展结对助学、济困扶弱、医疗义诊、法律援助、文化传播等“九大服务”活动，累计11次，服务群众800余人次。进一步延伸社区银辉志愿服务。居敬社区“银辉”志愿服务大队开展纠纷调解、困难帮扶等常态化志愿服务，新增“伴老食堂”“为民理发室”等便民服务，累计活动150余次；绿都社区银辉志愿服务大队开展“银辉建功新时代·志愿服务暖人心”活动，为110余名群众送去环保宣传、科普教育、便民维修等服务；新民社区法律工作室4年间先后接待服务1177人次，免费代写法律文书121份，在推动社会治理中发挥了积极作用。注重树立宣传“先进典型”。汪安昌获得省级“最美银耀志愿者”称号，溪口镇老年活动中心党支部获省级“最美离退休干部党支部”称号，方茂坤、吕鹏飞获得区级优秀党员称号，张忠德被评为区级优秀党务工作者等。多种形式开展宣传报道：在老干部活动中心进行“最美银辉”集中展示，在《奉化日报》开设《银辉在行动》专栏，在“奉化头条”微信公众号开辟“最美夕阳”专栏，拍摄《银辉耀奉城“银辉党建+正能量”工作纪实》宣传片，在“两个阵地”和奉化电视台《党建园地》栏目播出，得到了老同志的积极响应和社会各方的广泛认同。

【老干部工作组织保障】 加强政策支持力度。通过内部研讨、走访调研、召开座谈会、书面函询等形式，在多方征求意见、建议的基础上，拟定《关于进一步加强和改进离退休干部工作的实施意见（初稿）》，经区委老干部工作领导小组会议审议通过，于5月27日以区两办名义（奉党办〔2019〕92号）下发，明确“将离退休干部党建工作纳入基层党建工作年终责任制述职评议范围”“倡导退休干部到村（社区）报到”等。明确“三定”职责。以机构改革为契机，将原区人力社保局下属单位区老干部活动中心成建制并入区委老干部局，同时由区委编委办牵头召开协调会，明确职责边界，由区委组织

1月23日，全区老干部情况通报会现场

部宏观指导机关单位退休干部服务管理，区委老干部局协助做好离休干部及副区级以上退休干部服务管理，区人社局宏观指导事业单位退休干部服务管理。深化自身建设。在全体党员干部中扎实开展“不忘初心 牢记使命”主题教育活动，通过领导引学、个人自学、交流互学、基地忆学、榜样辅学等方式，组织开展“初心大讨论”、重温入党誓词、聆听老同志谈初心话使命等活动，主动营造“比、学、赶、超”的浓厚氛围，激励全体党员干部把“守初心、担使命、找差距、抓落实”的精神投入到日常工作中，同时根据老干部工作中的痛点、难点，局领导带队赴部分城区社区、老年大学、老干部活动中心、区银辉志愿者联合会等单位部门实地调研，形成《进一步探索推进城区社区“银辉党建+正能量”》《进一步深化离退休干部正能量活动》两篇调研文章。

（吴则欣）

档案工作

【概况】 2019年，区档案工作以党建为引领，加强监督指导和执法检查，全面强化内部管理，深入推进档案工作规范化，不断提升档案管理和服务水平。区档案局和区档案馆围绕全区发展大局，分别履行全区档案事业行政管理和区级档案保管、利用职能，首批通过浙江省档案业务规范化测评，持续推进奉化档案事业健康发展。

【档案接收征集】 接收两办撤销及合并单位的公章印模进馆，其中党委系统12枚、政府机关12枚；接收原奉化市职业技术学校档案293卷3517件；接收桃花节和弥勒文化节各类档案资料646卷，照片11卷499张。先后向21家单位发放档案接收函，共接收重大活动和重大项目各类照片108张，视频5节时长19分07秒。按照要求对原工贸公司和农业农村局土地确权档案进行预先进馆的解密检查和档案梳理工作。归档装订2019年度《人民日报》《光明日报》《经济日报》《浙江日报》《宁波日报》等5家日报及新华社每日电讯共计72册；归档装订剪报、刊物等档案资料24件，整理、归档各类宗谱4套7本，扫描、装订宗谱2本。归档各类书籍资料52本11212页、土地买卖契约23张、各单位内部编纂书籍资料71本1853页。先后征集到各类档案152件，其中实物8件、光盘3张共10.38G、大照片3张。

【馆藏档案管理】 细化梳理档案馆业务建设，建立、完善《档案库房管理制度》《档案收集工作制度》《档案保管制度》《档案整理编目制度》《档案利用制度》《档案鉴定制度》等制度，落实各项工作程序和流程，促进馆库管理科学化、规范化、制度化。1月10日，首批通过省级规范化档案馆业务建设评测。建立、完善《档案查阅窗口服务绩效管理办法》，优化岗位职责，提高窗口服务质量和水平。2019年度，累计提供档案服务4149人次，调阅档案7478卷（件）。通过宁波市档案馆跨馆服务13例，通过浙江档案服务网提供跨馆服务58例，“长三角”跨馆档案服务3例。开展未查得档案登记制度，共登记未查得档案49例，实现查得2例。

馆藏档案开放鉴定。对1988年馆藏150个全宗3382卷档案进行鉴定，共计开放档案2783卷34362件，分别占1988年度馆藏档案案卷总数的82%和18%。根据国家档案局的工作部署，开展国家重点档案抢救与保护项目的申报工作。有计划地开展馆藏档案的修复裱糊工作，对破损档案分别采用修复、裱糊、数字化、仿真复制等方法进行有效的抢救保护，先后组织档案修复工作20次，修复家谱2本、其他档案64页。

【档案行政管理】 档案业务督导。实施档案监督指导书面记录反馈制度，以“监督指导—反馈—改进—再指导”的工作流程，对各单位档案工作进行深入的业务监督指导。出台数字档案管理系统在线业务指导制度，运用数字档案管理系统中的业务指导功能，及时掌握各单位使用和操作情况，实现系统安全审计。指导“三改一拆”“五水共治”、轨道交通建设等专项工作和重点工程档案归档工作，对7家单位发放重大建设项目档案提醒函，确保文件材料同步收集、及时归档；指导并配合业主单位完成西环线、309省道大张至沙堤段等重点建设工程业务档案专项验收工作。开展危旧房改造、农村土地确权等工作的专业档案业务指导，确保档案齐全完整，8个镇、街道完成土地确权档案整理。完成26家涉及机构改革单位的档案管理与处置方案指导和审核，完成31家单位全宗介绍和组织沿革、文件材料归档范围和档案保管期限表的审核。对全区人社、建设系统下属10家单位开展档案年检工作，并对教育系统下属32所学校进行档案实地检查，通过年检有效促进全区档案业务水平的整体提高。对区国有资产管理中心等目标管理上等级单位进行业务指导和验收工作。4家单位高标准上等级，其中认证复查3家，上省级1家。成功创建省示范数字档案室5家、规范化综合档案室20家。定期开展档案安全培训、保密法规教育、消防应急演练等，消除影响档案安全的风险隐患。

档案执法检查。根据市、区统一部署和要求，推进掌上执法工作，全面启用“浙政钉·掌上执法”应用，完成3名执法人员入库及账号开通激活。做好“双随机”的两库管理维护工作，导入111家单位，15个重点项目工程。同时制定“双随机”年度抽查计划，开展执法检查。全年检查11次，涵盖单位档案工作、重点建设项目档案和档案服务外包承揽企业档案安全工作，其中“双随机”检查11户次，问题检出率为80%，“掌上执法”占比100%。

档案业务培训。5月21日，举办2019年档案上岗培训班，全区机关企事业单位的档案管理人员50余人参加。6月24日，举办教育系统、卫生系统档案人员培训，共60人参加。7月9日，举办创建规范化综合档案室、示范数字档案室、档案上等级培训会。

【电子文件归档】 完善数字档案馆（室）系统功能，新接收数字化成果自动OCR识别41000件；指导虚拟档案室和农村信息共享系统软件系统整合，完成软件网上指导和扫描原文批量挂接；继续接收民生领域电子业务数据及各全宗数字化成果登记备份，并按规定完成重要数据的异地备份。制定出台《服务“最多跑一次”改革加快推进档案工作数字转型实施方案》，在浙江政务服务网行政权力运行系统平台已归档办件147764件，在宁波预归档平台归档93334件，在奉化数字档案管理平台（室藏系统）归档93334件，在奉化数字档案管理平台（馆藏系统）归档2万余件。11个单位实现符合进馆要求的办件占到总办件量10%的目标。

【“查档下乡”平台建设】 制定“查档下乡”工作方案，开发建设查档下乡服务与乡村公共服务平台，规范和拓宽公共服务通道，把档案查阅服务延伸到镇街道和行政村，对窗口人员、街道、村、馆内人员进行业务技能培训，普及档案查阅“最多跑一次”事项、异地查档、跨馆出证、民生档案长三角异地查档服务、“浙里办”APP、“掌上查档”小程序等，足不出户也可以查阅档案。在尚田街道和鸣雁村进行试点，实现8例查档服务。

【档案宣传】 11月15日—12月3日，在奉化设区三周年之际，举办奉化设区“三年大变样”重大成果图版展，分别在岳林文化广场、区体育馆、溪口镇、莼湖街道、行政审批服务中心、凤山体育公园等地巡回展出。为纪念中华人民共和国成立70周年，推出《饮水思源 缅怀先烈——新中国成立70周年专辑》固定图版展；举办“6·9”国际档案日“新时代档案人谈档案”研讨会、“档案见证我成长”小记者采风活动、“新中国的记忆”征文活动；在万达广场举办“6·9”国际档案日“新中国的记忆”主题宣传活动，展出“饮水思源 缅怀先烈”、奉化区历史档案征集成果、城市记忆、奉化撤市设区大事记等5个专题95张图版，开展群众性知识竞猜有奖活动。

4月17—19日，区委副书记陈红伟代表区委、区政府在全省档案工作会议上作典型发言（全省唯一一个区县级代表）。局馆撰写的论文《浅谈国家级数字档案馆创建的几点体会和思考》被评为浙江省首届兰台青年学术研讨会优秀论文。中国档案报头版头条《以扎实的工作实现管理与服务“双提高”》报道奉化区档案工作。全年各类报刊媒体录用信息报道33篇，其中《中国档案报》录用4篇，省、市档案杂志录用7篇、档案网录用17篇，《宁波日报》录用2篇，《奉化日报》录用3篇。

【档案文化与编研出版】 完成《2019年度奉化区大事记》《奉川兰台》杂志（首刊），在区人大、政协召开大会时，发送到每位人大代表、政协委员和列席的各级领导手中。按月整理、编写发布《奉化区2019年度大事记》、区委书记、区长重要活动纪事。配合做好《城市记忆馆》《新中国成立七十周年奉化成就展》等有关工作，完成大堰（万竹）片区方言语音建档工作。

【机构改革】 根据区机构改革方案和区机构改革协调小组办公室相关要求，做好区档案局馆分设工作，编制“三定”方案，按时间节点做好人员转隶及人事、组织关系办理，各类印章、标识标牌更换等工作。2月2日，建立中共宁波市奉化区档案馆党组。3月29日，区委、区政府印发《宁波市奉化区档案馆职能配置、内设机构和人员编制规定》的通知。根据“三定”方案，调整科室设置和职能分工，人员编制11人，内设4个职能科室，配备中层职数5人。

（王衡山）

宁波市奉化区人民代表大会常务委员会

综 述

【概况】 2019年，区人民代表大会常务委员会在中共奉化区委的坚强领导下，高举习近平新时代中国特色社会主义思想伟大旗帜，坚持党的领导、人民当家作主、依法治国有机统一，围绕全区工作大局，紧紧依靠全体代表和全区人民，认真行使宪法和法律赋予的职责，全力助推市委“六争攻坚”和区委“357”工作部署，完成了区一届人大三次会议确定的各项目标任务，较好地发挥了地方国家权力机关的作用。

2019年，17名代表资格自行终止或辞职，根据《中华人民共和国代表法》有关规定，有关选区依法补选11名区一届人民代表大会代表。至区一届人大四次会议前，有区人大代表219人（其中1名代表被停止执行代表职务）。全年举行区人民代表大会1次，召开常委会会议10次、主任会议12次，听取和审议“一府一委两院”工作报告33个，作出决议、决定15项，任免地方国家机关工作人员56人次，审查备案规范性文件8件，受理群众来信来访26件（批）次。

重要会议

【区一届人大三次会议】 1月15—17日，奉化区第一届人民代表大会第三次会议举行。大会听取和审查了区长张文斌所作的区人民政府工作报告、区人大常委会主任周涛所作的区人大常委会工作报告、区人民法院代院长赵江涛所作的区人民法院工作报告以及区人民检察院代检察长叶林达所作的区人民检察院工作报告，书面审查并批准了《关于奉化区2018年国民经济和社会发展计划执行情况及2019年国民经济和社会发展计划草案的报告》《关于奉化区2018年预算执行情况及2019年预算草案的报告》，审议了奉化区2018年民生实事项目实施情况并进行满意度测评，对奉化区2019年民生实事项目进行了投票表决。大会补选了区人民法院院长、区人民检察院检察长、区一届人大常委会委员，依法决定区一届人大法制委员会的更名、社会建设委员会的设立，表决通过其组成人员人选。大会共收到代表建议209件，其中涉及农业农村46件、工业交通50件、城建环保36件、财贸经济13件、社会事业54件、政权政法10件。会后，这些建议依法交区人民政府及有关部门办理并负责答复代表。

【常委会会议】 2019年，共举行区人大常委会会议10次。

1月7日，区一届人大常委会召开第十八次会议。会议听取并审查了区政府关于区2018年预算执行情况及2019年预算草案初步方案的报告，通过了区人大常委会关于2018年预算执行情况及2019年预算草案初步方案的初步审查意见；听取并审查了关于区2018年国民经济和社会发展计划执行情况及2019年国民经济和社会发展计划草案初步方案的报告、关于2018年区政府民生实事项目实施情况和2019年候选项目形成情况的报告；讨论通过了《区一届人大三次会议日程实施意见（草案）》《区人民代表大会选举产生和表决通过的国家工作人员宪法宣誓办法（草案）》《区2018年民生实施项目实施情况满意度测评办法（草案）》；讨论了区人大常委会工作报告和区政府工作报告。会议表决通过了有关人事任免事项。

1月11日，区一届人大常委会召开第十九次会议。会议审议通过了区一届人大代表变动和补选代表资格审查报告；讨论通过了区一届人大三次会议主席团和秘书长、各代表团团长等名单草案和列席人员建议名单，以及《区一届人大三次会议选举办法（草案）》《区第一届人民代表大会有关专门委员会的更名、设立及其组成人员人选通过办法（草案）》《区2019年民生实事项目票决办法（草案）》。

3月15日，区一届人大常委会举行第二十次会议。会议审议通过了区人大常委会2019年工作要点；作出《关于加强和支持检察机关开展公益诉讼工作的决定》；审议通过方桥街道人大工作委员会组成人员名单。会议表决通过代表辞职和有关人事任免事项。

4月30日，区一届人大常委会召开第二十一次会议。会议听取了关于法治政府建设情况的报告，关于奉化区“十三五”规划实施情况中期评估报告审议意见办理情况的报告，听取并审议了关于奉化区学前教育“两条例”执行情况及执法检查情况的报告。会议表决通过了有关代表辞职和人事任免事项。

6月24日，区一届人大常委会召开第二十二次会议。会议听取和审议关于2019年区政府债务限额和地方政府债券预算调整方案的报告，并作出相关决议；听取和审议关于奉化区促进民营经济高质量发展情况、奉化区2018年度城乡规划实施情况，以及奉化区“供而未用”土地整治工作情况的报告；听取和审议区人民法院关于执行工作情况的报告。会议表决通过了有关代表、委员辞职和人事任免事项。

8月2日，区一届人大常委会召开第二十三次会议。会议表决通过了有关代表、常委会副主任辞职事项。

8月22日，区一届人大常委会召开第二十四次会议。会议听取和审议了2018年区决算草案的报告、区2018年预算执行和其他财政收支情况的审计工作报告，审查和批准了2018年区本级决算；听取和审议了2019年上半年区预算执行情况的报告，2019年上半年区国民经济和社会发展计划执行情况的报告；听取和审议了2018年度奉化区环境状况和环境保护目标完成情况、奉化区基层医疗队伍建设情况以及奉化区开展农民饮用水达标提标专项行动工作情况的报告；会议作出了关于设立区人大常委会莼湖街道工作委员会、尚田街道工作委员会的决定。会议表决通过了有关人事任免事项。

11月8日，区一届人大常委会召开第二十五次会议。会议听取审议了区政府关于区一届人大三次会议代表建议办理情况的报告；听取和审议了奉化区2019年预算调整方案的报告并作出相关决议；审议和批准了《宁波市奉化区人大常委会特定问题调查暂行办法（草案）》《关于提请开展国有资产特定问题调查的议案》《关于提请设立国有资产特定问题调查委员会的议案》。会议表决通过了有关代表、委员辞职及人事任免事项。

12月9日，区一届人大常委会举行第二十六次会议，接受张文斌辞去奉化区人民政府区长职务的请求，决定任命胡永光为区人民政府副区长、代理区长。会议听取和审议了区人民政府、区人民法院关于人大常委会部分审议意见落实情况的报告。会议对两名常委会任命的干部进行了工作评议。

12月31日，区一届人大常委会举行第二十七次会议。会议听取和审议了区政府关于提请审议批准中塔路（中山路至东门路）

道路项目工程、中山东路延伸段和长汀路（西河路至东环线）道路项目工程变更方案的议案；会议对召开区一届人民代表大会第四次会议作出决定。会议决定设立区人大常委会社会建设工作委员会，并将法制与内务司法工作委员会更名为监察和司法工作委员会。会议选举胡永光、裘蓉为宁波市第十五届人民代表大会代表。会议表决通过了有关人事任免事项。

【重要情况通报会】 8月5日，区人大常委会举行年中重要情况通报会。区长张文斌代表区政府，向全体区人大代表通报上半年全区经济社会发展情况、人代会建议办理情况、民生实事项目进展情况，以及下半年政府主要工作安排。

监督工作

【经济发展监督】 关注经济运行动态，及时听取和审议半年度国民经济和社会发展计划执行情况报告，积极推进年度计划实施。持续跟踪“十三五”规划实施，专题听取中期评估报告审议意见办理情况。落实省、市人大常委会部署，开展促进民营经济高质量发展专项监督，常委会会议专题听取审议区政府促进民营经济高质量发展情况报告，提出增强创新动力、改善营商环境、破解要素制约、激发主体活力等四方面审议意见，为促进奉化民营经济发展把脉问诊、发力助推。专题听取税收征管体制改革推进情况报告，督促相关部门全面落实国家减税降费政策，进一步减轻企业负担。聚焦台商保护，听取奉化台商及台资企业发展情况汇报，促进台资企业健康发展。开展贯彻落实《浙江省保障“最多跑一次”改革规定》执法调研，积极助力奉化深化改革、优化发展环境。

【“钱袋子”监督】 深化对区本级预算执行和绩效的监督，及时听取和审议区政府2018年决算、2019年上半年预算执行情况以及预算调整方案、政府债务限额等报告，对岳林街道、萧王庙街道等单位预算执行及专项资金使用绩效实施审查监督，积极推动财政规范稳健高效运行。加大对审计发现问题整改工作的监督力度，要求政府及有关部门认真查找原因、健全制度、堵塞漏洞、形成长效机制。首次运用特定问题调查监督方式，开展国有资产特定问题调查，计划用6个月左右时间，采取单位自查、重点单位专项核查、常委会各工委对联系单位指导督查相结合的方式，全面摸清政府“家底”，进一步加强国有资产管理，提高国有资产使用效益。

【民生领域监督】 聚焦环境问题，开展水污染防治法专项执法检查，专题听取审议奉化2018年度环境状况和环境保护目标完成情况报告，提出针对性审议意见，并持续跟踪落实。聚焦《宁波市生活垃圾分类管理条例》实施，开展生活垃圾分类工作专项视察和调研，就垃圾分类推进过程中物业管理出现的新困难新问题提出对策措施。聚焦“幼有所育、学有所教”，对学前教育“两条例”执行情况开展执法检查，提出清单式审议意见10条，积极为破解“入园难”“入园贵”提出精准对策和解决方案；专题视察奉化中学、实验小学迁建工程，重点督办《关于进一步加强教师队伍建设、全面提升教育质量的建议》，运用多种监督手段助力提升全区教育质量和教育现代化水平。积极顺应民意，开展犬类、烟花爆竹管理等专项督查工作，推动城区人居环境进一步优化。

【城乡统筹监督】 注重发挥规划在促进城乡可持续发展中的引领作用，专题听取和审议奉化2018年度城乡规划实施情况报告，提出强化规划意识、完善规划体系、严格规划实施等审议意见。积极推动农业绿色发展，对奉化绿色都市农业发展开展重点监督。高度关注农村饮用水安全，专题听取和审议奉化开展农村饮用水达标提标专项行动工作报告，重点督办《关于加快落实农村饮用水达标提标项目资金的建议》，推动农村居民实现“有水喝”到“喝好水”的转变。保护和利用好土地资源事关城乡长远发展，常委会坚持问题导向，选取整治“供而未用”土地作为年度监督重点，着力盘活闲置土地、破解要素制约。

【法治工作监督】 落实宪法宣誓制度，共组织3批40人次进行宪法宣誓，进一步增强地方国家机关工作人员依法履职的政治责任感和使命感。贯彻国家《法治政府实施纲要》，专题听取和审议区政府上年度法治政府建设工作，要求区政府把降低行政诉讼案件发生率和败诉率作为法治政府建设的重要抓手，有效预防和化解行政争议。依法对监察工作实施监督，听取区监委关于《中华人民共和国监察法》实施情况专项工作报告。把破解“执行难”作为维护司法公正的重要抓手，对法院执行工作开展重点监督，提出进一步提高执行效率、健全联动工作机制等审议意见。全力支持司法机关开展公益诉讼，作出《关于加强和支持检察机关开展公益诉讼的决定》，在全社会凝聚支持公益诉讼的合力。专题听取相关工作汇报，积极助推检察院“捕诉一体”办案机制改革。

代表工作

【代表履职平台改造】 对全区代表联络站实施标准化改造，按照宁波“四化”建设要求，常委会领导和相关工委深入镇、街道走访指导20余次，召开协调座谈会10余次。全区建成标准化联络站15个，超额完成任务。深化代表进联络站接待群众活动，区四套班子领导带头进代表联络站听取群众意见、建议，回应和解决代表的呼声诉求。常委会因地制宜推进代表联络站特色化建设，指导各镇、街道探索建设移动代表联络站、异地代表联络站和一线代表联络点，成为标准化联络站的有益补充，打通代表联系群众“最后一公里”。

【深化“五个日”制度】 深化完善代表活动“五个日”制度，把“五个日”制度与代表联络站标准化建设、民生实事项目监督、代表履职管理结合起来，各镇、街道人大依托遍布各地的代表联络站，开展形式多样的代表活动。2019年，全区各镇、街道人大共开展“五个日”活动158次，各级代表参与集体活动及个人蹲点调研活动1306人次，走访选民2310人次，收集社情民意391条。注重发挥专业代表在对口领域的监督作用，调整优化10个专业小组组成人员，组织开展形式多样的监督活动，提升不同专业领域的监督深度和监督实效。

【代表建议办理】 深化重点建议督办机制，确定《关于2019年新形势下政府助力企业再发展的建议》等5件代表建议分别由常委会各副主任领衔督办，区政府分管领导领办，确保重点建议办理落实。完善建议办理“双考核”制度，区督查考核室全程参与建议交办、督办和考核，一年两次对办理工作进行督查和回访，并将督查回访情况在全区范围内通报。专题审议代表建议办理情况报告，对提高代表建议问题解决率等提出具体要求。区一届人大三次会议以来代表提出的建议均按时办结并答复代表，代表对建议办理态度满意及基本满意率为100%，对办理结果满意及基本满意率为99%。

自身建设

【监督机制建设】 完善推行“三精准一管用”监督机制，强化精准选题、精准选人、精准审议配套制度建设，探索推行第三方参与、特定问题调查等监督方式方法，常委会监督“一府一委两院”的刚性和实效进一步提升。完善与区政府重点工作季度对接机制，健全常委会工作机构与政府相关部门对口联系制度，常委会与政府之间联系沟通的实效进一步增强。坚持每月一次学习交流会制度，深入学习贯彻党的十九届二中、三中、四中全会精神和习近平总书记关于坚持和完善人民代表大会制度重要思想，常委会组成人员和人大机关干部依法履职能力和水平得到提升。加强人大理论宣传工作，与《奉化日报》合作开办人大宣传专刊，在各级报纸和人大杂志上刊发各类新闻稿60余篇。

【基层基础建设】 贯彻落实省委、市委关于加强和规范镇、街道人大工作有关文件精神，强化基层人大力量配备，12个镇、街道全部挂牌设立人大办公室。根据行政区划调整工作要求，及时设立区人大常委会方桥镇和莼湖镇、尚田街道3个工作委员会，任命工作委员会组成人员，保障3个街道人大工作顺利衔接和规范运行。坚持镇、街道人大工作例会制度，及时分析研究镇、街道人大在工作实践中碰到的困难，帮助指导镇、街道人大解决具体问题，推动工作落实。开展镇、街道人大工作调研，指导12个镇、街道人大完善规章制度、工作机制和议事规则，制定出台区人大常委会街道工委年度工作报告制度。各镇、街道人大主动作为，对垃圾分类、小城镇环境综合整治、农房改造等工作开展深入监督，有效助推区域经济社会发展和民生问题解决。

（陆　逊）

宁波市奉化区人民政府

综　述

2019年，奉化区人民政府坚决贯彻落实中央、省市和区委决策部署，坚持稳中求进总基调、“三强三促”总抓手，统筹推进“六争攻坚”“三大计划”和“五大攻坚战”，较好地完成了区一届人大三次会议确定的目标任务。全年实现地区生产总值645.25亿元，其中区属地区生产总值增长6.5%；固定资产投资增长18.8%，增速居全市第二位；财政总收入90.1亿元，增长14.7%，其中一般公共预算收入60亿元，增长21.3%，增速居全市第一位；区属规上工业增加值增长7%，规下工业增加值增长8.8%；商品销售总额404.51亿元，增长18.7%，增速居全市第一位；货物出口总额182.5亿元，增长6.5%；城乡居民人均可支配收入分别为56551元和33185元，分别增长7.1%和8.5%。

重要会议

【区政府常务会议】 区政府常务会议由区政府领导班子组成，由区长或受区长委托主持工作的副区长召集和主持。区政府办公室主任，相关副主任，区财政局、审计局等相关单位主要负责人列席，其他人员根据会议议题需要列席，邀请区人大、区政协、区监察委员会、区人武部领导参加。2019年，共召开区政府常务会议16次。

1月25日，区长张文斌主持召开区政府第四十五次常务会议。会议审议并原则同意《宁波市奉化区2019年城区小学入学招生学区划分方案》，要求根据会议审议意见修改后向社会公布。会议原则同意2018年度工业经济发展竞赛考核结果、招商引资工作考核结果、“五水共治”工作考核结果、“三改一拆”和“四边三化”工作考核结果、小城镇环境综合整治工作考核结果、固定资产投资和重点实事工程考核结果和房屋征收拆迁工作考核结果，要求根据会议审议意见修改后提交区委常委会审议。

2月22日，区长张文斌主持召开区政府第四十六次常务会议。会议审议并原则同意《2019奉化水蜜桃文化节活动方案》，要求根据会议审议意见修改后实施。会议审议并原则同意《2019年区重点工程项目计划》《宁波市奉化区2019年度五大攻坚战实施方案》《2019年度全区重点工作任务责任分解》《2019年度镇（街道）、区级机关目标管理考核办法》《2019年度工业经济发展竞赛考核办法》《2019年度招商引资工作考核办法》等，要求根据会议审议意见修改后提交区委常委会审议。

2月27日，区长张文斌主持召开区政府第四十七次常务会议。会议审议并原则同意《宁波市奉化区2019年度房屋征收拆迁计划》，要求根据会议审议意见修改后提交区委常委会审议。会议审议并原则同意《“文化类IP知识产权”交易平台合作协议》等，要求根据会议审议意见修改后签订实施。

3月15日，区长张文斌主持召开区政府第四十八次常务会议。会议审议并原则同意《宁波市奉化区城区防洪排涝规划》，要求根据会议审议意见修改后公布实施。会议审议并原则同意《宁波市奉化区关于坚持农业农村优先发展高质量实施乡村振兴战略实现乡村大变样指导意见》，以及区农业农村局关于区委农村工作会议暨农村住房改造攻坚大会拟通报表扬名单，要求根据会议审议意见修改后提交区委常委会审议。

4月23日，区长张文斌主持召开区政府第四十九次常务会议。会议专题研究全区一季度经济运行情况。会议审议并原则同意《宁波市奉化区道路安全综合治理攻坚行动方案》，要求根据会议审议意见修改后印发实施。会议传达学习了宁波市对口支援工作领导小组办公室《关于转发国务院扶贫办东西部扶贫协作和中央单位定点扶贫工作推进会有关工作通报的通知》和宁波市产业技术研究院建设发展座谈会会议精神。

5月23日，区长张文斌主持召开区政府第五十次常务会议。会议听取了“六争攻坚”相关工作情况的汇报，传达学习了习近平总书记在解决“两不愁三保障”突出问题座谈会上的讲话和《宁波市委办公厅、市政府办公厅印发〈关于坚决整治形式主义突出问题切实减轻基层负担的实施细则〉的通知》精神。

6月14日，区长张文斌主持召开区政府第五十一次常务会议。会议传达学习了全省违建别墅问题清查整治专项行动视频会议精神，并听取奉化贯彻落实情况的汇报。会议还传达了全市推进“无证件（证明）办事之城”改革工作会议和2019年全国打击侵权假冒工作电视电话会议精神，并听取奉化下步贯彻落实情况的汇报。会议审议并原则同意《2019雪窦山弥勒文化节活动方案》，要求根据会议审议意见修改后提交区委常委会审议。

7月5日，区长张文斌主持召开区政府第五十二次常务会议。会议传达学习了全市金融工作座谈会会议精神，并听取奉化下步贯彻落实情况。会议听取了奉化海关开关筹建及相关事宜，原则同意并要求根据会议审议意见抓紧落实。会议审议并原则同意《宁波市奉化区加快推进教育现代化实施方案（2018—2022）》，要求根据会议审议意见修改后以区委办、区府办名义印发实施。会议审议并原则同意《关于推动农村宅基地三权分置改革工作的实施意见》，要求根据会议审议意见作进一步修改后提交区委常委会审议。

7月31日，区长张文斌主持召开区政府第53次常务会议。会议听取了区政府产业基金运行情况的报告，审议并原则同意《宁波市奉化区政府产业基金暂行管理办法》《宁波市奉化区城中村改造专项规划》，要求根据会议审议意见修改后认真组织实施。

8月27日，区长张文斌主持召开区政府第五十三次常务会议。会议传达学习全国推进健康中国行动电视电话会议和全市国土空间总体规划编制工作领导小组（扩大）会议暨工作部署推进会精神，并听取奉化下步贯彻落实情况的汇报。会议听取1—7月房地产市场运行相关情况的汇报，原则同意区住房和城乡建设局提出的下步工作计划，要求根据会议审议意见修改后提交区委常委会审议。会议审议并原则同意《关于开展全区违建别墅问题清查整治专项行动的通知》《浙江宁波奉化中国农民丰收节庆祝活动方案》《平安奉化创建工作考评办法》，要求根据会议审议意见修改后提交区委常委会审议。

9月11日，区长张文斌主持召开区政府第五十五次常务会议。会议传达学习全省美丽城镇建设工作会议精神，并听取奉化下步贯彻落实情况汇报。会议审议并原则同意《进一步深化全区生活垃圾分类工作的实施方案》《奉化区居住小区生活垃圾分类“点长制”实施方案》《奉化区居住小区生活垃圾分类工作奖补办法》《奉化区关于深入推进城市安全发展的实施意见》，要求根据会议审议意见修改后提交区委常委会审议。会议审议并原则同意《关于促进奉化与吉林延边州（安图珲春）产业合作、劳务协作和消费扶贫实施办法》，要求根据会议审议意见修改后以区政府办公室名义印发实施。

10月9日，区长张文斌主持召开区政府第五十六次常务会议。会议传达学习了国务院安委会、应急管理部关于浙江宁波锐奇日用品有限公司“9·29”重大火灾事故的通报及各级领导批示和会议精神。会议听取了区治水办关于给予“五水共治”突出贡献集体和个人嘉奖及相关事宜的汇报，原则同意区治水办提出的集体和个人嘉奖名单。

10月23日，区长张文斌主持召开区政府第五十七次常务会议。会议听取了前三季度全区经济运行情况的汇报。会议审议并原则同意《关于全面推进奉化区居家养老服务工作的实施意见》《宁波市奉化区文化旅游集团组建方案》，要求根据会议审议意见修改后提交区委常委会审议。

11月15日，区长张文斌主持召开区政府第五十八次常务会议。会议审议并原则同意《宁波市奉化区打赢蓝天保卫战行动计划（2019—2020年）》《宁波市奉化区打赢碧水保卫战行动计划（2019—2020年）》《宁波市奉化区打赢治土攻坚战行动计划（2019-2020年）》《宁波市奉化区商贸流通业发展规划（2020—2025）》《宁波市奉化区商业网点规划（2020—2025）》等文件，要求根据会议审议意见修改后以区政府办公室名义印发实施。会议审议并原则同意《宁波市奉化区党政领导干部食品安全责任制工作清单》，要求根据会议审议意见修改后提交区委常委会审议。会议还传达学习了全省传统制造业改造提升现场推进会、全省深化“千万工程”建设新时代美丽乡村现场会、全市对口帮扶山海协作迎考部署会暨产业合作推进会、全市反走私综合治理工作联席会议和《浙江省反走私综合治理规定》精神，并听取奉化下步贯彻落实意见。

12月3日，区长张文斌主持召开区政府第五十九次常务会议。会议传达学习了全省民政会议暨第六届浙江慈善大会和全市贯彻《宁波市居家养老服务条例》暨养老服务民生实事项目现场推进会精神，并听取奉化下步贯彻落实情况的汇报。会议审议并原则同意《宁波市奉化区生态环境保护工作职责规定》《宁波市奉化区政府产业基金从业人员尽职免责实施办法（试行）》，要求根据会议审议意见修改后提交区委常委会审议。

12月31日，代区长胡永光主持召开区政府第六十次常务会议。会议传达学习了省委、市委经济工作会议精神，要求各地各部门结合实际工作认真贯彻落实。会议审议并原则同意《政府工作报告》，要求根据会议审议意见作进一步修改后向各镇（街道）和部门等征求意见，并提交区委常委会、区人大常委会和区政协常委会讨论。会议原则同意《宁波市奉化区声环境功能区划分方案（送审稿）》，要求根据会议审议意见修改后印发实施。会议听取了区长质量奖评审委员会办公室关于2019年度宁波市奉化区区长质量奖评审情况及相关事宜的汇报，原则同意区长质量奖评审委员会办公室提交的评审结果。会议原则同意《2020年重大项目（重点工程、重大前期）安排》《2020年民生实事候选项目》《2020年重要指标安排》，要求根据会议审议意见修改后提交区委常委会和区人大常委会审议。会议听取了区财政局关于2019年收支预测和2020年预算编制相关情况的汇报，原则同意《2020年奉化区部门预算审核表》，要求根据会议审议意见修改后提交区委常委会和区人大常委会审议，报区人代会批准。

【区政府党组会议】 区政府党组会议由党组书记或书记委托副书记召集并主持，党组成员参加。党组会议须有半数以上党组成员参加方可召开，讨论决定干部任免事项必须有三分之二以上党组成员到会；根据工作需要，会议召集人可以根据议题指定有关人员列席。2019年，共召开区政府党组会议14次。

（龙　斌）

流动人口服务

【概况】 2019年末，全区在册登记流动人口19.4万人，来自外省的占93.7%以上，其中妇女8.6万人。登记在册的出租房屋79874户，流动人口信息登记率在92%以上，出租房屋信息登记率为100%，流动人口信息准确率在93%以上。登记的外来劳动力为15.9万人。从性别构成看，女性占总数的40.8%。从文化程度看，初中及以下占总数的58%。从技能水平看，无技能占总数的80%。

【新型居住证制度】 以流动人口居住地管理为突破口，依托“一中心四平台”建设，落实“五个一”标准，对全区居住出租房屋探索实行“旅馆式”管理模式。建立身份审核、信息采集、居住登记、信息报送、房屋租赁、星级评定“六位一体”的出租房智能中心，做到实时登记或注销流动人口信息，切实提升流动人口信息登记率、准确率。全年卡式浙江省居住证申领数达到居住半年以上流动人口数的34%以上。深化“最多跑一次”改革，在居住登记（注销）、出租房登记“零跑”的基础上，居住证实现网上自助申报，实现了居住证申领“一次也不跑”。全年发放4722张居住证，其中邮寄送达1242张，网上自助申报1276张。

【流动人口量化积分申评工作】 全面清理居住证申领、积分申评证明事项，逐步推行“一窗受理、全城通办”服务，努力实现“只去一处、只跑一次、积分通用、享受服务”的目标。大力推进全省一体化政务服务，完成PC端网上办事“好差评”系统建设，在线办事实时评价，不断提高政府工作效率。进一步完善与量化积分评价相挂钩的服务和便利供给机制，相继发布《2019年奉化区外来务工人员子女积分入学办法公告》《2019年宁波市奉化区外来务工人员积分免费体检办法公告》《2019年宁波市奉化区流动人口量化积分落户公告（试行）》，共受理申评1520人次，帮助1名符合条件的流动人口落实户口政策。

【流动人口公共服务和权益保障】 各级各类学校共接纳流动人口学生25458人，较2018年增加1398人，政府年补助流动人口子女教育专项经费在200万元以上，所有符合条件的流动人口随迁子女均享受义务教育后的升学考试政策。实施妇幼免费服务项目异地享受，户籍地、居住地、工作地多地首诊建册，计生服务免费政策、一证通办医院即时减免等便民措施，为4.18万名办理居住证的流动人口办理意外伤害保险投保。坚持和完善首接责任制、承诺制，实行流动人口婚育证明电子化，生育审批“最多跑一次”服务，异地办理生育登记12起、婚育证明357份。

【劳动关系协调模式创新】 探索建立“镇（街道）、片区（行业）、企业”小三级工会协调劳动关系体系，通过完善网络、夯实基础、整合资源的方式，进一步建立健全防欠薪长效机制和劳动争议快速处理机制。排查上报各类劳动关系信息647条，协调化解劳动矛盾纠纷325起，涉及外来务工人员1614人，总金额951万元。建成5家示范性调处工作室，共协调化解劳动矛盾纠纷238起，涉及职工1265人，金额2162万元。

【心理健康咨询中心挂牌】 成立奉化区流动人口心理健康咨询中心。咨询中心配备专职人员1人、具备独立接待来访者能力的心理咨询师志愿者53人。咨询中心创新心理疾病防治、康复服务模式，共接待心理咨询来访者100人次，其中未成年人81人次，电话咨询6人次，确保流动人口不因贫困得不到救助、不因疏于救助而伤害自身或危害社会，切实维护社会和谐稳定。

（竺　好）

行政审批服务

【概况】 2019年，行政服务中心共受理事项67万件，办结率为100%。区政务办持续推出行政审批改革创新做法，着力优化政务服务环境。不动产网上联办“一路通”模式获省委副书记、市委书记郑栅洁批示肯定，获选省委改革办优化营商环境“10+N”行动“最多跑一次”竞跑者案例；企业投资项目“统办制”做法入选宁波市“六争攻坚”先锋榜之创新榜；“故事版一本通”系列丛书入选省改革系统动漫微视频作品。

【行政审批服务改革】 拓展“一事联办”模式。梳理“一件事情”121项，涉及文广、交通、市监、人社等26个部门，进一步满足群众办“一件事情”只需跑一个窗口、同一材料只需提交一份的办事诉求。夫妻财产约定转移登记、机动车驾驶员培训经营等42项多部门联办均为奉化首创，累计减少办理环节141个、办事材料168份，办事平均提速29%。

推进“全城通办”工作。按照宁波四批“全城通办”事项清单，做好事项的承接落地工作，具有办理权限且纳入通办范围的687项事项已全部实现“全城通办”。不动产登记“六区通办”措施获得广大购房者好评。在“全城通办”基础上率先推行“全区通办”，2549项事项实现“全区通办”，群众办事从“就近办”到“家门口办”。拓展银行等便民服务网点，让群众办事从“单选题”到“多选题”转变，行政服务中心不再成为群众和企业办事的唯一选择。不动产抵押业务在宁波银行、农商银行已实现“一窗办理”，该模式在全宁波推广；公积金贷款业务新增1家银行网点，实现可在6家银行办理；社保卡业务经办网点从年初的26家增至65家，覆盖范围更加全面；营业执照银行免费帮办已覆盖全区各大银行网点；交警18项事项在2019年开通“警邮”联办等。

【营商环境优化】 常态化企业开办在宁波率先实现“一日办结”。全闭环式操作，打造企业开办“五个一”模式，部门联动重塑流程，“4+1”银行进驻，实现执照申领、公章刻制、银行开户、发票领取、社保登记等五大手续的“一站式”全流程闭环操作。2019年4月8日，奉化成为宁波市第一个实现中心现场开户地区，宁波第一张全流程营业执照在奉化完成办理。推进企业投资项目统办制。2019年，企业投资项目新立项备案并取得施工许可证项目59个，项目审批平均用时11.5天，助推完成企业投资项目审批“最多90天”目标。溪口今日食品建设项目从完成土地竞拍到取得施工许可证仅用22天，得到浙江新闻媒体点赞。出台安置房高效审批制度。优流程、减环节、并事项，全力压缩审批时限至69个工作日，审批时限缩短约51天，安置房项目全流程审批涉及12个部门，从原需盖章25个减至18个。

【服务平台建设】 持续实施部门领导窗口坐班制。领导通过窗口坐班协调解决群众办事过程中的“难点”“堵点”。区委、区政府主要领导共接待群众60余人次，办理审批56项，解决15类问题。相关工作获得市委书记郑栅洁批示肯定。2019年，区府办发文将此做法固化为工作制度。

建立“故事版”跑前“咨询体系”。打造“故事版”办事指南，编制涉证、经商、建厂等民生领域“一本通”6本，咨询效率平均提高30%，咨询时间平均缩短5分钟。其中社保类“一本通”获省人社厅肯定，并以此为雏形编写《人力社保那些事》在全省推广；基建类“一本通”获省发改委肯定；涉保、涉房两本书获市政务办、服务争效办肯定，并下发推广。

完善考核激励机制。围绕中心工作，量化指标、梯度积分、压实责任，形成中心进驻部门绩效考核办法，采用末位淘汰制，以季度为周期对33个进驻部门进行考评，将结果在《奉化日报》公示。通过每季度“12345”热线信访及现场群众投诉、每月“最多跑一次”满意度测评及窗口工作积分评比、每日主任大厅巡查及非现场监管，定期进行通报。2019年，累计发出各项通报17次。应用全国十佳大厅、全国巾帼文明岗成果，每季度中心推选窗口优秀服务标兵并在全区公布，激励窗口工作人员精益求、发挥工匠精神，不断提升服质量。全年评出4批共60名窗优秀服务标兵。

（沈　磊）

外事工作

【概况】 2019年，全区接待国境）外来宾12批297人次，全面实市委、市政府和区委、区政指示精神，严审出访团组的实性任务，严控出访热门国家，格执行审批程序，严明外事纪，严肃证照管理，切实提升出质量，创新“外事+”机制，推动“最多跑一次”改革。全年办理党政人员因公出国审批11批9人次、因公出境1批2人次；事业人员因公出国审批7批10人次、因公出境2批2人次；企业人员因公出国2批2人次。因公护照、通行证收缴率达到100%。

【惠企模式创新】 探索建立多部门联办工作机制，优化APEC商旅卡办理流程，在全国首创流程优化、材料简化、窗口下设等多项举措，为102家区国际商会会员企业开辟绿色通道办理APEC商旅卡，进入第一批集中办理绿色通道的有10批28人次。

【主要外宾接待】 坚持主动沟通、早定方案、创新路线的原则，以佛教文化、红帮精神、办学经验、撤市设区三周年等内容为重点，发挥奉化“佛教五大名山”“蒋氏故里”“新农村建设样板”等优势，推介良好的投资兴业软硬环境，提升奉化对外开放形象。

1月10日，蒙古国赛音诺门寺住持纳尔贵赛布彦一行11人参访雪窦山和浙江佛学院。

4月3日，法国国立面包甜点学院教师奥海良·勒姆约一行到访区技工（旅游）学校。双方就中西面点专业建设、师资培训等方面进行深入交流，并达成了初步合作意向。

6月10日，积极配合“17+1”重大活动，发挥地方优势，以参与翻译“首届国家级中国—中东欧国家博览会之‘一带一路’国家工商界代表团”推介会为抓手，深度融入“一带一路”建设，讲好“奉化故事”，全面提升城市国际化水平。

【主要出访】 5月18—25日，区委书记高浩孟一行6人出访以色列、意大利，签订的中意工匠定制城“达芬奇小镇”项目被列为意大利2019年度重点项目，获得各界广泛关注。

6月11—18日，区人大常委会副主任、宁波宁南贸易物流区管委会党工委书记蒋国宝一行4人赴美国、韩国，签署《哈佛浙江BI医学创新中心项目合作意向协议》，推动奉化在国际医疗领域的实质性交流与合作。

6月25—7月2日，副区长杜中权一行6人赴日本、俄罗斯，举办宁波奉化区招商引资推介说明会，建立多个项目合作关系。

8月27—9月3日，区人大常委会主任周涛一行6人赴土耳其、印度，推动企业随“一带一路”战略走出去，加强与印度、土耳其气动产业的交流与合作。

【友城往来】 已结成友好城市7对，其中亚洲占43%、美洲占29%、欧洲占14%、非洲占14%，在宁波排名靠前。

7月25—30日，赴日本入间市的区青少年交流团受到入间市市长田中龙夫接见，双方商定2020年举行结好20周年庆祝活动。

7月22—26日，奉化中学组团赴韩国开展奉化区—平泽市青少年交流，建立了每年互派中学生访问团等交流机制，使友城成果转型升级。8月5—9日，韩国方面作了回访。

10月，摩洛哥马拉喀什市喀什巴–梅旭瓦区购买奉化生产的新能源公交车10辆。以此为契机，奉化加强与摩洛哥马拉喀什市喀什巴–梅旭瓦区之间的交流，传播旅游城市绿色节能理念，弘扬友城之间互帮互助精神。

（竺　好）

侨务工作

【概况】 2019年，侨务工作牢固树立“融入中心、服务大局”意识，继续把握"为侨服务"和"弘扬中华文化"两条工作主线，按照"党政所需、侨胞所盼、侨联所能"的工作要求，凝侨心，发侨声，聚侨智，出侨力。制定出台《奉化区侨联深化改革实施方案》，抓好基层侨联组织建设，加大软硬件投入力度，以"五有"（有组织、有队伍、有经费、有阵地、有活动）的基础上努力向"五好"转化，实现领导班子好、干部队伍好、工作保障好、活动成效好、群众反映好。溪口侨联、岳林侨联获得宁波市级示范基层侨联称号。

【自身建设与重要活动】 组织广大侨界群众深入学习习近平总书记关于侨务工作的重要论述和十九届四中全会精神，把学懂弄通做实习近平新时代中国特色社会主义思想贯穿始终，召开学习贯彻市、区"两会"精神报告会，全力推动"两会"精神在侨界落细做实。开展"不忘初心、牢记使命"主题教育活动，深入基层侨联、涉侨团体和侨资企业，开展好学习教育上党课、蹲点调研找问题、自我反省剖根源、整改落实促提高等规定动作，共组织各类学习交流和理论宣讲8次，赴基层调研12次，启动整改意见、建议16个。紧抓新中国成立70周年有利时机，组织举办了全区基层侨台联气排球友谊赛和"同心奉化"统战系统大联欢活动，参加了"我和祖国共呼吸——宁波侨界庆祝建国70周年"歌咏比赛、"侨说·建国70周年"中国侨联第二十届世界华人学生作文大赛等。着力做好"设区三周年庆典活动"嘉宾邀请、招才引智和项目对接工作，确保五大洲18个国家（地区）34名侨界知名人士参加庆典活动和全球雪窦山智库论坛。指导留创会开展8周年"创梦之夜"活动，引导留创爱慈善基金提质扩容，结对帮扶更多的困难侨胞。岳林侨联组建侨爱心志愿者服务联盟，秀水社区被推荐为宁波市级"侨界人文社区"典范。

【服务经济】 组织召开了奉化·柬埔寨工业产品对接会，成立了柬埔寨侨商宁波（奉化）经贸联络处。帮助宁波长隆制衣有限公司在柬埔寨开设新工厂——长隆（柬埔寨）制衣有限公司，新厂建筑面积2万多平方米，内设14条生产线。总投资2000万元、年产1000万件涤纶浴帘的宁波奉化莱米纳塑业有限公司已在柬埔寨宁波工业园区开工建设。至年底，在柬埔寨的奉化企业达到15家，业务涵盖服装、物流、餐饮等行业。做好海外高层次人才和优质项目引进跟踪服务工作，向区委人才办推荐了2家创新型企业申报的"3315计划"和"凤麓英才"项目。组织召开引进海外工程师座谈会，联合区科技局助引海外工程师13人。立足"宁波市侨界创业创新基地"——凤麓新材料加速器园区和岳林党建综合体——"山丘汇"留学归国人员创业基地，引导留创企业在创新驱动、转型升级中发挥生力军作用。浙江亿洋食品有限公司、宁波吉田智能洁具科技有限公司2家侨资企业获2018奉化经济风云榜中的发展进步奖；宁波海上鲜信息技术有限公司、宁波精益飞达轴业有限公司获2018年奉化经济风云榜中的转型创新奖。7月，宁波海上鲜信息技术有限公司承办了第二届数字海洋（渔业）智慧发展论坛，公司成为首批宁波股权交易中心"科技创新板"开板挂牌上板的24家企业之一。9月，宁波韦尔德斯凯勒智能科技有限公司被宁波市侨联授予"侨界创新创业基地"称号。在宁波侨商会会长、华信集团总裁徐旭昶的支持下，11月，区侨联与宁波侨商会合作筹集20万元的"奉化侨爱帮困金"，向基层侨联下发了面值1000元的300张侨爱体检券，专门用于扶持生活贫困的侨眷侨属。

【海外联络】 推进海外联谊工作平台建设，已在德国、法国、美国完成建站布点工作，签订了人才项目招引合作框架协议。针对上海奉化籍留创青年相对聚集的现状，通过前期排摸调研，按照"先授牌、后规范"的简易操作流程，组建了上海奉化留创驿站。响应"一带一路"倡议，加大与中东欧国家经贸文化交流力度，在市侨联的牵线搭桥下，成功与欧洲华商会会长企业合作，把"16+1"侨文化产品体验中心落户在滕头村滕小院内，中心产品来自俄罗斯、匈牙利等16个国家的40多种物品。以雪窦山“中国华侨国际文化交流基地”为依托，完善海外侨胞乡贤数据库，广开华人华侨联络联谊渠道，不断弘扬奉化特色文化，讲好奉化精彩故事。2019年，接见法国华侨华人总商会、丹麦宁波商会、加拿大本拿比华商会、欧洲华商会、柬埔寨宁波商会等100多名知名侨领和中外学者到基地交流考察，邀请2019中国侨联“寻根之旅”夏令营成员、2019“海燕集结”活动走进奉化的400多名海外青少年赴基地学习交流，让他们亲身追忆侨的历史，传承侨的文化，接棒侨的爱心。加大文化交流力度，邀请来自“一带一路”沿线36个国家的47名留学生和海外媒体采风团走进奉化尚田，感受乡村创业氛围，宣扬农村美丽环境；深化体育赛事竞技，参与组织了“乐开宝2019中国·宁波奉化首届‘桃花杯’华夏气排球超级精英赛”“王者之战”国际街舞赛、阿斯普击剑训练营暨奥运冠军走进奉化、2019中国—卡塔尔男排挑战赛等活动，增进了与海外体育团队的友谊，推介了奉化城市亮丽形象。

【基础工作】 深化《中华人民共和国归侨侨眷保护法》宣传，开展归侨侨眷“关爱工程”，通过义诊活动、上门走访、“以桃助学”“接对助学”等形式慰问侨（留）资企业、贫困归侨侨眷和留学人员家庭100余户次，进一步维护了侨胞权益。组织开展“守初心暖侨心、担使命为基层”市侨联为侨服务联盟走进奉化活动，邀请宁波银行、金汉律师事务所、爱尔光明眼科医院、华信医院等12家为侨服务单位现场为侨界群众提供精诚服务，发放“为侨服务直通卡”62张。结合区委开展的“四联四跑”和区委统战部“四跑四促”活动要求，在全区范围内开展侨情大调研、大排查活动，全面摸清奉化侨务资源底数，补充完善侨情资源200余条，建立完善了海外侨团、各界代表人士数据库，明判侨情变化发展趋势，为促进侨务事业高质量发展打下基础。进一步开拓“互联网+”平台，以宁波侨政管理系统捐赠管理板块数据库为基准，梳理了44项涉侨捐建设施的产权归属、使用情况、管理现状，对已拆除或改建、闲置的捐赠项目进行了统计。加快推进侨务工作“最多跑一次”改革，做好华侨、归侨和侨眷身份认定，华侨及归侨子女考生身份确认，华侨回国定居审核转报及浙江省归国华侨证核发（审核转报）、华侨身份证明等事项的全城通办事宜。2019年，《奉化日报》头版刊登了《跑企业听呼声 促发展 区侨联以侨为桥 助力奉企赴柬投资》《奉化柬埔寨工业产品对接会举行 柬埔寨侨商宁波（奉化）经贸联络处授牌》《区委统战部引进海外工程师座谈会召开》《第二届宁波市港澳台侨杰出人物出炉 5位奉籍侨商榜上有名》等10篇新闻报道。向上级侨联报送信息160条、调研文章5篇，其中《奉化区侨联以侨为桥搭平台精心服务促发展》《创建宁波雪窦山“中国华侨国际文化交流基地”的实践与思考》及《奉化区岳林侨联以创新务实的精神做好基层侨联工作》3篇文稿发表在《宁波侨联》上。

（吴　桁）

港澳台地区事务

【概况】 2019年，进一步加强与港澳台地区文化交流、青年交流、基层交流、经贸合作以及宣传教育等方面工作，区委获评浙台经济社会融合发展突出贡献单位；区台办获得中央台办“两刊”对台宣传工作先进单位称号；区台办、溪口镇政府、区台联会获评甬台经济社会融合发展突出贡献单位；调研课题“习近平对台工作思想与奉化实践研究”获得宁波市2019年度涉台调研课题二等奖。

【交流交往】 2019年，重点接待中国国民党前副主席蒋孝严、中华文化参访团沈富生、南投县集集镇妇联会谢明谋、南投县农会理事长林耀彬、中正文教基金会董事长蒋友松一行、台湾博客多跑马团、中国国民党南投县党部交流团吴孟叡、南投县潘一

3月27日，海峡两岸婆媳文化节在西坞街道金峨村举行

9月18日，海峡两岸大健康产业基地新项目在奉化华侨豪生大酒店举行的浙台合作周开幕式上签约

全、南投县草屯镇镇长、歌手夏台风、南投县佛教会、台湾青年交流团组、大健康产业园区参访团、南投清境农场交流团等台湾公务团组86批1586人次。奉化因公赴台8批36人次。年末，在台就读学生33人。

举办一系列海峡两岸交流活动。3月24日，举办2019奉化海峡两岸桃花马拉松赛，台湾博客多跑马团陈兆龙一行105人参加比赛。3月25日，以“桃花为媒结对走亲”为主题的浙台邻里节宁波专场启动仪式在溪口新建村举行。3月27日，2019海峡两岸婆媳文化节开幕式暨乡村婆媳故事会在西坞街道金峨村举行。此届婆媳文化节以“乡村振兴”为主题，通过征集乡村婆媳好故事、乡村婆媳故事会、婆媳共植同心树、巾帼乡创集市以及婆媳共游新农村等活动，充分挖掘和展示海峡两岸乡村发展建设过程中涌现出的家风传承、乡风文明、创业创新等方面的典型女性和优秀婆媳代表。3月29—31日，“2019中国·宁波奉化海峡两岸暨香港排球精英赛”在奉化体育馆举行，香港南华体育会、台湾瑞芳高工、奉化教育等5支队伍参加比赛。

引导港澳台人士关心家乡，奉献爱心，助力城乡建设、文化教育、慈善公益等事业。港胞叶泰海、叶俊棓父子先后捐赠1000万元成立了奉化中学叶氏教育基金，捐赠100万元建造宁波工程学院叶傅教学楼，出资540万元奖励奉化杰出教育工作者。

【经贸活动】 9月18日，2019浙江·台湾合作周奉化专场活动暨奉台科技论坛——大健康产业对接会开幕式在奉化举行。开幕式上，海峡两岸大健康产业基地新项目签约。该产业基地建设项目计划期限10年，分两期执行，投资约15亿人民币，占地面积200亩，根据产业基地建设发展情况分批分期引进项目，逐步形成大健康、生物医疗、智慧农业、半导体、健康养生、物联网等产业链。2019年，港商叶泰海的超[illegible]电器公司增资1000万美元，香港奉化联谊会会长张宗琪投资30[illegible]万美元的宁波雅星服饰公司开业，这为半人马科技（宁波）集团有限公司落户奉化提供重要的招商信息。

【涉台宣传】 对每一批到奉化参访的团组，做好接待方案，宣传党的政策，提供全方位服务；做好两地大学生交流和服务工作；通过座谈会、学习会、报告会，组织机关党员干部、台胞台属学习习近平总书记对台工作重要讲话精神，邀请上级领导、专家到奉化作台海形势报告。以“2019海峡两岸婆媳文化节”“2019浙江·台湾合作周奉化专场活动”“2019弥勒文化节交流活动”等重大涉台交流活动为契机，邀请中央电视台、宁波电视台、人民网、新华社、中新社、《浙江日报》《宁波日报》《东南商报》《现代金报》等20余家新闻媒体到现场采访报道。中央电视台中文国际频道《海峡两岸》栏目报道了“2019海峡两岸婆媳文化节”的盛况。

政协宁波市奉化区委员会

综　述

2019年，区政协坚持以习近平新时代中国特色社会主义思想为指导，全面落实省委、市委、区委决策部署，围绕中心、服务大局，凝心聚力、群策群力，发挥独特优势、展现更大作为，较好地完成了一届三次会议确定的各项工作任务，为助推奉化经济社会高质量发展作出了政协应有贡献。2019年，奉化区政协委员经过3次调整，辞职或撤销资格18人，增补17人，至年末，有委员219人。

重要会议

【一届三次会议】 1月14—16日，区政协第一届第三次会议召开。出席委员211人，列席人员48人。大会听取和审议政协常务委员会工作报告；听取和审议政协常务委员会关于提案工作情况的报告；列席奉化区第一届人民代表大会第三次会议，听取并讨论《政府工作报告》《人民法院工作报告》《人民检察院工作报告》及其他报告；举行报告会；补选区一届政协秘书长及部分常务委员；表彰2018年度奉化政协工作各项先进等。会议期间，共收到委员提案319 件，经审查立案275 件，其中关于改善营商环境、促进中小微企业健康发展的建议等6件提案被列为年度重点提案。会议审议通过区政协一届三次会议有关决议。

【常委会会议】 2019年，区政协第一届常务委员会共举行5次会议。

1月8日，召开一届九次常委（扩大）会议，会议协商通过有关人事事项，审议通过政协机关人事调整有关事项；审议通过部分政协委员和政协常委辞职、撤销、增补有关事项；审议通过增设区政协工作委员会有关事项；审议通过部分区政协副秘书长任免事项；审议通过区政协工作委员会主任、副主任任免事项。

1月14日，召开一届十次常委（扩大）会议，会议听取“两个报告”讨论情况；听取各工作委2019年度主要工作安排；审议通过相关人事事项；酝酿通过选举办法（草案），总监票人、监票人建议名单；酝酿通过区政协秘书长及部分常委候选人建议名单。

1月15日，召开一届十一次常委（扩大）会议，会议听取各工作委对选举办法（草案）、秘书长及部分常委候选人和总监票人、监票人酝酿情况汇报；通过区政协一届三次会议决议（草案）；讨论通过提案审查报告。

3月28日，召开一届十二次常委（扩大）会议，会议传达了全国“两会”精神；审议通过政协工作有关规则制度；协商通过有关人事事项。

11月7日，召开一届十三次常委（扩大）会议，传达学习中央、省委政协工作会议精神；审议通过《关于切实加强城市精细化管理的对策探究》《关于加快我区楼宇经济发展的对策建议》《关于新形势下进一步发展我区学前教育的建议》等调研报告；审议通过《中国人民政治协商会议宁波市奉化区委员会专门委员会规则》；审议通过有关人事事项。

政治协商

【全委会整体协商】 1月14—16日，在区政协一届三次会议期间，通过分组、联组讨论等形式，全体委员就“一府两院”工作报告及区委、区政府重大决策，以及群众反映强烈的社会热点、难点问题进行大会协商讨论。

【政情通报会】 8月6日，区政协召开2019年上半年政情通报会。区委副书记、区长张文斌通报上半年经济社会发展情况、政协提案办理情况和下半年政府工作重点安排。与会委员当场发表意见，王德彪代表区政协常委会对区政府上半年工作表示充分肯定。

【主席议政会】 3月22日，召开大力支持民营企业高质量发展主席议政会。区经信局、自然资源和规划分局、金融办等部门就如何支持民营企业发展提出举措。部分政协委员结合自身的企业发展，提出意见和建议。

5月31日上午，召开打通城区环线提升主干道对接能力主席议政会。区交通局、住建局、自然资源和规划分局、发改局等部门作工作交流。与会政协委员提出意见建议。

8月1日，召开“加快规划建设大型车辆停车场”主席议政会。区交通局、区综合执法局、区住建局、区自然资源和区规划分局、区交警大队做了工作交流，区政协委员提出意见和建议。

【主席询政会】 4月24日，举行加快推进农村住房改造主席询政会。区农业农村局介绍了农村住房改造建设相关工作情况。各镇（街道）及相关部门负责人对政协委员现场询政有关问题一一进行解答。

7月17日，召开着力推进“六大变化”、努力实现“三年大变样”主席询政会。针对经济总量、城市形象、乡村振兴、民生保障、发展动力、工作作风等6个方面的不足和问题，政协委员们现场发问，相关部门一一答复。

【专题协商】 4月29日，依托“请你来协商”平台，就加快推进企业低效土地报批工作召开专题协商会。区自然资源和规划分局汇报奉化企业低效土地报批工作落实情况，各部门负责人就委员提出的相关问题进行了解答。委员们客观分析了当前奉化区企业低效土地报批工作中存在的4个方面主要问题。

5月21日，围绕“切实做好大型水库上游水源地保护工作、努力实现山区群众脱贫致富奔小康”这一民生热点难点问题，依托“请你来协商”平台，召开专题民主协商会。区生态环境分局作工作汇报，溪口镇、大堰镇和区发改局等部门作补充发言，部分政协委员提出意见和建议。

7月31日，社会法制工作委员会就有效提升智慧城市水平、全面推进“平安奉化”建设，召开专项民主协商会。公安分局汇报奉化“智慧警务”建设情况。委员们建议，通过做好顶层规划设计、加强部门统筹合作、强化科企合作等方式，加强统筹协调，提升建设水平；建立和完善信息平台，整合资源创新机制，与现代警务相融合，运用技术引领，提升应用水平；加强人才引进和培养，加大经费投入和组织保障，加强队伍建设，提升保障水平，推进更高水平的“平安奉化”建设。

民主监督

【重点提案重点督办】 2019年，区政协确定6件重点提案，由政协主席、副主席领衔督办。通过召开专题督办会、现场视察活动等形式，集思广益，协商解决重点提案办理中遇到的问题。配合区政协组织的“提案回头看”活动，促进相关重点工作的顺利开展。

6月10日，就加快民居民宿改造、助推全域旅游发展召开重点提案督办会。针对民宿存在的品质不够、精品偏少等问题，会议强调要注重统一推介、创新营销模式、开展精准营销、拓展市场空间，推动民宿经济成为全域旅游、乡村振兴的重要抓手。副区长张巍作表态发言。

7月10日，就加强花木草皮等种植业管理、切实保护耕地地质召开重点提案督办会。针对近年来花木、草皮等种植业快速发展，在增加农民收入的同时也给耕地土壤造成破坏，对生态环境、耕地质量乃至粮食生产安全都带来较大影响等问题，提出要严格执行耕地保护政策，严格禁止在耕地上新增花木、草皮种植等建议。副区长张巍作表态发言。

8月30日，就优化营商环境促进中小微企业健康发展召开重点提案督办会，听取相关部门汇报提案办理及相关工作推进情况和政协委员意见。针对中小微企业存在的政务改革步伐不够快、优化营商环境工作氛围不够浓等问题，提出从深入推进“放、管、服、改革”等四个方面提出建议。

9月29日，召开“关于提升我区公民文明素质的建议”重点提案督办会。区文明办、区公安分局、区教育局等单位负责人介绍提升公民文明素质相关工作和提案办理情况，政协委员提出各自的意见建议。

11月6日，举行深化干部作风大整治，着力打通“中梗阻”重点提案督办会，听取区委作风办、纪委、组织部、督查考核室等单位工作情况通报和政协委员意见、建议。针对部分中层干部作风中存在一些顽疾积弊等现象，提出了从抓激励、树立用人“风向标”等4个方面去着力打通中层干部“中梗阻”，让中坚力量切实发挥好谋事创业的作用，为奉化早日实现“后来居上、最美最好”贡献力量。

11月27日，举行“着力解决污水零直排，努力改善老旧小区生活环境”重点提案督办会。会议听取了区“五水共治办”、区住房和城乡建设局有关工作汇报，针对污水零直排、老旧小区改造工作中存在的突出问题，提出要加强舆论宣传，运用协商手段，发挥基层党建引领作用，切实把好事做实、实事做好；要加快建设，统筹规划，规范实施综合整治，切实提高工程质量；要治管结合，强化网格化管理，加强设施维护保养，建立健全老旧小区长效管理机制。

【专项监督】 始终紧盯难点工作，加强专项监督，着力推动各项工作落实。4月11日，组织召开加强早餐店及外卖食品安全监管专项民主监督座谈会。5月17日，就加快推进城乡生活垃圾分类处理、全面提升厨余垃圾处置能力，组织开展专项民主监督活动。部分政协委员与区垃圾分类办、区住房和城乡建设局等部门负责人作了交流，区政协副主席吴亚芬提出加强统筹协同、突出考核督察、严格执法、强化机制建设等4个方面建议。副区长傅岳炳作了表态。6月28日，区政协召开着力推进城市品质提升工程专项民主监督会，对仁湖公园二期工程、道路街巷命名和城区限放烟花爆竹等事项开展民主监督。交投集团、民政、公安等部门负责人在会上作情况介绍。与会政协委员结合自身工作及前期调研情况提出意见、建议。区政协副主席庄孟勇提出完善设计方案、加快征地拆迁、狠抓建设工程质量等建议。

主题调研

2019年，区政协对群众关心的热点、难点问题，组织开展3个重点课题调查研究，调研报告以政协常委会建议案形式报送党委政府供决策参考。

【关于加快奉化楼宇经济发展的建议案】 3月上旬，成立以邬旭光副主席为组长的调研组，广泛听取相关街道、部门、重大平台、重点企业代表等意见、建议，并参考杭州上城区、宁波鄞州区等先进经验，针对相关问题进行分析探讨，形成《关于加强奉化楼宇经济发展的对策建议》的调研报告，经区政协一届十三次常委（扩大）会议协商通过。报告认为，相较于先进地区，奉化楼宇经济存在楼宇规模层次较低、专业化特色化程度不高、管理运营水平有待提高等问题，一定程度上制约了楼宇经济的发展。为此，向区委、区政府提出优化楼宇空间布局、合理导入楼宇产业、创新开发改造机制、提升招商运营服务、完善楼宇公共服务、加强政策引导扶持等6条建议。

【关于切实加强城市精细化管理的建议案】 3月中旬，成立由区政协副主席吴亚芬为组长的调研组，围绕城市管理重点、焦点，聚焦民生痛点、堵点，对奉化城市精细化管理工作的现状进行深入调研，并形成《关于切实加强城市精细化管理的对策探究》的调研报告，经区政协一届十三次常委会议审议通过，并以区政协常委会建议案形式向区委、区政府提出坚持固本强基，“全界域”补齐设施短板；坚持改革创新，“全方位”完善治理机制；坚持落小落细，“全流程”实施精细管理；坚持整体治理，“全员化”力促共治共享等4条建议。

【关于新形势下发展我区学前教育的建议案】 3月中旬，成立以区政协副主席周海飞为组长的课题调研组，走访了辖区内各类幼儿园，广泛听取各方面意见、建议，并参考镇海、北仑等先进经验，对制约奉化学前教育发展的几大瓶颈问题进行研究分析，提出相应的对策建议，形成了《关于新形势下进一步发展我区学前教育的建议》的调研报告。经区政协一届十三次常委（扩大）会议协商通过，并以区政协常委会建议案形式向区委、区政府提出加强领导，全面落实学前教育的办学主体责任；落实措施，大力扩充公益普惠的学前教育资源；加大投入，着力保障学前教育高质量发展；创新机制，加快推进学前教育师资队伍建设等4条建议。

【组织各类视察活动】 2019年，区政协和各工委针对群众关心的热点、难点问题和中心工作，组织开展形式多样的视察活动近30次。先后对重点文教项目建设情况、重大平台项目、社区矫正工作、居家养老体系建设等进行视察，并将视察情况向有关部门作了反馈和建议。

经常性工作

【团结联谊工作】 2019年，区政协坚持团结民主两大主题，发挥开放包容独特优势，凸显联络联谊统战功能，广泛凝聚改革发展的社会正能量，用心用力寻求最大公约数，画出最大同心圆。1月25日，区政协副主席吴亚芬参加宁波市党外人士新春茶话会。2月1日，政协主体班子出席区委、区政府春节团拜会。2月21日，区政协副主席吴亚芬接待凤凰网佛教频道总编一行。3月27—28日，区政协副主席俞伦参加宁波市政协之友联谊会工作交流会。4月30日，区政协副主席邬旭光出席全区“五一”国际劳动节会议及庆祝“五四”青年节100周年活动。8月28日，区政协副主席俞伦出席政协书画展作品评审会。9月12日，副主席周海飞、胡荣、庄孟勇、吴亚芬、邬旭光出席宁波政协70周年文艺演出暨各界人士中秋联欢会。9月9日，区政协举行中秋茶话会。9月23日，王德彪主席参加浙江宁波滕头2019年中国农民丰收节庆典活动。

【宣传工作】 2019年出版《奉化政协》杂志4期。《关于人民政协专门协商机构的认识和思考》理论文章获2019年宁波市政协工作理论和社会实践研讨论文三等奖。编撰《参政议政——社情民意专刊》4期27篇，其中2篇信息得到区委主要领导批示；社情民意信息得分在宁波大市考核中位居第二；转送相关部门37条，许多信息得到部门的重视和采纳。办好奉化政协网站，及时更新相关动态信息，扩大奉化政协的影响力。政协机关被评为2019年浙江省“示范数字档案室”。

【委员工作】 2019年，成功创建2家宁波市级委员工作室（莼湖“智慧海洋”委员工作室和溪口“两岸交流”委员工作室）。12月上旬，省政协发文同意奉化“两岸交流”委员会客厅挂牌“政协委员会客厅”。至2019年底，共创建委员工作室14家，实现了镇、街道政协委员工作室全覆盖。

【提案工作】 2019年，共提出提案319件，经审查，立案275件，未予立案的44件作为委员来信和社情民意信息转送有关部门研究参考。在立案的提案中，各民主党派、区工商联、区政协各专委会和各工作委等集体提案47件，委员提案228件。275件立案提案经合并后为199件，分别送交43个单位办理，已全部办复。所提问题已经解决或基本解决的85件，占42.7 %；正在解决或计划解决的107件，占53.8%；一时难以采纳落实的7件提案，承办单位实事求是地向提案者说明情况，取得了理解和共识。

表3

2019年奉化区政协重点提案一览表

序号	提案人	案　　由
1	财贸旅游工委与任益鑫、尉汤桥相关提案合并	关于加快民宿民居改造助推全域旅游发展的建议
2	民盟与王伟岳相关提案合并	关于加强草坪、花木等种植业管理，切实保护耕田地质的建议
3	工商联与周央国、汪志浩、袁挺相关提案合并	关于优化营商环境、促进中小微企业健康发展的建议
4	王庆阳与岳林工委相关提案合并	关于提升我区公民文明素质的建议
5	民　革	关于深化“干部作风大整治、着力打通中梗阻”的建议
6	吴玲珊与汪志浩相关提案合并	关着力解决污水零直排、努力改善老旧小区生活环境的建议

【文史工作】 编写出版“雪窦山文化系列丛书”之三《雪窦诗文》，收集整理了历代诗人名人关于雪窦寺的诗文；组织参加宁波市政协举办的人民政协成立70周年系列庆祝活动；组织奉化书画名家参加宁波书画院画师绘意宁波邀请展；征集8件书画作品参加全市政协系统书画作品展；赠送浙江图书馆《文史拾遗》等文史资料18种36册。

（王　淑）

7月17日，“着力推进‘六大变化’、努力实现‘三年大变样’”询政会现场

纪检　监察

综　述

2019年，全区纪检监察工作坚持以习近平新时代中国特色社会主义思想为指导，贯彻党的十九大精神，按照十九届中央纪委三次全会、省纪委十四届三次全会和市纪委十三届三次全会部署，围绕中心，服务大局，以精准的政治监督、严明的政治纪律、深入的政治巡察、清朗的政治生态，坚持聚焦主责主业，坚决践行“两个维护”，坚决落实管党治党政治责任，坚定不移推进全面从严治党向纵深发展，反腐败斗争压倒性胜利巩固发展，政治生态持续优化，纪检监察工作呈现高质量发展的良好态势。

重要会议

【区纪委一届五次全会】 2月2日，召开区纪委一届五次全会第一次大会。区四套班子领导、法院院长、检察院检察长及现职副区级领导干部等参加会议，19位区纪委委员出席会议，列席136人。区委书记高浩孟作重要讲话。随后召开的区纪委一届五次全会第一次大会和第三次大会上，区委常委、纪委书记、监委主任翁敏代表区纪委常委会做题为《坚持稳中求进 聚焦主责主业 奋力开创新时代全区纪检监察工作新局面》的工作报告。会议审议通过《中国共产党宁波市奉化区第一届纪律检查委员会第五次全体会议报告》和全会《决议》。会上，岳林街道、区教育局、区国资管理中心、区供销社4家单位主要负责人向区纪委全会报告本单位落实党风廉政建设和反腐败工作情况，并接受质询。

【“温故知新、知行合一”学习实践活动暨保障“全面深化作风大整治、全力推进三年大变样”活动动员会议】 4月25日，区纪检监察系统召开“温故知新、知行合一”学习实践活动暨保障“全面深化作风大整治、全力推进三年大变样”活动动员会议。会议对两个活动进行工作部署，翁敏分别与区纪委领导班子成员、派驻机构、镇（街道）纪委（纪工委）监察办公室3名代表签订《2019年度党风廉政建设责任书》。区纪委机关、各派驻机构、各镇（街道）纪委（纪工委）监察办公室、区委巡察办等全区纪检监察干部140余人参加了动员会。

【区纪检监察工作会议】 8月1日，区纪委、区监委召开全区纪检监察工作会议，传达学习市纪委、市监委“不忘初心、牢记使命”主题教育专题党课暨全市纪检监察工作会议和区委一届六次全体（扩大）会议精神，回顾总结2019年上阶段工作，研究部署2019年下阶段任务。会上，溪口镇纪委、莼湖镇纪委、萧王庙街道纪工委以及派驻第四纪检监察组围绕上一阶段特色亮点工作作交流发言。全体区纪委常委、区监委委员，各镇（街道）纪委（纪工委）书记、监察办公室主任，各派驻纪检监察组组长、副组长，委机关各室负责人参加会议。

【全区信访举报和审查调查工作会议】 9月19日，区纪委、区监委召开全区信访举报和审查调查工作会议。会议学习传达上级有关信访举报工作的会议精神，总结2019年1—8月全区信访举报和审查调查工作情况，交流工作，研究部署下阶段信访举报和审查调查重点工作任务。全体纪检监察干部参加会议。翁敏出席会议并讲话。会上，溪口镇纪委、莼湖街道纪工委、西坞街道纪工委、萧王庙街道纪工委表态发言。

重要调研

【奉化金融机构支持民营经济发展工作调研】 3月8日，区纪委书记、监委主任翁敏带队赴泰隆银行、农商银行等，就金融机构支持民营经济健康发展、服务小微企业情况、党风廉政建设等方面进行实地督导调研。

【全面从严治党工作调研】 5月29日，宁波市委常委、市纪委书记、市监委主任傅祖民赴奉化调研全面从严治党工作。赴宁波瑞凌新能源科技有限公司，开展“三服务”走访调研，了解企业产品研发、市场拓展、未来规划等情况，征求企业对党委政府服务的意见、建议。赴萧王庙街道青云村、溪口税务所、溪口镇纪委，考察清廉村居建设情况、清廉站所建设和奉化区推行的“五小一跑”进展情况，并实地考察乡镇监察办公室建设情况，了解基层公权力监督运行情况。主持召开座谈会，听取奉化区委落实全面从严治党主体责任、开展警示教育月活动和“扫黑除恶”专项斗争等情况汇报。

党风政风监督

【概况】 2019年，全区纪检监察机关开展各类专项监督检查160余次，约谈70余人次，谈话提醒23人，批评教育2人，党纪政务处分2人；全年开展“三交底”（交底主体责任履责、所在单位问题、重要廉政风险三份清单）廉政谈话123人次，督促责任落实，共有19名领导干部因履行主体责任不力被问责。全年建成清廉示范点46个，培树“五小一跑”（小单位、小资金、小项目、小采购、小干部，“最多跑一次”）监督品牌，建成示范点30余个，并在全区230余个基层单位全面推行。全年受理各部门党风廉政意见征询共计171批（2266人次、573家单位）。

【助推区委“8+1”专项整治行动】 在开展“不忘初心、牢记使命”主题教育中，聚焦“基层公权力监督”等重点问题和关键环节，助推区委“8+1”专项整治行动，处置专项整治中发现的问题，确定整治重点问题1278个，督促完成整改1174个，推动相关单位建立完善各类制度170余项，形成调研成果8份，发现问题76个，研究解决一批基层群众反映强烈的问题和纪检监察工作中的难题。

【“四风”问题监督】 全年开展整治形式主义、官僚主义问题专项督查行动172次，检查单位449家，走访群众273人次，查处突出问题37起，处理党员干部49名。落实“基层减负年”各项要求，累计摘除对外挂牌12类、室外服务标识牌158个，清理下墙制度1110个、工作台账765项、涉村（社区）事项108个。严查各类违反中央八项规定精神问题，针对“四风”问题隐形变异趋势，全年开展正风肃纪专项行动570次，发现问题475个，处理人员340人。

【专项督查】 开展各类专项治理行动，全年发现涉及“双违规”问题干部28人。包括领导干部违规房产交易专项治理，领导干部违规个人出书、印发讲话汇编和领导干部收送礼品礼金问题专项整治，扶贫及帮扶、民生领域不正之风和漠视侵害群众利益问题专项治理，党员干部违规投资和违规借贷专项治理、酒驾醉驾整治行动以及人防系统腐败问题专项治理等。其中扶贫帮扶、民生领域不正之风专项治理，共查处群众身边腐败问题和不正之风39起，处理党员干部46人。

【清廉奉化建设】 制定下发清廉机关、站所、医院、学校、企业（国企、民企）等清廉系列实施意见，并在全区范围内全面推行，建成清廉示范点46个。深化清廉村居建设，已建成21个清廉村居，推行村级小微权力清单和“村民说事”制度，全面推行“组团监督、清廉共建”基层监督模式。5月20日，区纪检监察系统组织警示教育暨廉政培训会，全区纪检监察干部集体观看《以案为鉴，警钟长鸣——党的十九大以来浙江省查处的违纪违法领导干部案件警示录》。11月14日，区纪委监委、区妇联组织40余名镇（街道）党委（党工委）书记家属、区直属有关单位主要负责人家属，以“铭记初心传家风·献礼三年大变样”为主题展开座谈交流。

宣传教育

【媒体宣传】 在《奉化日报》一版开辟《清廉奉化》专栏，全年共在专栏发稿23篇。同时，依托区纪委自建媒体（官方网站、微信、微博）等平台进行宣传。全年度共在宁波及以上媒体发布文章249条，其中中央级媒体发布50条，省级媒体发布55条，宁波级媒体发布144条。“五小一跑”工作清单制度是年度宣传工作重点，相关做法和经验先后在人民网、《人民日报》等媒体刊登报道，打响了奉化品牌。

【清廉文化】 开展“清廉顾问进农村”活动，选派纪检监察干部、作风监督员担任农村清廉顾问。开展监察法主题宣传日活动，宣传廉洁理念；开展“清廉故事”征文，选出一、二、三等奖及优秀奖37个；开展“清风宣讲”等活动，共开展109场，8000余人次参加；组织任前廉政考试，共3批50人次参与；开展日常性廉政提醒教育，共发送廉政短信20000余条；开展“警示教育月”活动；强化案件曝光力度等方式，共对21起26人进行曝光。

干部工作

【深化纪检监察体制改革】 委机关编制从55个减少为53个，内设职能科室11个。全区12个镇（街道）监察办公室共配备监察人员67人，派驻机构从16家精简优化为11家，监督单位从59家增加至77家。推进区属企业监察体制改革，在设党委的区属企业新配备2名专职纪委书记；探索实施医共体纪委书记双重管理机制。加大巡察机构建设力度，将巡察办明确为区委工作机关，新增区委第四巡察组，常驻巡察干部增加至21人，巡察办行政编制4人。

【纪检监察干部培树】 实施纪检监察干部“双专”素能提升工程，累计新进干部24人（含监察员），系统内交流24人，系统外交流11人，提拔9人，转任重要岗位3人，安排18名干部到基层一线参与重点、难点工作，抽调30余人次参加留置办案和监督检查工作，受理纪检监察干部问题线索3件，办结2件，诫勉谈话1人。

信访处置

【概况】 2019年，全区纪检监察机关共受理信访举报412件。其中来信330件，来访46件，网络举报32件，来电4件；中纪委转办20件，省纪委转办143件，市纪委转办210件，自收39件；从检举控告情况看，共接收检举控告类信访件260件，其中初信举报73件（次），重复举报187件（次），呈现反映涉黑涉恶“保护伞”问题多，“带帽”信访多，重复信访举报件多，其中重复举报件187件（次），占检举控告总量71.9%。

【基层涉纪信访“遏存减增”和“双百双清”工作】 全年集中梳

理办结10件历年遗留、疑难复杂等重点信访件，其中立案14人，党政纪处分10人，移送司法机关2人，化解息访重点包案信访件16件。在全区纪检监察系统开展涉纪信访“双百双清”专项整治活动（组织百名纪检监察机关干部深入基层一线开展百日攻坚化解矛盾，实现初信初访按期办结“清零”和重复信访挂牌销号“清淤”），集中化解重复信访、越级信访件16件。全年联合开展信访件督导督办13次。

纪律审查

【概况】 2019年，全区纪检监察机关共处置问题线索504件，立案225人，党纪政务处分202人。其中区管领导干部20人，同比增长150%；采用监察留置措施10人，同比增长400%；移送检察机关9件13人（有4件已完成司法结案），同比增长160%，实现区管干部留置、移送“零突破”。持续保持国家工作人员外逃“零增长”记录。查处群众身边腐败问题和不正之风39起，处理党员干部46人。加大“打伞破网”力度，全年有效运用监督执纪“四种形态”处理人员。建成全区首个职务犯罪警示教育基地，加大违纪案件曝光力度，对26起34人进行曝光，全年有6人主动投案，其中区管干部2人。

【反腐败工作】 发挥区委反腐败协调小组职能作用，及时更新党员信息和监察对象信息。3月11日，调整区委反腐败协调小组领导成员，4月10日、8月21日两次召开区委反腐败协调小组工作会议，研究制定《区委反腐败协调小组工作规则》，强化成员单位在正风反腐、追逃防逃、扫黑除恶斗争中的协作配合，提升工作合力。

【扫黑除恶行动】 落实扫黑除恶“三年行动计划”，将扫黑与基层反腐工作结合起来，累计查处群众身边涉黑涉恶腐败和“保护伞”问题人员29人，加大“打伞破网”力度，促使存在“保护伞”问题的3名干部主动投案，下发纪律检查建议书1份、监察建议书2份，提醒告知书3份。实现已立案涉黑案件100%“破伞”、100%查实。

【“四种形态”监督执纪】 采用“四种形态”方法开展监督执纪，即经常开展批评和自我批评、约谈函询，让“红红脸、出出汗”成为常态；让党纪轻处分、组织调整成为违纪处理的大多数；让党纪重处分、重大职责调整的成为少数；让严重违纪涉嫌违法立案审查的成为极少数。全年运用“四种形态”处理716人次，同比增长13.5%，运用“第一种形态”处理508人次，占总数的71%，做到抓早抓小、严管厚爱。

【干部澄清正名工作】 强化源头监督，做好党员干部党风廉政意见回复，受理各部门党风廉政意见征询171批（2266人次、573家单位）。严格把握“三个区分开来”的要求，为10名党员干部澄清正名（其中区管领导干部6人，一般干部3人，村干部1人），支持干部干事创业。

巡察工作

【概况】 2019年共开展常规巡察4轮，巡察36个党组织，累计发现问题1913个，提出整改意见362条，督促被巡察党委（党组）制定整改措施1022条，完善制度172项，移送问题线索42条，处理人员247人次，给予党纪政务处分17人次，移送司法机关3人，向区委、区政府及相关部门提出巡察建议15条。

【建章立制】 制定出台《全面深化村（居）、站（所）巡察工作实施办法》，把全区393个村（社区）、219个基层站（所）纳入巡察全覆盖范畴。《巡察整改联动工作暂行办法》等规范性制度，明确责任主体和整改程序。区委应巡察的党组织对象从原先的79个调整为77个，同时结合单位性质、规格等因素修定了2019—2021年巡察规划，确保在2021年底实现巡察全覆盖目标。

派驻工作

【概况】 2019年1月，派驻机构数量从16家缩减为11家，监督单位从原来的59家增加至77家，18名干部调整交流，完成派驻机构改革。6月，下发《关于深化宁波市奉化区纪委区监委派驻机构改革的意见》，深化派驻机构的领导体制、职责职权、工作制度等，明确要扎实推进区属企业纪检监察体制改革工作，实现委机关干部和派驻机构干部“七个一体化”（选调录用、选拔任用、轮岗交流、教育培训、管理监督、考核评价、党建工作）管理。全年各组累计参与各类专项检查行动256次，出动人员754人次，检查单位857家次，发现问题162个，累计下发通报31份，运用“四种形态”处理人员282人次，立案查处29人，结案17件，初步形成了全面从严治党向基层延伸的高压态势。

【派驻机构改革工作会议】 1月29日，召开区纪委、区监委派驻机构改革工作会议。区委常委、区纪委书记、区监委主任翁敏，区纪委副书记、区监委副主任康建方，区委组织部常务副部长何晖出席会议。会议由区纪委副书记、区监委副主任何彪主持。会上，宣读干部调整决定、派驻机构人员安排和监督范围等，并就贯彻落实派驻机构改革精神，做好下阶段工作提出具体要求。

（陈　伟）

民主党派

中国国民党革命委员会宁波市奉化区委员会

【概况】 2019年，中国国民党革命委员会宁波市奉化区委员会（以下简称民革奉化区委会）积极落实上级民革和统战部门提出的各项工作要求，认真履行参政党职能，各项工作取得新进展。年末，区委会下辖3个总支、12个支部，共有党员164人，全年共发展新党员4人，转入1人。党员平均年龄49.17岁；本科以上学历112人，其中研究生11人；有高级职称37人，具有党派结构特色61人。党员中有宁波市级人大代表3人、政协委员2人，奉化区级人大代表7人、政协委员20人。

【参政议政】 在区政协一届三次会议上提交6件集体提案，其中《关于深化作风大整治，着力打通中梗阻的建议》被区政协列为2019年重点督办提案；《关于加快小微企业创新发展的建议》《关于加大奉化区农村品质提升力度的建议》被评为优秀提案。民革党员中的人大代表、政协委员多人次获评宁波市人大优秀建议，区政协优秀提案、优秀政协委员、提案积极分子；党员建议获市委书记郑栅洁批示。

【祖国统一工作】 发挥祖统委资源优势，继续加强与溪口台侨联的联系合作，在孙中山先生祭日、诞辰分别开展活动，瞻仰先贤，追寻初心。民革党员积极参与溪口省级政协委员工作室的创建，协助做好乡贤联络联谊工作，民革奉化区委会与党员全年共接待20多批台湾中上层人士。民革奉化区委会获评“2019年度民革全省祖统工作先进集体”。

【民主监督】 牵头开展“三年大变样”专项民主监督工作，组织开展民主监督部署会、推进会、

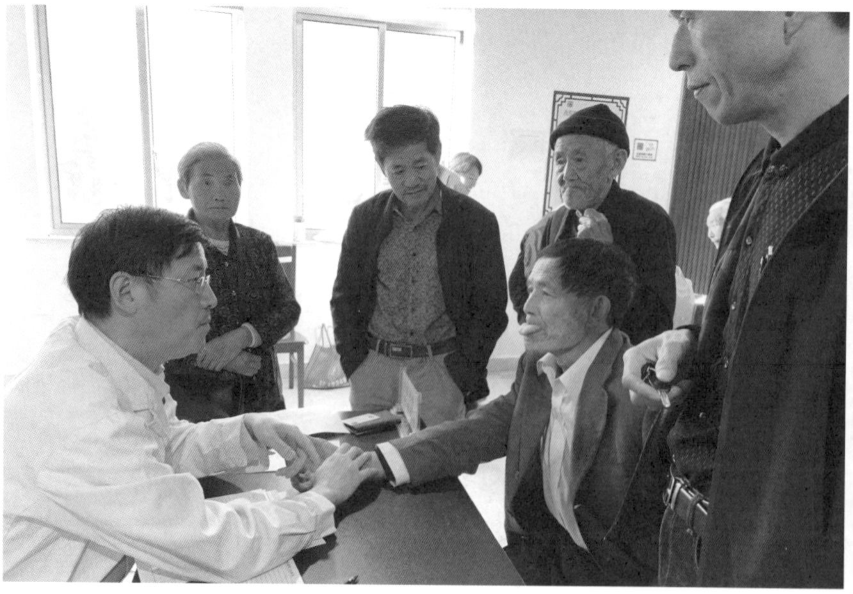

11月1日，西坞街道金峨村开展送医下乡义诊活动

座谈会和垃圾分类专项民主监督活动，完成并提交了《服务“三年大变样”专项民主监督报告》。主委班子成员积极参加区委、区政府、区政协和统战部门举行的民主协商会、情况通报会、意见征求会、专题座谈会和视察活动，就奉化经济社会发展中的重大决策、重点工作部署建言献策。

【社会服务】 结合“三服务”和“四联四跑”工作热潮开展社会服务活动，医卫、法律、教育、综合4个社会服务团，广泛开展送医下乡、普法下乡、送教下乡、书画惠民等社会服务活动20余次。先后由“同心·博爱”慈善基金出资，为马头村改造祠后潭项目捐资10万元，为前葛村村级公路改造项目捐资8万元，为奉化结对帮扶的延边州安图县送去“同心·博爱”扶贫资金3万元，为马头村10户困难群众送去慰问金1万元，帮助延边农民销售蜂蜜500千克、“爱心苹果”4500多千克。各支部开展社会服务活动30余次。根据不完全统计，以支部、党员个人或党员企业名义的捐款捐物折合金额200余万元。

【自身建设】 以“不忘合作初心，继续携手前进”主题教育活动为主线，以主委会议、区委会议、专题报告会、座谈会等为载体，把传承和弘扬民革优良传统与提高思想政治素质相结合，进一步强化初心意识和使命担当，巩固多党合作的思想政治基础，不断凝聚和提高对多党合作制度的思想共识。运用《奉化民革》刊物及微信公众号，紧跟党委政府学习中心开展宣传，传达贯彻党委政府决策部署。继续实施和不断完善《一届工作规则》，制定出台民革区委会主委班子联系支部制度，主委班子成员从宣传服务、具体指导、联系协调等方面参与支部活动。以示范支部创建为契机，积极推进基层组织建设。完成“奉化民革党员之家”选址，4处支部“党员之家”已完成建设并投入使用。

【宣传信息】 全年刊出《奉化民革》刊物4期，微信公众号推送信息54期，各级微信群转发学习文章30余篇，宣传报道民革工作，及时传达贯彻市委“六争攻坚”、区委推进“六大变化”战略部署，引领全体民革党员不断夯实共同思想政治基础，助力奉化冲刺“三年大变样”。

（王琼露）

中国民主同盟奉化区支部委员会

【概况】 2019年，中国民主同盟奉化区支部委员会（以下简称民盟奉化支部）有盟员37人，其中基础教育界11人、文化界1人，卫生系统5人、机关事业单位17人、其他3人。盟员平均年龄42.1岁。大学以上学历36人，其中研究生15人；有正高职称3人，副高职称12人。盟员中有市人大代表1人、区政协委员5人。支部获评民盟宁波市委会2019盟务先进集体。

【思想建设】 把深入学习贯彻习近平新时代中国特色社会主义思想作为首要政治任务，不断完善学习制度，重点学习中共十九届四中全会精神，市“两会”、盟市委全会、区委一届五次六次及区委统战工作等会议精神，通过形式多样的理论学习，教育引导广大盟员不断增强“四个意识”，坚定“四个自信”，做到“两个维护”，把准多党合作事业正确的政治方向。扎实开展“不忘合作初心，继续携手前进”主题教育，召开工作部署推进会，开展支部及支部领导班子向全体盟员述职工作。督促盟员深入学习领会习近平关于多党合作的重要论述以及对浙江和宁波工作的重要指示精神，不断提高盟员的政治意识和合作共识。

【组织建设】 按照“提升质量、保证数量、优化结构，保持特色”的总要求，力促盟员数量稳步增长，年龄结构更加合理，界别层次更加优化。2019年，共发展盟员4人，教育文化科技等民盟界别特色占60%以上。加强入盟后的教育培养，组织新入盟人员参加盟市委新盟员培训班，组织8名盟员参加区委统战部2019年全区党外代表人士培训班。利用区委统战服务中心场地，打造集盟员学习交流、档案资料存放于一体的“盟员之家”，为学习教育、活动交流等盟务工作提供良好平台。盟员卓科慧获“浙江省最美阅读推广人”“改革开放40周年宁波文化产业‘弄潮儿’”称号，盟员马慧芳的课题“革命书信联读，德育自然润泽”获浙江省德育典型案例，盟员康君芳获评“宁波好人”，盟员方春锋赴对口扶贫地区珲春支援。

【参政议政】 积极参加区委、区政府及区委统战部组织的各类协商，围绕区委全委《决议》《政府工作报告》、重大实事工程等进行协商建言。在区政协一届三次会议上，支部共提交5个集体提案，其中《关于加强在永久基本农田上种植草坪管理的建议》被列为政协重点提案，由政协副主席领衔督办。积极参与盟市委调研课题招标，“关于宁波城区厨余垃圾处置调研”和“关于早教机构发展现状及问题调研”被盟市委列为一般招标课题后，支部成立专门课题组，深入一线进行调研，通过调查问卷、实地走访，形成调研报告。聚焦全区经济发展、民生关切等内容，积极撰写社情民意信息，盟员参与率达30%。根据《奉化区各民主党派开展专项民主监督工作的实施方案》，支部牵头对“最多跑一次”改革工作开展跟踪监督，成立由民盟、民革、民建、九三学社和知联会成员组成的专项民主监督小组，从6月下旬开始，监督小组各成员分别开展了相关问题的调研收集，9月组织部分成员对区服务大厅及西坞街道、滨海开发区、尚田街道、岳林街道等服务大厅开展了暗访活动，11月监督小组成员实地查看服务大厅，听取了改革办、政务办和大数据中心的相关情况介绍，并与发改、公安、民政、人力社保、自然资源与规划、水务、燃气等17个部门和单位进行了面对面交流。盟员积极参与城市品质提升、重大实事工程等民生事项的监督，为推动全区社会进步、经济发展、环境提升献计献策。

【社会服务和相关活动】 组织开展民盟书画作品走进林家村文化礼堂、盟员走进西坞力邦社区开展社会服务乡村行、三味书店公益流动图书馆进社区、关注留守儿童、向力邦社区图书馆捐赠少儿读本、老干部健康相关讲座等社会公益服务活动。组织开展盟员迎新年茶话会、参加盟市委和区委统战部举办的纪念新中国成立暨新型政党制度确立70周年纪念、参观考察新投入使用的奉化中学、与区教育局开展对口联系、参加甬盟讲坛、与经济总支开展联合调研等活动。

（林碧丰）

中国民主建国会奉化区基层委员会

【概况】 2019年，中国民主建国会奉化区基层委员会（以下简称民建奉化基层委员会）下设4个支部，有会员62人。会员平均年龄45.3岁；大专以上学历55人（其中研究生2人）；中高级以上专业技术职称14人（高级职称3人）；经济界人士47人，占比76%。坚持主委、副主委、委员联系支部制度，各支部积极组织开展各类活动，会员到会率在70％以上。民建奉化基层委员会三支部被宁波市委员会评为2019年度优秀支部。

【换届升格】 11月28日，中国民主建国会奉化区总支部召开换届暨升格大会，民建宁波市委会主委张明华，中共奉化区委书记高浩孟，中共宁波市委统战部副部长戴凌云，中共奉化区委常委、统战部长方国波，民建宁波市委会专职副主委兼秘书长张雨，奉化区人民政府副区长、民建宁波市委会副主委陈彩凤等出席。大会选举产生第一届民建奉化区基层委员会，沈孟当选为主委。

【自身建设】 坚持以“注重质量、注意数量、优化结构、保持特色”的原则发展新会员，党派特色进一步凸显，会员结构进一步优化。深入学习理解习近平新时代中国特色社会主义思想，积极开展“不忘合作初心，继续携手前进”主题教育活动，继续深化多党合作的政治共识。选送情景历史剧《当太阳冉冉升起之前》参加奉化区举办的“我和我的祖国”统一战线庆祝新中国成立70周年主题活动，参加庆祝新中国成立70周年——“我和我们的民建”主题演讲比赛和民建宁波市委员会组织的2019环梅山湾健步走运动会等系列活动；充分利用《浙江民建》《宁波民建》等刊物，加深与主流媒体的交流合作，扩大民建奉化基层委员会的影响。

【参政议政】 有区人大代表5人、政协委员8人。“两会”期间，向人大、政协提交集体提案和建议4件，个人议案和建议20余件。认真学习领会民主党派履行民主监督职能的有关要求，找准监督的切入点，通过会议、建议、提案和社情民意信息等多种形式，多提建设性的意见、建议。围绕“三年大变样、五年奉献一个新奉化”目标，发动会内参政议政骨干就民营经济高质量发展、智慧城市建设、城区交通拥堵治理等课题开展民主监督。围绕区委、区政府的重大决策部署，以新发展理念为引领，以助推奉化区经济转型升级、全面深化改革、决胜全面建成小康社会作为履职重点，进一步加强联动、互动，深入开展调研，增强建言献策的针对性和实效性，着力提升参政议政的质量。

【社会服务】 坚持以“两个服务”为理念，不断探索服务新方式。努力打造“同心·思源”服务品牌，鼓励和引导会员以各种形式积极参与各类扶贫帮困、助学、助残等社会公益事业。6月，在民建宁波市委会的大力支持下，组织全市各大医院专家团队，走进西坞街道金峨村开展义诊送药活动。在奉化大堰学校举行“同心·青联”优秀毕业生助学活动，10名优秀毕业生在活动中被评为“同心·青联”优秀毕业生，受到“同心·青联”助学奖励。民建奉化基层委员会三支部6名会员陆续通过微信把37000元助学结对爱心款送到9名贫困学子手里。民建奉化基层委员会三支部连续3年开展捐资结对助学活动。二支部会员竺波赴珲春挂职交流授课40天。

（王文巧）

九三学社宁波市奉化区支社委员会

【概况】 2019年，九三学社宁波市奉化区支社委员会（以下简称九三学社奉化支社）共有社员13人（2019年新增社员1人），其中博士2人，硕士5人；教授级高级工程师1人，副教授1人，高级工程师2人。社员中，科技工作者7人，医卫界人士4人，教育界人士1人，检察院人员1人。社员俞波博士入选宁波市领军拔尖人才工程第一层次，单军波、路波被评为第七届全国液压气动标准化技术委员会标准化优秀工作者。

【成立大会】 2019年9月29日，九三学社奉化支社成立。宁波市政协副主席、九三学社宁波市委员会主委叶正波，中共宁波市委统战部副部长戴凌云，奉化区委副书记、政法委书记陈红伟，区委常委、统战部长方国波等出席大会。会议选举产生九三学社宁波市奉化区支社第一届委员会委员，路波当选为主委。

【自身建设】 10月17日，九三学社奉化支社召开“不忘合作初心，继续携手前进”主题教育学习会。会议学习了习近平总书记在庆祝中华人民共和国成立70周年大会上的重要讲话精神，传达了社市委主题教育活动的实施方案和工作要求，并就新成立的支社如何规范组织生活、提升组织活力和做好履职工作等进行了说明。社员们围绕主题，结合自己的经历，畅谈学习体会，进一步增强了社员的政治思想和组织归属感。

【考察学习】 11月22日，协助社市委对奉化区企业发展情况开展考察学习。其间，先后考察了宁波佳尔灵气动机械有限公司、宁波海威汽车零件股份有限公司和雨易山房茶场等。通过考察，社员们进一步认识到奉化撤市设区后取得的发展成果，为发挥社内人才荟萃、智力密集的优势，推进“六争攻坚、三年攀高”行动，抢抓长三角一体化机遇等目标增强了信心。

（郭丽丽）

社会团体

奉化区总工会

【概况】 2019年，紧紧围绕“六争攻坚、三年攀高”决策部署，紧跟时代发展，紧扣中心任务，紧贴职工需求，积极应对工会工作面临的新挑战，大力实施“六大提升行动”，切实履行思想引领、助力发展、维权维稳、普惠服务、基层改革、队伍建设等方面的职能，统筹推进深化工会改革的各项任务，在推进奉化高质量发展中作出了积极贡献。年末，全区有基层工会1441家，其中单建工会1296家、联合工会145家，会员160500人。

【组织建设】 持续加大工会干部协管力度，各镇（街道）、开发区共选聘20名兼职副主席，配备24名职业化工会工作者。实施“基层基础”提升行动，推进工会组建和农民工入会百日集中行动，不断扩大组织有效覆盖。新增溪口、岳林、江口等9家市级基层群团改革试点单位，推进群团改革向基层延伸。推进工会组织和实名制管理工作，全区会员采集数突破16万人，认证数达到3.22万人。全区新增市级示范工会4家、五星级工会联合会2家、五星级工会24家、四星级工会16家。落实非公企业工会主席“1+X”绩效积分岗位补贴制度，全年发放补贴58万余元。

【劳动竞赛】 开展“三重一新”劳动竞赛活动，联合宁波市海员建设工会举办“新中源杯”涂装专项技能竞赛，机场快速路南延工程8个施工标段的17支队伍85名涂装工人参加比赛。9—11月，与区委组织部、区人社局、区住房和城乡建设局等联合举办2019年宁波市职业技能大赛及奉化区“凤麓杯”职业技能大赛，共有209名选手分别参加PLC编程、保安员、中式面点师、茶艺师、钢筋工、数控车工6个项目技能比赛，其中PLC编程为市级一类技能大赛，保安员、中式面点师为市级二类技能大赛。承办宁波市职工技能精英赛农家乐厨艺比赛。全年组织开展各类技能培训21场次，惠及职工1.1万人。

【创业创新】 实施“创业创新”促进行动，推进产业工人队伍建设。牵头起草《新时代宁波市奉化区产业工人队伍建设改革实施方案》，承办全市产业工人队伍建设改革工作座谈会（南片区），推进方案落地落实。制定出台《奉化工匠成才计划》，形成具有奉化特色的五大行动15项措施，设立500万元“奉化产业工人发展基金”。举办“中国梦·大国工匠”百名全国劳模服务团暨奉化工匠成才计划启动仪式，全总兼职副主席高凤林带领9名全国劳模服务团成员及专家深度参与，并受聘为奉化区技术帮扶导师。

【劳模工作】 评选表彰15名“凤麓工匠”、30名“最美娘家人”、

36家“工人先锋号”、30家宁波市五星（示范）基层工会、17家和谐企业和优秀组织单位等一批先进集体和个人。培养推荐庞学波、自来水公司、供电公司3家劳模创新工作室申报第五批宁波市劳模工匠创新工作室。组建6个劳模工匠志愿服务队，33名劳模参与。整理2008年以来新评选的116名各级劳模的先进事迹、图片等资料，编印《劳模风采》。组织全区161名劳动模范健康体检，组织79名一线职工赴宁波工人疗养院体检休养。推荐5名优秀人才赴河南疗休养。组织31名重点工程、“五水共治”、“三改一拆”和小城镇环境综合整治立功竞赛活动中评选出的建设功臣及标兵赴缙云疗休养。

【职工维权】 实施“维权维稳”深化行动，构建新型和谐劳动关系，全年建立7家镇级劳动关系调处工作室，承办全市职工服务中心“五心工作法”服务现场推进会和市总劳动争议典型案例分析会，推进区职工服务中心规范化建设。2019年，区职工服务中心协调化解劳动矛盾纠纷325起，涉及金额951万元；共排查收集调处各类劳动关系信息647条，涉及金额2062万元。结合“三服务”“四联四跑”活动，全年检查企业劳动合同2698份，帮助67家企业规范劳动合同、规章制度128份（件）。组织开展“学知识、强意识、控风险”网上安全知识竞赛。开展安全生产劳动保护、高温津贴发放和清欠职工工资专项劳动法律监督活动，提出整改意见、建议233条，切实保障职工合法权益。组织开展“尊法守法·携手筑梦”法律讲座14场次，惠及职工1000余人。评选表彰第六批区级和谐企业15家，新增省级和谐企业1家、市第三批和谐企业创建标兵1家。积极推动30家企业实施精细化工资集体协商示范创建。4家基层工会获评2019年市级厂务公开民主管理工作示范单位。“小三级”工会协调劳动关系体系建设被列为省级工会创新项目和区委社会治理改革创新项目，区总工会获评省级创建和谐劳动关系暨双爱活动先进集体，西坞“老李”、萧王庙“老竺”调处工作室获评宁波市级调处工作室，李国友被评为省级构建和谐劳动关系暨双爱活动先进个人并在会上作经验交流；西坞街道总工会在全市工会劳动关系调处室建设暨优秀工会律师表彰会上作交流发言；溪口“老何说和”调处工作室负责人何华海被评为宁波市十佳法制人物。

【扶贫帮困】 开展春节元旦送温暖、高温慰问、秋送助学等活动，投入资金79万余元。全年开展生活救助、医疗救助和子女救助等帮扶1228人次，总计发放各级帮扶资金近178万元。全年赴对口支援地区疗休养职工5200余人次，线上线下购买对口支援地区农产品超1000万元，区总工会援助吉林延边州安图县、甘肃吴忠市利通区共计30万元。2019年，全区职工医疗互助保障共计参保57555人次，其中在职职工住院医疗27060人，特种重病医疗17489人，女职工安康互助7153人，退休人员住院医疗5853人。全年有3311名职工受惠311.55万元，其中退休职工1766人受惠93.3万元，在职职工1502人受惠153.15万元，43名职工申请特病理赔保障金65.1万元。向1034名已实名认证的工会会员赠送特种重病互助保障。

【文化建设】 组建劳模（工匠）宣讲团，邀请中共十九大代表陈霞娜为广大工会干部和职工代表分享“初心故事”，引导职工群众听党话、跟党走。精心组织实施“首届职工文化嘉年华”系列活动，开展桃花马拉松职工欢乐跑、职工健步走、工间操比赛、职工合唱比赛、职工演讲比赛、文艺慰问演出、体育健康欢乐送、阅读分享、讲座培训等各类活动81场次，参与职工3万人次。积极组织200余名职工参加宁波市企事业文体联赛全部9个项目，激发广大职工工作生活热情。新增省级职工书屋2个、省级“劳模书架”1个、省级农民工文化家园1个、宁波市级职工书屋示范点7个。

【财务工作】 2019年，完成工会经费收入2401.65万元，比上年增加19.68%，其中拨缴经费收入960.94万元、上级补助收

12月10日，“中国梦·大国工匠”百名全国劳模服务团暨奉化工匠成才计划启动仪式

入274.96万元、政府补助收入757.16万元、其他收入408.59万元。工会经费总支出1893.93万元，比上年增加9.7%，其中职工活动支出257.58万元、维权支出480.86万元、业务支出48.46万元、行政支出859.55万元、资本性支出49.99万元、补助下级支出138.46万元、事业支出10万元、其他支出49.03万元。完成应付上级经费478.70万元，比上年增长10.86%。为确保各级工会经费合理规范使用，3月初，对本级工会2018年度经费使用情况及2019年预算情况进行了审计。同时，对区总工会所属事业单位（工人文化宫）2018年度财务收支情况进行了审计。9月中旬，对本级工会2019年上半年经费预算执行情况进行了审查。5—7月，联合区总工会财务部组成审计组，对11个镇（街道）、1个开发区总工会2018年度工会经费使用情况进行审计，并延伸审计了其机关工会经费使用情况。10月，对11家局工委2017—2018年度经费收支情况进行审计，做好对局工委的“二年一审”工作。

【“中国梦·大国工匠”百名全国劳模服务团暨奉化工匠成才计划启动仪式】 12月10日，组织“中国梦·大国工匠”百名全国劳模服务团暨奉化工匠成才计划启动仪式。中华全国总工会兼职副主席、全国劳动模范、大国工匠、百名全国劳模服务团团长高凤林带领9名全国劳模服务团成员及专家到场助阵。宁波市总工会、奉化区委区政府及全区各部门、企业、产业工人、职校生近千人参加活动。

（应彩芬）

共青团奉化区委员会

【概况】 2019年，共青团宁波市奉化区委员会（以下简称团区委）在区委、区政府和上级团委的指导支持下，结合“六争攻坚、三年攀高”行动，紧扣新中国成立70周年和五四运动100周年主题，着力加强共青团改革向纵深推进，调动和激发基层团组织活力，引领全区青少年营造积极向上、服务社会的良好氛围。获得奉化区庆祝新中国成立70周年法律知识竞赛二等奖、宁波市党团知识竞赛一等奖、省党团知识竞赛三等奖等荣誉。

年末，全区有团员16403名，其中农村团员2456人、机关事业单位团员1378人、学生团员5985人、城市社区团员696人。奉化团区委共有下级组织1423个，其中团委54个、团工委10个、团总支23个、团支部1014个，基层团干部3352人。

【青年思想建设】 组织区级读书会、理论中心组学习（扩大）会等大型学习分享会4场，赴基层进行主题宣讲和调查研讨4次，举办奉化区党团知识竞赛，承办宁波市党团知识竞赛，代表宁波参加省党团知识竞赛，全面发挥带头促进作用；各级团通过组织举办演讲征文比赛、座谈会、朗诵会、参观实践等形式开展学习会100余场，发动团员青年利用

“青年大学习”网络平台学习主题团课，有效提升广大青年政治理论素养；各少先队组织开展活动课超过560节，覆盖全区万余名少年学生，切实增强少先队的光荣感与认同感。

抓住新中国成立70周年、五四运动100周年等重要时间节点，结合“不忘初心、牢记使命”主题教育实践，广泛发动开展主题团日活动。组织开展“青春心向党·建功新时代”红色圣地四地联动主题教育、“这一代青年”纪念五四运动100周年朗诵会、“初心甬存·国旗下的讲话”系列活动、“少先队”建队70周年纪念活动等区级活动，各级团组织主题团日活动300余场。

组织“新时代好少年”评选，选拔60位好少年，宣传少先队光荣传统和向上风采；开展“青竿计划”和“一员双岗计划”，发布包括“残疾国家级射箭运动员”孙斌郝在内79位各领域优秀青年积极进取的“青竿”故事；寻找“青年榜样”，选树“挡刀女孩”崔译文、“种粮大户”王晨波、非遗文化传承人邬美红等在各自领域发光发亮的青年典型。

拓宽传播渠道，形成共青团各级网站、各级团组织、《奉化日报》等多位一体的宣传综合体。与《奉化日报》合作，推出12个共青团专版，不断做强正面宣传。密切关注新媒体平台，强力进驻青年聚集新阵地，打造“奉化·青团联盟”公众号和“奉化·新青年制造”抖音号，累计推文150篇、视频68个，得到1.5万名青年点赞关注，浏览量超过30万次。

【青年建功服务】 以尚田青农创客中心为依托，整合农创资源，带动农村青年创业创新。继续实施奉化籍在校大学生兼任村（社）团组织兼职副书记制度，已有85名大学生上岗就职，因地制宜助力乡村发展。组织开展“乡村振兴青年先行”系列活动，来自8所高校的200多名大学生在尚田、西坞、裘村等地开展暑期实践活动，提供农副产品包装设计、文旅路线、乡村建筑空间改造提升方案等作品十余件，为乡村振兴注入青年活力。

带领青联委员、团员青年赴安图县开展产业交流活动，助力东西部农产品交流合作。尚田街道青创联盟与当地青农创客成功对接，积极探索农业合作新模式，把奉化优质草莓、水蜜桃和猕猴桃等特色农产品引入对口地区，在尚田青创空间开设安图县优质特产专柜，带动对口地区贫困户增收；团区委发文，带领全区青年为延边州因大雪封山滞销的苹果寻找销路。

统筹协调区级志愿服务工作，为设区三周年大会和弥勒文化节提供志愿服务支撑，构建嘉宾与接待志愿者“一对一”服务体系，以接待力促生产力，充分发挥志愿者主观能动性，为奉化未来发展贡献青春力量。组织开展青年志愿者培训，全年开展18次，覆盖200余位青年志愿者，并组织开展植绿护绿、保护母亲河、垃圾分类21天习惯养成等志愿服务活动，助力城市文明发展。

持续擦亮做强“青年文明号”“青年岗位能手”等“青”字岗位建功品牌，拥有宁波市“青年文明号”43个、区级“青年文明号”80个，万余青年参与创建活动，助推“最多跑一次”改革，践行为民服务的职业精神。创新设立“街岗巷队”，号召青年协助“路长”跑街巷，在沿街商铺、社区、广场宣传“小三车”（电瓶车、三轮车、电动三轮车）交通安全、扫黑除恶等，助力城市文明提升。

【扶助青年成长】 打造“城市+农村”创客联盟，以尚田青农创客中心为模板开发农创产品，以复旦科技园、“58”众创园为基地开发城市资源，为青年创客搭建信息互通、资源共享、高效便捷的创业平台。打造区级青年人才驿站，为到奉化就业创业青年提供免费住宿、市场指导、就业指引等专业性“一站式”服务。帮扶全区重点青少年，以“万人圆梦”活动为载体，完成103个微心愿。围绕低保户、留守儿童、残疾青少年、服刑人员未成年子女、涉罪未成年人等重点群体，全力开展“和风抚芽”“躯造”“挟稚”“以心画烛”等“一对一”帮扶项目。帮扶延边州困难青少年，购买日用品、学习用品、图书等价值5万元的物资，为100名安图县贫困学生完成“微心愿”，向安图县100名贫困学生发放助学金9.2万元。

【团组织基础建设】 以镇（街道）团组织换届为契机，广泛排摸优秀青年，配齐配强基层团组织力量。继续发展奉化籍在校大学生担任村（社）团组织兼职副书记，引导在外大学生关注家乡发展、参与奉化建设，为奉化发展储备一批青年力量。继续推行重点项目认领承办制，结合实际情况将区级活动交由基层团组织承办，促进资源下沉，在激发基层活力同时，打造“一团一品”工作格局。制定出台《团区委专项经费转移支付制度》，根据各个项目开展效果，对部分镇（街道）给予一定的活动补助。100%完成“智慧团建”和“宁波共青团基层组织规范化建设”网上共青团双平台建设。

结合干部作风大整治，不断加强团干部队伍管理，建立团干部“双岗双责”管理办法，按照“既要聚焦团的主责主业，又要积极参与中心工作”的总体思路，双向考察团干部工作业务岗和中心工作参与岗工作实绩，并建立团干部成长档案，加强对团干部队伍的协管力度；创新共青团工作评价，实施“党政评价+团内考核+社会评议”三方考评体系，逐步完善考核指标，让共青团工作走出团内自我循环，力求最大社会影响力。

组建“剡社”青年联合会，建立剡社团总支，以兴趣爱好为纽带，通过社团化运作，将在奉化的105名外来青年人才聚集起来，覆盖19个机关事业单位、国企及非公企业，帮助他们打破行业、单位壁垒，进一步扩大生活交友圈，丰富业余生活，切实贯彻区委“把青年人才留住”人才政策。实地走访排摸青年创业人才，推出20家“青竿公馆”，服务全区“青竿”，探索个体领域团建。

（江林蔓）

奉化区妇女联合会

【概况】 2019年，奉化区妇女联合会（以下简称区妇联）以习近平新时代中国特色社会主义思想、党的十九大精神为指导，以增强妇联组织政治性、先进性、群众性为着力点，努力做到服务大局有作为、建功立业走前列，以更实的举措深化基层妇联组织改革，推动妇女儿童事业新发展，获得2019年度全国妇女宣传舆论阵地建设先进单位称号。至年末，区妇联下辖12个镇（街道）妇联、40个机关妇委会、4个区级妇联团体会员、40个社区妇联、353个村妇联。

【妇女创业就业】 搭建创业发展合作平台，举行女性就业专场洽谈会，提供1231个符合女性的就业岗位，386人达成就业意向。举办“凤麓杯”职业技能竞赛暨第二届兰馨茶艺大赛，提升妇女创业就业能力。组织女能手代表参加“妈妈的味道”浙江省第二季民间美食巧女秀活动。开展奉台姐妹乡创集市活动，促进两岸妇女交流创业创新成果。创建女性就业技能提升“加油站”，全面展示女性巧手技艺，举办高级茶艺师、育婴师、烘焙师等职业技能培训18期，培训学员760多人，其中150名学员获得劳动技能资格证书。

组织开展“创业创新巾帼行动”，培育“双学双比”示范基地、“七彩巧妇”示范点，给予资金扶持奖励。创建溪口徐凫岩房车度假营地、西坞雨易山房、大堰“连山红”民宿一条街等农旅行业巾帼文明岗，开展窗口单位和服务行业“优质服务创一流、奉城女性展英姿”活动，实施“巾帼创业贷”助力农村女性创业发展，183名创业妇女享受优惠政策。

【妇儿维权保障】 为确保妇女维权服务“在源头、在基层、在妇女身边”，创建家事调解社会治理新模式，在全区打造以“‘12338’妇女维权热线+家事调解专家门诊平台+‘两室一庭’基层家事联调工作平台”维权体系，成立“金石榴”女律师工作站、“兰馨家教心语中心”，建立章宏青心理咨询师团队、“娘舅姆”调解小组，开设“家事调解专家门诊”，加强“女法官工作室”建设，为广大家庭和女性提供法律维权、法务咨询、心理疏导、矛盾调解、亲子教育等服务，化解调处各类妇女诉求案件190件，开展咨询服务活动260余场次，服务群众5000余人次。

【妇儿关爱工作】 持续开展兰馨关爱基金救助工作，大力开展针对留守儿童、困难家庭、困境妇女的专项帮扶行动，为真正有需要的妇女儿童提供贴心关爱服务。加强与亚德客集团、“乐基金”等各类社会组织、爱心企业合作，开展关爱慰问活动6次，救助患癌女性8人，结对困难家庭74户，招募“爱心爸妈”28人，结对留守儿童52人，慰问贫困老人100人，慰问30年以上退职老妇女主任、特困老妇女主任和在职困难基层妇联主席210人，发放各类慰问物资价值24万元。

开展对口支援协作挂职干部人才家庭关爱服务活动，联合区委组织部成立支边扶贫挂职干部人才家属关爱站，为奉化挂职干部人才家庭定期开展家政服务、医疗就诊、法律援助、心理辅导等方面的服务项目，通过开展亲子烘焙、慰问父母、健康检查、实现家庭“微心愿”等活动，切实解决挂职干部人才的后顾之忧，为对口支援和扶贫协作工作奠定家庭后方保障基础。

【基层组织建设】 开展“巾帼心向党·服务为基层”专项行动，在区妇女儿童活动中心建立省妇联十四届执委宁波工作站，在西坞街道蒋家池头村设立省执委工作室，在12个镇（街道）建立406个妇联执委工作站，创新三级执委联动轮值和执委项目领办制度，定期开展法律咨询、家庭教育、爱心公益、创业培训、文化宣传等服务，各级执委联动轮值2960人次，完成执委领办项目475个，促进服务资源向基层倾斜，推动妇联工作重心下移服务下放。

创建“兰馨HUI”枢纽型女性社会组织服务品牌，成立“兰馨社会工作服务中心”“田螺菇凉家庭成长服务中心”，支持锦屏街道南溪阿姐、莼湖居家养老服务站等女性社会组织承接政府公益项目，提供垃圾分类、健康保健、关爱救助等社会服务，其中11个女性社会组织共承接16个政府服务项目，开展公益服务467场，有效延伸妇联组织服务手臂，切实为妇女群众办实事、做好事。

【第九届海峡两岸婆媳文化节】 3月27日，2019海峡两岸婆媳文化节暨“乡村婆媳故事会”在奉化区金峨村开幕。蒋方智怡女士，浙江省妇联副主席童丽君，省台办副主任章启忠等出席开幕式。通过举行“乡村婆媳故事会”、建设婆媳文化园、举办巾帼乡创集市及开展婆媳共栽同心树、共游新农村等活动，以家庭优秀文化的共同传承推进两岸民心的相通相融，为两岸婆媳共话家庭睦、共创家乡美、共助产业兴搭建了广阔平台。

【“芳华70年、家国同筑梦”家庭文化展示活动】 7月20日，“芳华70年、家国同筑梦”2019奉化区家庭文化展示暨垃圾分类亲子夏令营活动开营仪式在奉化万达广场举行。通过家庭文艺展演、最美家庭表彰、家庭文化现

7月20日，“芳华70年、家国同筑梦”2019奉化区家庭文化展示暨垃圾分类亲子夏令营活动开营仪式在万达广场举行

场展示、亲子互动游戏等形式带领广大家庭共同庆祝新中国成立70周年。举办"我的祖国我的家"家庭摄影作品征集展示、"我们邀您来拍全家福"、半边天唱响《我和我的祖国》、"表白祖国妈妈""70年，遇见最美的你"等礼赞新中国系列活动，以良好家风带动整个社会形成文明向善的良好风气。

（沈武娜）

奉化区科学技术协会

【概况】 2019年，奉化区科学技术协会（以下简称区科协）有学会协会18个、镇（街道）科协12个、开发区科协1个、社区科普分会29个、企业科协14个。区科协组织的科普日启动仪式暨校园科技嘉年华活动获评2019年全国科普日优秀活动。

【科普宣传】 举办科普周（日）活动。5月，组织区卫生健康局、区科技局、区环保局、区气象局、区农林局、区市场监管局等十多家单位在溪口镇开展"科技强国，科普惠民"科普宣传周活动；9月，在岳林中心小学开展以"礼赞共和国，智慧新生活"为主题的青少年科技嘉年华全国科普日活动。科普周（日）活动现场发放科普书籍1万本，为群众提供免费技术咨询和科技服务。在《奉化日报》开设《科普天地》栏目，每月3期。

【科普惠农】 开展农函大培训。在溪口、尚田、西坞等地举办"竹笋产收""灵芝栽培"等农函大培训96班次，培训学员6115人，进一步提高农民的种养殖水平。开展农民技术职称评定工作。由区老科协技术人员组成评委会，评出农民技术员22人，农民助理技师6人，农民技师1人。至年末，全区有各等级农民技术人员3697人。积极申报宁波市基层科普行动计划项目，宁波隆丰农业科技有限公司椴木灵芝基地被评为宁波市级科普示范基地，奉化区水蜜桃协会被评为优秀宁波市农村专业技术协会，宁波市星隆农业发展有限公司总经理吴平被评为宁波市农村科普带头人。

【科普进基层】 开展科普进企业活动，先后邀请陈剑平、汪燮卿等院士专家到奉化指导企业9次。开展科普活动进农村文化礼堂、社区23场，进企业6场，进机关（其他）17场，发放《解密电磁辐射》《安全知识手册》《2019科普历书》等科普书籍3万多册。组织实施区首届"科技新苗培养计划"，有14个培养项目结题，其中4个获得宁波青少年科技创新大赛创新项目与创新实践活动调查报告一等奖。邀请老科学家高登义、张德良等为青少年作科普讲座12场。举办奉化区第三十四届小学生风筝比赛，196名小选手参加。举办奉化区现代"智力七巧板"竞赛，来自全区20所小学的48组队伍参加。举办第十二届奉化区青少年科技创新大赛，收到创新论文143篇、创新发明9项、科技实践活动10项、小学生科幻画129幅。小学生模型赛参赛人数353人，小学生头脑OM挑战赛参赛人数224人，参赛规模为历年之最。开展"创新成就梦想，科学伴我成长"流动科技馆科普活

9月19日，青少年科技嘉年华全国科普日活动现场

4月23日，奉化区博士联谊会揭牌仪式在华侨豪生酒店举行

动，走进南浦小学、上林社区等8所小学和4个社区。

【学会协会工作】1月14日，浙江省园艺学会奉化服务站、奉化区花木协会联合举办花木新品种新技术培训班，全区130多名花农参加。8月21日，竹笋加工产品质量提升科技沙龙在奉化银龙竹笋专业合作社举办，中国林学会竹子分会秘书长谢锦忠、竹笋加工行家、种植大户等10余名专家参会研讨、交流，为竹笋加工业发展指出方向，并促进笋制品销售，带动竹产业发展。9月22—24日，中国流体传动与控制青年科学家论坛“创新引领发展，青年决胜未来”主题活动在奉化举行，24位国内液压气动行业专家为产业创新发展把方向、谋新篇，进一步促进科研成果的落地和转化。

开展2017—2019年度自然科学优秀论文评选工作，共评出优秀论文38篇。其中，一等优秀论文4篇，二等优秀论文16篇，三等优秀论文18篇。区中医学会推荐的论文《手法治疗膝骨关节炎的疗效评价》被评为宁波市自然科学优秀论文三等奖，获市政府表彰。

【院士工作站】9月20日，在宁波人才科技周开幕式上，马合诺·斯塔尼斯拉夫外籍院士团队与浙江恒基永昕新材料股份有限公司签订建立院士工作站协议，成为奉化第七家院士工作站。院士团队与企业一起开展“碳纳米管、石墨烯/高分子复合材料的制备与应用研究”项目攻关，促进新材料的应用。

【博士联谊会成立】4月23日，奉化区博士联谊会揭牌仪式在华侨豪生酒店举行。95名入会会员参加。区委书记高浩孟与市博士联谊会秘书长方建新共同为区博士联谊会揭牌，会议审议通过了区博士联谊会章程，选举产生第一届理事会、监事会。

（邬宏萍）

奉化区工商业联合会

【概况】2019年，奉化区工商业联合会（以下简称区工商联）以服务企业为根本宗旨，以促进民营经济健康发展和民营经济人士健康成长为工作重点，充分发挥党和政府联系民营经济的桥梁纽带作用。蝉联2018—2019年全国“五好”县级工商联称号，获评全国工商联民营企业调查点工作先进单位和全省工商联系统先进单位。《优化区域营商环境，促进民营经济高质量发展》被评为宁波市工商联系统工作创新案例。至年末，共有乡镇（街道）商会11家、行业协会8家、直属商会1家、其他商会组织2家、异地商会2家，会员2624人。

【思想引领】以“不忘初心、牢记使命”主题教育为契机，强化民营企业党建促商会建设，引导商会参与社会治理各项工作，加强与企业和全区各部门的沟通联系，做好服务，切实把主题教育的成果转化为促进民营经济“两个健康”（民营经济人士健康成长、民营企业健康发展）的成效。开展“知行合一”集中学习研讨，完成4个专题调研课题，开展集中学习研读，做到了真学、真懂，推动学习贯彻往深里走、往心里走、往实里走。开展“守初心、联民心”主题教育党日活动，全体党员赴结对的许江岸村“联村强信念”上党课，与村全体班子成员“联村叙初心”座谈，“联亲送温暖”；走访慰问困难老党员、病人、群众，与竹笋加工基地负责人进行“联企促发展”专题调研，精准帮扶竹笋加工基地建设。

【提升民营经济领域关注度】 主动争取区委、区政府对民营经济领域“两个健康”的重视和支持，持续提升四套班子主要领导对工商联、商会工作的关注度。区委书记高浩孟两次批示，肯定区工商联取得的成绩。8月1日，举办宁波百名企业家“走进奉化”活动，展示奉化“三年大变样”新形象。11月11日，区总商会完成届中调整，徐立华当选为区总商会会长，增选3名企业家副会长，选配1名专职秘书长。9月17日，举办百家民企“企业精神”书法展，进一步传承弘扬新时代奉商精神。

【优化营商环境】 扎实推动“五大机制”（党委政府与民营企业家定期沟通、民营企业家列席党委经济工作会议、邀请在外商会会长列席人大政协会议、领导联系非公有制经济人士、联系在外浙江商会等机制）落实落细。印制《联系交友纪实本》，推进联络联谊痕迹化管理。按照区委“四联四跑”活动部署要求，即“跑场所、促和谐；跑企业、促发展；跑团体、促实干；跑基层、促落实”，统战部和工商联干部20余人共联系了100家民营企业，积极开展“问千家、进百企”活动和“四跑四促”专项行动。走访商会会员企业1272家，收集各类问题和意见建议37件，协调落实21件，跟进办理12件；撰写民营经济领域调研报告4篇、反映社情民意26条；开展各类政策法律宣讲15场；通过银企合作为中小企业提供转贷、融资等各类金融服务3.2亿元。

依托基层商协会平台，在莼湖商会试点推行“靶向服务”的基础上，进一步完善政府“靶向服务”机制。5月出台《关于构建亲清新型政商关系，深化推广政府“靶向服务”的实施意见》并召开现场会。推广基层“靶向服务”一站式平台，建立健全“责任到人、定位到点、服务到靶、解决到事”的服务机制，推进“片区网格+行业网格”体系建设，打造企业靶向服务“15分钟服务圈”，建立健全的服务机制，推动政府服务精准化，打通服务企业“最后一公里”。年底实现政府“靶向服务”镇、街道全覆盖，常态化。

架设政企互动平台，“政商面对面”品牌不断深化。在电视访谈节目的基础上，着力打造“政商面对面”交流“现场版”，解决企业提出的实际困难和问题。围绕传统产业转型升级、制造业高质量发展等专题，组织企业家分别与司法局、检察院、人社、电力、税务、银行、金融办、企服专班等部门领导面对面，联合开展“惠企60条”“企业上市”“智慧用工”“智慧用电”“减税降费”“法治体检”以及民营企业家“走进检察院”“走进海关”等活动，有效地为企业解决用电、用工、税务、科创板上市、法律、融资、报关等实际问题。

开通企情“直通车”，工商联牵头联系、协调政府职能部门，送政策、送服务到一线。基层商协会汇集企业需求，协助政府部门不定期主动到商会和企业对接，面对面解决企业提出的实际困难和问题。累计开展服务活动16次，组织各商协会会长秘书长、执常委、新生代、中小企业促进会等会员单位1200余人次，有效地为企业解决入学入园、税收金融、法律服务等实际问题，进一步优化营商舆论环境。

由区工商联牵头制定、联合九部门出台了《关于奉化区清廉民营企业建设的实施意见》，构建亲商爱商、重商营商的良好法治环境。相继开展“纪企联动”“检企联动”、送法律入企等活动，对企业主开展廉洁从业和学法用法教育活动。深入开展“纪企联动、清廉共建”活动，打造“清廉民企”示范基地；加强和引导民营企业党的建设工作，充分发挥党组织和党员的清廉引领作用。同时，出台考核细则，建成佳尔灵、奥迪斯丹、一机阀门等一批清廉示范基地。通过构建制度保廉、文化育廉、守廉激励“三项机制”，努力推进清廉民企建设。指导企业完善内部廉政风险防控体系，建立中高层人员监督管理和廉洁谈话制度，强化对权力运行的监管。引导企业党员职工发挥先锋模范作用，将清廉指数与绩效考核奖惩挂钩，完善“尚廉得奖励、违规受处罚”的廉洁激励机制。

【助力“消薄”和精准脱贫攻坚战】 开展民营经济人士理想信念教育，引导民营经济人士助推美丽乡村建设、参与“消薄”行动和东西部结对帮扶、残疾人“洁居亮居”等社会公益事业活动。在全面落实“消薄”项目的基础上，实现8万元村集体经营性收入的目标。19位区工商联副主席、副会长和名誉会长以及19位工商联执常委和29位镇（街道）商会副会长和17位理事会员发挥了示范作用。区工商联与珲春市工商联互结友好工商联，与安图县工商联签订了3年帮扶协议。区工商联副主席汪海明资助安图县200万元年，两年共400万元；副主席傅志存资助实物，价值323.9万元；副会长张建国“一三五圆梦”计划，3年共出资100万元；副主席单位滕头集团结对安图县红旗村出资50万元；副秘书长企业雅楚服饰资助价值45万元的服装；共12家企业继续与安图县12个深度贫困村结对，240万元结对款全部到位；区工商联（总商会）25家会员企业结对延边州安图县、珲春市73名贫困大学生，资助他们完成大学梦，资助每人每年3000元现金至学业完成，已累计资助40多万元；8月底，区总商会新增结对安图县明月镇深度贫困村——丰产村，总商会骨干募集结对款20多万元，主要用于村清洁运输队建设项目和冬季清雪设备；10月23日，岳林商会代表团考察安图县明月镇，并捐资6万元，用于明月镇政府购买农机具；奉化区唐立乾州商贸有限公司采购安图县优质人参、木耳、大米，落实基层商协会消费扶贫65万元。区光彩事业促进会联合深圳奉化商会、深圳华融基金会共同出资18万元，为全区43个残疾人家庭开展“洁居亮居”行动，彻底改善他们的居住环境。

【主席会长“轮值制”】 表彰优秀执行主席（会长）12人。按照群团工作的特点，切实履行副主席（副会长）的兼职职责，进一步推动兼职副主席、副会长“唱主角”“站前台”，增强他们的责任意识和担当意识，增强区工商联（总商会）的凝聚力和向心力。进一步发挥兼职副主席、副会长在参政议政、政企交流、友好商会、光彩事业、履行社会责任和促进民间经贸交流合作等方面的积极作用。紧密联系在外的异地商会、乡贤人士，为奉化区招商引资、人才引进、慈善事业精准发力。组织海内外奉商参加区委举办的“设区三周年大会”，落实丁磊、沈国军、仇建平等与会企业家，进一步提振企业家信心，激发奉化籍企业家的家乡情怀，动员奉化籍人士为“三年大变样、五年新奉化”添砖加瓦。2019年，先后与吉林省乾安县、浙江省嘉善县、缙云县等结为友好工商联，与南京江宁高新区商会缔结为友好商会。

【基层队伍建设】 注重新生代企业家培育，开展“青蓝接力”工程。跟踪、指导新生代企业家联谊会换届后工作的开展情况，紧紧抓住新生代企业家的“两个健康”成长不放松。完善新生代导师团队建设，定期开展跨地域、跨代际、跨行业分享交流，促进“青蓝接力”，做优做强民营经济。整合政府部门资源，建立培育新生代企业家部门联席会议制度，推进新生代企业家培育。开展“青蓝接力”培育工程，实施“511”培训计划。打造“北大创业营”“华尔大学”“秉航学院”“山丘汇”4家实训基地，开展差异化、精准化菜单式培训，开展新老企业家对话活动，举办“企业家沙龙”“新生代管理论坛”主题活动，力争通过两年努力，培育50名领军企业家、100名骨干企业家和1000名企业经营管理骨干。全年举办培训活动16次，共有1500多人次参与了区工商联和商会组织的规范化建设培训、“企业政策宣讲”、高效团队建设、学习沙龙、考察交流等活动。开展基层“商协会建设提升年”活动，指导、激励基层商协会争先创优上等级。5月底，举办奉化区商协会规范化建设培训班，通过理论学习、经验交流、现场观摩、参观考察，进一步加强商协会的制度建设和队伍建设。拓展民营经济领域成立区直属商会。积极协调民政等部门，谋划筹建区直属商会，最大程度地团结外来骨干民营企业家，11月下旬，成立运作规范的区直属商会，工商联工作触角得到延伸。

（赵建平）

奉化区残疾人联合会

【概况】 2019年，奉化区残疾人联合会（以下简称区残联）各项重点工作稳步推进。助残服务“最多跑一次”改革在全省率先建成数字流转、全网通办的数字化管理系统，实现惠残事项申办“零次跑”。相关做法在浙江省、宁波市残联系统工作会议上作了典型交流，被列入奉化区政务服务数字化转型创新项目。全国智能化残疾人证试点工作稳步推进，11月中旬全面启动制卡工作，12月底完成锦屏、岳林两个街道的发放工作。省残疾人社区精准康复试点工作有序推进，萧王庙试点启动脑卒中后社区康复服务体系，三类重点人群签约率为80%。指导、扶持锦屏南溪社区创建省级无障碍社区。省“康复体育进家庭”项目超额完成，服务162户，完成率为127%。开展困难残疾人家庭“净居亮居”工程，改造45户，完成率为450%。年末，奉化区二代证持证残疾人15839人，其中视力残疾1453人、听力残疾2369人、言语残疾129人、肢体残疾2561人、智力残疾1535人、精神残疾2222人、多重残疾570人。

【残疾人基本生活保障】 动态实施两项补贴，向6308人发放困难残疾人生活补贴，向6674人发放重度残疾人护理补贴，共3217万元，实现“应补尽补”。残疾人综合医疗保险参保14771人，188人获理赔，赔付37.5万元。节日慰问和应急救助500余户困难残疾人家庭，共50余万元。

【残疾人就业创业】 民生实事工程“残疾人之家”提前完成10家创建任务。其中，被认定为五星级4家、四星级4家、二星级2家，解决就业300余人。通过数据信息化管理为389家企业办理残保金抵扣，新增就业148人，其中按比例就业52人。发放工疗机构奖励、补贴138万元，为11家“阳光家园”购买机构综合保险。调研服务推进16家扶贫基地规范化建设，安置、辐射带动残疾人就业245人。开展残疾人就业援助月活动，依托网上求职平台帮助11人就业，对351名残疾人进行职业培训。组织企业参加市残疾人专场招聘会，提供岗位50余个。落实残疾人单考单招公务员1人。

【残疾人精准康复服务】 出台实施细则，为残疾少年儿童康复服务救助提标扩面。为8843名残疾人提供精准康复服务，其中基本辅具适配269人286件，支出360余万元，服务率为100%。通过政府购买服务，为重度肢体残疾人提供个性化上门康复服务758人次。开展残疾预防工作，组织现场宣传服务活动6场，196个村（社区）1540余人受惠。

【教育文化助残服务】 协助改善特殊教育办学条件，义务教育入学率、残疾幼儿入园率分别在99%、85%以上。组织奉化区残疾人爱心艺术团“六进活动”演出13场，完成率为118%，组织开展“一家人”爱心大篷车进工疗车间、残疾人畅游滕头等活动，举办残疾人红歌比赛。选送残疾人运动员参加世界锦标赛，获射箭金牌2枚，并取得2020年残奥会参赛资格；在全国第十届残运会上获1金5银，在宁波市首届残疾人旱地冰壶比赛中获团体第三名。

【基层基础建设】 多渠道开展残疾人事业宣传，积极参与无障碍环境建设论证验收，开展残疾人信访和法律援救助工作，办理来电来访35人次，优化残疾人平等参与环境和社会助残氛围。2019年，新办证717人，合计持证残疾人15839人。指导做好江口、方桥街道残联组织建设。完成133户残疾人家庭收入状况监测及全区15081名残疾人基本服务状况和需求信息数据动态更新（速度、质量居全省第七）。开展残疾人“学听跟”“三服务”活动，加强习近平新时代中国特色社会主义思想宣传教育。

（徐　吉）

奉化区文学艺术界联合会

【概况】 2019年，区文学艺术界联合会（简称区文联）在服务发展大局、创作文艺精品、培育“文艺奉军”和加强自身建设上取得新成效，促进了文艺事业繁荣发展。全年发表小说、诗歌、散文等文学作品300余篇，文艺作品在全国级比赛中获奖或入展29件，在省级比赛中获奖或入展86件，在宁波市级比赛中获奖或入展265件。

【文艺创作】 高鹏程的组诗《迷迭香》《乌鸦与采石场》《金鱼》先后在《人民文学》《十月》《诗刊》等刊物发表；邱积钏的综合材料绘画作品《源代码·自信之国》参加第十三届全国美展提名奖，张燕敏的综合材料绘画作品《港通天下·丝路交响》入选第十三届全国美展；吕科的小楷条幅《文心雕龙·时序（选录）》、梅春林的行草条幅《画禅室随笔九则》入展全国第十二届书法篆刻展；报告文学《中国有个滕头村》获省“五个一工程”奖；《布袋和尚传说》、奉化布龙获浙江省民间文艺“映山红”奖；邬锡明的小楷册页《武义赋》获浙江省第五届“温泉杯”书法大赛优秀作品奖；歌曲《梦在桃源深处》、长篇报告文学《春雨细无声》、诗集《江南：时光考古学》、水彩粉画《逆光中的彩苔人》、民间文学《布袋和尚传说》5件作品获2017—2018年度宁波文艺奖；高俊达摄影作品《激情永留》获第三届宁波摄影艺术展金奖；走书《和美乡村》获宁波市文联“红杜鹃”奖；长篇报告文学《天海一线——宁波第八批援藏干部帮扶纪实》、中短篇小说集《理想塔》、诗集《深蓝》、小品《幸福》、学术专著《宁波龙俗》5件作品列入宁波文联重点项目。

【文艺家协会换届】 3月20日，区文联党组下发《关于各文艺家协会换届工作实施意见》，多次召开党组会对协会理事特别是主席推荐人选进行研究讨论并谈话考察，至5月10日，区文联下属10个文艺家协会顺利完成换届，共调整美协、曲协、音协、民协4个协会主席以及作协、美协、摄协、剧协、曲协、音协、舞协、民协8个协会秘书长，一批政治思想品德好、业务能力强、乐于奉献的艺术家入选协会理事会班子。

【庆祝新中国成立70周年系列文艺活动】 3月开始，以庆祝新中国成立70周年为主题，先后举办征文比赛、美术作品展、书法新人新作展、越剧大戏展演、曲艺下乡等各类主题文艺活动。9月11日，组织开展“70米长卷献国庆”大型书画现场创作活动；9月19日，组织群舞《爱我中华》、小品《兄弟》等5个节目参加区委宣传部举办的奉化庆祝新中国成立70周年宣传文化系统文艺晚会。各镇、街道文联也积极开展形式多样的主题文艺活动，如溪口镇的“大爱中国·醉美溪口”主题晚

9月3日，庆祝新中国成立70周年奉化区首届书法新人新作展开幕式

10月26日，孙信德从艺60周年回乡书法展在奉化弥勒文化园举行

会、萧王庙街道的庆祝新中国成立70周年文艺晚会、西坞街道的西坞乡贤艺术家书画作品展、江口街道的“红歌嘹亮忆初心·唱响三年大变样”合唱大赛等。

【扫黑除恶专项斗争文艺宣传】3月27日，会同区书协以“扫黑除恶”为主题，面向全区书法爱好者征集书法作品130余件，评选100件作品，于4月10日在区文化馆群艺展厅展出。4月2日，举行奉化区扫黑除恶主题笔会，20位书法家现场创作100余幅书法作品赠送给相关单位，以书法艺术的形式助力“扫黑除恶”专项斗争。各相关协会积极创作以“扫黑除恶”为主题的歌曲、小品、快板等文艺节目，结合“送欢乐下基层”文艺演出，用寓教于乐的形式向广大市民宣传“扫黑除恶”有关知识，营造社会舆论氛围。

【助力雪窦山佛教文化宣传】加强与中国摄影家协会的联系，面向全国摄影爱好者征集雪窦山全国摄影大展作品，至8月31日，共收到应征作品10076幅，评出入展作品100幅。10月17日，宁波奉化雪窦山全国摄影大展暨名家作品特邀展在溪口开幕，中国摄影家协会主席李舸、区长张文斌等出席。11月30日，会同浙江省美术家协会举办以佛教文化为主题的“自在弥勒·中国画名家主题创作展”，共展出吴山明、马新林、徐惠泉等14位中国画名家作品64幅。

【配合奉化设区三周年大会相关工作】发挥自身文艺优势，认真完成奉化社区三周年大会组委会布置的起草《家书》《倡议书》以及创作《家书》书法作品、书写所有嘉宾邀请函和聘书等工作任务，做好王利华画册印制、“乡行寻踪——光影里的故乡”摄影作品展策划布置及作品集印制等工作，邀请汪浙成、毛国伦等11位文艺界乡贤参加大会并做好接待服务工作。10月26日，由区文联具体承办的孙信德从艺60周年回乡书法展在奉化弥勒文化园开幕，中央宣传部原常务副部长龚心翰、上海市人大常委会原主任刘云耕、区长张文斌等领导和嘉宾出席。

（周　杨）

奉化区慈善总会

【概况】2019年，奉化区慈善总会在区委、区政府的领导和支持下，在宁波市慈善总会的具体指导下，认真贯彻《中华人民共和国慈善法》和《浙江省实施〈中华人民共和国慈善法〉办法》，以党的十九大精神为指导，不忘慈善初心，发挥慈善组织作用，较好地完成了各项工作任务。

【慈善募集】2019年，区慈善总会慈善总收入4551.3万元，其中募集慈善资金4345.2万元，同比增长12.0%。全区12个镇（街道）1—11月共募集善款1966.4万元，同比增长8.0%。“慈善一日捐”活动深入开展，募集资金同比增长15%。区委办、区府办联合下发通知，体现了区委、区政府对“慈善一日捐”活动的重视，“慈善一日捐”活动已成为广大市民献爱心、作奉献的一个有效载体。大额募集工作取得新成效。亚德客（中国）有限公司捐赠300万元，杭州富阳崇胜贸

（左栏首字被裁切）有限公司捐赠310万元，恰诺（左栏首字被裁切）斯集团有限公司捐赠100万元。此外，杭州宋都集团在奉化设立（左栏首字被裁切）00万元“宋”爱千里助学基金，确定在5年时间内，每年资助100（左栏首字被裁切）元用于贫困学生助学，2019年已捐赠200万元；奉化农商银行设立2000万元慈善助困基金。企业定向和基金捐款项目不断增加，浙江金娥生态建设有限公司捐款47万元，支援尚田方门村新农村建设；浙江华展工程研究设计院捐款15万元，支援裘村甲岙村新农村建设；浙江瑞晟智能科技股份有限公司400多名员工捐款20万元，设立瑞晟智能慈善基金。公众捐资热情高涨。大堰镇乡贤李秀土捐资18.8万元，帮助山村贫困大学生就读；“孙行秀”慈善基金连续6年每年捐款1万元，2019年一次性捐赠11万元；亚德客集团董事长王世忠个人捐款334.84万元；一名胡姓奉化籍上海爱心人士，捐款10.11万元，7年来累计捐款87.61万元。认真抓好基层慈善组织建设，新建慈善工作联络站92家，全区353个行政村、27个社区实现了慈善工作联络站全覆盖。各分会根据《奉化区慈善总会村（社区）慈善工作联络站管理办法》，组织慈善工作联络站开展募集、帮扶工作，村（社区）慈善帮扶基金同比增长8%。

【慈善救助】 慈善救助支出4057.9万元，同比增长27.0％；元旦、春节期间，深入开展对贫困家庭的“送温暖”活动，全区共计发放救助款206万元，同比增长21.9%，3221人受助。2019年，全区临时救急性助困（助残）402.3万元，1938人受助。全年助学总支出297.1万元，重点帮助有关学校购置教育设备和改善设施。对困难群众大额医疗支出予以适当补助，全年补助金额159.1万元，10960人次受助。慈善惠民门诊部影响不断扩大，继续为五保户、低保户、优扶对象、残疾人、70周岁以上老人、失独家庭成员就医实行“三免一优惠”（免收挂号费、诊疗费、注射费，个人自理的药费按50%收取），惠及10114人次。4月，慈善惠民门诊部成立“计生特殊家庭”健康关爱基地，开展以精神慰藉、心理疏导、生活照料等为主要内容的计生特殊家庭关爱活动。继续实施H型高血压与脑卒中防控惠民项目，共检测5556人，向山区H型高血压患者送药691人，免去检测费、药物费77.4万元。继续实施“慈善光明行”项目，完成白内障复明手术99例。全区有3家市级扶贫基地、3家区级扶贫基地，通过对扶贫基地的考核，落实慈善基地补助款69万元，已补助兑现45万元，其中市级24万元、区级21万元，扶贫基地帮扶贫困户脱贫的效果进一步显现。

【对口扶贫】 全区有50个单位出资捐助，重点支援吉林安图、珲春二县，合计完成对口援助金额395.5万元，其中援助安图县325.5万元，援助珲春县60万元，援助甘肃敦煌胡杨林项目10万元。总会在做好援助工作的过程中，切实加强与对方的沟通，把握好资金用途，确保资金落实到每个项目，努力提高经济效益和社会效益。2019年，向安图县购买爱心大米7.4万千克，金额65万元。

【慈善宣传】 通过报纸杂志和电视媒传等，广泛宣传爱心人士先进事迹、捐款捐物活动和慈善工作的经验做法，弘扬慈善正能量，做到月月有报道、经常有信息。9月5日第三个“中华慈善日”，总会开展第二次慈善宣传周活动，在溪口银凤广场、江口塔山小区、锦山公园、仁湖公园以及溪口兰峰村组织5场文艺巡演，不少节目为自编自演，针对性强，向广大市民传递慈善理念，普及慈善知识，让更多的市民了解慈善、参与慈善。积极做好《大爱》杂志特别报道工作，撰写专题文章和活动报道，宣传奉化慈善工作的亮点和特色。通讯《妈妈的味道》被中华慈善总会《慈善》杂志录用。协助市慈善总会搞好慈善公益广告场景、演员的选择，做好拍摄的后勤服务工作。积极推荐评选各类慈善先进，亚德客（中国）有限公司获浙江省慈善机构捐赠奖；区慈善总会获奉化区最美社会组织奖；义工分会便民服务大队被评为宁波市优秀义工组织；义工张业强被评为宁波市优秀义工；

情驻天村项目被评为宁波市优秀义工项目，获奉化最佳志愿服务奖。广泛开展慈善文化进校园活动。5月，总会与区教育局、奉化日报社联合发起，在全区各小学开展慈善文化进校园活动。发放《慈善读本》6000册，《奉化日报》小记者人手一册。引导学生学习《慈善读本》和有关慈善知识，开设以慈善为主题的班队课，组织学生参加“城市小主人”义卖活动，安排《奉化日报》小记者采访先进慈善人物和优秀义工，组织学生撰写有关慈孝爱心作文。组织奉化日报小记者慈善征文活动，共收到征文866篇，评选出120篇优秀征文汇编成《童心向善》一书，印发6500册。召开2次慈善分会会长会议、2次理事会议及总会全体工作人员会议，积极争取党委政府的支持，加强与各部门的沟通联动，努力营造良好的慈善工作氛围。

【义工工作】 组织义工服务活动327次，参加2542人次，服务12155小时。慈善义工便民服务月月有活动，服务内容根据市民需要安排，重点解决市民生活困难。2019年共组织各种便民服务35次，先后到同山、畸山、楼隘、锦山公园、后山、小草广场等地开展服务，参与855人次。配合政府有关部门重点参与春运、桃花马拉松、农村环境综合整治督查、卫生城市创建、垃圾分类等公益服务活动67次，参与502人次。义工分会共有10个品牌服务项目，其中2019年新增“和风抚芽”“礼敬老兵”“导医传爱”“橙雀暖巢”4个项目。“爱心图书银行”项目接收图书1000余册；“新市民公益平台”项目救助火灾户，网络众筹10500元；“衣循环”项目回收衣物10吨。抓好义工服务基地建设。已建立兰峰村、人民医院、长岭社区、启航等8个义工服务基地，3个义工服务点。加强与服务基地的联系，了解基地的需求和困难，对服务基地和义工服务点进行挂牌，开展结对帮扶。在重阳节期间，为四明山区兰峰村老人表演节目；在区人民医院每星期两次为病人提供导医服务；在启航残疾人服务中心为智障儿童送蛋糕，“六一”国际儿童节期间带领他们到松岙红色基地参观。在新建村桃花、油菜花开放期间，开展捡拾周边垃圾和游客引导活动，共投入义工202人次。积极开展义卖和帮困活动。2019年开展各种义卖活动22场，参加1133人次，义卖金额55314元。慈善义工举办的“城市小主人”义卖活动，广大学生积极报名，踊跃参加，得到了学校和家长的大力支持。部分义卖款用于重病儿童慰问。广泛开展送温暖和应急救助工作，共计救助困难群众12户，金额7500元。加强义工队伍建设。按照基地化、常态化、品牌化的要求，探索义工服务的新方式和新途径，开展具有慈善特色的义工活动，积极组建扩建义工队伍，新增2个义工大队、4个义工项目组织，新增义工200人，并组织开展义工培训和先进义工评选活动，不断完善管理制度。

（吕　娜）

奉化区红十字会

【概况】 2019年，区红十字会深入开展“不忘初心、牢记使命”主题教育，配合做好区委政治巡察工作，全力冲刺“三年大变样”，充分发挥政府人道领域的助手作用。

【救护培训】 指定专职干部负责救护培训工作，对所有培训班次开展学员培训课程满意度评测、教学质量反馈及培训质量督导。2019年，全区培训红十字救护员3516人，普及培训25998人。经协调，区教育局下发《关于印发〈宁波市奉化区教育系统应急救护培训工作实施方案〉的通知》（奉教〔2019〕34号），对辖区37所学校的教师开展救护员培训，共培训教师救护员近千名。组织职教中心、技工学校1300余名学生进行救护员培训。志愿服务队定期组织救护师资进行业务交流和研讨，协助区红十字会开展救护员培训、急救常识普及和红十字运动的基本知识宣传。协调37名救护师资参加宁波市红十字会组织的复训，新培训救护师资5人。2019年，采购20台AED（体外除颤仪），分别安装在学校、超市、大型企业、购物广场、汽车站、火车站、体育馆等处。

【“三献”工作】 全年有114名市民新入浙江省造血干细胞捐献资料库，累计完成造血干细胞捐献资料入库1109人，实现捐献8人。全年人体器官捐献登记10人，遗体（角膜）捐献登记23人。累计完成器官捐献登记176人，遗体（角膜）捐献登记108人。全年实现遗体捐献3人，累计实现遗体捐献10人、器官捐献8人。

【志愿服务】 志愿服务活动形式多样。生命之光志愿服务队宣传“三献”知识，在无偿献血者中招募造血干细胞志愿者，并参与捐献血小板和无偿献血；心理援助服务队在婚姻登记大厅做好离异人员心理咨询工作，并参与社会心理咨询；户外救援队参与桃花马拉松、100千米国际越野赛、“十一黄金周”等多项大型活动保障工作，参与台风“利奇马”奉化和临海救援工作，12月18日，成功救援溪口畔驻一位被困山上的养蜂人；博爱志愿服务队在“情暖夕阳”“关爱抗战老兵”等项目基础上，积极参与文明城市、农村环境督查和救护员培训等体现红十字特色的志愿服务，进一步扩大了红十字会影响力。全年组织红十字志愿服务活动455次，参与志愿者4477人次，服务16192.5小时。缪亚春、郎玲玲被区文明办评为“最美志愿者”和“优秀志愿者”。“博爱天乐”项目获得宁波市新时代文明实践志愿服务大赛决赛三等奖。

9月2日，浙江爱伊美服装有限公司向区红十字会捐赠价值513万余元的服装

【公益救助】 2019年，区红十字会开展“博爱送万家”活动，共发放救助款物62.5万元惠及3000余人次。“每月一助”项目资助27人次，8.9万元。“母婴平安”项目资助17人次，7.8万元。“博爱圆梦助学”项目资助72人次，13.7万元。接受浙江爱伊美服装有限公司捐赠服装，价值513万余元，近500万元的服装用于吉林珲春、安图扶贫。接受海关人道物资，价值115万元，用于救助当地弱势群体。接受湖南爱眼基金捐赠13万元（其中3万元用于东西部贫困地区助学），用于当地困难青少年眼病救助。2019年，累计接受捐赠款物771万余元。

（高雨峰）

农 业

综 述

2019年，坚持以习近平新时代中国特色社会主义思想为指导，认真贯彻落实中央一号文件精神，持续加快农业产业化建设步伐，农业经济运行稳步上升。全区实现农林牧渔业总产值52.41亿元，比上年实际增长2.6%；实现农业增加值32.2亿元，比上年实际增长2.3%；农村居民人均可支配收入达到33185元，同比增长8.5%，低收入农户人均可支配收入13049元，同比增长14.3%，增速全市第一。

成功创建省级畜牧业绿色发展示范县，省农业“机器换人”示范县

种植业

【概况】 2019年，农作物播种面积共20029公顷（300435亩），同比减少0.7%。粮食作物播种面积9960公顷（149400亩），同比减少0.02%；总产量63706吨，同比减少0.3%。

经济作物生产总体稳定。油料作物面积475公顷（7125亩），总产量924吨，分别比上年减少0.8%、14.7%，其中油菜籽面积、产量减少，花生面积、产量均增，芝麻面积持平、产量增加；甘蔗10公顷（150亩）、345吨，同比分别增长11.1%、7.1%；药材类174公顷（2610亩）、415吨，分别比上年增长31.8%、68.0%；蔬菜面积2344公顷（35160亩）、42046吨，同比分别增长0.9%、0.5%；食用菌总产量9000吨，比上年增长28.6%；果用瓜724公顷（10860亩）、18121吨，同比分别减少2.6%、2.3%，其中西瓜、草莓面积与上年同，产量西瓜减、草莓增，甜瓜及其他面积、产量均减少；花卉园艺生产，花卉苗木面积减少，其中花卉减少，观赏和绿化苗木、草皮增长，盆栽类园艺面积也减少，产量却有增；其他作物播种面积同比减少，绿肥、席草、饲料草及其他面积均减，其中席草产量2286吨，同比增长4.0%。

【粮食绿色高产高效】 继续开展粮食绿色高产高效创建工作。根据宁波市农业农村局《关于印发宁波市2019年种植业绿色发展专项等项目实施方案的通知》（甬农发〔2019〕209号）和宁波市农业技术推广总站《关于开展2019年粮食绿色高产高效创建活动的通知》(甬农技〔2019〕7号）文件精神要求，全区申报、落实粮食绿色高产高效示范方（基地共22个，其中单季稻超高产攻关方1个、早稻高产高效示范方个、连作晚稻高产高效示范方个、单季稻高产高效示范方6个、优质稻米示范基地6个、旱粮示范基地1个。相比上年，创建项目增加7个。

2019年奉化区粮食绿色高产高效创建情况

表4　　　　单位：亩，千克/亩

序号	实施项目	创建单位	示范地点	面积	责任人	测产结果
1	单季稻超高产攻关方	宁波市奉化麦浪农场	江口街道三进桥村	105	竺海龙	756.50
2	早稻高产高效示范方	宁波市奉化区骆国民家庭农场	西坞街道亭山村	106	骆国民	624.78
3		宁波市奉化区美芳家庭农场	江口街道张俞村	150	王美芳	550.68
4		宁波市奉化区明春农场	江口街道朱应村	120	姜明春	529.21
5		宁波市奉化区江口王云国农场	江口街道浦口王村	130	王云国	527.63
6		宁波市奉化区金宁农场	西坞街道金桥村	112	吴晓雷	
7	连作晚稻高产高效示范方	宁波奉化区骆国民家庭农场	西坞街道亭山村	106	骆国民	735.82
8		宁波市奉化区明春农场	江口街道朱应村	120	姜明春	759.50
9		宁波市奉化区江口王云国农场	江口街道浦口王村	130	王云国	642.42
10	单季稻高产高效示范方	宁波市奉化辅德农场	西坞街道东陈村	103	江辅德	801.64
11		宁波奉化吴世良农场	西坞街道东陈村	107	吴世良	793.67
12		宁波市奉化区美芳家庭农场	江口街道张俞村	110	王美芳	
13		宁波奉化桂意家庭农场	锦屏街道河头村	110	廖桂意	859.52
14		宁波市奉化区林占军农场	莼湖街道西凤村	100	林占军	
15		宁波市奉化区陈三粮食专业合作社	莼湖街道陈三村	100	陈水尧	
16	优质稻米示范基地	宁波市奉化麦浪农场	江口街道三进桥村	130	竺海龙	606.61
17		宁波市奉化区傅惠朗家庭农场	江口街道朱应村	102	傅惠朗	722.07
18		宁波市奉化辅德农场	西坞街道庙后周村	116	江辅德	816.83
19		宁波市奉化区阿雷农场	岳林街道周家村	200	张明雷	562.66
20		宁波市奉化区陈建辉农场	莼湖街道同山村	250	陈建辉	757.46
21		宁波市奉化区胡勇农场	莼湖街道鲒埼村	110	胡　勇	753.05
22	旱粮示范基地	宁波奉化裘村顺迪家庭农场	裘村镇曹村	55	庄解迪	

【种子引进推广】 2019年，宁波种子公司奉化分公司供应各类种子18 万千克，其中常规早稻种子3.5万千克，常规晚稻种子2.5万千克，杂交水稻种子2.5万千克，各类蔬菜瓜果种子1.5万千克，小麦良种8万千克，基本满足本区6万余亩农作物用种。为省内外提供优质绿肥种子3万千克，可播种绿肥3万亩以上，其中本区0.4万亩。

搞好新品种示范、试验和推广。全年引进水稻、小麦、油菜等各类农作物新品种40个，其中水稻新品种28个。全区安排3个镇（街道）、4个不同试验区，展示试验全部水稻新品种，面积400余亩。试验中，免费发送杂交稻种子300千克，常规稻种子300千克。

【农作物种质资源普查和收集】 2019年，顺利完成第三次全国种质资源普查工作，提供有价值种质资源样本11份。对各种质材料进行提纯选择，由尚田王董种质资源圃、绿苑蔬菜合作社实产验收。同时，与宁波市农科院合作，开展生产性难题攻关活动，及时记载各项田间栽培措施，全年按农时、物候期要求共拍摄保存图片315幅。

【农作物统防统治】 持续推广绿色防控技术，全区应用非化学防治面积3.5万亩次，新增太阳能杀虫灯30盏，性诱捕器11400套，生物农药50吨。农作物病虫害绿色防控技术应用面积15.2万亩次，有效减少农药使用量和使用次数，减少农药使用量7.5吨。累计实施病虫害统防统治9.01万亩。

加强春季农村（田）灭鼠工作，运用广播、网络、公告等，开展广泛宣传，做到集中时间，统一投放，“乡不漏村、村不漏户、户不漏室、地不漏丘、田不漏块”，一年内全区村庄、农田投放0.005%溴敌隆颗粒剂灭鼠毒饵10.5吨。做到集中时间，统一投放，“乡不漏村、村不漏户、户不漏室、地不漏丘、田不漏块”。灭鼠工作成效显著，全区农村（农田）鼠类捕获率由灭鼠工作前的3.69%下降到0.75%，灭鼠率79.67%。集中灭鼠期间，未发生人畜鼠药中毒的事件。

抓好农作物病虫害绿色防控示范基地建设工作，减量（化学农药使用量）控害(病虫草害）成效良好。除方桥外，全区11个镇（街道）各建1个绿色防控示范区，面积1.20万亩，有效辐射周边其他田块，合计绿色防控面积15万亩。江口街道麦浪农场成功创建省级绿色防控示范区，10月23日通过考核验收。12月27日，2019年浙江省植保技术暨农药械推广信息交流会、浙江省植保学会学术年会公布浙江省十佳“最美绿色防控示范区”“浙江省省级示范性植保服务组织”，宁波市奉化区水稻病虫害绿色防控示范区、奉化好收成植保专业合作社分别入选。

植物疫情防控，组织召开春、秋两季重大植物疫情防控工作会议，全年疫情防控投入41万元，设立省、市、区级重大植物疫情监测点14个，开展重大农业植物疫情监测调查，普查水稻田35660亩、制种基地4800亩，加拿大一枝黄花防控790亩次。实施产地检疫9784亩，其中种子9423亩，苗木繁殖材料361亩，签发产地检疫合格证160份，产地检疫合格种子1361.5吨，产地检疫合格苗木数量6265.1万株。实施调运检疫59批次，签发植物调运检疫证书59份，调运检疫合格种子1029.16吨，调运检疫合格种苗411.1万株。

全年共发布病虫情报7期，通过农民信箱等平台发送病虫防治信息1200条。

2019年全区农作物病虫害绿色防控情况

表5　　单位：个，亩

序号	镇（街道）	绿色防控示范区		绿色防控面积
		个数	面积	
1	锦屏	1	660	7400
2	岳林	1	1000	8500
3	莼湖	1	850	9500
4	西坞	1	1650	25200
5	尚田	1	700	19300
6	萧王庙	1	1500	13500
7	江口	1	2010	22200
8	方桥			500
9	溪口	1	1600	16700
10	大堰	1	750	12000
11	裘村	1	780	7500
12	松岙	1	500	7700

【土壤污染防治】 合理施肥提高地力，全年开展肥料利用率试验和其它田间肥效试验4项，推广测土配方施肥技术面积23万亩，主要农作物测土配方技术覆盖率达到92%以上，减少不合理施肥110吨。推广应用配方肥1000吨，商品有机肥面积6.8万亩。

探索农业废弃物资源化利用的新路子，推行农作物秸秆资源台账制度，出台《奉化区2019年农作物秸秆综合利用试点工作实施方案》，着力提高农作物秸秆综合利用率。全年全区农作物秸秆可收集资源量4.77万吨，农作物秸秆利用总量4.56万吨，秸秆综合利用率达到95.60%。其中用作肥料化4.02万吨，占利用总量的88.16%；用作原料化0.43万吨，占9.43%；用作饲料化0.11万吨，占2.41%。

以畜禽粪便和“三沼”利用为重点，继续抓好畜禽粪便收集处理体系建设，促使沼液就地和异地配送利用。全年新建沼液贮存池3只，沼液异地配送2万多吨，使养殖场周围无法消纳的沼液、沼肥输送到种植业基地用作有机肥料，有效降低环境污染和农业生产成本。

健全土壤污染监测预警体系，根据《浙江省土壤污染防治工作方案》，做好农业“两区”土壤污染治理的土壤采样和信息采集工作。以全区20个省控点为主，提交2018年监测报告，完成2019年土壤采样。同时，奉化农用地土壤污染治理与修复技术应用试点，强化污染源头调查及成因分析，做好农用地土壤超标点位的对账销号工作，为农用地土壤污染治理提供技术支撑。

【茶果生产发展】 2019年，全区茶园面积11061亩，其中本年采摘8856亩，两项数据分别比上年增长0.7%、1.9%。；茶叶产量1038吨，同比减少2.3%，其中春茶、秋茶略增，夏茶减少。名优茶产量347吨，产值5870万元。名优茶销售看好，特早生品种茶叶如乌牛早、元宵绿、龙井43等品质较为优异。

推广水蜜桃病虫害统防统

治，全区实施面积共3000亩。全年新发展干鲜果2000亩，主要有桃1000亩，青梅150亩，柑桔130亩等。区统计年鉴数据显示，果园面积61211亩，同比减少0.2%，其中柑橘5092亩，比上年减少21.1%，桃子39349亩，杨梅9081亩，同比分别增长1.7%、5.6%；水果产量69085吨，比上年减少2.7%，其中柑橘5808吨，同比减少21.5%，桃子35899吨，杨梅4894吨，分别比上年增长0.5%、3.7%。

畜牧业

【概况】 2019年，全区共有年出栏50头以上的规模养猪场户44个，规模养禽场户15个。生猪（含未断奶小猪）年末存栏6.21万头，能繁殖的母猪0.48万头，同比分别减少18.0%、21.3%；年内出栏同比增长11.5%。牛年末存栏同比减少21.0%，年内出栏同比减少48.0%。羊年末存栏同比减少10.5%，年内出栏同比增长51.5%。活家禽年末存栏同比增长0.3%，年内出栏同比增长14.8%。猪肉、羊肉、禽肉、禽蛋产量分别比上年增长8.3%、72.2%、7.8%、6.6%，牛肉比上年减少66.7%。开展污染生态治理、防疫执行、农业投入品等巡查5次，乡镇网格化巡查共982次。

2019年奉化区畜牧业生产情况

表6

指标	生猪（万头）		牛（头）		羊（万只）		活家禽(万只)		畜禽产品产量（吨）				
名称	年末存栏	年内出栏	年末存栏	年内出栏	年末存栏	年内出栏	年末存栏	年内出栏	猪肉	牛肉	羊肉	禽肉	禽蛋
全区合计	6.69	10.67	770	453	0.51	0.50	63.08	62.56	8748	69	93	729	3353
上年合计	8.18	9.53	975	871	0.57	0.33	62.86	54.48	8075	207	54	676	314

说明：生猪年末存栏包括未断奶小猪和能繁殖的母猪。

【动物疫病防控】 2019年，全区采集猪场33户、样品657份，养禽场48户、样品1020份，羊场25户、样品692份，奶牛场1户、样品183份。开展重大动物疫病的流行病学调查和实验室监测工作，包括禽流感病、口蹄疫、鸡新城疫、猪瘟、猪高致病性蓝耳病、奶牛布鲁氏菌病、奶牛结核病、小反刍兽疫等。发放消毒药600千克，消毒养殖场户62个，村庄50个，无害化处理厂1个，肉品加工厂2个，冷库2个，病死动物无害化处理收集点8个，其他风险场所及养殖区域8.5万平方米，道路120千米。

开展重大动物疫病防控督查。全年免疫猪口蹄疫13.3万头次，猪瘟15.01万头次，高致病性猪蓝耳病1.95万头份（规模猪场自行选择是否免疫），高致病性禽流感149.94万羽，其中鸡129.32万羽、鸭19.21万羽、鹅0.52万羽、其他家禽0.89万羽。实现重大动物疫病强制免疫率100%。免疫犬类狂犬疫苗22950头份、上牌17800只。

重视非洲猪瘟防控。开展非洲猪瘟防控培训和指导，全面提升养殖场防控意识和管理水平，升级防控设施设备；实行养殖环节病死动物日报告制度，开展规模猪场消毒点的设置、高压消毒设施设备的配备情况及各项防控制度的落实情况检查；对从省外调入生猪产品实施非洲猪瘟抽检，共检测猪血样176份、环境样本58份、猪肉15份。

加强病死动物无害化处理

监管，全年发放病死动物无害化处理补助资金375.29万元，其中宁波市级202.84万元，区级资金172.45万元。结合污染生态治理、防疫执行、投入品使用、安全生产等，开展集中巡查5次，镇（街道）网格化巡查982次。无害化集中处理病死猪36317头，其他动物及产品30.84吨；履行职责，实施犬类集中处理，无害化处理病死犬1514只。

【智慧畜牧业平台应用】 2019年，全区智慧畜牧业登记养殖场户455家，全部纳入智慧畜牧业管理系统。全面应用病死动物无害化处理监管系统，全区10家规模猪场，1家规模禽场和森之源病死动物无害化处理有限公司全面启用病死动物无害化处理监管系统。

开展智慧畜牧业培训工作，内容包括畜禽价格监测、畜禽生产管理、产地检疫等系统应用。有关人员通过培训，提高工作责任性，2019年，全区共检疫生猪113510头、家禽153468羽；上传信息猪耳标佩戴111542条，猪免疫信息87405条，猪产地检疫信息113510条，畜禽产地检疫、免疫信息446980条。

渔　业

【概况】 2019年，全区渔业产业持续稳定发展。水产品总产量14.63万吨，同比下降0.83%；总产值18.74亿元，同比上升11.15%。奉化区被浙江渔场修复振兴暨“一打三整治”协调小组评为2019年度浙江渔场修复振兴暨“一打三整治”目标责任考核优秀单位，被省海洋与渔业局、省安全生产监督管理局评为省级平安渔业示范县。

【海洋捕捞】 至年底，全区共有在册捕捞渔船952艘，其中外海大中型捕捞渔船714艘，渔业辅助船37艘，象山港小型捕捞渔船201艘。外海捕捞生产主要在中韩、中日渔业协定暂定措施海域，小马力及中小型渔船仍在浙中、浙南一带渔场。因持续推进海洋捕捞减产工作，科学合理控制海洋捕捞产量，全年海洋捕捞产量122915吨，同比减少5.08%，产值152454万元，同比上升7.22%。今年经济类渔获物价格较高，是产量下降背景下拉动产值上涨的主要原因，捕捞品种仍以小黄鱼、鲳鱼、带鱼和梅鱼等经济型鱼类为主，占总产量的65.3%，其中带鱼、鲳鱼和梅鱼产量均有所下降，但小黄鱼产量较去年有大幅度增加，同比增加96.6%。

【海水养殖】 2019年，仍以海上筏式养殖、普通网箱养殖、池塘养殖为主，养殖海带、牡蛎、鲈鱼、南美白对虾等品种。海水养殖面积1609公顷（24135亩），同比减少0.06%，其中池塘养殖面积586公顷（8790亩），与上年数同。海水养殖整体形势平稳利好，全年海水养殖产量20287吨，同比增长30.27%；产值30210万元，同比增长34.74%。苗种繁育仍以梭子蟹、南美白对虾为主，全年产值624万元，同比下降27.44%。

【淡水渔业】 2019年，淡水捕捞有鱼类、甲壳类、贝类等，以鱼类为主。全年捕捞产量1242吨，同比增长22.73%，其中鱼类1030吨，同比增长25%。淡水养殖的水面包括池塘、水库、河沟和稻田，以池塘、水库为主，养殖鱼类、虾类、贝类等，尤以鱼类为多，品种有草鱼、鲢鱼、南美白对虾等。全年淡水养殖面积187公顷（2805亩），养殖产量1839吨，产值2728万元，同比分别上升28.60%、34.19%。

【休闲渔业】 2019年，继续发展休闲渔业。年末，共有休闲渔业经营主体10家，休闲渔船60艘（翡翠湾58艘），从业人员184人，总投资达5180万元。全年产值3491万元，较去年增加9.54%，接待游客21余万人次。

【现代渔业】 1月完成《奉化区渔港经济区发展规划》，4月启动渔港经济区后勤保障基地规划编制，7月底协办第二届数字海洋（渔业）智慧发展论坛。11月中下旬，就渔港经济区、港长制再次组织专题调研，进一步完善渔港经济区规划和港长制实施方案。至12月底，智慧渔港项目通过专家评审；启动桐照一级渔港疏浚整治项目，做好清淤前期准备；完成桐照浮码头立项，裘村休闲渔业码头两个小型渔船避风锚地立项前准备；着手栖凤二级渔港疏浚、300吨级渔政船建造等项目。复查通过1家国家级水产养殖健康示范场1家，创建省级水产养殖健康示范场2家。配合饲料推广任务超额完成，应用梭子蟹2117亩、网箱养殖4500只。

【渔业安全】 渔船安全生产形势总体平稳，先后开展“海上铁拳行动”“三打三整三提升”“迎大庆保平安安全隐患排查整治”“渔业安全生产百日大会战行动”等专项行动，排查整改隐患1310条。注重船员教育管理，相继召开安全生产会议10次；开辟培训绿色通道，培训船员5500多人，发送各类信息10万余条（次）；组织捕捞渔船、休闲渔船海上应急演练3次；开展平安渔场联谊，解决渔船海上渔事纠纷20起、海上渔事事故38起。市区两级出资750余万元，确保北斗导航设备第三代、AIS避碰设备更新换代，实现开捕后北斗开机率97%以上、AIS设备覆盖率100%。

保障初级水产品质量安全，继续实施“三品一标”等创建工作。宁波市奉化翔鹤生态养殖园、奉化市宏泰水产养殖有限公司通过宁波市级初级水产品质量安全示范场复评；宁波奉化裘村均均水产养殖场认定为无公害水产品产地。完成初级水产品定量抽检269批次，抽检合格率100%。

【“三战”行动】 2019年，继续开展“三战”（“海上安全攻坚战”“伏休成果保卫战”“幼鱼资源保护战”）行动，以进一步巩固“一打三整治”成效。全年共查获涉渔“三无”船舶62艘，收缴、清除禁用渔具3250顶，查获收缴、放生各类违禁渔获物950千克，立案处罚有证渔船违规案件41起，增殖放流各类苗种1.2亿尾（粒）。加大宣传力度，发放宣传单1.5万余份、宣传手册700本，张贴公告500份，悬挂宣传横幅40条。保护海洋生态环境，加快实施渔船污染设施配备项目，安装完成油污分离设备627套，配置垃圾贮集器774个，垃圾公告牌774块。

【环保督察反馈意见整改】 完成全区第一轮中央生态环保督察整改任务涉海水养殖的台帐销号工作，做好迎接第二轮中央生态环保督察及反馈问题整改工作，进一步明确职责，健全保障整改效果的长效机制。完成省环保督察、国家海洋督察整改任务牵头配合工作，沿海莼湖、裘村、松岙镇（街道）按进度要求对连片养殖尾水排放情况进行督查，确保养殖尾水整治工作落实到位。

现代农业

【概况】 2019年，农业龙头企业37家，比上年减少9家，而产值、销售均比上年有增。举办“浙江·宁波滕头2019年中国农民丰收节”。努力建设绿色都市农业，发展绿色畜牧业，创建省级美丽生态牧场4家。巩固国家农产品质量安全县的创建成果，深入开展执法专项行动，农业行政执法立案查处15起，办结15起，罚没款5.67万元。动物卫生监督执法立案调查8起，办结8起，罚没款0.71万元。

拓宽特色农产品销售渠道。组织200余家（次）经营主体参加森博会、省农博会、茶博会等，参评获金奖15个，溪口龙门千层饼在“2019浙江十大农家特色小吃”活动中被评为“浙江省十大名小吃”。组织举办2019年名特优农产品春节年货展，设立150个展位，引入安图、珲春、缙云等地方优质农产品，5天销售额500万元。

【农业产业化】 推荐宁波凌晨农业有限公司、宁波吉拖奔野股份公司2家企业为宁波市级农业龙头企业，推荐宁波今日食品有限公司“雪窦山牌”金枪鱼、浙江滕头园林股份有限公司“滕头牌”苗木、宁波士林工艺品有限公司“竹易家牌”竹家居用品等3个农业品牌为浙江省知名农业企业品牌。全区农业龙头企业37家，实现产值 80.83亿元，同比增长24%；销售 42.95亿元，同比增长1.5%；出口16.57亿元，与去年持平。全区农业龙头企业紧密型基地18万亩左右，联系带动农户6.84万户，收购本地农产品8.46亿元；吸纳农村劳动力1.05万人，增加工资性收入3.6亿元。

【宁波绿色都市农业示范区建设】 加快实施现代农业提振工程，完成国家农村一二三产业融合发展试点县、尚田镇农业产业强镇创建等项目；雪窦山省级现代农业园区创建项目累计完成投资3.18亿元，占计划数59%；宁波田园综合体创建项目完工13个，在建1个，完成投资4.84亿元，项目进度90%，其中生态农庄、精品酒店、民俗文化园等项目投入使用；全区10个镇（街道）美丽田园景观建设通过验收，大堰镇连山堰情梯田、麦浪农场彩田画、裘村田园漫画、大堰油菜花海、莼湖翡翠湾迎宾花海成为创意农业景观，其中大堰镇连山堰情梯田入选省“最美田园”名单；溪口镇新建村示范基地、裘村镇甲岙村白岩山示范基地、锦屏街道长岭村白玉兰示范基地、江口街道周村金秋菊文化示范基地，以及岳林街道斯张村爽爽农场、尚田街道孙家村莓好农创园、萧王庙街道云溪村阿国农庄分别被市农业产业化工作领导小组办公室认定为宁波市多彩农业美丽田园示范基地、现代农业庄园；雨易茶场（367亩，生态茶园）、宁波市德馨园生态农业科技有限公司（488亩，精品果园）、宁波顺源农业科技有限公司（60亩/2700万袋，特色菌园）被省农业农村厅确定为种植业“五园”（放心菜园，生态茶园，精品果园，道地药园，特色菌园）创建省级示范基地；被省、市农业农村厅（局）认定省级农业绿色发展示范区2个、市级农业绿色发展示范区5个，分别是雪窦山省级农业绿色发展示范区、江口省级农业绿色发展示范区现代农业园区，裘村市级农业绿色发展示范区、杜家市级农业绿色发展示范区、下畈市级农业绿色发展示范区、南山市级农业绿色发展示范区、西坞市级农业绿色发展示范区；麦浪农场建成农田氮磷生态拦截沟渠，市农业农村局专门召开现场会推广。启动建设溪口镇五林村农业公园、西坞街道金峨村农业公园、西坞街道甬新河农业公园、尚田街道冷西村长龙农业公园等4个项目。

【中国农民丰收节庆典活动】 9月23日上午，“浙江·宁波滕头2019年中国农民丰收节”庆典活动在滕头村农创广场举行，奉化当地村民与来自全省各地的农民朋友、吉林安图农户代表聚集一起，共庆第二个中国农民丰收节。

活动由宁波市人民政府、浙江省农业农村厅主办，奉化区人民政府、宁波市农业农村局承办。省农办主任、农业农村厅厅长林健东宣布节庆活动开幕，市委副书记宋越舜致辞。丰收庆典围绕“一犁耕到头、浙里庆丰收”主题，分“虎跃龙腾丰收忙”“携手共进幸福路”“常青之树立潮头”三个篇章，以民俗歌舞、现场连线、情景表演等形式，表现全省各地农村群众庆祝丰收的喜悦，展示以滕头为代表的浙江新农村建设巨大成就，为乡村振兴注入新动能。奉化乡土书画家现场展示70人共同创作的70米卷轴画，反映奉化的秀美山川和巨大的发展变化。来自吉林省安图县的30名朝鲜族青年，以欢快的《农乐舞》展现奉化与安图“海”“山”情深。下午，举行全国基层书记谈振兴·滕头论坛。中国农业科学院农业经济与发展研究院乡村振兴实践基地在滕头挂牌。论坛上，长沙浔龙河村、湖州安吉县余村、江苏江阴华西村、北京房山区韩村河村等全国各地名村书记、代表50余人，与相关专家学者、领导围绕乡村振兴战略在基层实践进行研讨交流，探寻实现乡村振兴的有效路径。当晚央视新闻联播播出丰收庆典活动盛况。

滕头庆丰收系列活动包括“浙浙江省特色农产品展示展销、浙江省乡村农家小吃美食展、对口帮扶地区农产品展、奉化农家菜厨艺大赛和农产品销售网络直播等，持续至10月12日。

【品牌推广】 加强品牌农产品宣

传推介。3月茶叶刚上市，在奉化万达广场、宁波茶博会、杭州茶博会举办茶叶专场推介活动；6月底，举办奉化水蜜桃新品牌“欢喜奉桃”品牌发布会，推出全新的水蜜桃包装箱，实行水蜜桃分级包装，建立与省农科院合作试点的水蜜桃可追溯体系建设；7月在杭州、上海等地举办水蜜桃系列推介活动，并与网易严选深度合作，在网易园区、网易严选解百店、网易众筹等平台进行线上线下推广，在巩固香港市场的基础上新拓展新加坡市场，实现水蜜桃出口国外市场，扩大奉化水蜜桃在国内外影响。

先后举办水蜜桃文化节、萧王庙街道芋艿头节、尚田草莓节等农事节庆活动，不断打造农业节庆品牌，提高农产品品牌知名度。

【农技推广体系】 深化事业单位体制改革，合并职能相近的农技、种子、林特、渔业4单位，新成立区级综合性农技推广机构，即奉化区农业技术服务总站，下设区水蜜桃研究所、区农产品品牌创建中心，经费预算为财政全额补助，重新核定事业编制和职数。整合区畜牧兽医总站、区农业机械化管理站职能，新组建区农机畜牧发展中心。新成立的方桥街道建立“3+X”（街道）级农技推广机构和必需的农技推广队伍。年末，全区形成2个区级农技推广单位（区农技服务总站、区农机畜牧发展中心）、12个镇（街道）农业公共服务中心、320个村级农业服务站和若干个社会化农业服务主体组成的农技推广体系。

2019年，参加省基层农技人员知识更新培训65人，其中农技推广骨干5人，组织农民专业技术培训60余期，共培训科技示范户和农民观摩3000人次。开展粮食高产技术、蔬菜绿色栽培、新型农机操作、机器换人技术等实用技术推广培训，各类农业实用人才培训2193人，普及性培训3300人次，发放资料10500余份。全区8个农业产业技术创新与推广服务团队，32名产业乡村“土专家”，33名技术指导员与54户重点科技示范户结对，带动295户科技示范户。实施中央支持推广农技服务项目3个，农业主推技术到位率96%。农业科技示范主体、农业技术推广公共服务对象抽样满意度均为100%。成功创建宁波市奉化麦浪农场、宁波奉化绿苑果蔬专业合作社、宁波市奉化区周达军养殖场、浙江雨易农业发展有限公司被省农业农村厅认定为省级高品质绿色科技示范基地。

【农产品质量安全】 利用农产品质量安全监管与服务平台，完善农产品质量安全追溯体系。至年末，安装完成二维码追溯系统，追溯生产主体累计253家；核查规模农产品生产经营主体运行情况，相关信息录入省农产品质量安全追溯平台、市农产品质量安全监管和服务平台。

全年完成定量监测920批次，其中例行风险监测847批次，监督抽查73批次，不合格1批次，合格率99%以上。各镇（街道）农残快速检测录入平台累计9900多批次，合格率99%以上。配合宁波以上各级农业部门开展农产品例行监测334批次，不合格3批次，合格率99%以上。其中省级农产品例行检测61批次，1批次不合格，合格率达到98.36%。对监测不合格生产主体现场进行调查，约谈主体负责人，要求主体签订承诺书，落实整改措施。并将这些主体纳入重点监测对象，检测不合格农产品处置率达到100%。对监督抽检的10家草莓生产主体、16家水蜜桃生产主体分别通过奉化日报公示，提升奉化主导产业安全品牌地位。

加强“三品一标”认定。2019年，新增无公害农产品7个，面积1078.8亩，其中无公害水产品1个，面积90亩；新增绿色食品2个，面积120亩。全年绿色优质农产品种植农产品累计面积13.74万亩，畜禽产品30.4万头（只），水产品1.94万亩，绿色优质农产品比率61.98%。至年末，全区认定“三品”172个，面积21.43万亩。其中无公害农产品153个，面积9.5万亩，其中无公害水产品29个，面积1.94万亩；绿色食品13个，面积2.66万亩；有机食品4个，面积700亩；农产品地理标志2个，面积9.2万亩；全国绿色食品原料标准化生产基地1个（雷笋），面积4万亩。

【政策性农业保险】　2019年，新增雷竹风力气象指数保险、农业雇主责任险等新险种，全区政策性农业保险险种达25个；参保农户3562户，总承保金额9.69亿元，共收取保费2102.16万元，同比增长13.55%；处理政策性农险理赔案件2247件，理赔农户数3171户，理赔金额2423.41万元。

农业机械化

【概况】　2019年，继续加大农机政策性扶持，着力推广适用农机，农机化水平不断提升。至年底，全区共有农机专业合作社32家，宁波市奉化鑫地农机专业合作社、宁波奉化银峰农机专业合作社被省畜牧农机发展中心认定为省级农机合作社示范社；农机总动力达20.5万千瓦，主要农机拥有量2.5万余台，农业机械在农业生产中的使用率明显提高。

【农机推广服务】　尚田、大堰引进应用山地单轨运输机3台，实现肥药运输、成果装运机械化，解决水蜜桃生产运输问题。规模以上畜牧养殖主体推广应用牧场杀菌除臭设备9套，有效提升畜牧场的环保水平。全区新增(或更新)高速水稻插秧10台、粮食烘干机24台、履带自走式旋耕机15台，满足105个农户、生产经营组织需求。水稻机耕率、机收率继续保持在98%以上，耕种收综合机械化水平92.75%。

【农机补贴政策】　制定出台《关于对奉化区2019年度农机购置补贴产品累加补贴额调整的通知》《宁波市奉化区2018–2020年中央农机新产品购置补贴试点实施方案》和《奉化区农机项目资金使用实施方案》，对水稻插秧机、粮食烘干机、生物质燃料热风炉实行区级定额累加补贴。按照宁波市“自主购机、定额补贴、先购后补、县级结算、直补到卡（户）”新的农机购置补贴操作模式，创新应用农机购置补贴手机APP操作系统，方便购机农户申请补贴。全年受理购机补贴申请179份，发放购机补贴资金357.413万元，其中中央资金223.279万元、宁波资金40.91万元、奉化资金93.224万元；全区各类农业机械共计补贴226台（套），其中高速水稻插秧10台、粮食烘干机24台、热风炉26台，履带自走式旋耕机15台，轮式拖拉机7台，谷物收割机4台，茶叶加工机械32台，其他机械108台。

【“机器换人”示范创建】　制定出台《宁波市奉化区创建省农业领域“机器换人”示范县实施方案》，打造省级农业领域“机器换人”示范县。经省农业农村厅认定，奉化区为省级农业“机器换人”示范县；宁波市奉化区南山茶场（茶叶）、宁波奉化绿苑果蔬专业合作社（果蔬·设施栽培）、宁波市奉化区竺家庄瓜果种植专业合作社（果蔬·设施栽培）为省级农业“机器换人”示范基地。

农村经营管理

【概况】　围绕涉农领域改革，探索股权流转和退出机制，做好土地承包经营权确权登记颁证的扫尾工作；同步推进农村“三资”管理培训与审计监管工作；安排财政专项资金2800万元，其中200万元额外增设品牌打造专项经费，深入推进镇村抱团联营模式，继续开展“村企结对、助力振兴”活动，全力提高村级集体经济收入。有序推进年度宁波市示范性家庭农场、省级示范性家庭农场、省级示范性合作社的申报及省级示范性家庭农场和合作社监测工作。

【农村土地承包经营权确权登记】　全区确权工作涉及304个行政村、9.07万户承包农户，承包土地面积22.57万亩。至年底，全面完成土地承包权证错误纠正工作，涉及11个镇（街道）的农户5000余户，并重新印发证件。整理土地确权档案，做好土地纠纷调处工作。

【新型农业经营主体】　2019年，继续吸引工商资本进入农业发展，引导高校毕业生、退役士兵和科技人员，到农村兴办家庭农场。

全年认定省级示范性农民专业合作社1家，即宁波市奉化奉东桃果专业合作社；省级示范性家庭农场10家，分别是宁波市奉化区土埭定永农场、宁波市奉化区梅尊农场、宁波市奉化溪口永乐果园、宁波奉化裘村天顺农场、奉化市枫弄生态农庄、宁波奉化秋盛生态农场、奉化市麦浪农场、宁波奉化胖爸爸生态果园、奉化市莼湖桃乐仙家庭农场、宁波市奉化区五金忠宝家庭农场；市示范性家庭农场5家，分别是宁波市奉化利源农业开发有限公司、宁波奉化九峦水蜜桃园、宁波市奉化乌花楼农场、宁波市奉化莼湖亚盛农场、宁波市奉化尚田文武农场。监测合格国家级示范性专业合作社2家，分别是宁波奉化锦啸农机专业合作社、宁波市奉化银龙竹笋专业合作社；省级示范性专业合作社4家，分别是宁波奉化锦啸农机专业合作社、宁波市奉化银龙竹笋专业合作社、宁波市奉化区雪窦山茶叶专业合作社、宁波市奉化青皮红香猕猴桃专业合作社；省级示范性农场22家，分别是宁波奉化雾中云茶场、宁波奉化溆丰农场、奉化市富乐生态养殖场、宁波奉化华岭花果山农场、宁波奉化爱粿园农场、宁波市奉化雨易茶场、宁波市奉化溪口千花万果农场有限公司、宁波奉化思贤养殖场、宁波奉化乐野生态农场、宁波奉化润海家庭农场、宁波市奉化范氏农场、宁波市奉化羊羔仔农场、宁波奉化昊天农场、宁波市奉化区南山茶场、宁波市奉化忠权家庭农场、宁波市奉化悠然家庭农场、宁波奉化滴水雀顶茶场、宁波市奉化辅德农场、宁波奉化爱歌顿农场、宁波市奉化区禾胜农场、宁波市奉化绿丰家庭农场、宁波奉化王鹤农庄；市示范性农民专业合作社8家，分别是宁波市奉化银龙竹笋专业合作社、宁波市奉化区雪窦山茶叶专业合作社、宁波市奉化奉东桃果专业合作社、宁波奉化三禾果蔬专业合作社、宁波奉化辰凤禽业专业合作社、宁波市奉化剡溪芋艿专业合作社、宁波市奉化农源薯芋专业合作社、宁波奉化诚信浙东白鹅专业合作社。监测不合格的示范性农民专业合作社1家，即宁波市奉化区森磊花木专业合作社。

通过农民专业合作社服务功能提升项目验收，全区3家，分别是宁波市奉化银龙竹笋专业合作社、宁波市奉化区雪窦山茶叶专业合作社、宁波奉化锦啸农机专业合作社。

【农村集体经济管理】 借助区有关部门，组织村党支部书记、村长、联村干部等学习培训，贯彻新修订的“三资”管理制度，提高农村基层干部“三资”管理水平。全年共培训干部2000余人次。

加强审计监管，开展镇（街道）交叉联审，全区共审查34个村，对审查中发现的问题进行梳理、汇总、通报，并及时整改落实。同时，委托第三方审计单位开展村级集体经济审计，重点审计经济发达村、工程建设重点村、“三资”管理信访复杂村，共审计 22个村。至年底，审计发现的问题全部整改，并上报主管部门。开展村级清产核资验收工作，通过宁波市局核查，待省级验收。

推行村级集体资金支付网上审批事项，前期做好各项准备，主要有：对接奉化农商银行、杭州金安易有限公司，搞好“三资”监管系统建设，区、镇（街道）、村三级联网等。

（周品品）

农村工作

综　述

2019年，深入贯彻党的十九大精神，以实施乡村振兴战略为抓手，以供给侧结构性改革为主线，对标全面建成小康社会必须完成的硬任务，精心谋划，整合资源，抓重点、补短板、强基础，搞好新农村建设、休闲农业、重点区域帮扶等工作，加快培育农业发展新动能，高速推进城乡融合发展。

新农村建设

【乡村品质提升】　完成美丽乡村分类创建工作。全区创建美丽乡村达标村59个、精品村29个。创建2019年度宁波市美丽乡村示范村6个，分别是萧王庙街道滕头村，莼湖街道章胡村，溪口镇五林村，尚田街道鸣雁村，西坞街道税务场村，江口街道王溆浦村；溪口镇为美丽乡村示范镇；溪口镇剡溪九曲为美丽乡村风景线。4个村创建成为省美丽乡村特色精品村，分别是莼湖街道章胡村，溪口镇五林村，西坞街道税务场村，江口街道王溆浦村。

继续开展美丽乡村分类创建活动。启动明山剡水风景线，江口街道和及江口街道前横村、三进桥村、溪口镇六诏村、莼湖街道田央村、大堰镇谢界山村、西坞街道蒋家池头村示范创建活动。坚持规划引领和管控，推进溪口镇葛竹村历史博物馆保护重点村建设工作。

全面开展“寻梦滕云”美丽乡村综合体建设。奉化区“寻梦滕云”综合园区位于萧王庙街道，东至西河路，南至四明路，西至青云村，北至外婆溪。规划总面积约为4.9平方公里（其中耕地面积4408亩），其中核心区面积约2平方公里，辐射区面积2.9平方公里。园区发展定位为集农业生产、旅游休闲、养老健身、生态生活等功能为一体的农业公园。计划3年（2018～2020年）投资建设16个项目，总投资20050万元，自筹资金14550万元，政府投资5500万元，其中一二三产业发展项目7个，投资约8870万元；基础设施提升项目6个，投资约为6680万元；主体培育项目1个，投资约为1000万元；公共服务项目2个投资约为3500万元。园区发展目标是建设成为全国“两山”理论实践区、美丽乡村样板区、乡村治理创新区和全国基层党建领头雁。

2019年度全区美丽乡村分类创建情况

表7

镇（街道）	总数	达标村		精品村	
		数量	村名	数量	村名
岳林	2	2	斯张　周家		
莼湖	17	10	金地　桐焦司　舍辋　塘头周　桐照　鸿峙　西谢　河泊所　谢家　朱家店	7	南岙　栖凤　缪家　章胡　田央　曲池　袁岙
尚田	2	1	大岙	1	印家坑
西坞	6	2	山下地　雷山	4	余家坝　金峨　税务场　蒋家池头
萧王庙	20	17	肖桥头　傅家岙　陈家岙　潘前　牌亭　前葛　云集　何应　云溪　岭丰　五星　大埠　后竺　陈郎埭　塘湾　棠岙　袁夹岙	3	滕头　青云　林家
江口	8	6	江口　柱石　新塔　上横　中横　下横	2	周村　王淑浦
溪口	2			2	新建　沙堤
大堰	14	8	柏坑　西畈　南溪　里车头　山门　枫树林　岭下　蒋家山头	6	常照　后畈　大堰　湖边桥　箭岭　张家
裘村	17	13	应家棚　杨村　裘一　裘二　裘三　裘四　岭下　曹村　吴江　石沿　阎家　庄下　石盆	4	黄贤　翔鹤潭　马头　甲岙

【农村生活垃圾分类减量】 2019年，区农业农村局联合区妇联，继续举办“美丽庭院”创建暨“垃圾分类进家庭”活动，引导妇女群众参与垃圾分类工作。6月5日世界环境日，各镇（街道）对接区滴水公益协会，组织志愿者、村保洁员和热心群众，开展垃圾分类入户体验宣传，深入讲解，一对一辅导。各镇（街道）组织垃圾分类处理任务村开展专题培训，集中培训215人。全区318个行政村实施生活垃圾分类工作，农村垃圾桶点位设置率100%，农村生活垃圾分类处理行政村覆盖率90.1%。

由区委作风办牵头，组织区纪委、区委区政府督查考核室、区委宣传部、区农业农村局等部门，采用明察暗访形式，分6组对全区生活垃圾分类工作进行集中督查，并将督查结果通过《奉化日报》、奉化电视台、掌上奉化客户端进行公开报道。各镇（街道）抓住垃圾持续分类的关键，开展厨余垃圾处置监督检查，促使厨余垃圾规范处置。

大堰镇箭岭村、松岙镇垃圾分类资源化站点建设完成并投入运行。大堰镇“环保集市”做法本镇内推广。大堰镇箭岭村、松岙镇街横村创建成为省级农村生活垃圾分类示范村，松岙镇创建成为宁波市农村垃圾分类示范镇，示范带动，整镇推进，加快垃圾分类工作进度。在上年达到宁波市农村垃圾分类示范镇要求的基础上，裘村镇着力抓好提升工作，探索垃圾分类积分管理制度，取得初步成效。

【农村住房改造】 2019年，全区完成农村拆旧1074.68亩、建筑面积59.7万平方米，新建农村住房650.65亩、建筑面积70.7万平方米、4547套，完成投资20.2亿元。涌现出溪口镇五林村、西坞街道金峨村、莼湖街道章胡村等农村住房改造样板村。

【农村生活污水处理】2019年度，计划新建或提升10个村的生活污水治理设施，暂缓实施1个，至年底，9个项目主体工程全部完工。全部工程计划投资2009万元，日处理污水373吨，涉及2331户、6724人。

2019年奉化区农村生活污水治理实施情况

表8

序号	镇（街道）	村（自然村）	总户数（户）	户籍人口（人）	日处理量（吨）	计划投资（万元）	处理工艺
1	莼湖	街东	310	898	60	200	纳管处理
2		街西村	495	1500	60	500	纳管处理
3	萧王庙	滕头（农创园区）	230	871	30	230	纳管处理
4	溪口	兰峰村兰田、中峰	70	280	30	200	终端处理
5	溪口	康岭村康岭、茅渚	510	1658	80	300	终端处理
6	溪口	状元岙村福建厂	60	1520	19	75	终端处理
7	裘村	石沿村	100	300	20	188	终端处理
8	松岙	淡溪（岩家塘）	280	873	24	120	纳管处理
9		大埠	276	824	50	196	AO+人工湿地

【农村劳动力培训】2019年，继续实施“千万农民素质提升工程”，坚持以提高农民综合素质，为乡村振兴提供人才支撑为主线，以区农民合作经济组织联合会、区教育局为主要实施单位，以各类农业生产经营主体、农村后备劳动力、乡村管理服务人才等为对象，对接市场需要和农民需求，着力抓好农村实用人才培训工作，造就现代农业领军人才，打造新型农业经营主体和职业农民，培育农业农村创业创新人才，培养新农村建设管理人才。全年先后开设农业农村电商、水蜜桃草莓等主导产业管理、营销、品牌建设，以及农村文化礼堂管理等培训课程，参与培训5543人次，其中农村实用人才培训2193人次，农民转移就业技能培训50人，普及性培训3300人。录入《浙江省千万农民素质提升工程信息系统》的实用人才数据累计14583人，其中2019年新增人才1047人。

休闲农业

【农家乐发展】充分利用全区乡村资源富集的独特优势，以乡土文化、农作生产、农村生活为特色，结合“旅游+”“生态+”等模式，推动农家乐发展再上新台阶。引导各地开展农事节庆活动，裘村镇黄贤村、尚田街道、大堰镇分别被宁波市农业农村局认定为民宿经济集聚区、产业融合示范区、美丽田园景观区。

至年底，全区有全国休闲农业与乡村旅游示范点1个（滕头村），省级农家乐休闲旅游特色村（点）7个（滕头、黄贤、岩头、商量岗、三石农庄、豪园、王鹤农庄），宁波市级农家乐休闲旅游特色村（点）16个（滕头、黄贤、岩头、三十六湾、常照、商量岗、三石农庄、王鹤农庄、元宝山庄、尚田草莓、三河养殖、元丰山庄、钓鱼山庄、爱歌顿、天下第一桃园、向阳海岸），宁波市民宿集聚村2个（大堰村、柏坑村），宁波市农家乐休闲旅游特色区块2个（溪口镇、大堰镇）。

【农家乐安全管理】 开展农家乐休闲旅游特色村（点）的安全生产大检查和整治工作，认真开展实地走访和数据统计，做好日常安全检查与台风期间隐患提醒。至年底，出动工作人员36人次，共检查农家乐23家。

重点区域帮扶

【村庄整治建设】 加快上年度9个村项目收尾，启动溪口镇溪口一村、大堰镇南坑岙村等14个行政村项目建设。有序推进2015年以来完工项目第三方审计，2015年至今共计拨付补助资金3492万元，。3月27～28日，顺利承办宁波市农业农村局组织的第八期村庄整治建设业务培训会。

【"内聚外迁"移民】 2019年，继续抓好"内聚外迁移"民安置，以溪口镇岩头村为重点，完成下山移民自然村1个，共72户、167人，实际拆迁房屋面积4850平方米。

【低收入农户奔小康】 进一步理清扶贫开发工作思路，高度重视低收入农户奔小康工作，完成新一轮低收入农户认定工作。截至2019年底，全区低收入农户共计7917户、11321人，其中农村低保户6035户、8016人，农村低保边缘户1882户、3305人。在加大政府托底保障力度的基础上，引导有劳动能力的低收入农户通过发展产业增收。全年低收入农户人均收入13049元，同比增长14.3%。

【村级集体经济】 扶持壮大集体经济项目。2019年上报项目25个，惠及48个行政村，共计投入13093.6万元，至年末，22个项目完成建设，并完成核查评审。

开展"消薄"工作。召开全区行政村"消薄"工作推进会议，总结成绩、分析形势、查找不足，对今后工作进行全面部署。同时在政策上给予扶持，出台《奉化区村级集体经济发展消薄专项资金管理试行办法》，起草《关于发展壮大村级集体经济三年行动计划的意见》。至年底，全区所有行政村年总收入全部达到30万元且经营性收入10万元以上，村级集体经济实现稳步增长。

【资源型机耕路建设】 继续实施相对薄弱地区农村资源型机耕路建设，年初确定溪口镇徐溪村等8个村（还有另外7个村也列出来）为2019年奉化区本级拟建项目。至年底，资源型机耕路建设计划全部完成。

（周品品）

自然资源

综 述

【概况】 2019年是自然资源和规划机构改革起步年，在区委、区政府的领导和关怀下，区自然资源和规划系统以“不忘初心，牢记使命”主题教育为契机，深入学习贯彻习近平新时代中国特色社会主义思想，全面落实从严治党理念，坚持生态优先、保护优先、集约优先，科学谋划土地出让进度和用地保障方式，为实现奉化三年大变样、建设健康美丽新城区发挥积极作用。

2019年，区自然资源和规划分局获评区2018年度“代表好建议”和“承办建议好单位”、区2018年度房屋征收拆迁工作先进部门、区2018年度安全生产目标管理责任制考核优秀单位；组织推出的“‘零跑腿+全覆盖’奉化区创新打造不动产网上联动办理‘一路通’新模式”获评全省自然资源系统改革创新优秀案例；局工委获2018年度考核一等奖。区林特技术服务推广总站被国家林业和草原局评为保护森林和野生动植物资源先进集体；区自然资源管理服务中心被评为全省林业技术推广突出贡献集体；区林场获浙江省生态文化基地称号；区土地勘测规划院被评为2014—2018年度浙江省测绘与地理信息学会先进集体；不动产登记服务中心不动产登记窗口获2017—2018年度奉化区“工人先锋号”称号；江口国土资源所被评为2018年度区级平安建设及综治工作先进单位。有13名工作人员分别获得省、市级自然资源和规划系统先进个人称号。

2月1日，宁波市自然资源和规划局奉化分局揭牌成立

【耕地保护】 全面签订耕地保护目标管理责任书，强化各级政府耕地保护主体责任，加强耕地保护力度。根据奉化区第三次国土调查数据分析，确定奉化区永

久基本农田保护任务2.14万公顷（32.1万亩），划定永久基本农田储备区面积0.11万公顷（1.58万亩）。永久基本农田储备区数据库及划定方案已报送省自然资源厅审核。8月，奉化区以西坞街道金桥村、高楼张村、茗杨村、东陈村为“田长制”试点范围，建立以村为单位的网格化管理体制。

2019年，开展农用地整治生态修复，通过浙江省自然资源厅现场复核，17个项目新增耕地面积33.33公顷（500亩），其中水田25.33公顷（380亩）；上报宁波市自然资源和规划局复验5个项目，新增耕地面积15.07公顷（226亩），其中水田11.2公顷（168亩）。开展农村建设用地复垦，验收21个项目，新增耕地面积17.6公顷（264亩），其中水田7.8公顷（117亩）。开展乡村全域土地综合整治与生态修复工程，择优上报裘村镇马头村等5个村和尚田镇鸣雁村等6个村全域土地综合整治与生态修复工程。

深入实施表土剥离和再利用，进一步加强土地资源的保护和利用。全年立项批复表土剥离项目28宗，面积94.8公顷（1422亩）；完成剥离施工后通过验收33宗（包括原遗留项目），面积135.36公顷（2030.46亩），用于造地复垦19.8万立方。

【土地利用】 全年上报各类批次项目总面积387.2公顷（5808亩），占用新增建设用地261.6公顷（3924亩），积极向上争取用地指标，争取到2019年度扩展边界内规划新增建设用地指标规模135.73公顷（2036亩）、省级规划预留指标77.07公顷（1156亩），保障了葛岙水库工程、省道S203线奉化段公路工程、新建金华至宁波铁路工程等重大项目按时落地。

全年消化利用批而未供土地400.27公顷（6004亩），其中实际消化利用批而未供土地290公顷（4350亩）、盘活存量土地127.33公顷（1910亩），分别完成年度任务的118%、127%；累计处置供而未用土地263.53公顷（3953亩），供应低效用地61.87公顷（928亩）。

深入推进“标准地”改革，全年供应“标准地”62宗、面积65.27公顷（979亩），工业用地100%按“标准地”供应。精准把握土地出让节奏、结构、价格，加强供需双向调节，为城市建设发展提供有力支撑。全年出让土地120宗，面积253.67公顷（3805亩），出让金额150.56亿元，较2018年同期，出让面积减少15.52%，出让金总额增加65.83%，土地出让金总额实现三年节节攀高。

【征地拆迁】 推进阳光征地。严格执行征地报批前的“告知、确认、听证”和批后“两公告一登记”制度。2019年，按照省政府批准农转用情况，已批准2018年上报项目10个批次和2019年上报项目12个批次。通过区政府发文《征收土地方案公告》8份，涉及已批准的22个批次；完成（批前）征地补偿安置方案公告305份，批准征地补偿安置方案305份，完成（批后）征地补偿安置方案公告305份，对完成的征地方案与公告，及时到村张贴公告。同时，与岳林、锦屏、江口、尚田等12个镇（街道）的104个村签订土地征收协议181份，共征收各类项目用地约343.73公顷（5156亩），征地补偿费总计21164万余元。

有序开展拆迁工作。积极完成集体土地上房屋拆迁行政审批工作，配合指挥部完成房屋土地的丈量确权。2019年，共组织召开拆迁听证会7次，审核上报拆迁实施方案5个；配合拆迁指挥部完成2000多户集体土地房屋的丈量调查工作，涉及房屋建筑面积36.4万平方米，土地面积45.2万平方米。

【不动产统一登记】 深化不动产登记“最多跑一次”改革。继续实行分局领导“日坐堂制”，中心领导“值班长制”，继续落实绿色通道、上门服务、无午休窗口等服务，设立导服台，成立“跟我来，我帮你”蓝马甲服务小组，抓好窗口培训及管理制度。积极落实同宁波市不动产登记服务中心收件统一、审核程序统一、办理时限等标准统一工作，不断提速争效。2019年，共办理各类办件69986件，颁发不动产权证书58122件、不动产登记证明13217件；办理抵押12329本，查询证明24755 件，完成权籍调查1018宗（包含商业广场、小区16宗）；协助解决11件民情会办事项，完成3428件拆迁档案注销前期工作；处理不动产信访28件，整理档案27173件。

改革创新推动登记服务。围绕“流程优、环节简、资料少”的登记办证目标，秉着“便民、利民、惠民”的服务理念，不断自我探索，创新打造网上联动办理“一路通”新模式，相继推出“五通联办”“户籍联办”“企业绿色通道”、不动产抵押登记进银行、不动产查解封服务进法院等便民利企措施。截至2019年底，“六通联办”业务共受理6352次，其中水2161件、电3149件、燃气902件，数字电视、宽带128件，户籍联办12件；抵押登记进银行1060件。

分级负责解决问题，破解疑难杂症。全面梳理不动产登记办理工作中碰到的疑难问题，根据问题解决的难易程度进行分级建立疑难问题会商机制，设立分局疑难杂症会商领导小组和不动产登记中心疑难杂症会商小组，共计解决43件疑难问题。

【地质环境管理】 矿产资源开发利用有序开展。2019年，共注销采矿权证2个（尚田镇广渡村溪滩畈建筑用砂矿、冒头薛家山建筑用石料矿），办理建设用地项目压覆矿产资源审核176宗，办理地质灾害危险性评估资质和项目监管登记21宗，办理矿产资源零星开采4宗，工程性开采3宗，弃渣公开拍卖3宗；完成特定区域压覆矿白名单建设和经济开发区区域地质灾害危险性评估，并报省厅入库；完成矿山治理备用金的处置工作，共计处置6826.09万元，其中直接返还3633.88万元，转存基金2786.73万元，不予返还上缴国库405.49万元。截至年底，全区共有采矿权11家，其中矿山9家（经营性7家，工程性2家）、矿泉水2家。根据2019年储量年度报告显示，全区矿山保有资源储量10572.14万吨，其中经营性矿山保有资源储量1110.82万吨，工程性矿山保有资源量9461.32万吨。

矿山生态环境治理持续进行。加大绿色矿山创建力度，完成莼湖镇尹家大岙水库采石场和西坞街道南岙采石场两处绿色矿山的创建和入库，截至2019年底，绿色矿山建设第三方评估结果合格的矿山有6座。积极推进废弃矿山生态环境治理工作，根据《宁波市废弃矿山生态修复三年专项行动实施方案》（甬改拆办〔2018〕43号）要求，全区需完成废弃矿山治理9处。截至2019年12月底，全区已经完成7处废弃矿山的交工或竣工验收、2处废弃矿山的开工实施，实现开工率100%、交工率77.8%，开工率和交工率都处于宁波大市前列。

扎实推进“除险安居”三年行动。截至2019年12月底，全区历年来56处未核销地质灾害隐患点已核销55处，尚余西坞街道杨四岙自然/1处，不稳定斜坡55处。西坞街道杨四岙自然村地质灾害隐患点避让搬迁项目正在进行，第一轮53户村民的协议签约和选房工作已完成，安置小区124套联体住宅和22套老年公寓主体结构建设已完成。

【执法监察】 2019年，继续加强执法监管，共作出行政处罚188件，其中土地违法172件、矿产资源违法16件。查处的土地类违法案件中，涉及土地面积597318.02平方米（895.9亩），其中耕地面积85226.02平方米（127.8亩），基本农田面积22323平方米（33.4亩），罚款1229.98137万元；查处的矿产类违法案件中，没收违法所得137.1680万元，罚款673.9920万元。

认真做好土地信访工作。2019年，共办理各类群众来信、来访、来电和网上信访393件，其中来信46件、来访46批76人次；接办市长（区长）电话91件；网上信访210件。

【绿化造林】 扎实推进城乡绿化。加强与滕头旅游景区、宁南物流园区等重大绿化工程合作，实施平原绿化35.33公顷（530亩）；推进四明山生态修复行动，完成珍贵树种植19.9万株，建成局长示范林、示范单位、示范点各1个，各项指标均超额完成省级考核任务。“一村万树”示范创建加快推进，2019年有东姜坑、雷山、楼隘等5个示范村和49个推进村完成建设并通过验收。

抓好森林质量提升。完成庙后周、楼岩、马夹岙3个村及冷西村、箭岭村部分共计333.33公顷（5000亩）森林抚育，完成溪口四明山区域生态修复森林质量提升200公顷（3000亩），共计533.33公顷（8000亩）。

开展森林系列创建。经过几年的创建活动，全区已创建省级森林城镇4个（溪口、西坞、尚田、莼湖）、宁波市级森林城镇8个、省级森林村庄17个、市级森林村庄150个、省级林业观光园区7个。2019年创建省级森林城镇2个（裘村镇和松岙镇），其中裘村镇为省市联创，通过了省级验收。

加强森林资源保护。全区1184株古树名木完成铭牌更换，对33株古树采取了割藤、除虫、枯枝清理等应急救助。尚田镇横山水库湿地复绿、裘村镇缸爿山海滨木槿种群复壮项目完成验收。野生动物养殖产品完成省级抽检，3个批次全部合格。溪口国家级森林公园及黄贤、金峨山2个省级森林公园完成规划编制、部门意见征求和社会公示，准备报省局审批。

义务植树活动扎实开展。3月11日，省委副书记、宁波市委书记郑栅洁带领宁波市、奉化区四套班子领导和机关干部200多人在奉化中学新校区义务植树，种植鸡爪槭、香樟、乐昌含笑、桂花、竹柏等苗木700株。各镇街道、区直各单位运用多种形式宣传绿化造林、义务植树，动员党员干部群众积极参加义务植树活动。

【信息化建设】 积极做好政务公开。2019年，在区政府信息公开网上共对外公开各类政府信息3793条，其中不动产公告2798条、业务信息类269条、政务动态类130条、招投标67条、土地管理类132条、征地拆迁类68条；共接到申请人通过信函、网络、当面等途径申请的政府信息公开申请115起，已答复107起，结转2020年答复8起。

完善“一张图”工程项目。为保障自然资源和规划“一张图”工程数据安全，提高系统防护能力和数据的安全性。从2019年年初起，全方位对“一张图”系统开展二级等级保护测评。在物理安全、网络安全、数据安全、制度管理等方面，历经多次测试、评估、整改等环节，对数据库审计系统、防火墙、交换机、入侵防御系统、漏洞扫描、堡垒机、服务器等网络设备和安全设备配置进行加固和升级，优化完善相关管理制度和台账。二级等级保护测评已通过验收，并顺利通过公安部审核备案。

（严倩骞）

工　业

综　述

2019年，全区工业企业全面贯彻落实党的十九大精神，宁波市委、市政府关于“246”万千亿级产业集群建设和“六争攻坚、三年攀高”决策部署，深入实施区委“五倍速五提升”战略，积极开展产业集群培育、企业梯队培育、旧工业园区改造、对接上海、数字经济建设、服务企业等重点工作，推动工业发展质量变革、效率变革、动力变革，工业经济平稳运行。

工业经济

【概况】 全区规上工业增加值291.1亿元，增速4.8%，其中区属规上工业增加值118.2亿元，增速为7%（排名为全市第四）；规下工业增加值增速为8.8%，位居宁波大市第二。全年新增规模以上企业85家，产值亿元以上企业115家。索诺工业列入2019年第一批工信部专精特新“小巨人”企业名单。宁波万海阀门科技有限公司列入2019年度宁波市单项冠军示范企业，宁波南海化学有限公司、宁波今日食品有限公司、宁波昊鑫裕隆新材料有限公司、宁波精芯科技有限公司、宁波吉田智能洁具科技有限公司、宁波海融电器有限公司6家企业列入2019年度宁波市单项冠军培育企业。

【企业管理提升】 确定时尚纺织服装、关键基础件两个产业集群列入宁波“246”万千亿级产业集群重点培育产业。积极实施“企业管理提升行动”，通过组织评选企业管理创新示范企业、先进经验分享、学习交流等举措，引导企业建立健全现代企业管理体系，切实提升优化企业的市场竞争力。制定出台《奉化区管理创新示范企业评选工作活动方案》和《奉化区管理创新示范企业评选细则》，全年评出5家奉化区级管理创新示范企业。同时，推荐丹盈服饰等13家企业申报宁波市级管理咨询项目。促进“两化”融合。组织实施“两化”融合示范企业申报，加强典型引导，进一步提升全区工业企业的信息化水平，加快企业转型升级。共有6家企业申报“两化”融合示范企业。

【企业梯度培育】 开展龙头企业培育。对67家2018年度“强龙工程”企业进行考核，邀请专家对7家新入围企业进行审核；完成宁波市级骨干企业（高成长企业）年度责任书签订、考核工作。组织申报各类示范企业。推荐南海化学、万海阀门、铝宏汽车零部件、精芯科技等4家企业申报第三批市级制造业单项冠军示范企业，今日食品、吉田智能洁具、南海化学、昊鑫裕隆新材料、海融电器、精芯科技等6家企业申报第三批培育企业；推荐南海化学、鲍斯能源装备等2家企业申报省级隐形冠军企业，竹韵家居、铝宏汽车零部件、昊鑫裕隆新材料和吉田智能洁具等4家企业申报省级隐形冠军培育企业。推荐鲍斯能源装备申报省级工程技术中心，已通过专家评审。加强中小微企业培育。做好企业升级上规，全年完成“小升规”企业75家，完成入库“小升规”培育企业115家，“专精特新”培育企业新增153家。

【对接上海】 根据奉化区与杨浦科创及中交城投就宁波·上海产业转移双创示范基地、国家技术转移东部中心宁波（奉化）分中心、奉化“科创飞地”、上海-宁波创新产业园签订的战略框架协议，积极抓好协议内容的落实。奉麓孵化器（上海）已签订协议；中交城投与临港科创就“宁波-上海双创示范基地”和国家技术转移东部中心宁波（奉化）分中心建设签订协议，并挂牌运营。利用各种机构和人脉资源，多渠道开展招商引才工作，建立健全项目库，并对项目进行跟踪联系洽谈。云狐集团产业综合体和数字产业制造中心项目已签订框架合作协议。

【旧工业园区改造】 打好旧工业园区改造攻坚战。深入排摸现状。排出年度重点推进的15个旧工业园区改造项目进度表，积极推进旧工业园区改造。全年，除中信外的14个旧工业园区有6个项目已动工建设，合计完成投资4.6亿元。启动中信宁波创新工业综合体建设。成立协调小组和指挥部，编制规划方案，出台《关于加快推进中信创新综合体建设奖励办法的实施意见》，开展项目启动区块33家企业和树桥头村、横路民房的签约工作。加强小微园区建设。已建成小微企业园6个，在建小微企业园5个，拟建小微企业园8个。全区已创建4家宁波市级小微企业创业创新示范基地；溪口大岙工业区、启迪智能装备（气动）科技园通过省级第二批小微企业园审核。做好低效企业改造提升。完成19家宁波市定低效企业提升达标任务，完成率为190%。通过改造提升，实现亩均税收超1万元，或通过依法关停等腾出土地空间，其中破产重整2家、转让出租2家、联合重整1家、其他14家，共盘活土地31.77公顷（476.5亩），腾出用能1800吨标煤，新增产值6732万元，新增税收221.8万元。开展“低散乱”企业（作坊）整治提升，全区完成“低散乱”企业（作坊）128家，完成宁波下达任务的106.7%；其中工业企业66家，非工业企业62家；改造提升76家，整合入园9家，合理转移14家，关停淘汰29家。

【数字经济“一号工程”】 编制《奉化区数字经济发展五年行动计划（2018—2022年）》，拟订人工智能扶持政策，努力推进数字经济发展。推进数字产业化发展。全区已拥有启迪智能装备（气动）科技园等一批数字经济产业平台，平台先后引进了宁波溪棠信息科技有限公司、宁波泽为科技有限公司、几立智能科技（宁波）有限公司等22家人工智能企业。推进软件和信息服务业发展，全区软件和信息服务业销售收入达到9.3亿元，比上年增长30.9%。推动产业数字化转型。组织企业申报浙江省新一代人工智能相关项目14个，浙江省行业云应用示范平台、企业上云标杆企业、大数据应用示范企业项目9个，宁波市工业物联网项目3个。其中爱伊美服饰被评为浙江省第三批上云标杆企业，海上鲜在获评省级上云标杆企业的同时还获评省行业云应用示范平台。深入开展“企业上云”工作。海上鲜申报行业云应用平台；中迪鞋业等4家企业申报省上云标杆企业和大数据应用示范企业。3家云服务商已与企业签订上云合同1000余份，提前完成790家的年度任务。

【精准服务企业】 完善企服工作机制。结合“四联四跑”服务年活动要求，牵头开展全区企业服务年活动，组建企服工作专班，明确专班工作职责，完善企业困难问题流转机制。着力解决企业难题。全区484名企服责任单位联络员走访企业12339次，梳理问题2058个，其中现场解决1692个，提交工作专班流转366个，完成答复解决295个，问题总体解决及答复率达到96%。推出"周周融"银企对接活动，达成融资意向3.1亿元，惠及企业180家次；精心打造"一周一品"专栏，累计开设专栏11期，推送适应性惠企金融产品，实现融资8.9亿元，惠及企业795家次；持续开展"金融入企"活动，累计服务企业近1033家次，达成融资近12.4亿元，有效解决了一批中小微企业的融资难问题。同时，为企业减免税收和各类费用13.40亿元。助力企业发展。进一步丰富企业经营管理培训载体，通过展会、论坛、分享会、现场会等形式，组织企业参加"宁波国际时尚节""上海博会""上海PTC""宁波智博会""乌镇世界互联网大会"等高层次的展览会200多家次，拓展了企业视野；全年举办12期领军企业、骨干企业、转型升级、主体班次（品质管理）4类培训，培训1025人次。

【2019年度经济风云榜】 2019年度"经济风云榜"颁奖典礼在奉化华侨豪生酒店隆重举行，区领导高浩孟、胡永光等领导分别为获奖企业颁奖。

纺织服装产业

【概况】 2019年，全区69家规模以上纺织服装企业实现工业总产值48.1亿元，销售产值45.6亿元，利税1.3亿元，比上年分别下降9.2%、11.3%和27.2%，规模以上企业比上年减少4家。产值上亿企业11家，其中罗蒙集团股份有限公司实现产值6亿元。

【积极拓展市场】 2019年，组织22家企业参加宁波湾经济论坛"、宁波国际服装节3场高峰论坛。50余家企业参加海峡两岸纺织服装博览会、宁波时尚节暨第二十三宁波国际服装节，共有展位194个。

2019年销售产值2000万元以上服装企业一览表

表9　　单位：万元

企业名称	销售产值	主要产品
罗蒙集团股份有限公司	52778	西服制造
宁波罗蒙制衣有限公司	36311	服装制造
浙江爱伊美服装有限公司	28651	服装制造
宁波长隆制衣有限公司	26280	服装加工
宁波浩威纺织品有限公司	14890	针织面料制造
宁波艾盛服饰有限公司	13935	服装制造
宁波升纺制衣有限公司	12277	服装制造
奉化市五州服装有限公司	12273	服装制造
宁波丹盈服饰有限公司	10788	服装制造
宁波荣昌祥服饰股份有限公司	10281	西服制造
宁波铭朗服装有限公司	10180	西服制造
宁波罗蒙三洋时装有限公司	9935	服装制造
宁波龙飞世纪光电科技有限公司	9357	针织服装加工
宁波市千虹服饰有限公司	9353	针织服装制造
宁波市富盾制式服装有限公司	8842	纺织服装制造
浙江双盾纺织科技有限公司	8835	OE 纱生产
宁波市银蝶服饰有限公司	8755	服装制造

续表9

企业名称	销售产值	主要产品
宁波万信纺织有限公司	7821	纺织品加工
宁波市恒艺服饰有限公司	7512	针织服装
宁波维尼服饰有限公司	7355	服装制造
宁波繁拉花边有限公司	6746	花边，针织品
宁波霓楷服饰有限公司	5923	羊绒大衣制造
宁波天盾防水材料有限公司	5813	化学纤维短纤布的制造
宁波爱立嘉服饰有限公司	5573	衬衫制造
宁波国泰制衣有限公司	5447	针织服装制造
宁波市奉化区久利制衣厂	5423	衬衫制造
宁波万宜福纺织制品有限公司	5054	口袋布
宁波市奉化浩虹服饰有限公司	4805	西服
宁波长荣制衣有限公司	4574	羊毛衫制造加工
宁波大通制衣有限公司	4560	衬衫制造
宁波金点子服饰有限公司	4513	衬衫生产
宁波远东织物印染有限公司	4405	羊绒面料生产加工
宁波奉化帆盛嘉业服饰有限公司	4328	服装加工制造
宁波奉化顺达针织制衣有限公司	4235	针织服装制造
奉化溢达服装有限公司	4033	服装制造
宁波市奉化区富盛针织制衣厂	3962	针织服装制造
宁波龙和服装有限公司	3960	西服制造
宁波市奉化正德衬衫厂	3873	衬衫生产
宁波天一纺织线业有限公司	3698	涤纶缝纫线加工
宁波老K制衣有限公司	3688	西服生产
宁波市奉化区蒙达制衣有限公司	3356	服装制造
宁波奉化新银盛制衣厂	3314	针织服装制造
宁波奢唯服饰有限公司	3312	服饰制造
宁波市天仕利和服饰有限公司	3015	服装制造
宁波罗蒙三泰时装有限公司	2837	服装制造
宁波市源纯服饰有限公司	2820	针织服装制造
宁波琦发针织有限公司	2811	针织服装制造
宁波奉化欣华服饰有限公司	2796	机织服装制造
宁波丘盛服饰有限公司	2642	机织服装制造
宁波麦迪莱登服饰有限公司	2557	西装制造
宁波市奉化杰仕服饰有限公司	2462	西服套装
宁波市奉化富鑫达制衣有限公司	2157	针织T恤衫制造
宁波市奉化奥卡特日用品厂	2093	户外帐篷制造

续表9

企业名称	销售产值	主要产品
宁波爱伊美制衣有限公司	2026	服装制造
宁波市开兹服饰有限公司	2006	衬衫制造

汽车制造产业

【概况】 2019年，全区规模以上汽车制造企业96家（新增29家），产值亿元以上企业14家。实现工业总产值76.7亿元，销售产值75.4亿元，利税4亿元，比上年分别下降1.4%、2.6%和15.5%。

【龙头企业发展壮大】 宁波比亚迪汽车有限公司实现产值15.6亿元，比上年增长3.1%；浙江锐泰悬挂系统科技有限公司实现产值7.9亿元，比上年增长5.2%；宁波铝宏汽车零部件有限公司实现产值2.1亿元，比上年增长36.8%。

【产业培育提升】 推进麦博韦尔研究院、浙江大学气动技术研究院、宁南智能家居产业园等平台建设；实施全区气动元件、汽车零部件等传统产业改造提升三年行动计划，促进企业开展技术、工艺、产品、业态、管理和商业模式创新，加快传统产业改造升级步伐。鼓励企业管理创新和创建示范企业。

2019年销售产值2000万元以上汽车制造企业一览表

表10　　单位：万元

企业名称	销售产值	主要产品
宁波比亚迪汽车有限公司	160768	汽车、新能源汽车销售
浙江锐泰悬挂系统科技有限公司	79795	汽车零部件及配件制造
宁波奉化德朗能动力电池有限公司	39471	锂离子电池制造
宁波市奉化区南方机械制造有限公司	34573	千斤顶生产
宁波精益飞达轴业有限公司	29201	微型轴生产、加工
宁波海威汽车零件股份有限公司	24849	汽车零部件制造
宁波铝宏汽车零部件有限公司	24738	汽车零部件制造
力星金燕钢球（宁波）有限公司	15456	微小型钢球制造
宁波市博林日用品制造有限公司	13282	汽车儿童安全座椅生产
宁波精益微型轴有限公司	11393	微型轴制造
宁波力品格工业机械有限公司	10751	气弹簧制造
宁波奉化宁东机械有限公司	10400	生产专用车辆制造
浙拖奔野（宁波）拖拉机制造有限公司	10016	拖拉机的制造
宁波波英电子有限公司	9518	音响设备制造
宁波新世达精密机械有限公司	9504	齿轮及齿轮减、变速箱制造
宁波博晨车辆部件有限公司	9086	汽车配件制造

续表10

企业名称	销售产值	主要产品
宁波奔野重工股份有限公司	7788	拖拉机的制造
宁波亚路轴业有限公司	7473	齿轮及齿轮减、变速箱制造
宁波奥西汽车部件有限公司	7288	汽车零部件制造
爱科汽车零部件制造（宁波）有限公司	6178	汽车零部件制造
宁波虎翼机械有限公司	6131	搬运车、平台车整车
宁波管通机械有限公司	5979	生产专用车辆制造
奉化市金鹰钢球有限公司	5398	齿轮及齿轮减、变速箱制造
奉化科盛微型轴业有限公司	5201	微型轴制造
宁波好德美电声有限公司	5055	音响设备制造
宁波市合美达新材料有限公司	4745	磁钢生产
宁波康瑟夫实业有限公司	4709	儿童安全座椅
宁波奉化恒益微型轴有限公司	4643	轴制造
宁波致业机械部件有限公司	4567	汽车配件制造
宁波圆合汽车空调有限公司	4300	汽车空调电磁离合器生产
宁波奉化精瑞钢球有限公司	4283	钢球制造
宁波三泰儿童用品有限公司	4087	儿童安全座椅
奉化市远东车辆部件有限公司	4047	联板生产
宁波市威宏明实汽车零部件有限公司	3889	汽车零部件及配件制造
宁波顺美金属制品有限公司	3839	货运半挂车制造
宁波迪尔威动力机械有限公司	3835	滤座（柴油机过滤器）制造
奉化市华宁机械制造有限公司	3803	机械配件制造
宁波市奉化万盛铝业有限公司	3690	汽车铝铸件制造
宁波贝泰五金工具制造有限公司	3643	五金工具
宁波市奉化兴权活塞杆厂	3635	活塞杆生产
宁波友加机械有限公司	3618	汽车配件
宁波海盾涂料有限公司	3617	涂料制造
宁波奉化波涛汽配制造有限公司	3566	汽车配件制造
宁波鑫精华轴业有限公司	3554	微型轴制造
宁波天风汽车空压机有限公司	3432	汽车空气压缩机生产
宁波奉化兴维机械制造有限公司	3420	发动机连杆
宁波赛夫科技有限公司	3410	传动轴（发动机配件）
宁波得鑫科技有限公司	3394	汽车控制板的塑料围
宁波市仁龙机械有限公司	3375	汽车配件制造
宁波市博华机械配件有限公司	3308	汽车机械配件 铝铸件感震件
宁波市东方金丰机械有限公司	3179	气动源件生产
宁波卡西可减震器制造有限公司	3159	汽车零部件及配件制造

续表10

企 业 名 称	销售产值	主 要 产 品
宁波成德塑胶科技有限公司	3070	塑胶制品
宁波瑞丰汽车零部件有限公司	2999	活塞制造
宁波和博紧固件有限公司	2958	紧固件，螺丝
宁波祥嘉精密轴业有限公司	2893	微型轴制造
宁波奉化宇众金属制品厂	2806	钢材拉丝
宁波钧拓机械制造有限公司	2787	汽车拖车臂制造
宁波海博电泳涂装有限公司	2772	汽车机油滤芯制造
宁波奉化宇翔新科机械有限公司	2730	汽车配件制造
宁波奉化恒铝机械有限公司	2679	铝材压延加工
宁波市东鑫汽车轮毂制造有限公司	2647	轮毂电镀
宁波市盛美特汽车部件有限公司	2565	汽车零部件生产
宁波市奉化区仁杰车辆配件厂	2539	汽车减震置杆制造
宁波峰阳机械制造有限公司	2510	钢构件生产
宁波许宇机械制造有限公司	2478	金属制品制造
宁波乾方汽车配件有限公司	2472	汽车配件生产
宁波奥柯汽车空调有限公司	2447	汽车空调压缩机制造
浙江润盾差速器有限公司	2445	汽车零部件差速器壳体
宁波奉化深技机械有限公司	2441	汽车零部件及配件制造
宁波中皇机电有限公司	2386	油泵制造
宁波众基精瓷科技有限公司	2308	氧化铝密封件、陶瓷
宁波普力德轴业有限公司	2276	活塞杆（汽车配件）
宁波智启机电有限公司	2234	齿轮箱减速箱
宁波万机轴业有限公司	2189	微型轴
宁波安川大道机电科技有限公司	2112	塑料配件
宁波市奉化恒霖机械有限公司	2040	阀门制造
宁波凯通达机械有限公司	2038	注塑机配件
宁波东欣电子有限公司	2002	汽车仪表配件制造
宁波恒源轴业有限公司	2000	微型轴

气动元件产业

概况】 2019年，全区有45家规模以上气动元件生产企业，比上年增加6家。实现工业总产值64.2亿元，销售产值61.4亿元，利税9.8亿元，比上年分别增长2.1%、0.2%和7%。其中宁波亚德客自动化工业有限公司实现产值19.7亿元，比上年增长11.9%。

【重要块状产业纷呈】 奉化是中国气动元件出口生产基地、浙江省区域品牌、国家气动产业集群示范基地、国家级出口气动元件质量安全示范区。有国家高新技术企业22家，省级、宁波市级和奉化区级企业工程中心20多家，高新技术企业27家，佳尔灵、索诺、星宇、亿太诺、鑫潮、华益等一系列拥有中国驰名商标和省、市级知名商标的企业，产品远销到100多个国家。

【组团参加各类展会】 2019年，气动行业协会组织企业参加各类会展，积极拓展海内外市场。组织企业参加第二十一届中国国际工业博览会、上海PTC展会、义乌国际装备展和德国汉诺威、美国、捷克、土耳其、印度等多个国外展会。

2019年销售产值2000万元以上气动元件企业一览表

表11

单位：万元

企业名称	销售产值	主要产品
宁波亚德客自动化工业有限公司	193095	气动元件电磁阀
宁波鲍斯能源装备股份有限公司	75096	压缩机
宁波秉航电子科技有限公司	59772	按摩椅
宁波市奉化区南方机械制造有限公司	34573	千斤顶
宁波协诚电动工具有限公司	32078	电圆锯
星宇电子（宁波）有限公司	16107	电磁线圈
浙江亿太诺气动科技有限公司	15161	气动液压元件
宁波佳尔灵气动机械有限公司	13450	制造加工电磁阀
科玛（中国）液压设备有限公司	13411	液压油缸
宁波威克斯液压有限公司	12563	液压泵
宁波索诺工业自控设备有限公司	12455	电磁阀
宁波精科机械密封件制造有限公司	7976	密封件
宁波市宁吉羽立流体设备有限公司	7928	液压件
奉化奥莱尔液压有限公司	7479	蓄能器
宁波市鑫潮自动化元件有限公司	6544	气动元件
宁波盛达阳光气动机械有限公司	6535	气动元件
宁波一机阀门制造有限公司	6472	各类阀门及配件
浙江恒基永昕新材料股份有限公司	6160	气动工具生产
宁波安睦密封科技有限公司	5880	机械密封件
宁波市博尔法液压有限公司	5791	液压阀
宁波兴明液压器材有限公司	5726	液压管件制造加工
宁波英特灵气动科技有限公司	4746	气动元件
宁波市拓泰智能科技有限公司	4743	管状电机（电动窗帘里的一个）
宁波新佳行自动化工业有限公司	4604	气动元件
宁波利达气动成套有限公司	4411	气动元件
宁波盛强晨亿电子科技有限公司	3898	气动元件
宁波晨光威腾自动化机械有限公司	3888	电磁阀

续表11

企业名称	销售产值	主要产品
宁波朝日液压有限公司	3683	液压气动元件
宁波天风汽车空压机有限公司	3432	汽车空气压缩机
宁波天祥新华液压有限公司	3350	液压球阀
宁波博尔电器有限公司	3229	微电机
宁波市东方金丰机械有限公司	3179	气动源件
宁波东泓洁具有限公司	3087	五金阀门加工
奉化意格特机械制造有限公司	2728	阀门
宁波开灵气动元件制造有限公司	2682	电磁阀
宁波市安利特机械有限公司	2438	气动里的先导头
宁波凯航电子科技有限公司	2430	电磁阀
宁波麦吉克自控设备有限公司	2315	气动压力控制器
宁波全盛世纪气动科技有限公司	2285	气动元件、电磁阀
宁波天翔精密铸造有限公司	2024	汽车配件、气动配件

厨卫家居产业

【概况】 2019年，全区有43家规模以上厨卫家居生产企业，比上年增加11家。实现工业总产值42.4亿元，销售产值41.4亿元，利税3.2亿元，比上年分别增长5.6%、6.2%和33.2%。其中宁波新乐电器有限公司实现产值8.8亿元，比上年增长26.5%。

【助推民营企业】 2019年，宁波安佳卫厨电器有限公司实现产值3.01亿元，比上年增长5.6%，税收4300多万元，荣获奉化区“改进作风、优化服务、助推民营企业高质量发展大会”突出贡献奖；宁波奥雷士洁具有限公司、宁波新乐电器有限公司、宁波奥霖国际贸易有限公司获发展进步奖。

2019年销售2000万元以上厨卫家居企业一览表

表12　　单位：万元

企业名称	销售产值	主要产品
宁波新乐电器有限公司	88765	洗衣机
宁波市万茂电器有限公司	32133	燃气灶具
宁波安佳卫厨电器有限公司	30178	家具厨房电器具
宁波辉格休闲用品有限公司	30084	烧烤炉
宁波吉田智能洁具科技有限公司	20135	智能马桶盖
宁波卡伦特电器有限公司	17667	家用电器
宁波奥雷士洁具有限公司	17099	水龙头
宁波霖华塑胶有限公司	16287	一次性塑料杯加工制造

续表12

企业名称	销售产值	主要产品
宁波尼可家用品有限公司	12849	卫生洁具
宁波市安通机械有限公司	11801	家具厨房电器具
宁波世家戴乐斯清洗用品有限公司	9667	塑料清洁工具
宁波欧贝特卫浴有限公司	8787	淋浴房
宁波沃腾玛尔洁具有限公司	8644	日用塑料制品
宁波霍科电器有限公司	8304	咖啡机制造
宁波市亿森海烟道制造有限公司	7671	家用燃气热水器零件
宁波艾维洁具有限公司	7079	五金阀门、塑料制品
宁波世家洁具有限公司	6894	拖把
宁波国普电器有限公司	6390	消毒柜
宁波福得机械科技有限公司	5098	食品机械
宁波圣菲机械制造有限公司	4598	射孔弹
宁波市春辰日用品有限公司	4005	金属保温杯
宁波至威厨具配件有限公司	3940	煤气灶底壳
奉化市良宇电器有限公司	3852	碗架
宁波鑫力洁金属制品有限公司	3711	生产洁具
宁波徽龙金属制品有限公司	3439	金属门窗
宁波士林工艺品有限公司	3430	竹制工艺品
宁波市奉化区金隆日用品有限公司	3310	日用塑料制品
宁波宇杰日用品有限公司	3281	清洁用具
宁波奉化立隆创橡胶塑料有限公司	3147	塑料件
宁波奉化华娇旅游用品有限公司	3110	竹制品
宁波市世源日用品有限公司	3015	竹垫
宁波诺宝木业有限公司	2874	木质家具
宁波金凌厨房设备有限公司	2857	消毒柜
宁波恒候日用品有限公司	2803	金属日用杂品
宁波安佳厨房系统有限公司	2696	厨具
宁波佰利刀业有限公司	2454	刀具
宁波蓝释电子科技有限公司	2436	家用空调设备零件
宁波鑫浦金属制品有限公司	2412	门窗锁
宁波申宝电器有限公司	2295	金属工具电视支架
宁波市奉化溪口荣升工具有限公司	2084	夹子、钳子

生命健康产业

【概况】 为符合奉化区经济发展新的需要，将原食品加工业调整为生命健康业。2019年，全区32家规模以上生命健康企业，实现工业产值35.1亿元，销售产值32.5亿元，出口交货值17.6亿元，利税2.3亿元，比上年分别下降2.8%、6.8%、6.4%和9.6%。7家上亿企业，有5家实现增长，其中亿洋食品、锦诠科技分别比上年增长58%和101.7%。

2019年销售2000万元以上生命健康企业一览表

表13　　　　　　　　　　　　　　　　　　　　　　　　单位：万元

企业名称	销售产值	主要产品
宁波今日食品有限公司	44317	冷冻水产品加工
宁波绿之健药业有限公司	36871	植物提取物制造
华润雪花啤酒（宁波）有限公司	25759	啤酒制造
浙江亿洋食品有限公司	13936	水产品冷冻加工
宁波神剑电器制造有限公司	13423	制造电推剪
宁波锦诠科技有限公司	11517	健身器材制造
宁波成亚健身器械有限公司	10496	健身器材制造
宁波美特丽化妆品有限公司	8825	化妆品制造
宁波大昌药业有限公司	9339	芪珍胶囊生产
宁波市一成食品有限公司	5544	水果罐头制造
宁波市松欣食品有限公司	6245	水煮笋生产
宁波九丰电器有限公司	6304	跑步机制造
浙江郑万利酒业有限公司	5206	黄酒
宁波顶津饮品有限公司	5371	瓶装矿泉水生产
宁波厚阳户外用品有限公司	4622	户外用品
宁波汇丰食品有限公司	3966	水果罐头加工
宁波益富乐生物科技有限公司	5067	乳饮料生产
宁波市丽源日用化妆品有限公司	4074	护肤品制造
宁波嘉美电器有限公司	3814	家用美容美发工具制造
宁波市康家乐医疗器械有限公司	3308	一次性口罩制造
宁波市莱克调味品有限公司	3722	生产味精
宁波市奉化百胜休闲用品有限公司	3532	吊床吊椅
宁波市大埠食品有限公司	2817	蔬菜速冻制造
宁波佰世健健身器材有限公司	2700	健身车
宁波海普塑胶有限公司	2466	塑料包装，按摩椅的配件
宁波维克波体育用品有限公司	2532	球类制造
宁波市奉化润达医疗器械有限公司	2090	电机？（补牙机器里的电机）
宁波市兴洋水产食品有限公司	2093	海产品制造

电子信息技术产业

【概况】2019年，全区有17家规模以上新一代信息技术企业，比上年增加2家。实现工业总产值29.7亿元，销售产值29.1亿元，比上年下降-9.3%、-11.6%利税1.3亿元，比上年增长1778.5%。其中宁波麦博韦尔移动电话有限公司实现产值19.1亿元，利税2571万元。

【龙头企业快速发展】2019年，宁波海上鲜信息技术有限公司荣获省上云标杆企业、行业云应用示范平台称号；宁波市中迪鞋业有限公司的信息增值服务项目获评省级服务型制造示范项目；浙江拓华能源科技有限公司荣获省级服务型制造示范企业称号；麦博韦尔入围省数字经济亩均效益20强企业。

2019年销售产值2000万元以上电子信息技术企业一览表

表14　　单位：万元

企业名称	销售产值	主要产品
宁波麦博韦尔移动电话有限公司	189122	生产移动电话
宁波奉化德朗能动力电池有限公司	39471	锂离子电池
宁波耐力誉磁业科技有限公司	7767	磁性材料
宁波菲瑞克斯照明电器有限公司	6389	LED灯
宁波恒盛磁业有限公司	6239	汝铁硼
宁波宇达光电股份有限公司	5782	有源光网络、无源光网络
宁波市奉化浩轩光电有限公司	5561	LED灯珠
宁波波导股份有限公司	5056	手机
浙江金缘光电有限公司	5016	光电子器件及其他电子器件
宁波盛强晨亿电子科技有限公司	3898	气动元件
宁波海融电器有限公司	3869	电感元件
宁波科杰电子科技有限公司	3821	电子元器件与机电组件设备
宁波兴富磁材有限公司	3249	磁性材料、磁铁
宁波市奉化富达线缆制造有限公司	2292	同轴电缆

高端装备产业

【概况】2019年，全区有164家规模以上高端装备产业，实现工业总产值152.5亿元，销售产值146.2亿元，比上年分别下降2.2%、4.2%，实现利税15.4亿元，比上年增长4.7%。其中宁波比亚迪汽车有限公司实现产值15.6亿元，比上年增长3.1%。

【加强企业培育】全区3家企业列入2019年度宁波市智能装备重点优势企业名单（全市共14家）。万海阀门成功申报单项冠军示范企业，鲍斯能源装备成功申报隐形冠军、省级企业工程技术中心企业。南海化学、竹韵家居、吉田智能洁具3家企业列入省级隐形冠军培育企业名单。

2019年销售产值2000万元以上高端装备企业一览表

表15　　　　单位：万元

企业名称	销售产值	主要产品
宁波亚德客自动化工业有限公司	193095	气动元件电磁阀
宁波麦博韦尔移动电话有限公司	189122	生产移动电话
宁波鲍斯能源装备股份有限公司	75096	压缩机
宁波秉航电子科技有限公司	59772	按摩椅
宁波奉化德朗能动力电池有限公司	39471	锂离子电池
宁波市奉化区南方机械制造有限公司	34573	千斤顶
宁波协诚电动工具有限公司	32078	电圆锯
宁波利安电子有限公司	30432	通信系统设备
宁波精益飞达轴业有限公司	29201	微型轴
浙江动一新能源动力科技股份有限公司	26222	园林工具
宁波松科磁材有限公司	17684	电动机
宁波卡伦特电器有限公司	17667	家用电器
宁波新邦工具有限公司	17348	风动和电动工具
星宇电子（宁波）有限公司	16107	电磁线圈
宁波市哈雷换热设备有限公司	15705	换热器
力星金燕钢球（宁波）有限公司	15456	微小型钢球
宁波沈鑫电子有限公司	15434	其他通用零部件
浙江亿太诺气动科技有限公司	15161	气动液压元件
超竣电器制造（奉化）有限公司	14537	电器插座
宁波亚茂光电股份有限公司	14016	普通照明灯泡
宁波佳尔灵气动机械有限公司	13450	电磁阀
宁波西尼液晶支架制造有限公司	13442	液晶电子产品支架
科玛（中国）液压设备有限公司	13411	液压油缸
宁波精芯科技有限公司	13352	打印机机芯
宁波威克斯液压有限公司	12563	液压泵
宁波索诺工业自控设备有限公司	12455	电磁阀
宁波精益微型轴有限公司	11393	微型轴
宁波奉化宁东机械有限公司	10400	生产专用车辆
浙拖奔野（宁波）拖拉机制造有限公司	10016	拖拉机
宁波市信泰科技有限公司	9899	加工磁性材料
百琪达智能科技（宁波）股份有限公司	9630	成型压机
宁波波英电子有限公司	9518	音响设备
宁波新世达精密机械有限公司	9504	齿轮及齿轮减、变速箱

续表15

企业名称	销售产值	主要产品
宁波润通金属制品有限公司	9121	锌锰电池
宁波奉化凯鑫线缆有限公司	8464	电线、电缆
宁波福科电子有限公司	8336	电子产品
宁波市埃美仪表制造有限公司	8077	供应用仪表及其他用仪器
宁波精科机械密封件制造有限公司	7976	密封件
宁波市宁吉羽立流体设备有限公司	7928	液压件
宁波欧适节能科技有限公司	7886	消防排烟窗
宁波奔野重工股份有限公司	7788	拖拉机
宁波耐力誉磁业科技有限公司	7767	磁性材料
宁波市国盛仪表有限公司	7670	汽车仪表
宁波宇恒能源科技有限公司	7559	专用设备
奉化奥莱尔液压有限公司	7479	蓄能器
宁波亚路轴业有限公司	7473	齿轮及齿轮减、变速箱
宁波朗辉工具有限公司	7385	割草机
宁波万事达综研电气有限公司	7355	电气开关
宁波金晟芯影像技术有限公司	7222	手机摄像头
宁波理工智能电网技术有限公司	7188	配电开关控制设备
宁波艾维洁具有限公司	7079	五金阀门塑料制品
宁波万融电器有限公司	6642	农机产品松土机
宁波市鑫潮自动化元件有限公司	6544	气动元件
宁波盛达阳光气动机械有限公司	6535	气动元件
宁波一机阀门制造有限公司	6472	各类阀门及配件
宁波菲瑞克斯照明电器有限公司	6389	LED 灯
宁波亚吉机电有限公司	6289	电子工业专用设备
宁波恒盛磁业有限公司	6239	汝铁硼
宁波虎翼机械有限公司	6131	搬运车、平台车整车
宁波管通机械有限公司	5979	生产专用车辆
宁波必达机械制造有限公司	5894	喷笔
宁波安睦密封科技有限公司	5880	机械密封件
宁波市博尔法液压有限公司	5791	液压阀
宁波宇达光电股份有限公司	5782	有源光网络、无源光网络
宁波兴明液压器材有限公司	5726	制造加工液压管件
宁波市平熔金属制品有限公司	5724	矿用挖掘机配件
宁波市奉化浩轩光电有限公司	5561	LED 灯珠
宁波市奔阳特种线缆有限公司	5406	太阳能光伏电缆

续表15

企业名称	销售产值	主要产品
奉化市金鹰钢球有限公司	5398	齿轮及齿轮减、变速箱
奉化科盛微型轴业有限公司	5201	微型轴
宁波意想磁性材料有限公司	5168	加工磁性材料
宁波福得机械科技有限公司	5098	食品机械
宁波波导股份有限公司	5056	手机
宁波好德美电声有限公司	5055	音响设备
浙江金缘光电有限公司	5016	光电子器件及其他电子器件
奉化市致远电器有限公司	4926	LED 灯具
宁波英特灵气动科技有限公司	4746	气动元件
宁波市合美达新材料有限公司	4745	磁钢
宁波市拓泰智能科技有限公司	4743	管状电机（电动窗帘里的一个）
宁波奉化恒益微型轴有限公司	4643	轴制造
宁波新佳行自动化工业有限公司	4604	气动元件
宁波圣菲机械制造有限公司	4598	射孔弹
宁波利达气动成套有限公司	4411	气动元件
宁波奉化精瑞钢球有限公司	4283	钢球
宁波市奉化大桥华能电子厂	4204	电子元件及组件
宁波市皓盛铁路电务器材有限公司	4094	接点组
宁波爱伊美电气股份有限公司	4052	其他输配电及控制设备
奉化市远东车辆部件有限公司	4047	联板
奉化市微分电机有限公司	4045	电机
宁波鸿博森机械有限公司	3985	电梯配件
宁波盛强晨亿电子科技有限公司	3898	气动元件
宁波晨光威腾自动化机械有限公司	3888	电磁阀
宁波金诚泰电子有限公司	3885	微型电子
宁波海融电器有限公司	3869	电感元件
宁波科杰电子科技有限公司	3821	电子元器件与机电组件设备
奉化市华宁机械制造有限公司	3803	机械配件
宁波市兴宇电机制造有限公司	3736	微电机
宁波市三久水表有限公司	3715	水表
宁波鑫力洁金属制品有限公司	3711	洁具
宁波朝日液压有限公司 I7	3683	液压气动元件
宁波贝泰五金工具制造有限公司	3643	五金工具
宁波市奉化兴权活塞杆厂	3635	活塞杆
宁波鑫精华轴业有限公司	3554	微型轴

续表15

企业名称	销售产值	主要产品
浙江瑞鹿机电科技有限公司	3536	管状电动机
宁波天风汽车空压机有限公司	3432	汽车空气压缩机
宁波市欣洲电器有限公司	3408	冷风机
宁波天祥新华液压有限公司	3350	液压球阀
宁波兴富磁材有限公司	3249	磁性材料、磁铁
宁波东大神乐电工合金有限公司	3244	电气机械
宁波博尔电器有限公司	3229	微电机
宁波市奉化屹东电子元件厂	3212	空调配件
宁波市东方金丰机械有限公司	3179	气动源件
宁波市奉化裘村元顺机械配件厂	3146	机械配件
宁波金洪胜机电科技有限公司	3146	割草机的微电机
宁波恒昶磁业有限公司	3095	磁性材料
宁波东泓洁具有限公司	3087	五金阀门加工
宁波夏鑫机械制造有限公司	3011	注塑机底座，生铁铸件
宁波和博紧固件有限公司	2958	紧固件，螺丝
宁波市奉化波达电子线缆有限公司	2916	同轴电缆
宁波祥嘉精密轴业有限公司	2893	微型轴
宁波奉化光亚计数器制造有限公司	2783	电梯里的计数器
宁波凯威纳电子科技有限公司	2761	气动元件、线圈
奉化意格特机械制造有限公司	2728	阀门
宁波开灵气动元件制造有限公司	2682	电磁阀
宁波革新电机科技有限公司	2614	电动机
宁波普瑞机械科技有限公司	2601	滚动轴承
宁波兴德磁业科技股份有限公司	2519	磁性材料
宁波永美电机有限公司	2459	微电机
宁波奥柯汽车空调有限公司	2447	汽车空调压缩机
宁波市安利特机械有限公司	2438	气动里的先导头
宁波凯航电子科技有限公司	2430	电磁阀
宁波中皇机电有限公司	2386	油泵
宁波麦吉克自控设备有限公司	2315	气动压力控制器
宁波众基精瓷科技有限公司	2308	氧化铝密封件、陶瓷
宁波市奉化富达线缆制造有限公司	2292	同轴电缆
宁波全盛世纪气动科技有限公司	2285	气动元件、电磁阀
宁波智启机电有限公司	2234	齿轮箱减速箱
宁波市奉化区盛隆铸造有限公司	2204	电梯配件

续表15

企业名称	销售产值	主要产品
宁波远大成立科技股份有限公司	2199	合金产品
宁波万机轴业有限公司	2189	微型轴
宁波天辉机械有限公司	2115	高压控制开关配件
浙江中星光电子科技有限公司	2114	电视卫星接收器
宁波市奉化润达医疗器械有限公司	2090	补牙机器里的电机
宁波市奉化恒霖机械有限公司	2040	阀门
宁波凯通达机械有限公司	2038	注塑机配件
宁波天翔精密铸造有限公司	2024	汽车配件或者气动配件
宁波东欣电子有限公司	2002	汽车仪表配件
宁波恒源轴业有限公司	2000	微型轴

节能环保产业

【概况】2019年，全区有34家规模以上节能环保产业，比上年增加13家。实现工业总产值68.3亿元，销售产值62.5亿元，比上年分别下降3%、1.7%，利税6.7亿元，与上年持平。工业总产值在1亿元以上的企业8家，在5亿元以上企业3家。

2019年销售产值2000万元以上节能环保企业一览表

表16　　单位：万元

企业名称	销售产值	主要产品
宁波亚德客自动化工业有限公司	193095	气动元件电磁阀
宁波比亚迪汽车有限公司	160768	汽车、新能源汽车销售
宁波秉航电子科技有限公司	59772	按摩椅
宁波奉化德朗能动力电池有限公司	39471	锂离子电池
宁波市哈雷换热设备有限公司	15705	换热器
超竣电器制造（奉化）有限公司	14537	电器插座
宁波亚茂光电股份有限公司	14016	普通照明灯泡
宁波索诺工业自控设备有限公司	12455	电磁阀
宁波力品格工业机械有限公司	10751	气弹簧
宁波溪口抽水蓄能电站有限公司	9537	水力发电
宁波欧贝特卫浴有限公司	8787	淋浴房
浙江科麦人工环境有限公司	7788	空气能热水器
宁波市鑫潮自动化元件有限公司	6544	气动元件
宁波盛达阳光气动机械有限公司	6535	气动元件
宁波市博尔法液压有限公司	5791	液压阀

续表16

企业名称	销售产值	主要产品
宁波市拓泰智能科技有限公司	4743	管状电机（电动窗帘里的一个）
宁波新佳行自动化工业有限公司	4604	气动元件
宁波至威厨具配件有限公司	3940	煤气灶底壳
宁波晨光威腾自动化机械有限公司	3888	电磁阀
宁波金诚泰电子有限公司	3885	微型电子
宁波市兴宇电机制造有限公司	3736	微电机
宁波朝日液压有限公司	3683	液压气动元件
宁波天风汽车空压机有限公司	3432	汽车空气压缩机
宁波博尔电器有限公司	3229	微电机
宁波市东方金丰机械有限公司	3179	气动源件
宁波金洪胜机电科技有限公司	3146	割草机的微电机
宁波凯威纳电子科技有限公司	2761	气动元件、线圈
宁波开灵气动元件制造有限公司	2682	电磁阀
国电奉化风力发电有限公司	2644	风力发电
宁波永美电机有限公司	2459	微电机
宁波奥柯汽车空调有限公司	2447	汽车空调压缩机
宁波全盛世纪气动科技有限公司	2285	气动元件、电磁阀
宁波远大成立科技股份有限公司	2199	合金产品

（李　婷）

电力工业

【概况】 2019年，区供电公司主营业务职工有639人，全员劳动生产率为98.906万元/（人·年）。全年营业收入19.099亿元（不计代收电费附加），比上年增加1619.39万元，增长0.86%；利润总额386.04万元，比上年减少1587.5万元，下降80.44%。年末资产总额10.70亿元，比上年增长29.93%。农网供电可靠率为99.9535%；农网综合供电电压合格率为99.999%。

2019年全区社会总用电量情况一览表

表17

项目名称		电量（万千瓦时）	上年同比 %
全社会用电量（含由宁波供电公司供电的奉化火车站及电气化铁路和溪口抽水蓄能水电站抽水用电）		365982.11	1.73
供电量	大网供电量	322899.18	-0.31
	小水电供电量	5371.71	81.3
	光伏（太阳能）供电量	1288.58	18.51
	小火电（垃圾发电）供电量	2000.21	42.03
	合计	331559.68	0.67
风电发电量		5636.13	-0.95
上网电量		5508.31	-0.89
售电量		320850.93	0.95
线损率 3.25%			-0.27
日最高统调负荷（7月26日）		73.3	6.66
日最高供电量（8月6日）		1311	7.11
平均负荷率 76.78%			-0.54

【供电设备设施】 至2019年底，全区拥有220千伏变电所4座（包括奉化火车站变电所1座），主变压器共8台，变压器总容量为134万千伏安；110千伏变电所15座，主变压器共30台，变压器总容量为143万千伏安；35千伏变电所7座，主变压器13台，变压器总容量为11.95万千伏安。

境内有500千伏线路6条，分别为天宁5475线（从500千伏宁波天一变电所到500千伏宁海变电站）、一宁5476线（从500千伏宁波天一变电所到500千伏宁海变电站）、强明5423线（从宁海强蛟电厂到鄞州区500千伏明州变电站）、强州5424线（从宁海强蛟电厂到500千伏宁海变电所）、一明5455线（从500千伏天一变电站到500千伏明州变电站）、瞬州5846线（从原500千伏天兰5455线79号杆到500千伏明州变电所），主要经过西坞、莼湖、尚田地区。有220千伏线路15条，其中有3条全线在奉化境内，分别为曲济2326线（从220千伏曲池变电站到220千伏广济变电站），全长26.166千米；广山2316线（从220千伏广济变电站到220千伏同山变电站），全长15.065千米；广同2317线（从220千伏广济变电所到220千伏同山变电所），全长15.065千米。有110千伏线路35条，其中有27条全线在奉化境内，总长度356.84千米。35千伏线路在运行的25条（不包括产权属用户线路）全长200.01千米。10千伏配电线路298条，全长2869.72千米，其中架空线路长1941.71千米、电缆线路长度928.01千米。

10千伏柱上开关1790台，10千伏开关站489座。0.4千伏配电线路总长度4817.54千米，其中集束导线总长584.57千米。10千伏公用变压器2665台，总容量为1171770千伏安；10千伏用户变压器5058台，总容量为1801970千伏安。

【电价调整】 2019年，贯彻落实《政府工作报告》关于降低一般工商业电价的要求，浙江省先后两次调整了电价。第一次自4月1日起，降低奉化区一般工商业及其他用电目录电价和输配电价每千瓦时2.19分钱（含税）。第二次自7月1日起，降低奉化区一般工商业及其他用电目录电价平均每千瓦时5.29分钱（含税）。一般工商业及其他用电输配电价也作相应调整。2019年，一般工商业及其他用电目录电价累计下降每千瓦时7.48分（含税）；输配电价供电电压为不满1千伏的，每千瓦时下降7.28分（含税），供电电压为1—10千伏的，每千瓦时下降6.96分（含税）；供电电压为20千伏的，每千瓦时下降6.76分（含税）；供电电压为35千伏的，每千瓦时下降6.67分（含税）。

【发电情况】 小水电发电。2019年底，奉化并入电网运行小水电站共33座（按电费结算户计算），共有发电机54台，总装机容量23495千瓦，与2018年相等。宁波原水（集团）有限公司横山水库分公司发电机总装机容量最大，共5000千瓦，单机容量也最大，为2500千瓦，该集团主要业务是向宁波市直接供水，所以用于发电的水减少，发电量不大。2019年，雨量较充沛。全部小水电站上网电量共5371.71万千瓦时，比上年增加2408.77万千瓦时，增长81.3%。其中宁波原水（集团）有限公司亭下水库上网电量共1690.52千瓦时，比上年增加769.49万千瓦时，增长83.55%；柏坑水库上网电量共913.61万千瓦时，比上年增加362.00万千瓦时，增长65.63%。宁波原水（集团）有限公司横山水库上网电量共595.54万千瓦时，比上年增加511.92万千瓦时，增长612.18%；驻岭水库上网电量335.84万千瓦，比上年增加123.06万千瓦时，增长57.84%。2019年，奉化溪口抽水蓄能电站上网电量共17967.37万千瓦时，比上年增加1987.86万千瓦时，增长12.44%。

光伏（太阳能）发电。2019年，奉化光伏发电（太阳能发电）共有1313户（包括居民与非居民），比上年增加204户，增长18.39%。总装机容量51403.53千瓦，比上年增加10562.47千瓦，增长25.86%；发电量3889.88万千瓦时，比上年增加1195.76万千瓦时，增长44.38%；上网电量1299.70万千瓦时（包括电费未结算），比上年增加321.70万千瓦时，增长32.89%。装机容量在1000千瓦以上的有10户，其中宁波昕科清洁能源开发有限公司装机最大，容量为3929千瓦。2019年，国家对光伏发电仍给予补贴，补贴政策与2018年相同。

【用电情况】 2019年，全社会用电总计365982.11万千瓦时，比上年增长1.73%。有电力用户327227户，比上年增加2671户，增长率为0.83%。

表18

2019年奉化区用电分类情况表

分类名称		用电量（万千瓦时）	上年同比（%）
全社会用电	第一产业用电	2346.77	1.12
	第二产业用电	253531.73	-1.02
	第三产业用电	54745.27	12.41
	城镇居民生活用电	22167.51	7.34
	乡村居民生活用电	33190.83	3.89
	合计	365982.11	1.73
全部行业用电分类	农、林、牧、渔业及相关服务业用电	3086.35	-4.10
	工业用电	244525.17	-2.13
	建筑业用电	9091.41	43.72
	交通运输、仓储和邮政业用电	10810.56	23.7
	信息传输、软件和信息技术业用电	3301.74	4.01
	批发和零售业用电	9857.96	-6.78
	住宿和餐饮业用电	3983.82	3.65
	金融业用电	1029.93	-9.89
	房地产业用电	4930.98	37.54
	租赁和商务服务业用电	2873.34	164.42
	公用服务及管理组织用电	17132.78	9.67

2019年奉化区电力用户情况表

表19

用户类别	户数（户）	增长率（%）
居民用户	292914	0.48
大工业用户	615	1.65
普通工业用户	10689	–0.33
农业用户	1919	–2.49
商业用户	13330	7.39
非工业用户	7760	5.87

以上各类用户中，35千伏电压供电的有18户，35千伏用户变压器共43台，供电户数与变压器台数，均与上年持平；35千伏变压器总容量共207615千伏安，比上年增加2500千伏安，增长1.22%。10千伏电压供电的用户有4686户，比上年增加140户，增长3.08%；10千伏用户变压器5389台，比上年增加248台，增长4.60%；10千伏用户变压器总容量1775725千伏安，比上年增加193515千伏安，增长12.20%。

2019年奉化区申请用电情况表

表20

种类	申请户数（户）	增长率（%）	实际完成户数（户）	增长率（%）	申请容量（千瓦）	增长率（%）	实际完成容量（千瓦）	增长率（%）
合计	12524	–32.86	10616	–46.11	417985	–16.75	374845	–15.67
大工业用户	70	–40.68	73	–21.51	53020	–42.45	49670	3.35
非工业、普通工业用户	323	23.75	311	27.98	25081	6.19	24341	12.18
非居民照明	759	–47.18	718	47.97	163542	29.16	145930	23.57
商业用电	1941	16.93	1512	–9.46	85136	–31.41	78452	–32.45
居民生活用电	9387	–37.98	7963	–51.09	88798	33.32	74157	46.68
农业生产用电	43	7.5	38	11.76	2388	4.97	2275	61.35
趸售用电用户	1		1		20		20	

【融合型综合服务营业厅】 2月，奉化区供电有限公司首家融合型综合服务营业厅投入运行。该营业厅运用互联网技术设备，将传统办理用电业务向自助自动化转变，成为综合型、服务型、智能型和线上线下一体化四种特性为一体的营业厅，提高了营业厅的服务质量和效率，为客户带来方便和节约时间。服务厅改变了传统的服务模式，融合型综合服务厅安装了自助缴费业务一体机、自助查询缴费机、自助发票打印机、“12398”查询咨询等职能服务终端，客户可以通过这些设备自助办理用电新装、电费查询、自助缴费外，还可以办理更名过户、实名通电、增加用电容量申请、打印发票等10余项业务。营业厅可以受理全区用电业务及全区4000多户高压客户和31万户低

压用户的供电服务。

【援藏电网建设】 那曲市“三区三州”深入贫困地区电网建设是国家对该地区脱贫攻坚重点援助项目，主要解决夏曲镇、香曲乡等6个乡镇无电区的供电问题，整个工程包括新建35千伏变电站1座、35千伏及以下线路350千米、配电变压器台区95个，还有3000多户居民的电能表、接户线安装。截至12月，立杆工程已完成76%，距离最远的扎拉乡扎拉桑布村村委会已通电，该村首次用上国家电网公司的电。

【触电防治专项整治】 2019年，奉化供电有限公司完成了触电防治专项整治示范点建设。该公司是浙江省电力公司触电防治专项整治行动示范点单位，4月30日，召开触电防治专项整治会议，提出全面夯实电网基础，全面治理各类触电隐患，加强应用推广触电防治精益创新成果，加强运行管理，深化“全能型”供电所建设，加强营销服务管理，构建政企协同共建防触电联动新机制。开展把高压裸导线换成绝缘导线的集中整治行动，消除树木触碰高压裸导线和花木吊装时触碰导线的触电隐患。将乡村原安装在墙上的电线分接箱改为落地分接箱，对农村电缆井盖进行改造，完成覆盖全区935个台区、82153户漏电排查工作，形成三级漏保运行维护工具“漏电检测系统”精益创新成果。“漏电检测系统”在2019年国家电网公司触电防治精益创新成果展示会上作展示，受到国家电网公司好评。

【首次实施配网第四类带电作业】 12月，奉化区供电有限公司在城东向阳学校路段实施10千伏配电网第四类带电作业，将原10千伏双回路圣墩D107线54号杆直线杆改为耐张杆并加装分段开关，提升了该区域电网供电可靠性，保障了宁波机场快速路南延段110千伏线路改造工程顺利推进。此次作业奉化区供电有限公司首次开展并成功实施配电网第四类带电作业。

【荣誉】 2019年，集体先进获奖的有：区供电公司获评全国“安康杯”竞赛安全文化宣传工作先进示范单位；溪口供电所党支部被评为国家电网公司先锋党支部；江口供电所创建浙江省电力公司2019年度基层党组织标准化建设示范基地；奉东供电所被评为浙江省青年文明号。

科技项目和科学技术奖获奖的有：《以“服务驱动、末端融合”为核心的乡村供电服务创新与实践》获中电联电力科技创新一等奖；《基于延伸“1+N”客户经理服务构建电能替代主动服务体系》获省公司优秀卓越管理案例；与东北电力大学合作的“食品工业废水有机质资源化利用及深度处理的技术与应用研究”项目获吉林省科学技术奖二等奖；“一种氧化锌避雷器耐压测试装置”获省公司专利奖二等奖；“电网电压暂降传递分析与监测治理”获宁波市科学技术奖三等奖；2个项目获省公司县级供电企业科技成果奖，2个项目获省公司科技进步奖三等奖。

获得先进个人奖的有：杨建立获国网公司“十佳服务之星”、省公司服务之星第一名、浙江省向上向善好青年称号；俞刚志获国网公司同期线损竞赛个人二等奖、国网公司技术能手称号；裘建开获省公司网络安全和信息化运行技能竞赛网络安全专业个人第二名、省公司技术能手称号；邬孟杰获宁波市首席工人称号。

（董涛涛）

经济开发区

【概况】 奉化经济开发区直属区块3个，分别是滨海新区、尚桥科技工业园和“千人创业园”，规划面积17.14平方千米，有各类企业160余家，其中规模以上工业企业32家。2019年，实现规上工业企业增加值10.46亿元，比上年增长26.1％；实现规上工业总产值48.84亿元，比上年增长2.38％；完成货物出口额133984万元，比上年增长20.88%；完成全社会固定资产投资比上年增长90.97%；4家限上批发零售企业完成商品销售额4.95亿元，比上年增长6.13%。

【招商引资】 全年引进竣盛电器、融光纳米、戈润环保、国奥源干细胞等新落户项目24个，其中重大产业项目9个，零地项目（税源型）7个，“双招双引”项目8个。重大产业项目中亿元以上项目5个。累计完成内资18.1亿元、浙商回归资金13.8亿元、宁波市外境内资金12.3亿元，实际利用外资2145万美元。推进哈尔滨工业大学宁波技术转移中心建设，完成技术转移项目10项、科技孵化项目11个。

【项目建设】 产业项目推进加快。比亚迪叉车项目3月开工，正在建设主体工程，部分生产设备已到位并开始小规模试生产；置信工业城一期、二期厂房陆续交付；万洋众创城3月开工，一期10幢厂房已全部结顶，预计明年9月交付，二期厂房开始建设；虔宁科技、艾迪卫、精旭达等项目陆续竣工，开始试生产；丞智科技、科诺佳、百琪达等项目已进入主体工程建设。

配套项目推进迅速。滨海新区党群服务中心（三味书店）项目于12月底完成装修并对外开放，该项目集党建、会议、咖啡、简餐等为一体，既加强党建引领，又为园区职工提供休闲场所；加快滨海社区二期建设，主体结构已结顶；同步开展滨海新区整体功能提升规划研究，进一步提升园区综合配套谋划水平。河道治理及软基处理工程于2018年5月开工，部分河道治理已完工并通过验收，地块真空预压基本完成；启动市政道路前期工作，以确保落地项目市政配套及时跟进。

【资金保障】 主动对接银行渠道，积极争取项目贷款和流动资金贷款；发挥AA评级作用，推进公开市场发债工作；对接低成本非标资金，全年融资23.29亿元。推进国企改革，经开公司股权关系划转到区国资管理中心，作为开发区经营性业务的主平台，成立了房地产、贸易、基金、矿料等子公司，其中贸易公司已实现约4亿元的开票收入。产业投资基金组建顺利完成。

【服务管理】 全力服务企业，解决企业困难。围绕“三服务”“四联四跑”活动，制定“三联”制度、周二下企服务日和问题流转制度等，结合“不忘初心、牢记使命”主题教育要求，由班子领导带队对辖区内122家生产企业、工程及人才项目进行走访服务，收集问题及时汇总，定期召开专题会议进行研究，累计收集相关问题129项，主要集中在人才招聘、政策服务、基础设施、金融服务等方面，已答复107项，正在协调办理和经区直部门流转22项。全面启动“环保管家”试点和园区垃圾分类工作；全面开展西渠治理，提高园区水体环境，不断提升企业发展综合环境。积极做好企业融资工作，增强企业发展潜力。针对部分企业发展中资金紧张的问题，组建产业基金专项扶持，并通过育苗贷的方式，跟银行、企业加强合作，解决企业融资困扰，助推企业发展。

（周旭玲）

宁波滨海旅游休闲区

【概况】 宁波滨海旅游休闲区地处象山港畔的奉化东部，包括莼湖、裘村、松岙3个镇，区域总面积383平方千米，其中陆域面积287平方千米、海域面积96平方千米，海岸线长61千米。区域内有81个行政村，5个居委会，户籍人口10.68万人，常住人口12万人。区域先后被列入“联合国开发计划署绿色发展中国试点”、省市二级“大花园建设示范平台”“宁波海洋经济发展示范区奉化功能区”“国家级渔港经济区”等重大建设，并获得“中国社科院研究生院教学科研基地”“国家级航空飞行营地示范基地”“亚太游钓艇及水上休闲展和亚太水上休闲产业发展论坛常设会址”“中国（天妃）起源地文化产业示范基地”等称号。2019年，完成投资21亿元。

【重点项目推进】 宁波湾旅游度假区项目。位于宁波市奉化区东南部，象山港中部北岸，宁波滨海旅游休闲区西南侧，北至沿海中线，南至悬山南侧，东至甘布

11月9日，中国·宁波湾越野行走基地建设战略合作签约仪式举行

栏山南侧，西至官山，总面积约25.28平方千米。度假区内3个在建项目："时光宁波"文旅小镇，位于宁波湾旅游度假区西侧，规划面积2.9平方千米，总投资约30亿元，是第三批省级特色小镇培育项目。花海区基本完工，度假配套社区桩基进场，景观绿化工程已完工，累计完成固定资产投资8亿元。象山港避风锚地项目，2019年重点推进项目生态评估报告及生态修复方案编制工作，已基本完成工程建设。宁波湾滨海华侨城文化旅游项目，由深圳华侨城集团统筹投建，总投资约120亿元，占地面积约2平方千米，整体建设周期6年。生活艺术馆开放，各地块有序推进施工，沿天妃湖岸线景观改造提升，酒店和农业综合体项目方案完成初稿，累计完成投资约10亿元。度假区内3个在谈项目：银泰旅游度假小镇项目，选址悬山岛，总投资30亿元，由北京银泰置地商业有限公司出资建设。宁波湾国际医疗康养中心，总投资50亿元，由长春通源医院投资开发，总用地面积约700亩，主要建设内容有干细胞工程中心、三级综合医院及再生医学康养基地。华录中安"数据湖"产业园，总投资12亿元，由华录资本联合中安融德投资有限责任公司投资开发，总用地面积约150亩，主要建设内容为融合数字化综合信息基础设施配套的创新产业园及相关功能配套，已签订框架协议书。

宁波滨海健康旅游小镇项目。位于松岙小狮子口，占地面积约2.8平方千米，投资300亿元，由恒大集团整体投资开发。项目定位为"健康旅游产业城"，以打造国家级"国际健康旅游示范区"为目标，建设一个集高端医疗、教育培训、度假旅游和绿色国际组织基地于一体的综合性低碳项目。至年底展示中心已开放，3个地块完成供地，累计完成固定资产投资25.5亿元。

【区域统筹联动】 积极统筹沿海3个镇（街道）一体化发展，完成区域一体化国土空间规划研究，各项基础服务与资源保障加快跟进，沿海供水实现联网，中心污水处理厂建设动工，沿海疏港高速等重大交通设施前期进展顺利，全域旅游游客服务中心统筹布局建设推进，天然气联网规划启动，协同推进浙江船厂转型改造、桐照风情渔港建设、横江乡村振兴示范区启动、鸿峙整村梳理式改造、沿海观光专线续建等项目协同推进。

【文旅景区建设】 启动宁波湾省级旅游度假区申报工作，已完成

3月16日，首届宁波湾国际滨海旅游节开幕

省级专家资源评估、公示和可行性研究报告区级论证；完成宁波湾运动大景区策划和区域国土空间规划前期研究；完成天妃湖区块控规、浙江船厂区块控规等编制工作。

【地标品牌培育】 重视对“宁波湾”“天妃湖”两大地标的文创策划和培育。1月12日，滨海旅游区作为天妃文化起源地受邀参加第五届中国起源地文化论坛，论坛上，《天妃文化在宁波》正式发行。该书由知识产权出版社出版，为“中国起源地文化志系列丛书”首发本。3月16日，举办首届宁波湾国际滨海旅游节，旅游节以“展现宁波湾区风情、推进奉化全域旅游”为主题，分设皇家马戏节、风情美食节、海洋沙雕节、沙滩风筝节、乐活游园节、春日踏青节、蓝海音乐节和梦幻童趣节等八大主题活动。9月9日，宁波湾海洋旅游产业发展论坛开幕，由宁波滨海旅游休闲区管委会联合中国交通运输协会邮轮游艇分会共同主办。9月13—14日，举办第三届宁波湾海上嘉年华活动，以“献礼祖国70华诞、展现‘缤纷海湾·水陆同欢’”为主题，包括户外休闲生活、泳池音乐趴、金色美食节、国漫大巡游、环保DIY等一系列体验活动。11月9日，举办首届宁波湾·天妃（湖）福文化节，以“兴福、聚福、启福、寻福”为主题，包括宁波湾越野行走大会、宁波市职工健步走、山海文创市集、SUP表演赛、宁波湾相亲大会、百福展、亲子绘画大赛等活动，国际越野行走联合会主席AKI参加活动。活动期间，宁波滨海旅游休闲区管委会同国际越野行走联合会、浙江省体育旅游产业促进会，签订《中国·宁波湾越野行走基地建设战略合作框架协议》，标志着越野行走运动正式落户宁波湾。11月16—17日，举办宁波滨海华侨城欢乐滨海首届海上旅游节，包括魔术大师秀和生活艺术馆开馆仪式等活动。12月20日，举办“2019第二届宁波湾经济讲坛”，邀请著名财经专家、财政部财政科学研究所所长贾康教授作“2020年经济形势分析”主题演讲。

（汪巧妮）

1月12日，滨海旅游区受邀参加第五届中国起源地文化论坛

12月20日，“2019第二届宁波湾经济讲坛”上，著名财经专家、财政部财政科学研究所所长贾康做“2020年经济形势分析”主题演讲

贸易合作

商贸流通

【概况】 2019年，商贸流通工作稳中有进，求创新促转型，拓市场扩消费，提增速进位次，商贸业态整体保持较好发展势头，有力支撑全区经济社会发展。全年实现批发零售业销售额404.51亿元，比上年增长18.70%，增速超全市6.80个百分点，增幅位列全市第一，连续4年达到商贸流通业经济指标“双底线”考核“双绿灯”目标；社会消费品零售额190.10亿元，比上年增长8.10%，增速超全市0.40个百分点，增幅位列全市第六。

【重点项目】 全区商贸服务业在建重点项目10个，占地面积112.25公顷（1683.77亩），投资总额124.87亿元。项目有溪口民国风情街、奉化旅游集散中心（印象奉化）、冠成国际商业广场、中央商务区块（万达新城）、邻里中心（农贸市场）、宁波嘉联（原恒润）农副产品冷链物流中心、宁波宝湾国际电商物流港、宁波农副产品物流中心、深国际宁波综合物流港、国美（宁波）电商运营基地，累计完成投资79.80亿元，完成率为63.90%，其中2019年完成投资9.47亿元。

截至年底，溪口民国风情街项目一期工程基本完工，二期工程正在施工；奉化旅游集散中心（印象奉化）工程基本结束，进入验收环节；冠成国际商业广场工程已完工，开始招商；中央商务区块（万达新城）土方工程完成，地下室底板完成50%；邻里中心（农贸市场）项目已完工；宁波嘉联（原润恒）农副产品冷链物流中心一期项目桩基完成72%；宁波宝湾国际电商物流港开工建设；宁波农副产品物流中心一期项目各专项验收基本完成；深国际宁波综合物流港一期项目已运营；国美（宁波）电商运营基地试运营。

2019年宁波市奉化区重点商贸在建项目实施情况表

表21

项目名称	建设内容	面积（亩）	投资（亿元）	启动年月	投资完成比（%）
溪口民国风情街项目	位于溪口中兴西路北侧，公园路东侧，奉通路西侧，新一街临街建筑南侧。以民国历史为背景的体验式主体旅游项目，集民国历史旅游、商业旅游、电影拍摄基地、休闲、观光、度假于一体	164.67	10.00	2017-	42.2

续表21

项目名称	建设内容	面积（亩）	投资（亿元）	启动年月	投资完成比（%）
奉化旅游集散中心（印象奉化）	位于西河路与大成路交叉路口东北侧。集购物、酒店、超市、影院等于一体的商业广场综合体	81.50	8.00	2013-06	100.60
冠城国际商业广场	位于南山路与中山路交汇处。集购物、酒店、超市、影院等于一体的商业广场综合体。商业和住宅11月完工	44.50	16.70	2014-03	100.00
中央商务区块（万达新城）	位于中山东路。总建筑面积约51万平方米，地上39万平方米，地下12万平方米，商业建筑面积约26万平方米，住宅面积约14万平方米	232.00	37.80	2016-	90.50
邻里中心（农贸市场）	东郡尚都北侧2号地块。北侧区块为农贸市场，南侧区块为邻里中心。农贸市场地上建筑面积约15529平方米，主要用于原大桥菜场的安置。邻里中心地上建筑面积约8041平方米，作为周边社区配套用房和倪家碶、牌门村村级留用地的安置	23.40	2.57	2017-08	100.00
宁波嘉联（原润恒）农副产品冷链物流中心	位于宁南物流园区。用地面积162亩，包括冷藏中心（约18万吨库容）等	162.00	15.00	2019-	14.10
宁波宝湾国际电商物流港	位于宁南物流园区。用地面积156亩，建设3层带坡道高标准立体库等	156.00	6.50	2019-	4.30
宁波农副产品物流中心	位于宁南物流园区。建设各类蔬菜、肉禽蛋交易区冷库及配套附属用房。总建筑面积31万平方米，其中一期建筑面积9.242万平方米，一期2019年完工	460.00	22.00	2017-	35.70
深国际宁波综合物流港	位于宁南物流园区。项目建设为城市共同配送中心。占地面积137.7亩，总投资3.3亿元	137.70	3.30	2015-	67.90
国美（宁波）电商运营基地	位于宁南物流园区。集国美在宁波地区的电商运营中心、区域采购中心、区域物流中心和开放的第三方供应链服务平台等综合功能为一体	150.00	3.00	2017-	100.00

【消费额度】 全年实现批发业销售额205.86亿元、零售业销售额198.65亿元，比上年分别增长20.20%和17.10%，增幅均列全市第一；餐饮业营业额45.02亿元，比上年增长14.90%，增幅位列全市第三。

【消费活动】 全面推动商旅融合。强化节庆活动促消费，成功举办桃源赶集，雪窦山佛文化展，春、秋两季品牌车展，延边特色农产品展等重点商贸展会，累计达成交易额约1亿元；参与省市两级消费活动，奉化万达广场“一起来做玩乐家”获评宁波购物节十大亮点活动；推进“吃在奉化”专项行动，2月“滕头农创园”开街，9月“奉化农家菜厨艺大赛”举办，11月《奉化老味道》出版。

【消费扶贫】 全年完成扶贫消费额4810万元，其中电商扶贫采购额633.10万元，新开设7个对口帮扶农产品直销网点。

【重点企业监测】晨光电器销售额1856万元，比上年下降24.60%；银泰城、万达广场2家大型商业综合体销售额92302万元，比上年增长39.50%；6家重点住宿餐饮企业销售额8400万元，比上年下降24.60%；8家批发和专营企业销售额693851万元，比上年增长13.8%；10家汽车销售企业销售额140555万元，比上年增长12.50%；11家连锁超市销售额49824万元，比上年增长1.10%。

2019年重点商贸企业销售情况表

表22　　　　单位：万元 / %

企业名称	所属行业	销售额	同比
晨光电器	家电商场	1856	–24.6
银泰	商业综合体	39920	14.9
万达		52382	66.8
华信	住宿餐饮	2175	–28.5
滕头诚悦农庄		3272	425.2
爱伊美		202	–91.9
民镇食府		864	–67
阳光五号		820	–31.3
四季青滕		1067	–9.9
华信		2175	–28.5
石油公司	批发和专营企业	14502	–21.9
BP 公司		60203	–1.1
农资公司		8631	–24
苏宁电商		30221	201.8
露依斯		26855	21.2
奥霖国际		141008	38.9
京桥恒业		116796	18.7
亚德客		295635	3.1
上海	汽车销售企业	9494	–31
大众			
宝马		34991	14.4
别克		14241	4
一汽大众		13257	16.7
一汽丰田		10587	21.9
现代		18248	119
奥迪	汽车销售企业	21188	8
尼桑		6997	–3.4
荣威		355	–87
广汽本田		11197	25.2
大润发	连锁超市	27018	–4.4
三江莼湖店		3514	–7
三江银泰店		6099	–2.3

续表22

企业名称	所属行业	销售额	同比
三江岳林店	连锁超市	2584	687.8
三江溪口店		1596	356
三江东关店		1632	1.4
三江中央花园店		2004	–2.1
加贝大卖场		1186	–34.4
加贝西坞店		1362	–19.5
加贝大成店		1346	–16.9
华联溪口店		1483	–2.6

【电子商务】 扩大网络零售规模，全年实现网络零售额57.50亿元，比上年增长25.30%。加快跨境电商新业态发展，全年实现跨境交易额5.80亿美元，比上年增长205.26%。规范电商园区经营管理，宁南贸易物流区创建市级智慧物流小镇，苏宁、国美等电商化项目陆续建成启用，奉化电商园和跨境电商园整体管理水平进一步提升。支持电商企业发展，兑现电子商务发展专项资金234.87万元，举办电商类业务培训14场、295人次，创建省电商专业村3个（滕头、长汀、前横），引进电商类项目6个（其中1个入选宁波“泛3315”创业创新团队，1个入选奉化凤麓英才项目）、电商人才34人次；实施强龙工程，海上鲜公司被商务部确认为全国首批线上线下融合发展数字商务企业，入选省市两级重点培育电商平台。

【菜篮子工程】 菜篮子综合保障能力良好，新增区本级菜篮子商品供应基地2家，落实区级菜篮子商品动态承储基地6家（动态储备蔬菜500亩、生猪2000头），应急供应企业3家（经营性储备禽蛋100吨、水产品200吨、蔬菜1000吨、猪肉500吨）；做好应对非洲猪瘟疫情确保猪肉供应工作，落实储备110吨冻猪肉任务，组织三江等超市开展政府猪肉投放活动。肉菜追溯体系运行正常，全年区域追溯节点年度平均运行合格率为100 %，其中西坞、莼湖、江口、庄山、三农农贸市场运行情况良好，列入宁波市月度排名前二十。

【市场体系建设】 培育支持商贸企业转型升级创新发展，编制形成《奉化区商贸流通业发展规划（2020—2025）》《奉化区商业网点规划（2020—2025）》，拨付商贸流通业发展专项资金、电子商务发展专项资金等376.03万元，惠及80余家企业。推进批发零售改造提升，通源商贸食品配送中心、滕头农创园、金钟邻里中心、太平洋商场等第一批试点工程相继竣工，累计投资3.20亿元。加快冷链、供应链试点项目建设，宁波顺源农业科技有限公司、宁波凌晨农业科技有限公司、宁波市大埠食品有限公司等6家企业累计投资5708万元，顺利通过项目验收，获得中央农产品冷链物流建设项目补助资金2213万元；宁波苏宁物流有限公司、宁波海上鲜信息技术有限公司、宁波今日食品有限公司及奉化区市场经营有限公司4家企业累计投资2600万元，完成标准托盘及循环共用体系、供应链金融服务平台、重要产品追溯体系项目建设。

【行业管理】 石油行业管理。印发《奉化区整治非法经营成品油专项行动方案》，逐级请示宁波商务局和省商务厅新增3个海上加油船规划布点指标，联合查处非法加油改装车1辆，行政拘留1人。单用途预付卡监管。全年接到预付式消费投诉类387起，比上年增长46%，涉及投诉人员1190余人、金额400余万元，妥善处置352起，引导走司法途径35起。

（吴华帅）

对外及对港澳台贸易

【概况】 2019年，实现外贸进出口总额211.14亿元，比上年增长5.68%，其中出口额182.49亿元，比上年增长6.48%，高于全国增速1.50个百分点，低于全市平均增速1.10个百分点，全国份额占比10.59%，进口额28.86亿元，比上年增长0.90%。实现服务贸易进出口额20.00亿元，其中服务贸易出口额15.82亿元；完成服务外包执行额5.26亿元，比上年增长13.01%，其中离岸服务外包执行额3999万美元，比上年增长10.37%；实现核准中方投资额2635.6万美元。

【外贸出口】 2019年，实现货物进出口总额211.14亿元，比上年增长5.68%，其中出口额182.49亿元，比上年增长6.48%；进口额28.86亿元，比上年增长0.90%。外商投资企业作为投资进口的设备、物品出口额和保税仓库进出境货物出口额未能破零。

2019年全区主要贸易方式出口情况表

表23　　单位：元

名称	出口总额	增幅（%）	进口总额	增幅（%）	进出口总额	增幅（%）
一般贸易	16199878586	6.97	2428812740	7.34	18628691326	7.01
来料加工装配贸易	64273024	−14.34	20787015	−21.27	85060039	−16.14
进料加工贸易	1981339398	3.37	430631964	−24.05	2411971362	−2.89
外商投资企业作为投资进口的设备、物品	0		0	0	0	0
保税仓库进出境货物	0	0	0	0	0	0
其他	3891694	113.62	6076925	41.47	9968619	62.96
总计	18249382702	6.48	2886308644	0.90	21135691346	5.68

2019年全区主要出口地区情况表

表24　　单位：元

名称	出口总额	增幅（%）	进口总额	增幅（%）	进出口总额	增幅（%）
亚洲	5162989131	31.09	2204745071	15.31	7367734202	25.94
非洲	1113892404	8.47	46783542	10.73	1160675946	8.55
欧洲	5185661752	−0.47	399877758	−12.87	5585539510	−1.47
拉丁美洲	1505093851	8.71	44754950	−56.83	1549848801	4.14

续表24

名 称	出口总额	增幅（%）	进口总额	增幅（%）	进出口总额	增幅（%）
北美洲	4694631243	-6.07	92609235	-52.49	4787240478	-7.82
大洋洲	587114321	1.15	97534571	-33.41	684648892	-6.10
其他	0	0	3517	-92.45	3517	-92.45
总计	18249382702	6.48	2886308644	0.90	21135691346	5.68

【外经工作】 2019年，新批境外投资企业4家，境外投资企业增资3家，完成核准中方投资额累计2635.60万美元。

2019年新批境外投资企业情况表

表25

单位：万美元

企业中文名称	境外企业中文名称	境外注册地	所属行业	设立方式	中方投资额
宁波利安电子有限公司	利安电子（泰国）有限公司	泰国	计算机、通信和其他电子设备制造业	新设	300.00
宁波松科磁材有限公司	松科磁材德国有限公司	德国	进出口贸易	新设	2.80
宁波海威汽车零件股份有限公司	海威（墨西哥）汽车零件有限公司	墨西哥	汽车制造业	新设	2000.00
宁波瑞凌新能源科技有限公司	日本瑞凌株式会社	日本	进出口贸易	新设	36.30

【外包服务】 2019年，全区完成服务贸易进出口额20亿元，完成宁波年度考核任务102.76%，其中服务贸易出口额15.82亿元，完成宁波年度考核任务109.50%；完成服务外包执行额5.26亿元，比上年增长13.01%，其中离岸服务外包执行额3999万美元，比上年增长10.37%。旅游服务、计算机和信息服务、文化服务三大板块凸显，成为奉化区服务外包主力行业；境外工程承包未能破零。

【市场开拓】 2019年，组织123家企业参加春秋两季广交会、消博会、华交会等展会，累计达成意向成交额1.80亿美元，其中春秋两季广交会合计摊位177个，意向成交额1.30亿美元；组织今日食品、华发进出口、世家戴乐斯等20家采购商参加中东欧博览会，达成意向成交额1700万美元；组织128家企业参加第二届进口博览会，达成意向成交额9800万美元。

【外经贸培训】 全年共召开外经贸培训5场次，培训 483人次。3月14日，召开信贸协作工作座谈会，加深外向型企业对出口信用保险作用认识，帮助企业开拓国际市场开展境外合作；8月20日，召开全区应对中美经贸摩擦精准服务外贸企业专项行动工作会议，部署重点外贸企业走访调研服务任务，了解企业需求，解决企业困难，降低中美经贸摩擦对全区外贸企业造成的影响，确保“稳企业稳外贸防风险”工作目标顺利完成。9月27日，举办“破局贸易战，备战新外贸”跨境电商主题沙龙，帮助企业准确把握外贸发展新形势，发展跨境电商重点领域，大力开拓“一带一路”沿线国家（地区）新兴市场。9月29日，召开广交会参展动员暨拓市场增订单会，部署广交会参展事宜。12月25日，举办外向型企业政策业务培训会，帮助外贸企业全面了解当前中美贸易摩擦发展态势，支持外贸企业开拓国际市场、防控风险。

【优惠政策】 全年兑现拨付宁波以上涉外扶持资金969万元，奉化区级配套资金753.16万元。同时完成跨境电商园补助政策资金专项审计，确认补贴金额为268.60万元。

【外贸平台创建】 全区有5家外贸企业分别列入2019年度“浙江出口名牌”和“宁波出口名牌”名单，其中宁波亚德客自动化工业有限公司、宁波今日食品有限公司为省级出口名牌新增认定企业；宁波创跃园林工具有限公司、宁波秉航电子科技有限公司为市级出口名牌新增认定企业，宁波市奉化区南方机械制造有限公司为市级出口名牌复核认定企业。

【贸促工作】 3月，中共宁波市奉化区委员会下发《关于〈中国国际贸易促进委员会奉化区委员会职责配置、内设机构和人员编制规定〉的通知》，明确中国国际贸易促进委员会奉化区委员会挂中国国际商会奉化商会牌子，参照群团机关管理。6月，接待“一带一路”国家经贸代表团开展经贸交流活动，考察滕头村，参观麦博韦尔有限公司。11月，宁波市奉化国际商会在民政部门登记注册，取得社会团体资格。12月，中国国际贸易促进委员会奉化区委员会暨奉化国际商会第一届会员代表大会顺利召开，确定102家企业和行业协会为宁波市奉化国际商会会员单位。全年共签发一般原产地证1405份，代理签发优惠产地证373份，代办商事证明书476 份，代办领事认证112份，新产地证注册登记企业20家。

（吴华帅）

投资促进

【概况】 2019年，全区招商引资工作紧紧围绕市委“六争攻坚”战略部署和区委“三大计划”“五大攻坚战”工作要求，在区委、区政府的领导及各镇（街道）、平台、招商引资主体责任部门的协同推进下，招商项目量质齐升，持续保持良好的发展态势。全区浙商回归到位资金80亿元，完成宁波市考核任务（70亿元）的114.3%，获评支持浙商创业创新促进宁波发展工作第二等次；宁波市外境内资金到位85亿元，完成宁波市考核任务（75亿元）的113.3%，获得宁波市国内招商引资工作第二等次；实到外资1.1亿美元，完成宁波市考核任务（1.1亿美元）的100%；全区新引进项目30个，其中10亿元以上项目7个，50亿元以上项目2个。

【项目招引】 坚持“好中选优”的择商选资思维，明确产业定位，谋划产业区域，树立为主导产业区域“土地留白”的决心。在设区三周年大会上，共有46个项目集中签约，涉及总投资588亿元；引进一批高新技术项目，ECGlass智能节能材料、国奥源干细胞全产业链、融光纳米结构色产业园、功能性微电子新材料、戈润环保水处理设备等项目签约落地，实现了新突破、新跨越。

【体制机制创新】 创新驻外招商模式，铺设“科创飞地”招商网络，深圳、杭州、上海、北京奉化凤麓孵化器陆续签约揭牌，延伸招商“触角”，构建京津冀、长三角、珠三角的招商引智网络，着力打造抢人才、抢项目的前沿阵地。进一步促进全区招商引资工作的科学化、制度化、规范化，研究形成优化项目服务流程，明确各地各部门工作职责。建立项目统筹和成果共享机制，促进全区联动招商，避免因信息不对称、资源不匹配造成信息搁置、项目流失。鼓励项目合理流转，推动资源统筹安排，提高项目落地成效。应用大数据技术搭建招商引资信息平台，整合项目、资源、信息三大要素，着眼于各项要素的盘活利用，全力推进大招项目、招大项目。

【重点重大项目】 功能性微电子新材料项目正式签约落户。5月9日，华璞微电子科技（宁波）有限公司与西坞街道签订正式合作协议。该项目致力于功能性微电子材料的科技创新和技术突破，实现规模化生产，补充国内行业空白，为显示面板和半导体产业提供原材料，推进解决国内市场供不应求问题。

国奥源干细胞全产业链基地项目顺利落户。5月25日，奉化区与国奥源集团就在奉化设立干细胞全产业链基地签订正式合作协议。项目计划总投资40亿元人民币，主要建设干细胞基础研发、干细胞体外工艺技术操作、干细胞储存、干细胞药物品种开发、干细胞医疗等功能的硬件基础设施和技术标准及管理体系，打造能够承接干细胞再生医学全产业链医、教、研、用4位一体的产业基地。

【产业园签约落户】 融光纳米结构色产业园签约落户。7月3日，奉化区与深圳市融光纳米科技有限公司就在奉化设立融光纳米结构色产业园签订正式合作协议。该项目是继瑞凌降温薄膜、锋成双亲纳米材料后又一项由海外一流大学教授领衔的新材料高科技项目。该技术是纳米材料和印刷技术的紧密结合，可广泛应用于化妆品、手机后盖、汽车车身及零部件等领域。根据协议，项目计划总投资约3亿元，分两期建设，其中一期投资约1.2亿元，自奉化项目公司成立之日起，五年内累计产值不低于8亿元，累计税收不低于7000万。复旦科技园浙江创新中心开园。6月8日，复旦科技园浙江创新中心在宁波举行开园暨项目签约仪式，共有9个项目签约，总金额约190亿。复旦科技园浙江创新中心是奉化区引进的重大“双招双引”创业创新平台。项目自2018年11月签约以来，按照“总体规划、分步推进、滚动开发”的建设思路，扎实有序推进各项建设和产业集聚培育工作。创新中心计划5年内集聚300家企业，其中规上企业15家，实现创投孵化企业30家，努力建设成为立足奉化、辐射长三角的一流科技创新、成果转化和科技产业集聚平台，成为沪甬合作的典范。

【赴沪集中签约】 8月22日，“2019年宁波（上海）招商引资推介会”在上海浦东江畔举行。此次会议旨在深度对接上海，贯彻习近平总书记关于支持长三角一体化发展并上升为国家战略的重要指示精神。会上共有39个项目集中签约，其中奉化区有3个项目，总投资额达6.38亿元，分别是上师大附属宁波实验学校项目，总投资2.5亿元人民币，将在宁南贸易物流区生命健康城区块新建1所九年一贯制公办学校；浙江佳境工业废弃物资源化利用与处置基地项目，总投资3.4亿元人民币；承兴（宁波）半导体设计中心项目，投资额687.59万美元，在奉化设立项目设计中心，主要从事新能源芯片、5G射频芯片、感应芯片、图像传感芯片和机器人应用芯片等方面的研究。

（徐炳炳）

区域合作和对口支援

【概况】 奉化区东西部扶贫协作地区为吉林延边州安图县和珲春市，山海协作结对地区为丽水市缙云县。2019年，奉化区东西部扶贫协作考核获得“好”等次。社会帮扶和产业合作分别获得单项奖第一和第二。2019年，山海协作考核获得“优秀”等次。

【山海协作】 2019年，18家旅行社共组织50个团1300人次赴丽水疗休养。奉化和缙云两地互游的散客每年在5000人次以上，形成了良好的山海客源互送机制。对接交流签订协议。区长张文斌率领奉化党政代表团与缙云县县长王正飞及当地有关部门和乡镇主要负责人开展交流对接，签订两地“山海协作”协议。

全年落实315万元帮扶资金，其中援建项目资金255万元，主要用于实施前路乡前路村乡村振兴示范村建设和方溪村休闲绿道建设等6个援建项目；开展“爱在奉化 情暖缙云”捐赠活动，区5家企业捐赠留守儿童和困难学生50万元。

增强当地“造血”功能，组织10多家企业与工业行业协会秘书长一同赴缙云开展两地山海协作产业合作交流活动，并与缙云企业进行产业对接。引导宁波埃马电器公司在缙云投资，计划投资8600万元，投产后将年产700万台小家电，已开工建设。利用年货展销、电商营销和商超直销等平台帮助缙云开拓农产品市场，全年帮助销售农特产品约600万元。

区教育局、区科技局、区人力社保局、区农业农村局、区文广旅体局、区卫生健康局与缙云相对应部门签订了对口协作协议书。选派2名党政干部挂职，又轮换2名教师到缙云县挂职交流。开展教师结对、课题结对、远程授课、视频听课等活动，并接收缙云县3名教师到奉进修交流。加强医疗学术交流与合作，推动卫生与健康领域精准合作，开展医务人员互派交流2人次，邀请缙云卫生系统人员参与奉化区组织的大型医疗卫生学术论坛。

借助区宁波市高技能人才公共实训基地平台，结合缙云县的产业结构特点，推进高技能人才实训基地的建设，协助开展各类就业创业培训，2019年，两地共举办就业创业培训31期，培训各类人员3170人，其中创业培训650人。为缓解企业“招工难”，区8家企业积极响应“春风行动”，共推出岗位51个，涉及气动工具、五金、制冷工具、机械装备、服务行业等，岗位需求人数484个，共有152人与企业达成就业意向。旅游合作。两地互推旅游线路、工会疗休养线路。

【东西部扶贫协作】 2019年，安排对口帮扶协作资金6290万元（安图5330万元、珲春960万元），在特色产业带动、低收入群众增收、社会救助等方面遴选出15个项目，14个项目已完工，实施扶贫项目共帮扶贫困人员3532人。完成社会帮扶资金和物资捐赠合计2206.11万元。央视、《新闻联播》等中央级媒体栏目先后报道奉化帮扶信息30多篇次。机关干部参与“中国社会扶贫网”推广工作，全区注册用户11898人，认领对口地区微心愿5万余个，捐助资金63余万元，名列全市首位。产业帮扶。引导企业落户对口地区11家，实际到位投资额5.6亿元。

把对口帮扶协作列入区七大专项行动，成立东西部扶贫协作专项工作领导小组及工作专班，构建专班统筹、专人负责、专项推进的工作机制。制订《关于促进奉化与吉林延边州（安图珲春）产业合作、劳务协作和消费扶贫实施办法》。区委和区政府主要领导分别赴安图、珲春考察对接1次，区分管领导赴安图、珲春考察对接3次，召开两地党政联席会议，签订2019年对口帮扶框架协议。共接待安图、珲春代表团10批。区委常委会、区政府常务会议、领导小组会议等研究讨论东西部扶贫协作工作15次，召开消费扶贫、劳务协作、人才交流培训等专题推进会3次。

总投资2.58亿元宁波顺源农业杏鲍菇项目一期工程开工建设；总投资5000万元的浙拖奔野拖拉机制造项目用14天在安图县注册落户，创下宁波产业扶贫“最快速度”；海上鲜“智慧渔业”助力珲春海洋经济发展首开扶贫领域金融创新服务先例，成功入选全国“携手奔小康”典型案例；宁波宇达光电顺利完成当年度投资、投产、扩产三级跳，并实现外籍劳工生产效能赶超宁波本部员工。建设完成桑黄基地、新胜手拍粉、雅戈尔3个扶贫车间，形成带动贫困人口就业稳岗的长效机制。

区总工会出台每人每年增加500元消费扶贫专项政策，并与文广旅体局联合组织引导区3670名职工赴延边州开展工会疗休养活动。区文广旅体局组织开展奉化、安图、珲春三地文旅推广活动，成立了三地上海旅游推广中心。区商务局牵头举办“消费扶贫机关先行”等活动，在奉化开设直销点7家，并利用结对助销、直营促销、企业购销、年货展销等方式，全年采购对口地区农特产品4432万元，延边大米、黑木耳等延边味道成为奉化人民餐桌上的常食。

区委组织部和区人力社保局加强挂职干部和专业技术人员管理，全年选派52名专业技术人员赴对口地区开展帮扶工作，其中挂职时间12个月以上6人，7—12个月14人，1—6个月32人。接收对口地区来奉挂职党政干部和专业技术人员9人（其中党政干部4人）。区委组织部举办珲春“西学东进”素质提升培训班，组织开展脱贫攻坚专题培训班和乡村建设等党政干部培训班8期2990人次。区教育局、区卫生健康局、区农业农村局等组织开展教育、卫生、农业种植技术等专业技术人才培训19期1231人次。

区人社部门组织开展三地“春风行动”“甬上乐业 情定延边”等专场招聘会，菱创科技、捷达物业等企业开发“就业扶贫爱心岗位”，实现贫困人口“一站式”上岗就业，全年接收贫困人口到奉化就业67人，实现当地就近就业418人，开展贫困人口就业培训8期、共481人次，大大提高了贫困人口的收入水平。区教育局组织接收25名贫困学生到奉化就读，并成功推荐就业1人，推动对贫困家庭子女扶贫扶智。

12个镇（街道）、13所学校、3家医院、13家企业、3个社会组织分别与对口地区12个乡镇、13所学校、3家医院、13个村、3个社会组织结对，广泛开展全领域交流，通过资金支持、项目合作、设备援助、教学交流、技术提升等形式推动两地进行合作交流立体全面，草莓、水蜜桃等一批奉化特色农产品在延边落地生根，“安奉友谊桥”“幸福村”“幸福路”等一批民生项目见证两地人民的情谊。举办致富带头人培训班4期，培训各类贫困村创业致富带头人281人，为对口地区培养了一支脱贫致富的排头兵、先锋队。

（楼旭美）

进出境监督管理

【概况】 根据国务院机构改革方案精神，原出入境检验检疫管理职责和队伍划入海关总署。2019年，奉化海关共受理出入境货物申报10917批，金额1.9亿美元，货物批次比上年增长44.3%，金额比上年下降48.6%，其中受理出境货物申报10873批，金额1.9亿美元，批次比上年增长45.9%，金额比上年减少44.1%；受理入境货物申报44批，金额516.1万美元，分别比上年下降60.7%和82.8%。全年共签发产地证10964份，签证金额4.3亿美元，批次比上年增长0.8%，金额比上年减少4.4%，其中签发自贸区产地证4869批，签证金额1.49亿美元，分别比上年减少0.06%和0.67%。办理检验检疫证书审核制发1303份，包装性能检验结果单制发1833份，加工贸易电子化手册备案338本。进口货物备案金额为6.1亿元。

【开关仪式】 2019年6月28日，奉化海关举行开关仪式，宁波海关关长顾勤、区委书记高浩孟共同为奉化海关揭牌，区委副书记、区长张文斌致辞，宁波海关副关长陈开茂、奉化区副区长陈锦杰、溪口雪窦山名山建设工作委员会党工委委员江定康等参加。

【助力名优农产品出口】 继续助力奉化水蜜桃出口，提前介入，大力扶持，帮助3家果园完成出境水果果园注册登记，2019年产

6月28日，奉化海关揭牌

季，奉化水蜜桃销售共计1525箱、3752公斤，平均售价达62元／公斤，有力提升了奉化水蜜桃的境内外知名度，促进了桃农增收。

【进境苗木隔离监管】 奉化共隔离检疫进口苗木115批次、2318种，与上年同期相比分别增长6.7%和11.2%；检出检疫性有害生物69种次、一般性有害生物2964种次。检疫性有害生物主要有山茶花腐病菌、苹果根结线虫、卢斯短体线虫、短颈剑线虫、山茶根结线虫5种，其中山茶花腐病菌为全国口岸首次截获。

【国门生物安全监测工作】 配合技术中心做好联系工作，设立各类监测点41个，对检疫性实蝇、有害杂草、林木害虫、黄瓜绿斑驳花叶病毒等外来有害生物进行监测 。

【进出口食品安全监管】 共完成食品化妆品33个样品、221个项目的抽样检测工作，检出2批次输美糖水橘子罐头多菌灵含量超标。积极应对中美贸易摩擦，对宁波今日食品有限公司等进行专项工作调研。开展“进口食品安全社区行”活动，通过发放科普读物、进口食品展示及品尝等方式，展示了新海关、新职能、新形象，整个活动共吸引100余人到场参加。组织人员参加“中东欧及相关国家食品安全管理体系及准入研究工作”，并负责奥地利食品安全管理体系研究及爱沙尼亚水产品年度监测报告风险评估。

【进出口工业品检验监管】 2019年，继续开展危化危包企业安全整治和产品质量抽查工作，检出不合格情况3批次。 全年，共开展国外退货调查172批，其中涉及质量原因的退货149批，未发现企业违法违规行为。

【产地证签证】 推行原产地证书信用签证模式，选取信誉良好、内部管理制度完善、申领人员稳定的6家企业开展原产地证书信用签证，增加了企业签证的自主性和便利性，全年完成信用签证961份。开展原产地证书邮寄服务，将签证环节的“最多跑一次”升级为“一次都不跑”，共完成邮寄业务176份（其中原产地证书84份、检验检疫证单92份）。

【优化企业服务】 11月，组织开展“企业家走进海关”活动，多家企业参加座谈，开展企业认证、通关一体化以及产地证等方面政策宣传。走访调研辖区企业40家，现场听取企业的意见和建议。严格落实“最多跑一次”工作要求，动态调整公布企业办事事项清单和标准，充分运用信息化手段，进一步优化出口企业注册登记等行政许可事项办理流程，基本实现了网上办理。

【实验室管理】 2019年，技术分中心共完成各项检测工作7595批次，检测样品11024个，检测项目31344个，批次和样品数比上年分别增长29.47%和31.36%。检测不合格共322批次。2019年，共参加中国合格评定国家认可委员会等专业机构组织的13个能力验证，覆盖实验室认可全部领域，均取得满意结果。

【基层党组织建设】 根据《宁波海关直属机关党委关于做好基层党组织设置和换届选举工作的通知》要求，设立办公室、服务分中心联合党支部，综合业务一科、稽查科联合党支部，综合业务二科、技术分中心联合党支部，查检科党支部4个党支部。合格党支部建设和党建品牌争创同步推进，重点抓好支部品牌建设，查检科党支部形成了“360·强化”的支部特色品牌，获宁波关区基层党建示范品牌，形成示范效应。其他支部也通过开展志愿者服务活、向区红十字会捐赠爱心物资等活动，提升海关形象。

【“不忘初心，牢记使命”主题教育】 2019年，按照总署总体部署，开展以“不忘初心，牢记使命”为主题的教育活动，共走访调研企业40余家，采取专项整治、结合调研、座谈等方式收集整理问题建议10条，建立了整改台账，完成整改措施10个，还需持续推进2个。将主题教育与年度海关总署党委巡视整改工作紧密结合，深入对照自查，逐条采取预防措施，多点用力推动整治整改。

（杨双美）

烟草专卖管理

【概述】 2019年，区烟草专卖工作围绕区委、区政府工作部署及全省烟草系统推进“互联网+烟草专卖商业”浙江模式深化落地的重点任务，以高质量发展为引领，深化巩固内部管理，从严管好辖区卷烟市场，全年实现税利总额2.69亿元。区烟草专卖局（分公司）再次获奉化经济风云榜“重大贡献奖”，局机关党支部获宁波市级五星级基层党组织、奉化区优秀基层党支部称号。

【市场监管】 认真推进“互联网+专卖管理”新模式，扎实开展“蓝天2号”“市场整治”等专项行动，不断加强卷烟打假打私打非力度，市场监管成效明显。全年查处各类涉烟案件271起，其中案值50万元以上案件2起，成功破获奉化首起加热不燃烧新型卷烟案件；查获各类卷烟19327条，比上年增长22.56%，涉案金额480余万元，比上年增长42%。

【服务管理】 持续深化“最多跑一次”改革，严格落实“领导窗口坐班制”，依法加强烟草零售许可证管理，稳妥有序推进中小学周边零售许可证清理。持续强化执法队伍建设，开展专卖队伍“三查三纠”专题活动、行政处罚案卷评查、行政许可案卷评查，进一步规范执法行为。持续推进“七五”普法，组织参与“3·15”“12·4”等普法活动。

【党的建设】 深入推进“不忘初心、牢记使命”主题教育，全体党员为民办实事52件，开展集体志愿服务活动2次，打通服务群众“最后一公里”。不断加强党建基础，党员队伍建设向好发展，4名党员先后亮相全市烟草系统党员先锋模范榜；党建阵地建设持续优化，建成党建展厅，“两室两厅”的党建阵地初具规模。纵深推进全面从严治党，开展“天价烟”“烟票”等专项整治、“学案例、强纪律”专题活动。

（袁　静）

宁南贸易物流区

【概况】 2019年，宁南管委会统筹协调宁南贸易物流区和中交城市转型示范区，全力推动宁南区块开发建设，紧扣区委、区政府“六争攻坚、三年攀高”行动和“357”工作部署，以实现“三年大变样”目标为抓手，加速推动项目建设。开展“不忘初心、牢记使命”主题教育，贯彻务实求真、真抓实干、干出成效的工作理念，全力推动宁南平台实现大跨越、大突破、大发展。2019年，完成内资12.39亿元，完成率为225%；引进浙商回归资金6.93亿元，完成率为139%；实际利用外资1077万美元，完成率为54%；引进市外境内资金6.48亿元，完成率为132%。

【重点产业项目】 2019年，是“三年大变样”决胜之年，也是宁南区块“大开发、大建设”的起始之年。根据区委、区政府布置的工作任务及宁南项目建设安排，宁南管委会全年安排实施41个项目建设，其中宁南贸易物流区26个、中交未来城11个、方桥街道4个。41个项目中，“二年大变样”项目9个，“区重点工程”项目17个，“五大攻坚战”项目37个。

宁南智慧物流小镇已落户

3月19日，哈佛医学中国创新中心产业开发部总经理到宁南调研生命科学城

的苏宁、红易（京东）、深国际、国美等4个项目已投入运营，全年实现营收6.3亿元。农副产品物流中心一期已经完工，二期项目和宝湾物流、冷链项目正在推进。小镇客厅完成AAA级景区规划。宁南智能家居产业园总规划范围816.6亩，立足方桥区域厨卫家居产业特色，计划整合导入一批规模较大的方桥现有企业，扶持培育一批“小而美”企业。浙江奥迪斯丹科技有限公司、星宇电子（宁波）有限公司、宁波世杰厨卫科技有限公司、宁波可星机电科技有限公司。4家已入园企业建设有序推进。

2019宁波生命科学城项目开工配套项目13个，完成固定资产投资约12亿元。根据区域开发基础先行，公建配套、产业项目房产开发同步推进、配比建设的规划，宁南文体中心、中央公园、临时农贸市场基本完工。上海师范大学附属宁波实验学校项目开工建设。恒兴东路、方浦路等一批基础设施项目陆续施工。年前完成7号、28号土地出让。哈佛浙江创新中心、健康医养中心等项目已经多轮协商。此外，远盟国际救援中心合作、微医集团、东软智慧健康中心等项目启动洽谈。

中交城市转型示范区内在建工程12个，完成固定资产投资约22亿元。山隍路至顺浦路、葭浦路、方欣路、滨江生态公园（一期）工程等一批市政、公建项目已完成工程量过半；未来城科普中心已具备开放条件；联东U谷产业园已有25家意向入驻企业；泽生医药、甬兴电子等产业项目启动建设；占地面积281亩的中意工匠定制城“达芬奇小镇”完成签约。还有上海临港科创基地、宏日新材料、新浪人寿等项目在洽谈中。

【基础设施建设】 产业园区基础设施密集投资建设，道路、河道网络成形，安置房建成交付13.7万平方米。汇诚南路已竣工通车，“两高”连接线（汇诚北路）具备通车条件；剡江大桥现浇块全部合龙，建设进度进一步加快；城市文化中心项目交付使用；新华书店、图书馆、博物馆陆续开店开馆，文化馆的音乐厅设计提升完成，已进场施工；宁波市第一医院异地迁建项目顺利推进。

【项目服务争效】 宁南积极推进服务争效，全力保障项目建设。2019年，新注册公司38家，涉及物流、电子商务、信息咨询、“互联网+”等行业。累计完成土地出让1495亩。其中农副、苏宁、国美、红易、润恒、宝湾、奥迪斯丹、星宇、可星9个项目已完成用地出让工作。中交城投

7月15日，宁南商议金茂、中交两平台共同发展

11月20日，上海师范大学附属宁波实验学校暨宁波生命科学城重点项目集中开工仪式举行

已累计完成土地出让215亩，挂牌公示地块2宗、约100亩。

（陈　雯）

供销合作社联合社

【概况】2019年，区供销合作社联合社（农合联执委会）以“三位一体”综合改革为引领，以密切与农民利益联结为核心，全力构建“五个一”工程，取得了较好的成绩。尤其是“农信盈”创新做法和乡镇农合联参与社会治理的案例在2019年召开的全省“三位一体”农合联改革现场会上，受到省委副书记郑栅洁的充分肯定并在全省普遍推广。区水蜜桃产业农合联获全省“三位一体”改革成绩突出集体称号。

【生产服务】推动农资公司向农业综合服务商转型，面向农户开展农资供应、配方施肥、农机作业、金融信息等农业生产全过程服务。创办区中心庄稼医院，扩建庄稼医院46家，为农民出诊820余次，完成4.5万亩水稻和8500亩水蜜桃统防统治任务，为农户购买农药、化肥提供无息贷款120万元。积极推动会员单位参加国家级、省级、市级示范合作社和示范基地的评审活动，引领全区农民专业合作社规范发展。银龙竹笋专业合作社入选全国农民专业合作社500强，华岭花果山农场、雨易茶场、千花万果农场、乐野生态农场4家会员企业被认定为省级示范性家庭农场。促进滕头集团和凌晨科技农业之间的合作，牵头组建兴奉农业开发有限公司。

【供销服务】与“掌上奉化”合作，继续办好名特优农副产品及时令果蔬推介专栏，2019年，该平台已入驻会员企业32家，发布推介油焖笋、草莓、曲毫、白茶等专场，组织红樱桃、桑果等时令鲜果采摘等农旅融合活动。南塘老街宁波特产批发中心开设奉化特产专柜，首批入驻10余家会员企业，上柜特色农产品40多种，减少农产品流通环节，提高奉化农产品知名度。拓展世纪联华超市、大润发、上海辉展市场等大型商超市场的销售渠道，与京东、淘乡甜、盒马鲜生和全家便利店等大型新零售平台建立深度合作关系。

通源商贸公司投资9600万元建设的农村日用品配送中心一期工程竣工。该中心经营面积达10350平方米，以提高农村百姓生活质量、缩短城乡消费距离。

【信用服务】完成农合联会员信用评定、授信率达92%。向72家新型农业经营主体发放贷款6545万元。城北供销社与宁波农信担保有限公司合作，先后为种养殖户提供担保贷款300多万元。探索扩大金融服务覆盖面，与区金融办、农商行、区文广旅体局联合推动“农旅贷”改革创新工作。与罗蒙村镇银行签订合作协议，授信2000万元贷款额度，助力品牌茶叶发展。

【产业农合联】充分发挥和拓展产业农合联在品牌建设、主体培育、产销服务等方面作用。水蜜桃产业农合联组织会员赴无锡、常州考察学习，探索原生态栽培管理模式，与广州市社农产品超市签订3万箱水蜜桃订单。茶产业农合联组织名优茶种植示范户赴福建泉州、安溪考察名优茶包装机设备、茶礼包装设计和老白茶制作等工艺技术，研发推出小罐茶。选送“雪窦山”曲毫、大堰白茶等品牌参加第三届中国国际茶叶博览会、第十届宁波茶博会，名优茶销售额达5400万元。

水蜜桃产业会员单位推出的桃花酒、桃花果冻等系列“桃元素”创意产品，在2019奉化水蜜桃文化节上亮相。竹笋产业农合联龙头企业银龙竹笋合作社通过技术攻关，全面启动油焖笋、羊尾笋、笋干3条加工流水线，加工春笋、雷笋100多万千克，“山丁丁”牌羊尾笋获2019第三届中国（上海）国际竹产业博览会金奖。

11月8日，草莓、柑橘两家产业农合联组建完成，宋小赞、夏追国分别担任草莓产业农合联和柑橘产业农合联理事长。

【水蜜桃LOGO创意设计及宣传口号征集大赛】会同区农业农村局举办奉化水蜜桃LOGO创意设

计及宣传口号征集大赛。征集活动历时3个月，共征集到品牌口号5000多条、LOGO300多件、创意形象50多条。经评选，有15件（条）作品入围，其中1件被征用。

【“2019奉化水蜜桃开摘”仪式】 6月28日，2019奉化水蜜桃开摘仪式在萧王庙街道林家村“天下第一桃园”举行，200多名来自各地的游客和水蜜桃销售商参加，安排台湾游客、上海客商、桃农代表、耄耋老人、新婚夫妇等作为2019年奉化首批水蜜桃开摘嘉宾，分别摘下象征两岸兄弟情谊的“同心桃”、象征健康平安的“长寿桃”、象征甜蜜爱情的“幸福桃”等。区供销合作社主任朱正天和区农业农村局局长杜志维启动2019水蜜桃开售发车仪式。新浪、淘宝等平台对开摘仪式进行了现场直播，仅1个半小时，点击量已达120万人次。

【“品寻欢喜·尝味奉桃”2019奉化水蜜桃推介会】 7月6日，“品寻欢喜·尝味奉桃”2019奉化水蜜桃推介会在杭州世纪联华超市举行，省供销社副主任张建出席推介会并致辞。区政府副区长张巍现场促销，并授权杭州联华华商集团有限公司为“欢喜奉桃”奉化水蜜桃浙江市场特约经销商。通过讲述农业品牌故事，推广发布“蜜桃之旅”旅游热线，品鉴水蜜桃甜品和桃衍生品等多种形式，吸引众多市民参与。新浪浙江、《钱江晚报》、浙江在线、浙江今日头条、《宁波日报》等18家媒体记者在现场跟踪采访。区供销社还在华东最大的进口水果市场——上海辉展国际水果批发市场和静安区的曹家渡、国际丽都城等11个社区举行奉化水蜜桃推介促销活动，进一步提升奉化水蜜桃在江浙沪市场的品牌影响力。

（沈荣泉）

工业投资公司

【概况】 2019年，奉化区工业投资集团有限公司下辖区工贸实业有限公司、区中小企业融资担保有限公司、区锦浩投资管理有限公司、区工业科技投资有限公司、区锦贝建设投资有限公司等5家全资子公司。

【深化国企内部改革】 按照区国资中心批复的集团三定方案，优化集团本级及所辖子公司组织架构，明确各自职能职责，充分发挥体制机制效能，同时加强集团班子及专业技术人才配备，通过面向社会公开招聘集团副总经理1人，工作人员5人，并建立健全内部各项规章制度，提高企业工作效能。

【服务企业助推发展】 充分发挥政策性融资担保公司杠杆作用，着力破解中小企业融资难题。通过拓宽融资渠道、优化反担保措施、扩大担保覆盖面、创新业务模式等多种途径，一如既往为区中小企业发展保驾护航。截至年底，在保企业100多家，共计142笔，在保企业家数和在保额依旧位列全市前列。

【组建基金及对外投资】 组建规模10亿元的区工业投资基金，作为工投集团对外投资的主要平台，已完成对3家创新科技公司投资近3亿元；作为基金LP出资单位，牵头或参与组建规模28亿元的科技部科技成果转化子基金——宁波高灵投资基金及规模10亿元的浙江省首支军民融合基金——宁波浙铝君融创投基金落户奉化。

【重大项目服务保障和工业园区建设】 根据瑞凌降温薄膜、锋成纳米科技等项目建设进度，累计为两个项目提供扶持资金2.1亿元，有力保障两个项目按计划快速推进。通过多种途径收储工业闲置地产，改造提升用作“小而美”企业特别是“小而美”苗子企业的创新孵化加速平台，提高创新型招商项目的承载能力，已完成一块工业地产收储，作为奉麓新材料加速器平台，入驻企业45家。积极参与工业创新综合体建设和旧工业区块改造提升，通过股权合作方式参与中信城开江口民营科技园区项目，在加快推动园区建设的同时做大集团资产规模。

（董　炜）

旅 游

旅游业

【概况】 2019年是奉化“撤市设区”实现三年大变样的冲刺之年，也是实现文化和旅游融合发展的开局之年。旅游业紧紧围绕区委区政府“三年大变样”总目标，以“思想大解放、改革再出发”为总引领，以机构改革为动力，不断繁荣文化事业，壮大旅游事业，提振文旅产业，推进国家全域旅游示范区创建，提升人民群众的获得感、幸福感，文化旅游各项工作取得了长足的进步。奉化区被列为省级年度旅游发展十佳县区、列入中国旅游影响力县区TOP10榜单；“全域旅游信用奉化模式”在长三角信用专题会上作典型经验交流，2019年7月列入“省信用应用十大案例”。

【规划建设】 奉化区旅游工作紧扣提供优质旅游产品和服务中心环节，推进全区文旅融合，文旅事业创新、协调、绿色、开放、共享、发展，为推动全区高质量发展，加快融入主城区打下基础。增强优质旅游供给。溪口—滕头国家AAAAA级旅游景区、黄贤森林公园AAAA景区整改提升；组织弥勒文化园、青云村和马头村创建国家AAA级旅游景区，其中弥勒文化园和马头村通过宁波局组织的景观质量评审；推进宁波湾旅游度假区省级旅游度假区创建、大堰镇省级旅游风情小镇创建、裘村镇省级旅游风情小镇培育、萧王庙街道加快市乡村全域旅游示范区创建；申报AAA级旅游厕所10座，开展“厕所革命”，10月底，已有10座完工，5座在内部装饰中。促进景区项目高质量发展。总投资300亿元的宁波滨海健康旅游小镇、120亿元的宁波湾滨海华侨城文化旅游项目、40亿元的溪口恒大生态旅游小镇、10亿元的民国风情街和10亿元的尚田冰雪小镇等旅游综合体建设重点推进；启动奉化主城区景区城和莼湖镇景区镇创建，“城乡融合”高质量发展；完成A级景区村庄创建56个，其中AAA级景区村庄15个，居宁波全市第一；滕头村入选首批全国乡村旅游重点村，“乡村振兴”走在前列。前三季度，奉化区旅游项目投资达43.24亿元，完成年度投资98.92%，全市排名第一。推进民宿经济发展。指导吾居吾宿、燕来山田、溪口栖霞山居等民宿参评金宿级民宿和叶级客栈；拟定《宁波市奉化区促进民宿发展的若干政策意见》，从项目补助、集聚发展、市场营销、人才培训等方面助力民宿产业发展；与相关部门多次沟通协商，探索民宿审批“一窗受理、并联审批、一窗出件”奉化模式。

【产业融合】 以“旅游+”促进产业融合，完善旅游产品体系。成功创建宁波市专项休闲旅游基地2个，申报省工业旅游基地1个，与教育部门联合申报研学基地2个；完成《唐诗之路——

奉化区剡溪九曲景观绿道方案设计》，投资2.5亿元推进剡溪九曲景观绿道建设；推出国内首部城市祈福IP动画片《神奇布袋小子》，旅游与文化、农业、工业等产业不断融合。文旅融合，大力开发文旅活动。成功承办由浙江省文化和旅游厅和奉化区政府联合主办的2019“诗画浙江”全省旅游歌曲创作演唱大赛及颁奖典礼，历时半年，征集300余首浙江地域特色鲜明、群众喜闻乐见的原创旅游歌曲，邀请著名作曲家徐沛东、白雪等9位国内知名音乐专家在现场对参赛作品进行评议；举办奉化区第二届市民文化旅游节开幕式、奉化金峨杜鹃花旅游文化节、“点亮溪口”2019文化旅游产品发布会等活动。

【宣传营销】 形成文化传播和旅游推广合力，扩大品牌形象宣传。在宁波高铁出口、地铁2号线福清北路站、宁波地区中石化加油站、城区高档商务楼宇电梯、城区和城区通向景区的10辆公交车体、东部新城户外LED显示屏、三江游船码头展示五大佛教名山形象和奉化文旅品牌形象。冠名台湾日月潭游船广告，在韩国旅展推广奉化文旅形象。在《中国旅游报》等多家媒体上投放奉化旅游宣传广告和线路产品。浙江经视《诗画浙江48小时》栏目重点推广奉化非遗项目和“奉化十碗”专题，并与之合作拍摄纪录片《旅行》；与江苏电视台《旅行真好》栏目合作宣传推广奉化美食及乡村旅游资源。同时，积极为各旅行社和媒体牵线搭桥，组织踩点，加深奉化旅游品牌宣传和落地旅游线路的推广。

提升对外交流合作水平，推广文旅精品线路。如微笑宁波、浪漫奉化“7+N”奉化全域旅游精品旅游线路，“布袋和尚传奇之旅”和“奉化非遗研学之旅”特色非遗旅游线路；设计10条乡村精品旅游线路，推出4条暑期水蜜桃采摘旅游线路、2条避暑旅游线路，5条红色主题教育线路，策划对接推广奉化、延边和丽水的工会疗休养专题线路等。不断开拓客源市场，举办“春满桃园、情定东方”奉化、安图、珲春三地情定上海滩专场推广活动；成立奉化、安图、珲春三地旅游联合推广中心；建立奉化旅游马蜂窝攻略并推广；聘请世界游泳冠军汪顺担任奉化旅游形象大使。组织参加上海世界旅游博览会、上海大学国际旅游推介专场、上海国际会奖旅游、泰州山水文化旅游节、宁波旅游台湾推广周等各类推广交流活动10余次，推介奉化优质旅游资源。组织文旅推广活动，如“美丽中国行·走进桃花盛开的地方”采风活动和“中国休闲30人”奉化品鉴行，中国旅游新闻网特别策划推出相关采风活动专题，多角度、全方位宣传奉化旅游形象。成功入选中国旅游报组织的2018年度中国旅游影响力TOP十佳榜单，和浙江省旅游发展总评榜十佳县市区；商量岗景区成功获评景区创新奖。举行奉化乡村旅游“610”产品发布会；组织长三角特别是宁波地区的媒体到奉化乡村旅游点采风；举办23°商量岗森林旅游节和“醉美奉化、清凉一夏”活动；指导景区、镇（街道）做好首届“七彩四明山，醉美徐凫岩”摄影短视频创意大赛、莼湖海鲜美食节、西坞金娥村杜鹃花节、尚田草莓节、大堰旅游生态文化节和蜜桃文化节、溪口点亮梦之溪、中韩国际登山大会等特色节事活动。

【行业管理】 服务旅游市场，促进旅游信用建设。以省信用“531X”工程为主线，打造以顶层架构设计、信用制度、旅游企业信用名片、旅游企业信用评级、信用应用平台和全域旅游信用指数为主要内容的奉化全域旅游信用体系。初步形成可复制、可推广的“全域旅游信用奉化模式”，6月，在长三角信用专题会上作典型经验交流，7月列入“省信用应用十大案例”。有效监管执法，规范文旅市场秩序。出动日常巡逻执法1517人次，检查各类经营单位2130家次。引导、发动文旅体企业参与迎接市、省、全国文明城市复评。做好服务行业品质级评定和复核工作，其中星辉旅行社成功创建三星旅行社，中山丽都、天港漫非和忆江南3家酒店成功创建宁波市花级酒店，溪口四季青藤成功创建省级银鼎级特色文化主题酒店。全年开展保健品、“扫黑除恶”、导游及春季文化旅游市场的专项检查和问题企业精准检查，持续净化文旅市场。完善人民调解委员会、综合执法办公室、部门联席会议制度、纠纷综合协调机制、巡回法庭等投诉处置机构和机制，实现从接访、受理、调解到解决问题“一条龙”服务机制，形成行政调解、人民调解、司法调解“三位一体”调解模式。

（应一枝）

宁波溪口雪窦山名山建设管委会

【概况】 2014年年初启动的新一轮雪窦山佛教名山建设项目规划范围约56平方千米，包括弥勒文化园建设、道路及市政配套、交通设施完善、雪窦山景观提升和生态修复等功能性、配套性和基础性三大类，投资约56亿元。首期启动项目有浙江佛学院、弥勒圣坛、资福寺、永平寺、北环线、禅修酒店、入山亭和茗山坑古道等。2019年，完成投资5.86亿元，累计完成投资20.75亿元，佛教主题“一核一带两组团”空间形态基本成型。

【工程建设】 弥勒圣坛项目总工程量完成75%，其中主体工程已完成95%，与合作运营方共同注册完成宁波溪口六艺文旅产业投资发展合伙企业（有限合伙）、雪窦文旅发展有限公司，8月签订委托运营协议书，开始演艺剧本创作。上下组团两大核心寺院：永平寺工程已完成85%；资福寺工程已完成90%。瀑布院、法华寺施工图已完成；文殊院、东翠寺设计方案正在完善中。然松禅修酒店，用地面积56.94亩，土地招拍挂已于1月8日完成。上述项目配套的河道整治、道路改造和市政配套等工程同步陆续完工或建设中。

【佛教教育与学术研究】 浙江佛学院推进本科教育，规范预科教育，初步建立研究生教育体系，探索开展社会化教育模式，办学体系逐步完善。2019年，在校学生300人左右。与中国人民大学交流合作，人民大学“佛教与宗教学理论研究所教育实践基地”挂牌。与日本曹洞宗、韩国曹溪宗等国外宗教团体开展参访交流活动。依托中国社科院、中国人民大学研究基地，整合雪窦山弥勒文化研究院、奉化区弥勒文化研究会等力量，寻求国内外研究机构的合作，开展弥勒文化学术研究与弥勒文化交流活动，打造弥勒文化研究中心。《弥勒大藏经》编纂按计划推进，530万字已成稿；《太虚大师的弥勒信仰》完成初稿；区弥勒文化研究会会刊《奉化弥勒文化》、浙江佛学院学报《雪窦山佛教》如期出刊。

【影响力提升】 承办2019中国佛教讲经交流会，举办2019弥勒文化节、第二届“五人论道”弥勒文化高峰论坛，参加杭州未来生活节，以及开展三月三、六月六、浴佛、腊八等传统佛教文化活动。在宁波机场、虹桥机场、周边地区高速公路等地投放平面广告。传统与新媒体结合，全融媒投放软文和广告形象推介，取得较好社会效应。

【宁波卫星城市试点镇——溪口镇】 2019年，溪口镇接待海内外游客705万人次，门票收入2.01亿元，旅游综合收入36.42亿元，分别增长1.2%、6.8%、1.05%。获评“全国综合实力千强镇”。被中国林学会先后命名为“中国雷笋之乡”“中国大毛竹之乡”。三十六湾五针松示范园、沙堤精品花木园一期基本建成。兰峰村八月瓜、五林村樱桃、董溪一村金橘、锦溪村黄精等特色农产品基地在建。传统工业加快转型，旧工业园区改造攻坚战有序推进，气动智创产业园一期基本完工，9家企业入驻美容美发器具产业园并全部开建，今日生物科技健康产业园落地动工，索诺公司成为全区首家小巨人企业。现代服务业加快培育，共享经济小镇再发力，年营业收入突破16亿元。旅游开发再提速，徐凫岩“悬崖钢索栈道”建成开游，商量岗森林度假区森林木屋试营业，民国风情街加快建设，东坑文旅、森语溪谷度假村等涉旅项目顺利开工，省旅游风情小镇、市民国文化特色小镇成功创建，溪口景区获“杭州未来生活节·2019年度未来前景景区”称号。

实施重点项目建设22个。名山建设核心项目弥勒圣坛、永平寺、资福寺等有序推进；城北集贸市场、武岭西路改造等“三年大变样”项目顺利完工。任宋、古镇一期、联胜等重点区块顺利动迁，全年完成拆迁签约面积18.38万平方米。上白、沙堤、五林、柏坑四村农房改造大力推进，全年完成拆旧1115户275亩16.12万平方米，建新1349套258亩21.78万平方米，美丽乡村、“剡溪九曲”等风景线通过宁波市级验收。新创建AAA级景区村1个、A级景区村4个，五林村获评市级美丽乡村示范村。首个城市超级IP“布袋弥勒”成功发布，首部弥勒题材动漫片《神奇布袋小子》在央视少儿频道热播。

“城市品质提升年”深入开展，省小城市培育试点考核获评优秀。综合运用“补、留、改、降、转”等多种模式，加快推进新一轮四明山区域森林生态修复，全年完成苗木补植6000株，森林抚育3000亩。大力推进“五水共治”，跸驻江小流域治理顺利完成，岩头江清洁型河道整治加速推进，17个村饮用水提升工程全面完成，成功创建省级“污水零直排区”试点镇。9个村庄整治提升工程全部完成；“三改一拆”共完成“三改”21.66万平方米，处置违法建筑11.31万平方米，分别完成年度任务数的217%和103%；整治问题“大棚房”2处，拆除违法用地4亩。社会服务更加完善，托底保障日益健全，阳光低保实现动态管理，居家养老助餐送餐服务点全面覆盖，五星级残疾人之家通过省级验收。文教事业繁荣，剡溪流动风景线获市级公共文化示范项目和市级终身学习品牌，武岭小学成功创建首批市级智慧校园。

（江幼红）

城市建设与管理

城乡规划

【概况】 2019年城乡规划工作以"六争攻坚"为指引，提高编制水平、更新规划理念、转变工作作风、提升服务质量，更好地发挥城乡规划在经济社会发展中的引领作用。同年，区自然资源和规划分局组织编制的《宁波市奉化区域乡镇建设规划》，获年度宁波市优秀城乡规划设计项目评选二等奖；区测绘院、宝略科技和飞马机器人联合研发和建设的"室内外实景三维海量数据融合及云服务关键技术研究与应用"项目，获2019国家地理信息科技进步奖二等奖。

规划编制】 全年开展编制项目4个（规划类11个，基础测绘类个），安排编制经费约765万元，规划编制质量日益提高，引领作用更加显著。

9月，启动国土空间规划编制，拟定《奉化区国土空间总体规划（2020—2035年）编制工作方案》《奉化区国土空间规划编制领导小组》《奉化区自然资源和规划分局国土空间总体规划工作领导小组和工作专班》等方案，建立专班，落实编制经费和团队，征求镇（街道）公众的意见和建议，顺利推进各项编制工作。

完成《大成路两侧地段控规》，丝路扬帆小镇、尚桥高新产业集聚区、溪口溪南区块、浙江船厂区块和天妃湖等6个控规的编制、审查、报批和21个控规局调，有效保障区政府东侧市民广场、中意产业园等重点项目建设。基本完成中心城区控规编制单元划分、控规一张图整合更新及信息平台入库。

制定金茂区块、锦屏山以北、南山路中段、新丰路两侧、溪口溪南区块、天妃湖华侨城区块6个片区的城市编制设计方案。规划和管控城市的空间立体性、风貌整体性和文脉延续性更为突出。优化城市设计，优化老城更新理念，留住城市特有的地域环境、文化特色、建筑风格等元素。通过承载容量测算和设计的理念要求，更有效地指导城市开发强度，并落实到控规动态维护和建设项目规划条件中。

针对区内部分工业用地存在的低小散问题，以江口民营科技园区块为基础，编制《奉化工业园转型提升研究》；编制和报批《奉化区公共停车场专项规划（2018—2035）》《奉化区给排水专项规划修编》《奉化区机动车能源设施布点规划》等3个专项规划，优化城市功能布局。

【新农村建设和历史文化名城、名镇、名村保护】 加强城乡规划统筹，编制《奉化区域乡村建设规划》和《奉化区城中村改造专项规划》。推进区52个村庄规划优化、12个农村住房改造靶向村村庄建设规划修编的技术审查和报批。发挥驻村（镇）规划师的技术优势，开展"党员、会员联名村”活动。是年有35个会员、党员与名村（传统村落）结对为活动小组，组织实地走访、踏勘66次，对村庄建设中存在的问题提出合理性意见和建议。

做好历史文化保护。报批及入库溪口历史文化名镇以及岩头、葛竹历史文化名村3个省级保护规划。14个市级历史文化名村保护利用规划，已由宁波市政府批复。编制《白杜传统村落保护与发展规划》和100个历史建筑的保护图则。启动编制《西街南大路历史街区保护利用规划》和青云、董家、马头3个省级历史文化名村的保护规划。保护图则已根据专家评审会意见修改完善。争取年度补助资金598.8万元，上报2020年度补助项目19个，并加强各类补助资金的监管。

【规划服务和管理】 核发许可证件及审批文件共计1184件（其中选址意见书44件、用地规划许可证210件、建设工程规划许可证274件、建设工程规划核实确认书242件、乡村建设规划许可证23件、规划设计方案审批50件、规划条件150件，规划审查意见191件）。

根据省自然资源厅《关于全面推行建设项目规划选址和用地预审合并办理的实施意见》，实行选址和用地预审意见合并办理。承办单位只需提供一张申请表单、一套申报材料、跑一个窗口申报，同步即可取得证件。已办理17个项目。深化工程建设项目审批制度改革，取消规划验线合格证，用地规划许可证不再作为规划方案报批的前置条件。审批监管信息化融合，启用投资项目在线监管3.0平台，整合宁波市工程建设项目审批系统，群众和企业网上申报更为方便，投资项目审批监管更加直观。

助力优化营商环境。为解决历史遗留问题，加强服务企业、扶持工业经济发展，谋划相关政策，改善企业投资营商环境，草拟《关于简化低效地补办手续及存量工业用地二次开发的若干意见》《关于分类处置存量无证工业建筑的若干意见》。提出有效方案，简化低效地项目补办、解决存量工业土地二次开发、补办合法工业土地范围内历史违建等事宜。

【测绘和地理信息】 加强基础测绘供给。以服务地方经济为立足点，服务重大项目基础数据及测绘保障。年受理测绘和地理信息“9794”项目。加强基础地理信息维护，更新GIS数据库1:500竣工测绘成果230个、2860幅CAD分幅图、GIS数据库1∶2000基础测绘成果845平方千米、1428幅CAD分幅图。完成天地图区电子地图数据、POI数据、地名地址数据更新以及数据融合政务地理信息日常数据审核。

根据省市测绘地理信息工作部署，开展地下空间、三等水准网复测等基础测绘，做好数字奉化共享平台（天地图）及其他地理信息公共服务体系建设维护，优化涉密基础测绘成果，提供使用流程。开展“测绘资质巡查、测绘地理信息质量监督、涉密地理信息保密、地图市场监管”为内容的“双随机”检查。组织“测绘法”宣传日活动，加强国家版权意识教育。

深化“竣工测验合一”改革。联合测绘事中、事后监管，提高服务效率。共规划核实146宗，其中工业企业128宗、商品住宅（商业）等13宗、社会公建类5宗。依据深改委《奉化区安置房项目高效审批实施方案（试行）》文件，已出具尚田、江口两个农居小区综合验收意见，保障农居房安置。

（严倩骞

基础设施和重点工程

【概况】 2019年，共实施56个项目，其中续建项目15个，新开工项目21个，前期类项目20个，总投资87亿元，年度完成固定资产投资15.7亿元，超额完成年初下达的目标任务。

【“三年大变样”项目】 体育场公园式改造：奉化体育场公园式改造项目分为南北两个地块，南侧地块范围主要由中塔路、惠政西路及锦屏北路三条城市道路围合而成，北侧地块位于惠政西路北侧。项目总用地面积约3130

奉化体育公园俯瞰图

平方米，总投资约49653万元，由宁波市奉化区城市投资发展集团有限公司实施。主要包括拆除原体育场以及周边红线范围内的居民房、新建奉化体育公园两部分。2017年7月开工，2019年9月1日正式对市民开放。

城区保畅通项目。由6条市政道路组成：本堂路长261米，宽18米，总投资746.5万元；惠政西路全长197米，路面宽幅28米，总投资685万元；前方路全长约600米，项目总投1935.9万元；竹园路总长约330米，宽20米，总投821.2万元；大田路全长约160米，宽24米，总投764万元；法兴路（本堂路至溆浦路至西河路），总长约669米，宽21米，总投资1882万元。11月22日，本堂路竣工通车；9月中旬，惠政西路竣工通车；12月6日，前方路（桥东岸路至大田路）、竹园路（桃源路至桥东岸路）、大田路（义门路至前方路）竣工通车；11月24日，法兴路竣工通车。

奉化中学迁建工程。由奉化中学迁建、锦溪书院新建和配套中央广场工程3个子项目组成，位于弥勒大道以南、泉溪江以东、桃林路以西，总用地面积约378亩，建筑面积约16万平方米，总投资约12亿元。2017年12月1日开工，2019年7月9日完成竣工验收。该项目是“十三五”奉化区重点项目，以打造“百年标杆名校”为终极目标。

惠政老街。总建筑面积55650平方米，地下建筑面积18450平方米，地上建筑面积37200平方米，项目由12栋三层独立商业酒店店铺和1栋15层办公楼组成。于2017年7月开工建设，2019年10月竣工。

邻里中心。位于奉化广平路以东，中山路以南，桥西岸路以西，阳光水岸小区以北，规划用地面积约12亩，建筑面积约3.5万平方米（其中地下建筑面

奉化中学全景

惠政老街俯瞰图

积约6123平方米，地上建筑面积约2.9万平方米），总投资约4.02亿元，于2017年4月开始开工建设，2019年10月完成竣工验收。

左岸一品。位于奉化广平路以东，中山路以南，桥西岸路以西，阳光水岸小区以北，规划用地面积约12亩，建筑面积约3.5万平方米（其中地下建筑面积约6123平方米，地上建筑面积约2.9万平方米），总投资约4.02亿元，2017年4月开始开工建设。建设内容主要包括主体建筑、绿地广场、配电房等。

西圃路地下管廊一期。道路全长950米，宽40米建设内容包括地下综合管廊土建、管廊附属系统设备安装、管廊控制中心。四明路南侧绿化面积约34016平方米。

长汀路项目。长汀路道路工程西起西河路（规划西环路），东至东环线，道路全长约5.62千米，包括新建道路3.97千米，改建道路1.65千米，红线宽为28米，采用沥青混凝土路面。总投资约41853.5万元。建设内容包括道路工程、桥梁工程、管线等附属工程以及项目涉及房屋拆迁等政策处理。其中新建路段中，金钟路至东环路段860米为挖除原道路后新建，其余路段均为新建；改建路段包括奉化市公安局至隔水桥路900米，弥勒桥至城北实验学校0.75米。

仁湖锦庭一期。总建筑面积为40157.62平方米，其中地下室建筑面积10084.84平方米，地上建筑面积为30072.78平方米，由 17栋3–4层联排住宅组成。

邻里中心全景

左岸一品全景

【城建、市政工程项目】 大成路综合整治工程：位于奉化区大成路段，西起西河路，东至高速收费站，横跨县江，与南山路、金钟路、桥东岸路、东环线等主干道路相交，总投资约21973万元，由宁波市奉化区城市投资发展集团有限公司实施。全长约5.9千米，根据沿线的周边用地性质及区域风貌，将全线分为三个区域：老城提升段（西河路至桥东岸路段），长约2.5千米，双向六车道。新城过度段（桥东岸路至金钟路段），长约1.2千米，改造后道路标准面宽度为39米，双向六车道。迎宾风貌段（金钟路至高速收费站路段），长约2.2千米，双向六车道。

中医医院迁建工程。位于奉化区岳林街道，北临金海路西临天峰路，南侧东侧为规划道路，占地面积约70665平方米，总建筑面积约101779平方米（其中地上总建筑面积77629平方米，地下总建筑面积24150平方米），主要建筑内容包括17层的病房楼、5层的门诊医技楼、6层的后勤综合楼等。项目批复概算为57070.84万元。该项目于2019年3月22日开工。

西河小区。西河路东侧-1地块安置用房位于西河路以东，长汀路延伸段以南，规划法兴路以北，项目总用地面积约50亩，总建筑面积约90943.33平方米，其中地上总建筑面积约65431.46平方米，地下建筑面积约25511.87平方米。总投资约43907万元。共有5幢18层及4幢17层的小高层住宅楼。于2018年11月开工。

另有长汀路道路工程、桃源路南延工程、高压走廊景观工程三期、河头路两侧人行道改造工程、中山西路人行道改造工程、县江两岸及大成区块园林景观建设工程、南山路道路改造、主城区夜景照明提升工程、仁湖锦庭二期、学林新天地、西直路南延至南泉路道路工程、河头路交长汀路桥梁工程、西坞派出所拆建工程、公共安全视频监控联网项目业务技术用房工程、公安局大楼功能改造建设工程、中山公园内部改造提升工程、高教园区排水工程和东部门户区（一期）拆迁安置房建设工程（S2地块）等项目规划建设中。

大成路远景图

中医院效果图

西河小区效果图

【东部新城开发建设指挥部】 6月11日，区政府发文成立东部新城开发建设领导小组，下设指挥部，同步成立宁波市奉化区惠诚开发建设有限公司，就东部新城建设实施公司化运作。

【宁波湾区智慧文旅小镇项目】 位于莼湖街道范围内，包括奉化经济开发区滨海新区产城融合区、莼湖风情渔港小镇等组团，总投资规模不少于800亿元，规划范围用地总计为14.8平方千米。先期谋划和各项前期工作已逐步展开。

（俞　蔚）

房地产管理

【概况】 加强商品房预售管理，维护房地产市场正常秩序。有序推进危房解危工作，强化物业行业管理，完善住房保障体系。

【商品房管理】 年办理预售证50件，总面积283.2万平方米，其中住宅196.81万平方米；房地产库存周期保持在7.7个月左右。房产销售呈量增价稳的良好局面。年销售商品房279.49万平方米（含住宅、商铺、办公和车位），同比增长125.80%，其中商品住宅销售219.13万平方米，同比增长130.40%。二手住房交易量明显上升，年成交5430套，计58.83万平方米，面积同比上升19.37%。

房产交易中心办公现场

9月20日，区住房与城乡建设局在桃源社区、大田小区开展节前房屋使用安全情况检查

【城中村改造】 完成《2019—2025年全区城中村改造专项规划》编制，涉及改造村庄76个，总计2.7万户；明确一区一规划，并报宁波城中村改造办审查通过，一村一方案试点项目塘下村方案编制顺利完成。制定2019年全区城中村改造计划，按计划推进改造项目13个，包含拆除重建10个、拆整结合1个、综合整治2个，涉及改造7600户，改造面积144万平方米。

【保障房管理】 做好保障房分配。公租房新配租16户家庭，净增保障非户籍人员（含环卫、公交等公共服务行业）300户，发放货币补贴207.6万，保障856户家庭。完成27户限价房家庭的摇号、选房、购房工作。

做好保障房小区后续管理

和公租房租金收缴、补贴发放，收缴率达100%。及时清退公租房小区租户违规或不符合条件的租户，累计清退19户。

实行直管公有住宅用房标准租金租赁和市场评估租金租赁分类管理。原租户死亡符合变更条件的，重新签订公房租赁合同，清理不符合条件的租房户。对非住宅公房通过招投标市场化竞价形式向市场招租，确保国有资产增值。

【物业管理】 全面整治改造老旧小区。城区15个老旧小区纳入环境整治，总建筑面积129万平方米，涉及1.43万户住户。经一年的集中整治，有效解决小区环境“脏乱差”现象。计划总投资8600万元、总建筑面积14.2万平方米、涉及1447住户的桃源小区、广南商城和城南三区的改造。至年底，城南三区已完成主体建筑改造，桃源小区、广南商城基本完成改造。

推进物业小区生活垃圾分类工作。累计分发《垃圾分类指南》6万余份，张贴海报、公益广告3200余张，悬挂横幅130余条，开展党员进社区及住建系统党员干部“桶边”督导活动，累计参与145人次。各小区开展不间断巡查，分4批对13家物业相关责任人约谈，并下发整改意见书49份。争取财政补助，并引入第三方机构，制定《全区物业小区垃圾分类巡查方案》，建立物业小区生活垃圾分类管理长效机制。

首个年度按照“一律公开、强制公开”的原则，规范阳光财务公示格式，践行“3·31”财务公开日制度。

联合锦屏街道、大桥派出所组建“警物联动平安护卫队”。由派出所民警带班，将8个主要物业企业管理的13个小区保安联合起来，安排夜间定点治安巡逻，并辐射覆盖周边10余个无物业管理的老旧小区。

发挥区物业纠纷人民调解委员会“三调合一”优势。年调解物业纠纷201起，其中调解成功196起，成功率达98%，涉及资金128.15万元。

在宁波大市内率先制定《各部门“执法进小区”工作责任清单》，形成“社区吹哨，部门报到”的工作联动机制。

【测绘评估】 完成长汀城北区块、溪口任宋村、联胜村、班溪村、上白村补测、西坑大厂等地块拆迁测绘和评估公司委托厂房及零星测绘。转交不动产2份（计面积约2600平方米），个人拆迁测绘面积约8.16万平方米，厂房面积约14.4万平方米，产值48.7万元；安置莼湖镇栖凤一号地块、两幢宁南贸易物流综合楼、圣墩村拆迁、明金府、溪上桃花源三区、二区地下、黄家塘二期等8项商品房预测面积约94.8万平方米；做好惠政丽都4幢、5幢、7幢、8幢、9幢、10幢、11幢安置方案，实测君麟府、沙堤新村二期、西坞锦榕湾、溪口百丈路地块、一江碧水小区、宁兴城市广场、溪口熙悦湖山府、慧芯时尚小微园二区、宁南新城别墅、江口街道上下张村、龙潭没收厂房改农居房等33项商品房面积，共约159万平方米。

【白蚁防治】 年签订新建房屋白蚁预防合同107份，建筑面积460.6万平方米。完成旧房白蚁灭治573户。做好文保古建筑及园林绿化的白蚁检查和灭治工作。全面检查萧王庙文保点，施工灭治4处共20多个点，以及溪口风景区内的溪口博物馆、玉泰盐铺、文昌阁、妙高台、张学良幽禁地等所有景点，发现白蚁，立即灭治。运用灭杀白蚁新技术，完善培育室各类标本设施。

（孙赛寅）

建筑业管理

【概况】 2019年，建筑业面对持续加大的经济下行压力，健全工作机制，完善相关政策，及时研究解决改革发展中遇到的重大问题，年累计完成省内建筑业产值93.59亿元，同比增长5.38%。区纳入统计联网直报的资质以上总专包建筑企业达103户，较同期增长8.1%，净增7户，其中有工作量的79户，较同期增长7.4%，区建筑业企业总体实力进一步增强，持续增加对全区经济社会的贡献。

建筑工程领域创优夺杯实

4月，工程质量样板展示现场

现新跨越，由浙江萧云建设有限公司承建的浙江医药高专图书馆工程获区首个“国家优质工程奖”。奉化实验小学迁建工程等5个项目获评宁波市标化工地，体育公园改造项目等2个工程获评宁波结构优质奖，岳林村级综合用房等4个项目获评奉化结构优质奖，惠政东路三号地块等13个工程获评区标化工地。

【监管服务】 2019年，新增各类工程项目184项，总建筑面积约为727万平方米，工程造价约234亿元。完成81个招标文件审查备案，除去类PPP（合作商建设模式），合同金额28.8647亿元，比上年同期上升85%，宁波企业本地市场占有率达到99%，奉化区企业市场占有率为91%。应公开招标工程公开招标率达到100%。下浮率基本在10%左右，有效降低工程造价，节约国有资金。

做好担保管理办法的施行工作。按照不同的工程性质、不同对策的原则进行担保管理，办理政府投资项目银行履约保函手续2份，计金额65万元；保险履约保单手续3份，计金额896万元；履约保证金手续6份，计金额75万元。

【工程质量安全管理】 建筑业规模保持快速发展，全区建设工程质量安全继续保持稳定态势。2019年共受理监督各类工程项目178项，总建筑面积约754万平方米，工程造价约199亿元，年末在建受监项目247个，建筑面积约1506万平方米；97个监督工程竣工验收，竣工工程面积约273万平方米。2019年，共签发质量整改通知书236份、安全整改通知书141份，停工整改通知书26份、违法案件移交单17份，受理各类工程投诉35起，年内均已办结。

开展各类质量安全专项整治行动。不时开展住宅工程质量、在建安置和保障性住房质量、深基坑、危化品、起重机械和消防、建筑工地扬尘、文明施工环境提升、安全月、质量月、今冬明春安全生产、扫黑除恶等十余次专项整治行动。根据区住房和城乡建设局《关于立即组织开展城区建筑工程文明施工环境整治提升攻坚行动的通知》精神，在各企业自查自纠的基础上抽查、督查。规范工地围挡、封闭管理、内部环境道路、材料堆

10月23日，宁波万科奉化未来水岸项目“5+2+X”装配式施工观摩会现场

放、噪音及渣土处置、生活垃圾、扬尘控制等工作。共检查项目58个，对落实较差的企业签发整改单。建筑工程文明施工整体水平明显提高。

落实施工现场关键岗位人员考勤和工程检测机构监管。为提高关键人员到岗率，完成20个项目关键岗位人脸识别考勤设置。为提升实体质量，委托第三方检测机构对全区158个项目561组原材料和119个项目1131组实体抽测；总体上人员到岗、实体质量稳定可控。

规范起重机械管理。依照《建筑起重机械安全监督管理规定》，指定专人负责起重机械的登记管理，并在监督工作中加大对起重机械的检查，严把特种作业人员持证上岗关，严查租赁、安装、使用、监理等相关责任主体的履职状况，杜绝违章作业、违规操作和违反劳动纪律等“三违现象”。年累计办理建筑起重机械业务3012次，其中产权备案85台塔吊、16台施工升降机、58台物料提升机，注销产权登记4台，起重机械安装708台，顶升671台，拆卸464台。使用登记542台，注销使用登记464台。为对起重设备安装、使用环节进行管控，继续与省特种设备检验研究院议定第三方服务，邀请专业检查检测人员监测起重设备现场运行状况。因此，未发生起重机械有关的安全事故。

消防工程验收交接基本顺畅，全年完成消防项目验收43项，按图审施工，按规范验收。

【建筑节能】 规范新墙材专项基金和散装水泥专项资金返退。年共返退新墙材专项基金项目34个，计款1323.65万元。未返退预缴款结算项目11个，其中3个已建并经验收的项目已通知建设单位抓紧办理结算手续，其余8个未验收的项目视情结转国库，涉及资金约167.74万元。完成散装水泥专项资金返退项目5个，资金约40.29万元。做好预缴款结算清理的前期准备工作，预缴未返退结算项目共计798个（2001—2016年 共938个，已退140个），散装水泥专项资金财政账目余额1182.87万元（发改局移交数据显示项目为798个，共计1681.74万元）。

进一步拓展农村农民自建房应用新墙材，实施农民自建房使用新墙材资金补助，完成农村自建房和村集体综合用房推新71户，补助资金15.919万元，大堰镇社家畈农民自建房新墙材应用示范项目补助资金10.50万元；新墙材企业向农村自建房销售新墙材补助资金13.40万元。

加强日常监管建设用砂和预拌混凝土、预拌砂浆和新墙材企业。为确保建材产品质量安全，根据宁波市预拌制品、预制产品质量安全专项整治和建设用砂质量监督检查要求，出动检查37次，检查企业118家。实施检查辖区内相关企业的检验室规范化运作、产品质量管理、产品流向登记等情况，出具检测报告83份。

【城建档案管理】 全年审核、接收工程建设项目76个，单体工程336个，扫描资料151658份，开具档案证明书76份，整理立卷4273卷。至年末，库房共有城建档案49163卷。对宁波深国际综合物流有限公司、浙江中烟工业有限责任公司动力中心标段、宁波奉化国能置信置业有限公司、石善岙小区、时代瑞府等35个较大建设项目实行现场业务指导。接收莼湖、松岙、尚田等7个街道（镇）83个村的农村污水管网竣工档案。帮助招标办、设计院等单位整理、入库档案5487卷。撰写《城建档案工作考核材料汇编》《城建档案室岗位职责和工作制度汇编》《城建档案室“五小一跑”运行清单》《城建档案室2007—2019部分通讯报道汇编》《奉化住建局党史专题》等编研材料。提供利用查档475人次，调阅档案1652卷，提供复制件7528份，接待城建档案业务咨询263人次。

（卓　栋）

市政服务

【概况】 2019年，市政服务工作对标主城，确保市政设施稳定运行，不断推动自来水、天然气等市政公用事业发展。是年，奉化区在全市排水工作考核中排名第一，喜捧“排水杯”；农污运维体系被住房和城乡建设部评为县域统筹推进农村生活污水治理借鉴案例，并被《经济参考报》等多家媒体广泛报道；市容环境卫生管理持续实行责任制，引导和督促全区1879家沿街商铺、企事业单位做好“门前三包”，走在全市前列；桥东岸路获省级市容示范街、市级市容示范街称号。

【市容环卫保洁】 实施垃圾分类“三级点长”制度、垃圾分类专项奖补等长效举措，全面推行“撤桶并点”“桶边督导”模式，逐步建立餐厨（厨余）垃圾、有害垃圾的“公交化”收运体系。贯彻《宁波市生活垃圾分类管理条例》，强化专项督查与执法，通过严管、严治、严罚，使分类意识内化于心、外化于行。年底，全区37个居住小区和123家企事业单位的厨余(餐厨）垃圾、155家企事业单位与居住小区的有害垃圾及部分可回收物（累计铺设小黄狗智能投放设备64台），实现分类收集、分类收运和分类处置。

按照“公厕提质”总体要求，完成5座新建公厕与45座公厕的改建，打造“以环卫公厕为主体、社会公厕为补充，覆盖全面，布点均衡”的设施体系。统筹规划、建设提升、完善管理、优化服务，做好城区（锦屏、岳林）118个公厕的日常管理，营造“环境整洁、空间有序、服务文明”的如厕环境。

【市政园林路灯管理】 实施“点上增彩、线上出彩、面上多彩”工程要求，结合实施城区“四横两纵”的主干路网结构和沿线拆改建项目，打造县江两岸特色滨水环线。在宝化路—金钟路、老车站对面、南山路—长春路等道路节点及中山公园、南郊公园、岳林广场等区域，设置绿雕景观6处，并实施景观亮灯工程。通过门户区重塑、节要点提升、景观带改造等方式，呈现“白天增绿、晚上添彩”的城市新景象。

【农污运维】 9月16日，省住房和城乡建设厅公布当年度农村生活污水处理设施运维管理专项考核结果，奉化区列为优秀县。是年，区完善全链条运维管理体系，坚持项目建设和运维管理两个阶段互相促进、共同提高。建立起以区政府为责任主体、镇（街道）为管理主体、村级组织为落实主体、农户为受益主体、第三方运维机构为服务主体的“五位一体”农村生活污水处理设施运行维护管理体系。推广并落实“站长制”，做到一个设施都不落下。形成以中心城区、溪口分区、大堰分区、莼湖分区的“一中心、三分区”的运维格局，实现运维区域全覆盖、平台信息全共享。新增标准化运维试点村36个，以《浙江省农村生活污水处理设施管理条例》和《奉化区农村生活污水治理专项规划》为方向，切实做好农村生活污水处理设施运行维护管理，努力把农村生活污水治理工程变成美丽工程。

【公用事业】 持续推进节水型小区创建，做好排水设施养护及207个行政村的农污运维工作。实施“人工保洁、巡回捡拾、机械清扫、道路冲洗”四位一体道路保洁作业模式，同步做好垃圾填埋场、8座垃圾中转站的日常养护管理。在全面撤除主次干道垃圾桶的基础上，做好垃圾桶点位设置与垃圾清运。市政养护推行市场化运作，建立“全覆盖、全时段”的养护管理模式，细化模块化分级管理，确保每条道路、每块绿地、每盏路灯都实现有人管、时时管、管到位。年累计养护、疏通网管556.8千米，改造积水点40处；清运垃圾、粪便29万余吨；桥梁完好率为100%，亮灯率在99%以上，道路完好率为96.5%，绿地率为38.25%；16个小区创建成为省级节水型小区，覆盖率达10%。

助推“五水共治”目标，推进“排涝保供”行动。加快城镇排水设施建设与积水点改造工程，做好CCTV检测排水管网和修复破损管网，巩固农污运维县域创建成果，持续推广节水型社区覆盖范围，加大排水许可证的审核发放和事后监管，严厉打击各类偷排超排行为。截至年底，排涝水方面已完成新建污水管网36.5千米，提标改造管网8.3千米，雨污分流改造管网9.6千米，清淤排水管网334.4千米。保供水方面新建供水管网8千米，改造供水管网11.8千米。年累计接收排水许可申请512户，现场踏勘512户，发放排水许可证446份，办理临时排水许可10份。

加快沿海三镇供水工程建设。2012至2019年，先后实施沿海供水一期、二期工程和配水支管网，实施沿海三镇自来水一户一表改造一期、二期工程，二期改造已进入扫尾阶段。通过供水基础设施建设，以城区向沿海三镇输送净水，受益35000余户，并为滨海新区、阳光海湾等重点开发区块顺利发展提供有力支撑。

城区污水处理厂扩建和提标改造工程于6月正式动工建设，已完成工程量的8%。推进用水报装便利工作。根据9月11日营商环境用水报装工作推进会议精神及“减事项、减材料、减环节、减时间、减费用”的具体要求，制定企业用水报装“一件事”联办方案，提高和优化用水报装工作效率和服务水平。年底，区水务公司已完成浙江政务服务部门用户统一平台十项公共服务事项的认领，并在区大数据局的指导下，实现用户信息共享及全省水气报装系统前期录入。

开展“保平安、迎大庆”、危化品使用和消防安全整治百日大会战等专项行动，切实履行行业监督管理职责，压实企业安全生产主体责任。强化供水水质检测、分析与公示，开展燃气、市政桥梁等领域的安全隐患排查和行业标准化建设，强化企业安全生产与反恐意识。年累计排查各类隐患1000余次，治理各类安全隐患200余条，开展各类安全培训180余次，完成金钟广场32家餐饮企业燃气“瓶改管”改装。

（吕林焕）

城市综合管理

【概况】 2019年，城市精细化管理及综合执法各项工作稳步推进。垃圾分类不断提质扩面，城乡垃圾分类覆盖率分别达到100%与90.1%，完成1个省级高标准示范小区、1个示范片区，市级12个示范小区、15个达标小区、1条定时定点商业街；“三改一拆”超额完成全年任务，综合排名居全市第四，锦屏、江口街道被宁波市评为第三批“无违建乡镇(街道)”；区综合行政执法大队江口中队、岳林中队被宁波市综合行政执法局评为年度综合行政执法优胜中队。

【市容环境卫生管理】 整改提升中塔路、大成路等城市主要道路两侧店名招牌和“清零”违法户外广告设施，改造提升便民服务点和果壳箱等基础设施。因地制宜、拆旧立新，实现民生关注与品质建设的“两兼顾”。全年累计拆除违规破损店招304处，大型户外广告122块、12100余平方米；拆除公园路等5处服务点，新增秀水路等4处便民服务点共23个服务亭，更新升级果壳箱335个。

依托属地管理，坚持条块联动，做好文明城市创建、小城镇验收、“一会一节”（纪念撤市设区三周年大会及雪窦山弥勒文化节）重大活动及中高考期间的市容秩序保障等工作，为游客及市民营造良好的活动氛围。针对道乱占、车乱停、摊乱摆等乱象，开展中心城区城市顽疾百日整治、老旧住宅小区环境治理、垃圾分类执法等专项行动，年累计开展专项行动210余次，规范各类违法违规行为12.1万起，办理一般程序行政处罚案件612起，作出行政处罚决定577起，共罚款260.3万元（其中办理垃圾分类案件25件，餐厨垃圾案件3件，餐饮油烟案件2件，城镇排水4件）；违停抄告27902辆次，罚款279.81万元，集中整治并解决一批日常顽疾。推行“非现场执法”方式，构建“执法进小区”联勤联动机制。探索创新城管与交警联合抄告、推广“互联网+监管”模式，执法人员入库率、账号开通率达100%。各属地中队探索创新执法路子，如锦屏中队推行“流动哨+固定岗”勤务模式，错时管理与集中整治、徒步巡查与定点值守相结合，实现街巷管理无缝对接；岳林中队探索居住小区垃圾分类“城管+志愿者”管治办法，通过综合执法与桶边督导同步走、齐头进，力促分类意识深入人心；溪口中队探索“重点定岗+长线巡查”非机动车管理，确保镇区主次干道非机动车规范停放。

【城乡规划查处】坚持“存量违建从严从快，应拆尽拆；新增违建，发现即拆、全面禁止”的原则，在全区首推党员干部“零违建”公示制。健全防控体系、督查考核等长效管理机制，年累计完成拆违138.34万平方米、“三改”（“三改”：旧住宅、旧厂区、城中村改造。“一拆”：拆除违法建筑。）121.31万平方米，分别完成年度目标任务的172.93%和166.19%。整改完成道路两侧“四边三化”（“四边三化”：山边河边公路边铁路边，洁化美化绿化）问题广告232处，并销号高铁沿线外部环境安全隐患问题点位24处，完成率达100%。

【市政公用监察】开展专项排查安全隐患，督促企业完善各项应急机制，做好供水供气、道路桥梁、燃气供热、户外广告等公用行业领域安全工作。

根据保供水工作目标，以及水质安全监管考核要求，委托第三方水质检测单位，检测区邱家山、岭丰等5家供水企业，分析出厂水水质，检测结果均符合饮用水安全标准。

整治燃气储存、运输、充装、配送和使用各环节安全，排查液化气市场，共检查70余次，排查治理各类安全隐患40余条，检查餐饮企业燃气60余次，排查各类安全隐患20余起，确保餐饮行业用气安全。

【静态交通管理】加大违停抄告力度，创新城管与交警联合抄告模式，累计违停抄告27902辆次，罚款279.81万元。

应用物联化、互连化、智能化的技术手段，实施智能停车管理系统（一期）建设。自10月10日起，桥东岸路、桥西岸路、中山路、广平路、体育场路5条道路的城市公共停车位进入智能诱导分流、停放计时、灵活缴费、执法保障等一体化的管理模式，有效缓解城区停车难、停车乱难题。

【智慧城管】完成智慧城管中心升级，延伸视频监控、三级平台覆盖范围，理顺协同网络工作机制，提升城市管理现代化、智慧化水平。全年上报城市管理、部类案件107814件，同比增加163.7%，处置107814件，处置率和按期处置率分别达100%和97.91%。

实行机关干部“带头跑”、城管队伍“专业跑”、城管义工“助力跑”的“联乡镇、跑街巷”活动，从而破解一批城市管理领域的民生关切问题。全区84名“机关路长”与52名“民间路长”累计发现问题16870个，有效处置16753个，处置率达99.3%。

【建筑垃圾处置监管】以区建筑垃圾消纳和中转场所建设专项规划编制为契机，处置建筑渣土。引进并鼓励扶持渣土资源化利用企业，按时启用萧王庙五星村建筑渣土堆放库（全年累计进土约25万立方米），新增项目回填、景观用土、低洼地改造、山塘回填等渣土消纳点78处，落实布局与今后三年产生量相匹配的建筑渣土消纳场地，确保建筑渣土有地消纳。在此基础上，及时公布建筑渣土处理费市场信息参考价，标准规范建筑渣土处置核准流程，全域整治建筑渣土运输市场，切实管控重点项目渣土消纳。

【行政审批】全力推进“互联网+政务服务”，全面梳理审批事项，同步调整办事指南，优化流程，减少环节，压缩时限，扎实推进“最多跑一次”改革走深走实。全面实现网上申报、受理、审核，身份认证，电子签章，归档等全城电子服务；网上办事实现率、掌上办事实现率、跑零次比例等八项指标均达到100%，走在全区前列；全年累计办理各类事项1082件，全部按时办结，办结率为100%。

【队伍建设】改革调整中心城区综合执法以及与行政执法中心体制，实行合署办公。将学习教育、专题调研、问题检视、整改落实贯穿始终。累计开展各类集中研讨学、现场体悟学17次，受训人数800余人次。

创建文明规范公正基层队所，执法人员和辅助人员服装统一、持证上岗，达标率达54%，符合省定50%的目标。落实执法公示、全过程记录、重大执法决定法制审核的三项制度。制定“马上办”工作流程，切实扭转执法队伍中存在的政令不通、责任心不强、制度不严等松散作风。

践行“做个有心的城管人”理念，通过领导讲学、周一夜学、专家请学、挂职跟学等方式，累计开展各类培训60余次，有效提升干部职工的思想政治素质与业务技能水平；借助党总支、工会、团委等党群团体教育，充分利用报纸、电台、网站、微信等宣传媒介，在各类媒体、平台刊发信息612篇次，建强城管品牌，提升队伍形象。

（吕林焕）

拆迁征收

【概况】 区房屋征收拆迁工作围绕年度目标任务，以消除成片危旧房、城中村改造、拆迁清零为重点，依法行政、高效征迁。完成老城区1号、2号，中塔区块二期，圣墩村，江口何家村，溪口古镇一期，溪口联胜，爱伊美大酒店地块，江口民营科技园区（启动区块），东部门户区（一期）（舒前1号地块），塘下村一期，溪口集贸市场及周边区块，宁南物流（企业），农村危旧房改造等项目（地块）130.71万平方米，超额完成年度100万平方米的目标任务。完成锦屏的中医院周边区块、区政府东侧二期、西坞的原奉化茶场、江口的北塘区块、方桥的深国际二期项目（河西、仓基部分）、新能源汽车中心项目（下陈村二号、三号顾家庄、池头）、宝湾物流项目（河西村应家自然村）、城中村一期项目（莼湖）（国有）等8个区块拆迁清零。

【依法行政】 创新建立旧房拆除工作机制。制订出台《宁波市奉化区房屋征收拆迁地块旧房拆除管理工作若干规定》，明确房屋征收、旧房拆除领域单位的工作职责，以及旧房拆除从业务发包到验收结算的具体流程和相关材料，统一制作规范签约文本，按照项目建立档案。年底，完成公开招标。直接发包项目14个，已拆除面积约20万平方米，征收拆迁项目整体完结。下属单位事务所构建区片负责人定期业务交流，第一时间掌握好全区的征收拆迁最新动态，共同探讨解决思路。健全征收拆迁签约、审核和资金发放。及时将更新的、普遍适用征收拆迁政策告知一线，提升业务专业化水平；规范审核流程，要求征收拆迁审核依据在项目结束时及时归档，做到签约有痕迹、政策有依据。

【公开公平公正】 继续实行重大区块（老城区项目、东部门户区一期、江口民营科技园区）征收拆迁驻点跟踪审计制度，第一时间，第一线做好审计检查，确保补偿安置依法依规和公平公正。推行征收拆迁补偿的信息公开及“三级联审”（现场初审、征收拆迁部门复审、终审）做法，杜绝征收拆迁中的不良行为，开创公开公平公正的征收拆迁良好局面。

坚持“政策一个口子出、补偿一个标准”，在充分征求群众意见及社会各方论证的基础上，科学合理地制定各个地块的征收拆迁补偿方案。同时在方案贯彻执行过程中，做到公平公正，杜绝前签约和后签约补偿标准不一致现象。

举办由各镇（街道）、各相关部门人员参加的房屋征收拆迁政策培训班及指挥部岗前业务培训，以“阳光征收拆迁”标准，培养一批懂政策、懂业务的征收拆迁干部队伍，全面提升一线人员的工作能力。

【政策及工作环节执行】 一线指导，加大服务力度。由三四十名干部对全区各地块指挥部驻点开展征收拆迁工作，指导抓好各项环节，破解难题。在签约期间，坚持“五（工作日）加二（休息日）”“白（天）加黑（晚上）”，全力配合做好征收拆迁签约工作，服务属地，服务基层。认真研究分析各地块征收拆迁矛盾，在属地范围内统一征收、拆迁、信访及舆情回复口径，做好申请公开14件、信访接待及来信来访答复123件、裁决复议诉讼77件，受理非诉执行23件，全力做好信访和维稳工作。

（董明杰）

消防救助

【概况】 2019年，消防救助工作围绕庆祝新中国成立70周年消防安保、“火焰蓝”周年系列活动等中心任务，正确处理消防救援队伍改革、发展、稳定三者关系，以“创人民满意”消防队伍为目标，维护改革转隶期间辖区火灾形势和队伍管理“双稳定”，以高效优质消防服务赢得政府和人民“双满意”。

是年，消防救援大队在总队冬训比武对抗中取得团体第二名，中队团支部被总队评为优秀团支部。1人荣立个人三等功，6人获嘉奖，1人被评优秀党务工作者、2人被评为优秀党员、2人被评为优秀团员。

【政治教育建设】 创建“示范基层党组织”。帮助指战员坚定理想信念，号召向星级党员看齐。把好党员发展“入口关”，提升队伍先进性和纯洁性。抓好落实涉及队伍建设、思想教育、后勤保障、基建升级优化、争先创优、消防工作等六大方面事项。

组织开展“不忘初心、牢记使命”“学训词、铸忠诚、创新业、立新功”等主题教育活动，通过请专业讲师上党课、烈士陵园祭英烈、重温誓词等多种形式，强化指战员思想认识。结合改革转隶一周年及庆祝新中国成立70周年安保任务背景，及时公示先进典型，营造“见红旗就扛、有第一就争”的理念。

在黄东华烈士牺牲19周年之际，邀请“一等功臣”程文庆到队作队史队荣教育，增强指战员热爱奉化、献身消防的光荣感和责任感。

主动关心困难指战员，构筑温暖营区，投送慰问家书37封，致电慰问50余次。

【苦练精兵】 执勤训练和队伍管理是新时代消防救援队伍的中心工作，大队围绕“火焰蓝”系列活动，根据支队统一调度，全程参与保障，比武竞赛环节1人，表演汇报环节3车6人，从人员、技术、装备上给予最大支持。

结合每周熟悉演练要求，深入辖区消防安全重点单位和场所，对存在的火灾隐患和危险源排摸标注。在不断完善采集数据的基础上，提升移动指挥终端应用水平，制作修订完善灭火救援数字化预案。截至11月底，共呈报三维数字化类型预案资料9家，修订完善重点单位数字化预案148家，制作乡村作战信息卡86份、小区作战信息卡90份。通过实地检查和电话督察，对辖区内79家微型消防站电话拉动检查645次，实地拉动193次，综合演练45次，微型站骨干及队员培训84次。对辖区4支乡镇专职消防队业务指导8次，每季度对专职队实地调研，掌握站队执勤和生活情况。实地排查城区19处天然水源和765个市政消火栓；全部排摸新增的40个市政消防栓，并登记造册。对接辖区相关企业的消火栓升级换代，在传统消火栓的基础上加装智能定位、水压监控等功能。在全省应急通信比武竞赛上，大队提供的无人机技术为成绩的取得作出贡献。

结合“百日安全创建”活动要求，注重实战演练，加强现场安全管控，提高在灭火救援作战中运用理论实践的能力。始终坚持一切实战出发、为“大应急”准备，不断优化训练方式方法，将练兵摆在突出地位，确保训练有计划、有目标、有落实、有成效。为检验全区社会消防力量的业务水平，11月初，组织第三届多种形式消防队伍业务技能大比武活动，以提升在灾情初期救早救小、抵御火灾和维护火灾形势稳定的整体能力。

【严格要求】 针对车辆安全驾驶，坚持推优选拔，坚持日常培训、复考复评。实行车辆管理使用制度化，细化《车辆管理使用规定》，规范制度派车，明确谁用车谁带车、谁带车谁负责。规范责任行车、养车，严格落实车场日制度。实行车辆安全督导常态化，每月开展针对性车辆安全教育，以案释法，同时开展指战员八小时外短信、微信提示，坚持“全时制、全员额、全方位”的车辆安全经常性监督。

完善文职队伍和合同制队员的激励竞争机制。科学确定评分细则，奖罚分明。实行精细的绩效考评公示制度，每日一公示，按月实行奖惩，用以激励正面、鞭策后进。

【强化防控】 2019年是消防队伍改革转隶的第一年，消防战士脱离公安队伍，融进应急部门，但是思想不松、要求不变、标准不降、力度不减。

4月18日，成功举办全市宗教活动场所消防安全标准化现场会，为宁波市宗教场所消防工作标准化提供参考样本；委托第三方机构评估全区38家厂房改建的出租房消防安全，解决大批量出租房中存在的隐患；联合区房管中心，争取40万资金，安装高层住宅小区远程监控设备；“回头看”各镇街道年初挂牌督办的74家重大火灾隐患单位，并全区通报，督促落实。联合区公安局、区应急局分三组暗访督查“防风险保平安迎大庆”活动中的72家单位，发现问题，及时全区通报，并立即予以纠正。

与区城管部门对接，推动“消防公园大创建”工程，消防元素融入城镇公园，开辟消防宣传新阵地。在乡镇（街道）选定2—3名宣传员，培训、培育“消防安全明白人”。印制张贴各类海报15000余份，普及安全常识。与奉化“994”音乐台合作，录制消防安全Rap，并搭载公交、社区、辖区等公共平台定时播放，宣传消防安全知识。全年开展各类互动体验活动200余次，消防安全培训150余场，组织消防应急疏散逃生演练100余次，以切实行动做到“消防宣传无死角”。

【后勤保障】 2019年，业务经费争取财政预算为1923.5万元，较上年增长9.3%。其中合同制经费560万元，器材装备经费165万元，车辆经费500万元，同比上年增加35%，新增38米多节臂举高喷射车1辆。

加强日常管理，严格从源头控制各项经费开支，并定期进行“三公”经费自查自纠，确保开支公开、透明；提升后勤从业人员技能水平，大队选派的文职人员在总队后勤比武竞赛上获个人第三名。

改制以后，以“执勤装备正规化、生活设施实用化、营区建设园林化”为总体规划，新一轮设计营区橱窗安装、溪口训练塔升级、莼湖营区政治氛围营造、库室改造升级等一系列工程，进一步营造拴心留人优良环境。

【廉政建设】 坚持把纪律和规矩挺在前，正风肃纪，做到警弦常泵、警钟常敲、警示常提，力塑清风正气。

加强廉政理论功底，结合党纪党规学习提升月、“5・15”和“10·30”警示教育周等活动，在组织文件学习、观看警示教育片的基础上，不定期组织扫码测试，边学边提高，明晰组织纪律，警惕违纪风险。组织参观区看守所、象山廉政剪纸艺术基地，以真实的所见所闻提升敬畏纪律之心，感受廉政清风，使大队成员进一步从思想上自觉守廉，筑牢拒腐防变的防线。

大队主动纳入区首批预防职务犯罪责任单位，积极与区检察、监察机关建立联动机制，推行“阳光消防”活动，探索建立预防职务犯罪“三轨制”。年召开廉政座谈会6次，执法监督征求意见75条，走访单位80余家，执法回访56次。

用好谈心谈话室，坚持刚性执纪与提醒监督并重。年内，对2名轻微违纪的消防员作恰当处理，并对工作不作为、表率有欠缺的3名指挥员提醒谈话，在队伍中塑造严下先严上、违纪必追究的形象。坚持实现压力传导经常化、谈话提醒规范化、责任追究常态化。与支队纪委主动联动，引用网络监督手段，实时评估个人廉政风险情况，最大限度地将苗头、倾向性问题发现在萌芽状态，及时清除违纪“肌瘤”。

（方翘骐）

交通运输

综述

2019年，围绕实现“三年大变样、交通出形象”目标，推进甬金铁路、象山湾疏港高速公路奉化段、宁波至奉化轨道交通、宁波机场快速路南延四大工程，实施奉化公交与宁波公交一小时换乘优惠政策，新开通“公交出行信息实时查询”系统。金海路站客运中心主体结构基本完工。开通奉化至杭州东、上海的高铁始发列车，助力区高质量融入长三角经济圈。三高连接线取消收费，完成全区ETC发行量12万辆，安装营运客车视频监控报警装置，实时监管车辆运行状态。区启用出租车4G视频监控，200辆出租车24小时不间断监控管理。规上运输企业经济运行良好，道路运输企业年营业收入约4.2亿元，年度增幅达到28%，超出增长20%的年度任务。

争取资金4500万元，提升改造省道甬临线，全面改善国省道路况，年度普通国省道PQI均值达98.82，路况水平在宁波市排名由第六名上升至第二名。先后获“四好农村路”省级示范县、省万里美丽经济交通走廊示范县，宁波市交通运输局重点工作目标考核优秀单位，区安全生产目标管理责任制考核优秀单位、先进基层党组织、文明单位、提案承办先进单位等荣誉。

基础设施建设

【概况】 累计完成交通固定资产投资19亿元，完成年度计划的134.7%，投资增幅位列全市第二。年底，区公路通车里程1357.75千米，公路密度为107.08千米/百平方千米。按照技术等级，高速公路55.40千米，一级公路131.90千米，二级公路99.06千米，三级公路149.32千米，四级公路922.07千米；按照行政等级，国道87.20千米，省道73.78千米，县道436.34千米，乡道404.66千米，村道355.77千米。

【同城化路网建设】 打造宁波南部交通枢纽。以铁路、高速公路、快速路为重点，构建区组团到宁波中心城20分钟、区主城区到主要镇区20分钟、区域内到主要交通节点20分钟三个“20分钟交通圈”，将奉化建成宁波面向浙西南的交通门户。

加快甬金铁路、象山湾疏港高速公路奉化段、宁波至奉化轨道交通、宁波机场快速路南延四大工程建设。甬金铁路奉化段开工；象山湾疏港高速、塘溪至下陈段已立项；宁波至奉化轨道交通和宁波机场快速路南延项目正在加速推进。建造奉化主城区至宁波主城区通行能力最强、通行效率最高的综合大通道。

S203省道奉化段一期工程白杜至金峨段路基工程完成50%，“两高”连接线紧张施工。

同时完成S310省道奉化段（G228至S203）公路工程送审稿。

建成沿海旅游专线一期、甬金高速至生态公路连接线、甬金高速至大张连接线等干线公路，优化江（口）拔（茅）线沙堤至甬金高速溪口西出口段改造工程线位方案，完善区域内公路网络。

高质量完成“美丽经济交通走廊”和“四好农村路”建设任务，完成新（凉亭）金（峨）线、白(杜）莼(湖）线、横(路）张（家垫）线等6条县道碎板中修工程，完成甬临线、奉（化）钱(东钱湖）线、溪(口）南(溪）线等提升改造。

全面提升区域交通通行环境：景观提升甬临线“景观样板路”和东江、剡江“最美航道”；全域公路播种花草，美化交通走廊带；高标准设计甬金高速溪口东、溪口西出口等“门户区”景观提升方案。获评“四好农村路”省级示范县、美丽经济交通走廊省级示范县，浒（山）溪（口）线被评为省级精品示范道路。申报“四好农村路”示范乡镇3个。

【公路修造】 实施奉钱线白杜段大修、董东线大修、甬临线中修改造和新金线、白莼线、横张线、王（家江）尚（桥）线、曹（村）黄（贤）线等6条县道碎板中修建设，总投资10650万元，改造里程66.17千米。到年底，甬临线中修已完工，奉钱线白杜段大修工程完成主体工程；董东线大修工程已于10月进场施工，预计2020年10月完工；6条县道碎板中修工程全部完工。

总投资550万元，整治尚（田）界（牌岭）线大堰至三联段、溪南线箭岭至谢界山段、马（头）松(岙）线等3处边坡隐患。

【城乡客运建设】 构筑一体化公交。推进与宁波主城区公交一体化发展，与宁波市区公交同票价、同折扣和同优惠方案。11月1日始，实施奉化公交与宁波公交一小时换乘优惠政策。优化同城公交线网，先后新开通奉化至宁波市区989路（萧王庙青云村至公交前河南路站）、阳光海湾至宁波686路公交线，并调整增设186路、188路、987路站点。奉化至宁波主城区及鄞州、海曙等跨区域公交线已达16条，形成中、东、西全方位对接的公交网络。结合新建道路、居民区等，优化调整区域内公交线路，年度新辟线路11条，优化15条，全区开行公交线路113条。推进公交便民设施，新开通“公交出行信息实时查询”系统。

打造综合运输枢纽。谋划扩建奉化火车站方案，铁路站房规模拟扩建至10000平方米，并形成4台11线的站台布局，考虑远期甬台温高铁建设，再预留2台4线规模用地；金海路公路站客运中心主体结构基本完工。

7月10日，一对奉化至杭州东的高铁始发列车开通。11月16日，奉化至上海列车始发。11月1日零时起，停止三高连接线收费，有效降低运输成本。完成全区ETC发行量12万辆，提高高速出入口通行效率。淘汰310辆年度老旧营运车辆，完成年度任务的130.8%。

【公路养护管理】 创新实行养护小修（包括砼路面碎板处理、路肩挡墙等公路基础设施、排水设施、桥梁等维修项目）打包招标。年资金规模1500万元，中标单位3家，按3个养护所管辖区域内的小修项目捆绑发包。针对隐蔽工程，专门试验检测，每个单项工程委托第三方审计，确保公路养护资金有效投入。利用节余资金，对地方财政安排困难的溪南线等线路小修罩面，投入资金1000万元，借用振兴公路养护中心和拌和站的技术力量及设备优势，统一招标石子、沥青等原材料，保证养护用料自产供应，有效修复破损严重路面。

加强日常养护全面监管。建立巡查发现、快速处置机制。开展沥青路面坑槽机械修补技术培训及比武和国省道小修保养集中整治月活动。专业化养护结合科技应用，专项治理，实施精准养护和应急保障。确保特殊时段、重大节庆、突发情况下路面损害的有效修复，保持路况持续稳定，安全畅行。

加强桥隧养护投入。定期检测，分类处置桥梁：改造危桥7座，在建1座。完善全区桥铭牌补缺、置换，并做好桥梁护栏防撞设施。经检测桥梁：省道公路2座，加固或提升到一级；县道危桥1座（金山桥），已安排工程施工；完成总投资250万元的桥头跳车治理；整治沿海中线、西（坞）宁（波）线、金海线等7条县道的13座桥梁；投入960万元，改建梧凤山隧道。

开展提升路况路貌、绿化养护、路面保洁、设施维护等管养工作。落实三级“路长制”，设置“路长公示牌”，开通二维码扫码服务功能，解决公路管理难点。新建公路服务站4座。

（沈帆力）

交通运输管理

【概况】 坚持路政、运政、航政执法，整治交通运输领域违规违法行为，全年查处各类违法案件1700余起。

【道路运输管理】 强化客运市场管理，全部安装营运客车视频监控报警装置，实时监管车辆运行状态；启用区内200辆出租车24小时4G视频监控管理，出租车违规经营行为逐月递减。

全年营业性旅客运输量493万人，同比下降2.6%；周转量18667万人千米，同比下降16.9%。营业性货物运输量2055万吨，同比下降6.2%；周转量437258万吨千米，同比增长3.6%。完成机动车维修量约241635辆次；驾驶培训13121人次，同比增加0.86%。

【公路路政管理】 依托9套12个点位36个车道公路电子监测，基本实现全域重要路段和节点监控。组织开展“天眼”“天网”“砺剑”等联合治超行动18次，重点查处区内非现场执法违章未处理车辆、非现场执法“黑名单”上的车辆、车货总重49吨以上及超限100%以上货运车辆，非现场执法办件率达84%。全年查处公路治超非现场案件1387件，收取罚款约287万元。

加强路域环境综合治理，迎检全国文明城市创建及第二轮中央生态环保督察，创建美丽经济交通走廊。综合整治“两线四边”“两路两侧”暨小城镇“道乱占”和“百日攻坚”环境。全年拆除违章建筑671平方米，清理堆积物482.8立方米，拆除非公路标志726块；整治马路市场265个，查处滴漏撒污染公路案件52起，收取公路赔补偿费457946元。

投入407万元完成年度标志标线建设，增设各类标志1161套、标线3.38万平方米。

【港航航政管理】 加强区域内的港口、码头、航道管理，配合“一打三整治”，取缔“黑码头”，坚决制止和查处违法行为。

采用机动巡查制度，加强违法码头整治和巡查力度，查处小狮子口违法港口建设和剡江6个黄沙码头的违法经营行为。

区内沿海港航管理码头工程项目，通过省港航局验收。

【安全生产】 全行业安全检查483次，检查企业（项目）505家，发现隐患354个并责令整改到位，查处安全生产相关案件10起，罚款78100元。治理锦奉大道等3处省市级事故黑点，整改20处道路隐患，化解大堰山区公交线路运行重大安全风险隐患；设置公路路口“一灯一牌一带”，整治排查14条道路245只隐患道口；结合安全生产和消防安全整治百日大会战，全年行业安全生产形势平稳。发生事故2起，死亡3人，与上年相比，总数同比下降50%，死亡人数同比下降25%，总体在上级下达的控制指标之内，实现道路运输“双降”（事故数、死亡人数下降）目标。

【应急体系建设】 健全完善应急工作机制，组建180多名队员的7支应急抢险救灾分队；全面清查、盘点，落实、配备一批应急抢险物资、设备，包括1台斜角清雪机、14套推雪板、5台融雪撒布机、2台应急照明灯、2辆抢修车、14辆自卸车、3辆货车、4台挖掘机、14辆装载车、1辆高空作业车、4辆高压清洗车；存储一定数量的麻袋、防滑沙、融雪剂等应急物品。

督促完善雨雪冰冻天气应急预案，重点防控山区公路、隧道、运输场站及车辆等防护目标。在恶劣天气期间，加强应急防守，快速抢通公路，及时调整客运、公交通行线路，并利用广播电视、微信、“掌上奉化”等平台实时发布信息。

【工程质量监督】 以重点工程为主，强化行政执法监督，增加专项技术服务。区质监站成立以来，首例查处1个合同管理类执法案件，为后续提高工程管理水平、建设品质工程奠定良好基础。完成区合同价5000万元以下、交通系统建设S203省道奉化段一期“品质工程”示范项目创建，并在系统内推广应用。

【行政执法】 按照“一窗受理、集成服务”原则，交通审批窗口分2个类别，实行一窗受理、一窗咨询。开通“网办掌办”，即办、“跑零次”达标。年办理交通行政许可事项843件，办结843件，其中道路运输事项827件、路政管理事项13件、水路运输事项2件、交通运输局1件。办理其他服务事项3195件，其中道路运输事项3186件，水路运输事项9件，办结3195件、办结率均达100%。宁波市道路运输行政执法案卷集中评查中，区运管所3302835118100062号处罚案卷被评为优秀案卷。

【机关作风建设】 组织“正风肃纪”专项检查15次，出动人员50余人次，下发通报8次，在春节、端午节、国庆节等节假日期间，组织“四风”问题自查6次，未出现作风违纪。梳理出16个涉及民生重点难点问题，其中7个已整改到位，9个正在解决中。面对重大活动运输保障、雨水冰冻极端天气应急抢险、非洲猪瘟疫情联防联控、文明城市迎检等急难险重任务时，交通系统全体职工坚守岗位，团结一心，成功防抗超强台风“利奇马”“米娜”，并时刻关注公路、场站等出现的突发事件。

（沈帆力）

宁波鄞奉海事处奉化海巡执法大队

【概况】 宁波鄞奉海事处奉化海巡执法大队为宁波鄞奉海事处下设的执法大队，管辖船舶修造企业2家，辖区有桥梁13座、在建桥梁2座。2019年，进一步推动砂石船合规营运，重点做好象山港北岸海洋休闲船舶的安全管理，落实安全管理责任，防范海事执法责任风险，帮扶地方发展海洋休闲产业，做好重大民生水工项目的安全保障与安全监管工作。

【象山港北岸监管一体化工作】 高度重视象山港北岸的监管工作，建立工作制度，规范工作流程，抓好落实的执行机制；多次召开大队会议，传达局领导和职能部门对象山港北岸监管工作的指示和工作部署，专题分析监管实际情况，制定针对性的工作措施，扎实推进监管工作的有序开展；同时，通过会议传达、人员谈话等措施，增强执法人员对做好象山港北岸监管工作重要性的认识，为确保辖区的安全奠定良好的基础。10月15日，大队与宁海、象山海事处开展象山港水域联合巡航执法行动，取得良好效果。

【挂牌督办隐患综合治理】 自“奉化区象山港北岸多处无港口经营许可证、不具备安全靠泊条件的码头非法进行砂石装卸活动”重大安全隐患实施挂牌督办以来，在督促相关方开展整治的基础上，大队立足海事职责，全力推进重大安全隐患整治工作进程。联合地方政府共同推进省级挂牌督办隐患整改工作有效落实。6月26日，由区应急管理局牵头召集交通、农业农村、海事、文广旅体、公安、相关沿海乡镇等单位、部门召开整治协调会，大队通过照片等资料介绍了海事执法人员在象山港北岸日常巡查中发现的非法码头情况和在海事履职方面所做的工作，并提出封路、拆除装卸设备、立警示牌等建议，获得参会各方的高度评价。同时，与相关部门保持密切联系，跟踪督促隐患的整改工作。

针对船舶在象山港北岸非法砂石装卸码头实施装卸行为的情况，实施错时执法，取得良好的成效。7月7日清晨，大队执法人员在双山非法装卸码头巡查的时候，发现一艘正在实施装卸作业的砂石运输船“锦岳37”轮，立即制止这一行为，并对其违法行为进行调查。

推动安全隐患整改现场办公，确保整改取得实效。7月10日，大队和莼湖镇政府牵头，召集区应急管理局和区港行管理局在莼湖镇双山水域开展现场联合办公，执法人员向参会人员介绍了双山水域当前存在的安全隐患并展示相关证据材料，各单位领导认可并确定采取由大队提出的“在路口设立障碍物断绝黄沙陆地运输通道”的办法。同时，大队利用铁拳整治行动契机，主动加强与港航部门、地方镇政府的协调联动，双山、石沿非法装卸点基本完成整治；松岙小狮子口水域浮码头移至桐照海港船厂拆解。

【规范辖区海洋休闲活动】 加强对象山港北岸的巡查，采取有效措施严厉查处非法海洋休闲活动，确保人民群众的生命安全。与沿海三个乡镇及相关部门建立联络机制，确定联络人员，实现信息共享、联动执法，显示强大的海上执法效果。6月1日，在接到“翡翠湾水域有人组织开展飞艇、皮滑艇、帆船、摩托艇等海洋休闲活动”的举报信息后，及时将相关信息通报莼湖镇政府和区应急管理局，与莼湖镇政府通过约谈海洋休闲活动组织者和重点布控、现场核查等措施，制止一起非法海洋休闲活动，消除了安全隐患。贯彻落实《宁波海事局关于加强游艇安全监管的通知》要求，对辖区游艇进行全方位排摸，做到心中有底；同时开展走访活动，对游艇企业、组织和个人传达文件精神，明确海事部门对游艇的现场监管要求，并再次宣传贯彻《游艇安全管理规定》等相关法规，强调游艇的非经营性性质，对其提出的实际困难和合理诉求进行充分沟通，为游艇的进一步规范管理奠定良好基础。强化对“海洋自备船擅自用于载客等行为”的监管，及时将发现的上述行为通报属地地方政府，并通过区海上安全事故预防工作联席会议机制，督促属地地方政府研究对策，采取措施进行整治；督促沿海乡镇对海洋自备船采取“只出不进”和严厉的处罚机制，一旦发现海洋自备船有擅自用于载客等行为，必须取消其证照。

【“商渔碰撞”警示教育活动】 联合莼湖镇政府赴桐照渔村开展“商渔碰撞”警示教育活动，讲授“商渔碰撞”相关知识，结合浙江沿海船舶航行特点和水文气象、航道等情况重点介绍商渔船碰撞事故的特点、不安全因素及渔船避碰商船的安全措施和典型事故案例。加强对象山港北岸码头的巡查，通过现场答问、试卷考核等方式，对驾驶人员对避碰规则及商渔船防碰撞知识掌握情况进行检查。8月16日，联合区农业农村局在莼湖镇成人学校举办商渔船碰撞事故警示教育培训，为“开渔”期做好安全预防工作。

【防台工作】 高度重视辖区防台工作，及时响应上级的防台工作布置，扎实做好防抗台工作。重点关注双山水域海关扣押船舶防台措施落实情况，指导海港船厂继续增加缆绳系固，加强值班，及时应对突发情况；深入现场，全面检查奉化江上游避风船舶防台措施落实情况，督促值守人员安排检查船舶缆绳系固、锚机锚链等船上应急设备；检查水工作业情况，按照防台规程要求及时督促辖区施工全部停工，相关设施和人员全部撤离至安全地区；加强应急待命力量，全员到岗，随时准备应对突发情况，8月10日台风“利奇马”登陆期间，江口街道4艘农用自备船在江口公路桥上游非通航水域失去控制，与光德桥和江口公路桥发生碰撞，大队人员及时应对处置险情；加强海事巡逻艇、车辆及内部设施的检查并落实防台措施，确保应急力量到位，切实做好内部的防抗台风工作和后勤保障工作。

【砂石运输船专项安检工作】 为认真落实好《宁波海事局关于印发砂石运输船舶专项安检砂石方案的通知》要求，在鄞奉海事处的统一领导下，大队克服人员少、辖区砂石运输船多的困难，针对砂石运输船的特点，按照“规范、理顺、创新”的工作要求，及时传达上级文件精神和工作要求，通过召开宣贯会议、短信平台告知、巡航巡查等渠道，多方面宣传砂石运输船舶专项安检活动要求，督促船方及时申请船舶安全检查及缺陷纠正；及时抽调人员按照处安检小组的指派开展砂石运输船安检工作，完成第一阶段的工作任务。

（杨思琦）

奉化火车站

【概况】 奉化火车站注重安全生产和提高服务质量。2019年发送旅客47.2万人次，其中春运（1月21日至3月1日）3.73万人，春游（3月16日至4月9日）3.1万人，清明（4月4日至4月7日）6207人次，“五一”（4月30日至5月4日）6932人次，端午（6月6日至6月9日）6025人次，暑期（7月1日至8月31日）9.04万人次，中秋（9月12日至9月15日）7719人次，国庆（9月28日至10月7日）1.82万人次。年客流量比上年增长18%。

【服务质量】 引导职工提升服务质量，树立“以服务为宗旨，待旅客如亲人”的服务理念。使用“十字”（您好、请、谢谢、对不起、再见）文明用语，践行“三出行”（安全、方便、温馨出行）服务目标。

做好防台应急服务工作，全力防范“丹娜丝”“利奇马”“米娜”等台风，其中“利奇马”台风对火车站影响较大，车站提前作好准备，做好对旅客的解释及退票改签工作，确保台风期间车站工作正常安全运行。

【安全生产】 做好“1·5”“4·10”“7·10”“10·11”“12·30”（调整列车运行时日）调度等有关工作。及时培训职工服务知识和技能，及时编制客运“一日一表”，加强车站安全保障，确保调度工作顺畅有序。

重点做好第二届中国（上海）国际进口博览会的二次安检工作，及时对接当地政府，增派人员，顺利完成此项任务。

抓紧安全教育，提高职工安全意识。经常检查安全情况，及时排除安全隐患，实施安全管理新机制，深化“打非制违”，确保火车安全稳定运行。加强季节性安全控制，节日运输开始前，做好各项准备，落实“三出行”。及时传达升级、签收客调命令，确保车次安全到达及开出；加强服务设备设施检查、实名制验票及“三品”（限带、保管、违禁物品）查堵。盯控重点列车，强化应急处置。

（范　婷）

水利 水务

综 述

2019年，完成水利投资21.3亿元，高质量推进面上水利工程和农村饮用水达标工作。规范水资源管理，严格规范行政审批，严肃查处水事违法案件。履行“减编不减责”“交职不交责”“宁抓重、不抓漏”制度，做好水旱灾害防御工作。取得省水利综合考核前十名、市水利综合考核前三名佳绩。

工程建设

【概况】 实施小流域、镇村水环境治理，山塘、海塘整治，小型水库除险加固，河湖库塘清淤，农村饮用水达标等面上水利7项提标工程。面上水利完成投资额2.04亿元。

【面上工程】 在治理裘村镇峻壁溪、萧王庙戒毒所上游至良浪溪段等8条小流域中，共整治堤防13.80千米，超计划完成5条小流域；完成莼湖大山垢、裘村东坑弄、尚田抛大岭等17座山塘的整治和裘村官田弄等3座小型水库除险加固。裘村镇山林塘海塘整治工程已完成80%。萧王庙郑夹岙等2座水库开工，莼湖寺祥岭水库降等、松岙大埠水库前期工作就绪。镇村水环境治理：西北平原防洪排涝（大浦湾）工程（江口镇乡水环境）已通过验收；裘村石盆、吴江村，莼湖栖凤村，溪口下跸驻村，松岙街一村等11个村庄水环境项目已完工。是年清淤40万立方米，超额清淤46.99万立方米，累计投入871万元。

【农村饮用水达标提标工程】 累计新增受益人口7.94万人，100%完成区级民生实事工程年度任务。是年，镇级水厂延伸供水管网57千米，兼并单村水站21座。以“多村一水”模式完成大堰、万竹、石头岙、袁家岙、斑竹、董溪片等11座联片水站的建设。提升尚田印家坑、九龙、王家岭、柴家岙、谢界山的水站及莼湖南岙、萧王庙许家山等17个村级水站和“一户一表”改造工程。联合区财政局对村级公益事业“一事一议”财政奖补，优先保障农民饮用水工程立项，财政资金奖补比例由原来的50%提高到80%，单个项目财政奖补资金上限由原来的50万元提高到70万元。引进稳定度高、机械性能好、成本低的聚砜材质内压超滤膜设备，水质可稳定达到最新的106项检测指标要求，彻底解决边远山区农村饮用水安全短板。引进水站物联网管理技术，实现水站设备远程视频监控、数据采集、参数调整等功能，无人值守能自动运行，大大降低运营成本。探索实施农村水站物业化管理模式，以专业队伍管理村级水站，解决村级水站管理难题。5月24日，宁波市在奉化举行农民饮用水达标提标工程现场会。

水务管理

【概况】 继续抓好水资源管理，规范行政审批，全年共办理审批项目115件，其中涉河涉堤12件、取水许可2件、开发建设项目水土保持方案（登记表）101件。开展河道执法，巡查160人次，受理来信、来电举报投诉7起，发出责停通知书12份、责改通知书12份，立案查处水事违法案件3起，结案2起。完成50.4千米无违建河道创建。推进节水型建设，加强取用水管理检查，促使水资源管理制度落实。合理利用水资源，增强全社会节水意识。

【水资源管理】 保持监督生产建设项目水土执法，重点检查水土保持设施，严查生产建设中未经验收投入使用、随意倾倒废弃土石渣等不依法履行水土流失治理义务行为的项目。按照属地管理的原则，根据水土保持行政许可事项监督、日常监管及“天地一体化”监管等情况，排查梳理辖区内生产建设，共监督检查工地50次、约70个项目，实现生产建设项目水土保持审批、监管及验收全覆盖。

【节约用水】 严格落实水资源管理制度，推进节水型社会创建，实施取用水管理专项检查，安装5万吨以上取水户实时监控，对138家取水户实行计划用水制度。认真履行用水管理职能，开展“世界水日”“中国水周”活动，围绕“凝聚全社会节水合力，构建全覆盖节水格局”的主题，宣传《中华人民共和国水法》，通过电视等媒体，播映有关“世界水日”“中国水周”“五水共治”等字幕，印制纸巾、纸杯开展节水用水宣传，加深“水是生命之源、生产之要、生态之基”的认识；开展护水、护河志愿者活动，增强市民和用水户取水、供水、用水法律观念，合理利用水资源。

防汛抗旱

【概况】 成立水旱灾害防御领导小组，全区小（2）型以上水库行政、管理单位，技术和巡查以及区山塘、海塘、碶闸、小流域灾害影响村，落实行政责任人及管理巡查人员。组建水旱灾害防御科，落实2名专职人员。编制印发《宁波市奉化区水旱灾害防御应急预案（试行）》，重新编制亭下、横山两大水库的放水预警方案，构建横向到边、纵向到底的防汛责任网格。

汛前全面检查区内水库、海塘、水闸、在建水利工程度汛情况以及村级防汛防台形势图、应急预案、水库安全责任人等内容，发现度汛隐患，建立整改台账，并实行销号管理。更新维护预警预报设施，准备充足的抢险物资。组织600多人次的防汛业务培训，防汛应急演练2次。

【科学监测调度】 汛期，累计启动水旱灾害防御应急Ⅳ级响应3次、Ⅲ级响应2次、Ⅱ级响应1次、Ⅰ级响应1次，启动山洪灾害红色预警1次，发出预警短信15432条次，配合相关镇（街道）转移人员16318人。在台风“利奇马”期间，亭下、横山两座水库两次启动预泄预排，腾出库容，在强降雨期间分别拦蓄3700万立方米和3892万立方米，为下游河道和平原争取31个小时的泄洪排涝时间。

水投集团

【概况】 2019年，区水投集团围绕区委、区政府“五倍速五提升”战略部署，以“三年大变样”为总目标，积极探索“混改”模式，加快推进项目建设进度。累计完成固定资产投资约5亿元，完成续建工程4项：甬江防洪工程奉化段工程，桐照栖凤标准海塘建设工程，县江龙潭段防洪工程，小流域治理泉溪江二期工程；推进续建工程3项：剡江（畸山至萧王庙）及其支流河道治理工程，县江防洪工程三期加高工程，柏坑水库扩容工程进场道路建设；新建工程1项：龙潭滞洪分洪区改造工程分洪通道建设；前期准备工程1项：甬江防洪工程奉化段工程二期工程。

【东江水系整治和生态治理工程获得中国水利工程优质（大禹）奖】 1月1日，中国水利工程协会公布2017—2018年度“中国水利工程优质（大禹）奖”工程项目名单，甬江防洪工程东江、剡江奉化段堤防整治工程（东江水系整治和生态治理工程）榜上有名，获得中国水利工程优质（大禹）奖，填补了奉化区水利工程建设获该奖项的空白。

东江水系整治和生态治理工程是甬江防洪工程东江、剡江奉化段堤防整治工程的其中之一个项目，列入省重点工程A类项目，整治范围从西坞高楼张至江口方桥三江口，河道总长16.45公里，新建堤防28公里。该工程不仅能有效防止洪水侵袭两岸保护区，保证防洪安全及市民沿河活动安全，而且能维持河道断面原有的自然形态和断面结构，建设的生态河道可保护河道中生物的多样性，改善水域生态环境，有利于生态建设和经济社会协调发展。

（魏　莹　张旭峰）

大禹奖

邮政　通信　信息

电子政务

【概况】 2019年，电子政务工作以“最多跑一次”改革为总牵引，聚焦“掌上办事之区”“掌上办公之区”建设目标，按照构建市“四横四纵”政府数字化转型体系，全面贯彻落实省市数字化转型各项工作任务，以构建业务协同、数据共享两大模型为基本方法，打造整体协同、高效运行的数字政府。

【工作体制】 8月下旬，组建区大数据发展服务中心，成立区政府数字化转型工作领导小组和办公室（简称区数转办）。区数转办进入实质性运作，制定出台《宁波市奉化区数转办领导小组办公室工作规则》和《2019年区政府数字化转型工作任务分工的通知》，协调推进全区政府数字化转型工作。

【“互联网+政务服务‘最多跑一次’”工作】 至年底，250个民生事项实现“一证通办”，政务服务事项总数2545个，网办开通率为100%，“掌办”开通率为99.6%。

迭代升级浙江政务服务网，完成浙江政务服务网业务办件中心对接和办件数据汇聚变更、办件案件新规范改造、统一赋码接口对接、征信业务相关改造、审批系统颗粒化改造、权力运行系统多级联动和省级V2平台迁移V3平台相关升级改造工作。

推广使用“居民身份证网上功能凭证”，实现全区“刷脸办事”“扫码办事”服务。区行政服务中心和12个镇（街道）便民服务中心窗口均实现落地应用，公共服务应用场景拓展至149个。整合全区4个政务APP至“浙里办”，完成政务服务同源发布自查整改。

机关内部“最多跑一次”改革工作，会同区委编办公布涉及38个单位240个事项（23个联办事项）的清单，在省市大数据管理局的总体建设框架下，统筹建设协同联办信息系统，实现机关内部办事“网上办、掌上办”。

【数据归集共享】 指导各部门做好数据归集、梳理共享清单、申报数据需求、配置数据接口等工作，申请省市共享数据接口69个，配置统一受理平台接口150个，省级接口调用次数超188万条。

【专网整合和“浙政钉”应用】 2019年，完成区卫健局、区统计局、区人防办、区人社局、区房管中心、区住房公积金管理中心、区生态环境分局、区水利局、区农业农村局、区市场监督管理局10家单位的专网整合工作。

全区93个部门（街道）共13811个用户开通“浙政钉”，信息完善率达到100%，日均活跃率达65%；基于钉钉平台，建设“奉化协同OA”“奉化晾晒台”“奉化身后事”等应用，打造掌上办公之区。

【创新工作】利用省、市数据共享平台，开通"浙里办"APP网上申请，打通残疾人办证和申请惠残事项所需的多项数据和部门间"一事联办"，实现残疾人服务"跑零次"。搭建钉钉平台，为户口登记项目内容变更"一件事"和商事登记主体名称变更"一件事"提供业务数据流转支持。建设招商信息平台，打造全区招商引资"一盘棋"，实时掌控全区招商引资项目动态。完成奉化智慧旅游项目和全域旅游信用平台建设，建立基于大数据的智慧全域运营（全业监测、全境管控、全时服务、全员营销）新型智慧旅游标杆，创造智慧旅游的奉化样板，实现"一码扫奉化，一机游奉化，一机治奉化"，助推奉化区成功创建国家全域旅游示范区，使智慧旅游成为奉化新的强势旅游品牌。完成区智慧信用平台二期建设，共计征集数据404万余条，共享信息项184个，通过智慧监管数据库获取食药许可数据1.8万条，展现6.2万家奉化区市场主体的综合信息。开展不动产网上联动办理"一路通"改革，至年底，办理不动产网上联动过户手续6724次（其中电力过户3351次、水过户2277次、燃气过户948次、广电过户134次，户籍过户14次）。

（董　平）

中国邮政集团公司宁波市奉化区分公司

【概况】2019年，中国邮政集团公司宁波市奉化区分公司（下简称分公司）认真贯彻集团、省邮政公司的部署，按照年初确定的"补齐短板求实效，拉高标杆创优势"的工作主线，积极应对各种困难和挑战，着力推进企业转型发展。全年完成业务收入11191.91万元，累计完成净利润383.65万元。其中，寄递业务完成业务收入4908.69万元，同比增长50.37%；电商批销线上线下共计金额1734万元；传统业务函件收入188.14万元；集邮收入160.66万元；报刊业务收入496.48万元。年末，储蓄余额30.7亿元，新增余额28881万元，储蓄余额市占率达8.31%。便民服务方面，警医邮代办交管业务1.2万笔，代收代缴水电费、手机费60多万笔。

【网点建设】11月5日，分公司溪口明溪邮政营业所由溪口镇明溪村迁至溪口镇中兴路119号，并更名为溪口银凤邮政营业所。该营业所营业面积达255平方米，设置储蓄台席3个、邮政营业台席2个，并配备CRS机1台。

【邮件出口处理场地建设】10月，分公司东郊邮件出口处理场地新搭建钢棚819平方米，实际作业面积扩大至1399平方米，新投入"集包+混合收寄"设备1台、直行皮带机3条、九宫格分拣笼10组，实际投入超60万元。分公司邮件处理流程大幅度优化，轻小件邮件（浙江除外）实现不落地处理，以提高传输、分拣效率，降低人工作业强度。

【"奉化水蜜桃"极速鲜项目】2019年第三季度，分公司开展"奉化水蜜桃"极速鲜项目，在全区挑选26个"水蜜桃"种植合作社设立收寄点，完成收寄总量5.2492万件，同比增长28.78%；业务总收入94.7137万元，同比增长22.94%；全区市场占比约为15%，占比率提升5%。该项目寄递时限实现长三角地区次日上午递，北广深等开通航班城市次日递。

（卓　越）

中国电信股份有限公司奉化分公司

【概况】2019年，中国电信股份有限公司奉化分公司（下简称奉化电信）以"不忘初心 牢记使命"主题教育为抓手，聚焦基层党建"支部建设""品牌打造""作用发挥"3个高质量建设，以高质量党建推动和保障企业高质量发展。公司全年完成业务收入18544万元，较上年减少7.66%。年末，有固话用户100211户、移动业务用户210255户、宽带用户95935户、

ITV用户66540户。

【建设投资】 全年为支撑前端业务，累计新布放光缆336千米，新增光交72个，支撑前端布放皮线光缆1700余条；新增4G基站33个；增加LTE-1800基站设备200套；新增16个小区的室分建设，完成6个城区住宅小区的无线网络优化工作。至年底，奉化区域已开通LTE-1800基站760个、LTE-800基站326个、C网基站346个；4G网络基本覆盖奉化行政村以上区域。10月底，上级公司确定奉化电信承建奉化5G网络。至年末，完成108个基站的线缆布放和配套安装、13个堆叠机房的改造和配套安装等工作，开通17个5G基站。

【经营管理】 党建统领促发展。开展中共十九大精神、"不忘初心 牢记使命"学习教育，打造"党建赋能"活动品牌，主动参与"春雷行动"，激发"三开营销"新活力；开放联动，丰富"党建翼联"主题实践活动的广度和成效。聚焦主题主线，推动主题教育走深走实；加强对党建工作的领导，切实发挥企业党建工作领导小组的作用。落实"三会一课"制度，推进基层党支部建设规范化；助力扶贫攻坚；坚持作风建设，扎实履行"两个责任"。

触点扩张营销发力。电子渠道触点扩张，拓展流量合作，发展与维系并举，优化线上线下协同，强化支撑保障体系。聚焦新媒体渠道及社群KOL营销等场景，通过流量加载和定向推荐形式开展流量置换和变现，弥补实体渠道移动业务发展的不足。校园营销发力，积极拼抢校园公话市场，9-11月，完成奉化3所学校的校园专项营销，校园新增C网的目标完成率从2018年的29.4%提升到2019年的71.3%。

【通信应急保障】 2019年，累计完成261单政企客户的网络勘察和设计工作，1625条各类政企业务的开通或移机工作，抢修各类政企和用户故障700余次。国庆节前，市公司开展"HW行动"专项网络和信息安全的专项行动。奉化分公司积极响应，关闭不安全网络5套，执行端口封闭300多个，进行隐患整治70余次。全年完成中国农民丰收节滕头分会场、奉化桃花马拉松、中巴国际篮球挑战赛、宁波森林防火演习、雪窦山弥勒文化节等多个政府项目的通信应急保障和支撑；支撑政府老小区改造工程，完成大田小区、桃源小区、朝阳小区、广济公寓、春晖小区、庄山小区等9个小区的改造和用户网络升级。

（邬琪绅）

中国移动通信集团浙江有限公司奉化分公司

【概况】 2019年是中国移动通信集团浙江有限公司奉化分公司（以下简称奉化移动）深度转型高质量发展战略开局之年。在省、市公司领导下，推进深度转型、高质量发展，完成各项目标任务，实现持续高位增长。全年完成主营业务收入3.41亿元，收入份额和利润率均处行业之首；通话用户数43.6万户，宽带用户数10.5万户，份额提升6个百分点，在宁波10个县市分公司中排名第一。

【网络建设】 2019年，公司投资6500万元用于奉化移动网络建设。建设站点50个，累计4G站点1100个，5G站点100个，扩容200个，城区、乡镇基本实现无缝覆盖；全年累计解决弱覆盖点30个；通过"4G+"工程，增强覆盖效果，提升4G质量，满足客户高带宽的需求。

突破网络能力，提升服务支撑力。积极应对5G需求，为全面掌控骨干汇聚承载能力，形成远程四大分析输出能力，同步排查汇聚隐患合计13个，70%完成整治。至年底，奉化网络部完成年度建设规模，并开展驻地网建设专项补强提升，累计覆盖达到33万户。

优化管理模式，提升运维能力。按照"八分建、一份优、一分维"的思路持续推进网络生命周期管理，以规划、建设、验收、评估4个环节为重点，推动规划与网络需求准确匹配，提升工程建设质量，把好入网验收关和完善评估机制，将作业计划、巡检、日常维护等工作与资源管理工作相结合，全面提升数据的关联性与准确性。优化网络结构，加大管道及核心汇聚机房的建设，提升城域传送网的承载和接入能力。

【服务提升】 2019年，客户服务工作始终坚持以“客户为根，服务为本”为宗旨，以“客户满意”为重心，围绕“三融”战略部署，构建“三全”服务体系，重塑服务领先。通过锁定资费套餐、网络质量、家庭宽带等关联短板，分项攻坚。资费套餐满意度提升，以“套餐理财、资费优惠”为切入点，将资费不匹配群体归位；网络质量满意度提升，通过在线网络服务站，多途径收集网络问题区域并快速解决；家庭宽带满意度提升，推进全区家庭宽带服务评优，以“优服务 新体验”为主线，基于互联网服务平台，加快传统服务向互联网服务转型。

开辟服务新通路，推出移动官微“在线网络服务站”，实现客户意见快速收集、闭环处理。2019年，奉化移动整体服务KPI均值5分，在分公司中县市排名第一。

【智慧城市建设】 参与智慧城市建设，累计在公安、交警、水利、政务等领域承建多项ICT项目，合作金额超过1500万元；在军警法司、交通运输、城市管理、农业水务等智慧应用完成大量网络传输支持，累计开通专线500条以上；开展行业信息化应用深入合作，复制推广信息处理终端一体化解决方案，累计完成信息化终端新增超400台。

全面参与数字经济建设，紧密联动区经信部门开展2019年企业上云行动，累计完成企业上云服务1000家，助力区创省级上云标杆企业3家。

（蔡芳琪）

中国联合网络通信有限公司宁波市奉化分公司

【概况】 2019年，中国联合网络通信有限公司宁波市奉化分公司（中国联通奉化分公司）贯彻落实集团、省市公司战略部署，围绕“不忘初心、牢记使命”开展主题教育，按照稳中求进的总基调，坚持调结构、提能力、活机制、强基础的总体方针。全年完成主营业务收入6187万元，拥有移动用户8万多户，宽带用户近1.5万户。

【市场营销】 公众市场方面，探索开辟互联网营销新通路，借助V计划、K计划中台能力，多模式、多元化拓展本地互联网渠道和引流方式。政企市场方面，坚持“请进来，走出去”发展思路，抢抓5G创新发展，加大跑马圈地力度，聚焦生态环保、工业互联网、应急消防等七大BG重点领域，深化细分行业专业化运营。

【网络建设】 加快推进4G目标网建设，年末有4G基站560座。全力打造4G深度覆盖网、5G精品网，并围绕5G应用发展新模式匹配网络建设。溪口雪窦寺一带已开通5G网络区域优质体验，重点场景600Mbps以上，加速IT能力集约化，强化大数据赋能。积极推广“泛融合”业务，打造“全屋智能”“智慧商企”“智慧校舍”三大业务。

【智慧党建活动室】 按照浙江联通打造“一支部”和“标准化支部”的规范动作，坚持以党建统领，深化党建工作与中心工作同谋划、同部署、同考核的工作机制。搭建智慧党建活动室，利用移动互联网、大数据、云计算技术将传统的党建工作电子化、系统化；把党建活动室作为窗口，与共建共享的外单位党组织合力构建“资源共享、优势互补、互相促进、共同提高”的党建工作新格局，有效推动宁波联通“互联网+”产品渗透，实现党组织优势互补、党建业务双赢局面。

【划小改革】 为重点聚焦发展，搞活分配，激发一线团队活力，转变经营模式，培养基层管理队伍，促进公司转型发展，根据总部、省公司全生产场景划小改革总体框架，结合实际情况，7月，奉化分公司开始推行划小改革单元，至年末，成立奉南、奉北划小支局。

（王　萍）

金　融

综　述

2019年，金融机构围绕区委、区政府的重大决策部署，创新融资对接模式，强化服务对接，狠抓工作成效，辖区经济发展取得新业绩。

坚持创新，服务实体经济。全年举办银企对接20场，参与企业200余家，达成意向融资3.1亿元；引导信贷资金靶向扶持企业104家，推送企业特色信贷产品118种。谋划部署，确保存款、贷款、保费收入等监测指标超额完成。截至12月底，人民币存、贷款余额分别增长17.39%、17.13%；保费收入增长17.62%；不良率为0.72%，比年初下降0.28个百分点，低于省、市平均数。全区拟上市培育企业25家，其中海威股份、动一股份2家企业报宁波证监局辅导；同信园林、精益飞达、萧云建设3家企业拟在香港上市。同信园林、利安科技、海上鲜3家企业完成上市签约，萧云建设、利安科技2家企业完成股改；新增甬股交挂牌企业43家，完成考核指标的123%，累计挂牌123家。全年组织召开10场小分队专题协调会，协调解决企业各类上市过程中的困难问题20余件。

深化改革，创新开发金融产品。引导滕头民资助力乡村振兴建设，连续募集村集体资金9488万元投向农居房建设，覆盖6个镇（街道）16个行政村；“保险+”战略服务民生，牵头全国首创水库防洪责任险落地；搞好小额保证保险、科技贷、小微企业财产综合保险等扩面增量工作。

常态监管，维护金融生态稳定。加强类金融机构监管，将300余家类金融企业信息录入宁波基层社会服务管理系统，通过部门、镇（街道）、网格员三级排查体系及“穿透式”监管手段，清理多家类金融企业；加大困难企业帮扶，化旧控新、化圈解链，确保不良贷款稳控在合理区间。

金融管理

【概况】2019年，中国人民银行奉化支行按照“强基础、转作风、求创新”总体思路，根据上级行会议精神，区委、区政府战略决策部署，结合奉化经济金融发展实际，贯彻落实稳健中性货币政策，扎实推进普惠金融建设，积极防范化解辖区金融风险，推动奉化经济高质量发展。辖区内宁波银行奉化支行、交通银行宁波奉化支行、工商银行奉化支行、邮储银行宁波奉化区支行、泰隆银行宁波奉化支行5家银行被评为2019年度金融机构综合评价A类行。

【金融运行】继续支持实体经济发展。12月末，授信1000万元以下普惠口径小微企业贷款109.75亿元，比年初新增24.96亿元，同比增长29.43%；贷款户数9432户，比年初新增1841户。全区制造业贷款余额151.82亿元，比年初新增12.06亿元，同比增长8.63%（还原贷款核销，同比增长10.22%），增速同比提升4.11个百分点，已经连续8个季度同比正增长。全区涉农贷款余额158.67亿元，比年初新增20.69亿元，同比增长14.88%，高于宁波市涉农贷款平均增速7.73个百分点。

各项贷款保持高位增长。12月末，全区金融机构本外币各项贷款余额815.20亿元，同比增长17.13%，比年初新增119.25亿元，同比多增25.9亿元。从贷款结构看，住户贷款增速明显高于企业贷款增速，住户贷款余额289.61亿元，比年初增加62.30亿元，占总增量的52.24%，同比增长27.41%，增速同比提高3.19个百分点。企业贷款余额525.58亿元，比年初增56.95亿元，占总增量的47.76%，同比增长12.15%，增速同比提高0.47个百分点。

各项存款保持高速增长。12月末，全区各项存款余额789.79亿元，同比增长17.39%，增速同比提高7.67个百分点，比年初新增116.98亿元。住户存款大幅增长，比年初新增37.10亿元，同比增长11.11%，增速同比提高3.45个百分点。企业存款增长较快，非金融企业存款余额239.10亿元，比年初新增54.95亿元，同比增长29.84%。

不良贷款继续“双降”。12月末，全区金融机构不良贷款余额5.86亿元，比年初减少1.10亿元；不良率为0.72%，比年初下降0.28个百分点，低于宁波全市不良率0.34个百分点。全区银行业金融机构共处置不良贷款7.06亿元。

【普惠金融】 搭建普惠金融建设新格局。逐项梳理金融支小和制造业薄弱领域和工作重点，6月牵头制定《奉化区2019—2020年普惠金融推进工作要点》，提出持续优化民营小微企业发展环境、提升可得性和覆盖面、增强服务满意度三大目标，明确大力支持实体经济、聚焦乡村振兴、发展数字普惠、提供精准服务四大类15个子项的具体工作任务。

深化金融支小专项行动破解融资难题。健全完善督导机制，加大金融支持制造业高质量发展亮红灯通报力度，按季编制情况通报，发送范围扩大到区政府主要领导以及相关部门。8月，联合区纪委、金融办对辖内5家银行开展联合现场督查，引导金融机构加大对制造业企业支持力度。探索金融支持小微企业园建设，落实小微企业园主办银行制度，引导辖内各金融机构积极接洽，与园区开发商、小微企业等开展融资、金融服务对接，为小微企业园区发展提供“一揽子”金融服务。依托“周周融”平台举办各种政银企融资对接活动20场，达成融资意向3.1 亿元，惠及企业180家次；约400家企业通过宁波普惠金融信用信息服务平台提出融资需求，银行回应次数近千次，279家企业获得银行授信。

聚焦金融支持乡村振兴助力乡村发展。3月14日，联合区农业农村局召开金融支持农房改造现场对接会，各银行机构与靶向村书记进行一对一深入交流。5月9日对60个村支书开展农房改造融资专题培训，进一步加强政策引导，摸清融资需求。引导金融机构推出“安居贷”“安家贷”等18款特色产品，满足农房改造融资需求，发放农房改造项目贷款13.90亿元，农户个人住房贷款3.73亿元，受益875人。推动以乡镇农户为重点的农户授信签约，提高农户贷款可得性，2019年末全区农户授信率为84.25%，比年初提高6.78个百分点。

建设移动支付场景便利民生。拓展农村地区移动支付应用场景建设，建成滕头农创中心云闪付示范基地、溪口岩头古村旅游一条街，覆盖约300家商户。宣传推广云闪付APP，新增云闪付APP用户62275户。加快推进菜场的移动支付应用，累计建成15个智慧支付菜场，交易50万笔。开展银行卡助农取款服务风险摸排、清理整合和等级评定，全年撤销19个服务点，新增24个服务点，推进辖区368个助农业务标准化、规范化。

实施国民金融素质教育工程提升金融素养。引导金融机构与398个行政村、社区结对开展金融知识宣传普及，累计完成对37个社区、360个行政村的金融宣传对接，整体覆盖率达到99.7%。联合区教育局在学生教育实践基地持续推进金融知识进课程活动，依托金融讲师队伍对辖区51个学校的1.3万名学生开展滴灌式金融教育，实现学生金融教育全覆盖。9月6日，率先挂牌成立全省首家金融消费纠纷调解工作室，有效落实金融权益保障行动。

【金融指导】 坚决贯彻落实双支柱调控框架，助推经济高质量发展。通过召开货币信贷工作会议、开展现场走访和座谈会等形式及时向辖区金融机构传达人民银行工作会议精神，宣传贯彻稳健中性货币政策，为供给侧结构性改革和高质量发展提供适宜的货币金融环境。做好地方法人机构宏观审慎管理、存款准备金、流动性管理等业务指导工作，督促做好信贷投放预测，合理控制投放节奏，不断优化信贷结构。运用支农再贷款货币政策工具，引导金融机构加大对小微和“三农”的支持力度，向奉化罗蒙村镇银行审核发放支农再贷款2100万元，进一步加强再贷款现场核查和日常管理。

全面取消企业账户开户许可，指导银行落实全省企业开办全流程“一件事”一日办结便利化行动方案，推进“最多跑一次”改革。利用宁波市账户信息服务系统，实现企业工商注册登记等信息共享，为新设企业提供便利畅通的账户开立预约及其他服务。全面推进外汇行政许可业务网上办理，2019年办理各项行政许可业务283笔。组织做好2019版第五套50元以下人民币、普通纪念币发行工作。

【金融监管】 加强金融风险管理。强化法人银行全面穿透监管，对奉化农商银行高管开展稳健经营和风险控制约见谈话，组织奉化罗蒙村镇银行开展网络应急切换演练，提升法人机构风险防范意识和风险处置能力。坚决整治违法金融乱象，会同有关部门开展互联网金融风险整治，打击“套路贷”、电信诈骗等违法犯罪行为，对2家银行商品房预售资金专户开展现场调查和督导，对3家没有较好履行监管职责的银行开展高管约谈，对监管不到位的1家银行给予通报批评，切实保障老百姓财产安全。

防范跨境资金异常流动风险。健全“宏观审慎+微观监管”两位一体管理框架，对辖区19家企业进行货物贸易现场核查，分类管理企业38家，加强对大额服务贸易全口径收付汇数据监测分析，努力控制跨境资金异常流动。严厉查处外汇违法违规行为，2019年查处实质性违规案件3起，涉案金额11.72万美元。

强化反洗钱监管，对奉化农商银行开展反洗钱专项执法检查，组织义务机构开展扫黑除恶专项斗争集中宣传活动，指导做好可疑交易资金监测分析。

（李　罡）

银　行

【概况】 银行业金融机构，包括政策性银行1家、国有银行6家、股份制商业银行10家、城市商业银行5家、农商银行1家、村镇银行1家。银行从业人员1991人。

【中国农业发展银行宁波市奉化区支行】 2019年，全年存款余额9.10亿元，较上年增加4.84%；贷款余额34.34亿元，较上年减少7.20%。不良贷款率为0。实现经营收入18770万元，较上年减少4.36%；实现经营利润5976万元，较上年增加7.66%。年末，有经营网点1家（支行）。10月18日，新核心系统和财务管理系统正式上线运行。

（孙　真）

【中国工商银行股份有限公司奉化支行】 2019年，全年存款余额为65.38亿元，较上年增长8.14%；贷款余额为98.83亿元，较上年增长14.12%。不良贷款率为0.34%，较上年降低33.33%。实现经营收入32563万元，较上年增长15.17%；实现经营利润26741万元，较上年增长14.44%。年末，有经营网点8家，其中支行7家、营业部1家；自助银行5家，ATM（含CRS）机30台，比上年增加1台。被区委、区政府授予重大贡献奖，列入2019年度奉化区“经济风云榜”。

支持“三年大变样”项目。向奉化城区安置房、溪口风景区提升等项目，合计投放信贷资金约10.25亿元。截至年末，累计政府项目贷款余额50多亿元，位列区域同业第一。

助力小微企业发展。简化手续、优惠利率，从“量”与“价”两个维度进行提升，形成普惠金融业务良性发展路径。截至年末，人行降准口径普惠贷款较年初新增1.54亿元，银保监普惠贷款较年初新增1.88亿元。与区金融办建立“周周融”企业服务工作联系，定期至区企服办为企业提供各项金融服务。

深化改革创新。入驻区行政服务中心，受理开立对公企业账户140余户，一次性完成开户、登记、报税等，有效助力政府“最多跑一次”项目。

（赵　丹）

【中国农业银行股份有限公司奉化支行】 2019年，全年本外币存款余额为92.15亿元，较上年增长10.96%；本外币贷款余额为101.48亿元，较上年增长18.17%。不良贷款率为0.43%，较上年降低0.53%。实现经营收入3.60亿元，较上年增长15.42%；实现经营利润2.49亿元，较上年增长28.22%。年末，有经营网点12家，其中支行9家、营业部1家、储蓄所2家；自助银行16家，ATM（含CRS）机40台。被宁波市公安局评为2018年度宁波市先进保卫组织，连续两年获此荣誉；被区委、区政府授予重大贡献奖，列入2019年度奉化区“经济风云榜”；11家网点（含储蓄所）被区文明委评为首批奉化区公共服务窗口文明单位，其中支行营业部被宁波市文明委评为首批宁波市公共服务窗口文明单位。

推出“渔品贷”“渔船贷”“渔民贷”产品，提供2亿元的授信额度。奉化水务自来水微信钱包缴费项目正式上线并稳定运行，为宁波市分行首个输出类公共事业缴费项目。参加区金融办牵头的首场中小微企业专场融资对接会，与7家小微企业达成合作意向，涉及资金近2000万元。江口支行发放奉化区首笔小微企业园区开发贷款7000万元。11月8日，西坞支行落地支行首笔“抵押e贷”，为客户授信489万元并成功放款。

加强金融宣传。组织党员志愿者、员工在尚田集市开展反假货币及支付知识宣传，进一步强化消费者权益保护意识和能力；参加由区金融工委举行的乡村振兴“出点子，献金策”劳动竞赛，并获一等奖；响应中国人民银行号召，开展“普及金融知识，守住‘钱袋子’”宣传活动，行政村、社区宣传覆盖率分别达93.48%、100%。

深化金融服务。组织团员青年开展“3·5”学雷锋活动，营业部及岳林、城东、江口、西坞、萧王庙等8个网点（含储蓄所）向奉化区红十字会捐款7972.1元。区行政服务中心服务点正式落地，实现企业注册、开户“一条龙”服务，将开户时间压缩至1天。6月28日，受邀参加出口信保公司组织的小微企业培训会，专题宣讲小微企业融资政策。江口农行落实国家电商扶贫的决策部署，帮助贫困村、贫困户地区开拓特色农产品销路。营业部开展以“相随20年，相伴你一生”为主题的“社会保障卡20周年惠民服务季”宣传活动，推广社保卡3.0及电子社保卡。

（唐双桑）

【中国银行股份有限公司奉化支行】 2019年，年末本外币存款余额为48.4亿元，较上年增长9.95%；本外币贷款余额为73.05亿元，较上年增长24.76%。不良贷款率为2.02%，较上年增长0.84%。实现经营收入18602万元，较上年增长6.2%；实现经营利润8983万元，较上年降低33.5%。年末，有经营网点7家，其中支行6家、营业部1家；自助银行19家（含自助服务点），ATM（含CRS）机39台。

履行社会责任和担当，2019年与36家建筑企业开展合作，代发12270名农民工工资，累计代发金额21611万元。

开展“深化外汇普惠金融支持涉外小微企业发展”系列活动，承办奉化区进出口企业政策宣讲会，向企业宣讲海关、外汇、汇率避险等政策，把握市场脉动，拟定经营策略。

叙做全区首笔跨境金融区块链平台应收账款贸易融资业务，计16.76万美元。全年累计叙做70笔，金额1043.36万美元。多家部门、金融机构，联合推出“甬贸贷”产品。由政府或指定机构建立融资风险池专项资金，通过信用保险、保证担保、风险补偿等手段，为中小微外贸企业提供融资增信。

与方桥街道签约“中银复兴壹号”合作协议，近60个党组织、1100余名党员通过“复兴壹号”平台交纳党费。上线企业手机银行，为客户提供更加便捷高效的移动金融服务。企业网上银行上线“挂单结汇”模块，引导企业重视和关注汇率市场的变化。

（严志莹）

【中国建设银行股份有限公司奉化支行】 2019年，全年存款余额为77.57亿元，较上年增长5.03%；贷款余额为78.72亿元，较上年增长13.33%。不良贷款率为0.83%，较上年下降1.28个百分点。实现经营收入2.89亿元，较上年增长14.2%，实现经营利润2.25亿元，较上年增长13.4%。年末，有经营网点8家，其中支行6家、营业部1家、分理处1家；自助银行13家，ATM（含CRS）机98台。被区委、区政府授予重大贡献奖，列入奉化区2019年度“经济风云榜”。

（李建行）

【交通银行股份有限公司宁波奉化支行】 2019年，全年存款余额为30.37亿元，较上年增长6.15%；贷款余额为31.62亿元，较上年增长9.49%。不良贷款率为0.57%，较上年增长0.53%。实现经营收入10349万元，较上年增长19.63%；实现经营利润8778万元，较上年增长33.2%。年末，有经营网点3家，其中综合型网点2家、普惠型网点1家；在行式自助银行（网点）3家，离行式自助银行（网点）7家，ATM（含CRS）机16台。中国人民银行奉化支行开展2019年度金融机构综合评价，获评A类行，是连续第二年、近4年来第三次获得此项荣誉。

参加区“周周融”银企对接会，作为值班银行，支行与分行普惠部、零售信贷部产品专家一起，同10余家有融资需求的企业进行对接，达成初步合作意向的企业8家。以第一名的成绩从7家银行中脱颖而出，再度成为奉化区物业专项维修资金存放银行，获得50%的资金存放份额。

举办便民服务活动，“硬币兑换大篷车”开进庄山菜场，无偿为商户、居民兑换硬币共37009枚，金额13020元；通过展板宣传、派发宣传折页、面对面答疑等方式，现场宣传2019年版第五套人民币票面、防伪特征等知识。

开展消防应急演练，组织义务消防队和新员工操作消防水带抛甩和使用灭火器。演练前，区金融办进行消防安全管理检查，结合近期发生的火灾爆炸案例，现场指导消防设备设施的使用和消防规章制度执行等。

（王雨军）

【中国邮政储蓄银行股份有限公司奉化区支行】 2019年，全年本外币存款余额为39.09亿元，较上年增长9.13%；本外币贷款余额为28.9亿元，较上年增长19.42%。不良贷款率为0.18%，较上年降低71.95%。实现经营收入8029万元，较上年增长7.12%；实现经营利润5937万元，较上年增长24.25%。年末，有经营网点32家，其中支行31家（含邮政代理网点28家）、营业部1家；自助银行32家，ATM（含CRS）机47台。

推出线上商户小额贷款（极速贷）、线上流动资金贷款（小微易贷）。完成宁波市奉化区阳光艺术幼儿园开放式缴费平台项目，落地第一笔开放式缴费平台业务。

（赵腾拓）

【宁波奉化农村商业银行股份有限公司】 2019年，宁波奉化农村商业银行股份有限公司（下简称奉化农商银行）全年各项存款余额为164.69亿元，比年初增加16.52亿元，增幅为11.16%；各项贷款余额为119.19亿元，比年初增加16.97亿元，增幅为16.60%。五级不良贷款余额为1.53亿元，不良率为1.29%。实现财务总收入9.92亿元，同比增加0.6亿元，增幅6.4%；实现税后净利润0.96亿元，比上年增加0.09亿元，全年缴纳各类税金4550万元。总部共设15个部室，下辖1家营业部、16家支行、32家分理处，共49家网点，布放自助终端296台、ATM（含CRS）机112台，其中离行式29台。被区委、区政府授予重大贡献奖，列入2019年度奉化区“经济风云榜”。

组织金融相关公益活动。年初举行“新思维·新金融”品牌发布会暨慈善助困基金捐赠仪式，展现奉化农商银行的全新品牌形象，设立2000万元留本捐息“冠名慈善助困基金”，支持奉化区扶贫帮困、助医助学、社会公益等慈善项目。联合区总工会启动“奉化工匠成才计划”，共同设立500万元“奉化产业工人发展基金”，用于一线技术工人学历与技能提升的教育培训等补助。首年，奉化农商银行定向捐赠50万元，发挥本土金融机构在促进区域工匠成才中的特色作用。

金融扶持经济社会。与区农业农村局签订战略合作协议，助推奉化区完成消除集体经济薄弱村三年行动计划目标任务。携手尚田镇建立全区首个“农信+乡镇”党建联盟，推出“红色创业贷”“创客贷”“道德银行贷”，为党员及青农创客整体授信3.5亿元。在杭州举办“山海奉化·梦回桃源”浙江农信丰收驿站省级旗舰店宁波活动月奉化专场，开展乡村振兴、全域旅游、数字经济等特色主题活动，签订“丰收村资通”“农旅盈”战略合作协议。

参与对口帮扶。启动“一米阳光·情暖万家”安图县扶贫慈善大米采购项目，切块划出100万元专项慈善资金，全年定点定向从吉林省延边州安图县采购4万余袋优质大米，惠及当地200余户贫困户。同时采取“免费赠送+公益”的模式，结合普惠走访、公益慰问、“知行有为”志愿者服务等活动，向老年群体、特困家庭等发放“爱心大米”。

（竺舒）

【宁波银行股份有限公司奉化支行】 2019年，全年存款余额为98.56亿元，较上年增长23.21%；贷款余额为66.03亿元，较上年增长18.3%。不良贷款率为0.05%，较上年降低0.01个百分点。实现经营净收入18605.23万元；实现经营利润8251.49万元。新开立西坞支行，拓宽服务区域，对营业部整楼重装。年末，有经营网点9家，其中支行8家、营业部 1家；自助银行8家，ATM（含CRS）机27台。被区委、区政府授予重大贡献奖，列入2019年度奉化区“经济风云榜”。

助力企业发展。组织外汇金管理交流活动，3次邀请企业负责人、财务主管参加，听取外汇金管家系统功能的介绍。联合奉化区商务、外管等部门及中信保南三县办事处举办以“金融助推外向型企业发展”为主题的重客沙龙，通报外贸生产形势，引导企业规避汇率风险，提高产品竞争力。

开展公益活动。赴大堰中学举行“多彩课堂，平安自护”主题活动，进行理财、青春期教育，得到师生们好评、致谢。针对不同行业人群，利用端午节、中秋佳节、感恩节等，举办“携手侨联侨胞送金融讲座”等节日主题活动，提升客户体验。面向意向客户，先后举办10场专属金融下午茶活动，根据客户资产，合理优化资产配置；对于私银客群，先后举行10场投资策略分享交流活动，邀请专业基金经理，分析市场动态，提供专业的投资建议。

优化产品服务。创新推出融资金产品十年贷：10年授信10年内无需还本自动续贷，额度最高1000万元，抵押率最高可达100%，随借随还。推出线上转贷融：小微企业开通线上转贷绿色通道，可以实现无还本续贷。

（王巧玲

【广发银行股份有限公司宁波奉化支行】 2019年，全年存款余额为9.67亿元，较上年增长39.2%；贷款余额为14.13亿元，较上年增长8.7%。不良贷款率为0.5%，较上年降低-0.1%。实现经营收入4440.8万元，较上年增长42.51%；实现经营利润3118.29万元；较上年增长123.14%。年末有经营网点1家、附行式自助银行1家、ATM（含CRS）机2台。

（屠文萍）

【上海浦东发展银行股份有限公司宁波奉化支行】 2019年，全年本外币存款余额为15.14亿元，较上年增加109%；本外币贷款余额为10.95亿元，较上年增加19%。不良贷款率为0.8%，较上年增长84万元。实现经营收入3077万元，较上年降低25%；实现经营利润2140 万元，较上年降低20%。年末，有经营网点1家（支行）、ATM机3台。

（沈天谊）

中国民生银行股份有限公司宁波奉化支行】 2019年，全年存款余额为8.7亿元，较上年减少18%；贷款余额为10.5亿元，较上年减少20%。不良贷款率为2.9%，较上年减少17%。实现经营收入4375万元，较上年增加5.6%；实现经营利润3510万元，较上年减少3.7%。年末，有经营网点1家，自助银行1家、ATM机4台。

（卓素蓉）

【中国光大银行股份有限公司宁波奉化支行】 2019年，全年存款余额为18.81亿元，较上年增长22.14%；贷款余额为22.77亿元，较上年增长15.46%。不良贷款率为0.73%，较上年新增0.73%。实现经营收入8528万元，较上年增长13.07%；实现经营利润6253万元，较上年增长65.25%。年末，有经营网点2家，其中支行1家、社区银行1家；自助银行2家，ATM（含CRS）机4台。

（胡任道）

【招商银行股份有限公司宁波奉化支行】 2019年，全年存款余额为6.49亿元，较上年增长147%；贷款余额为24.36亿元，较上年增长21%。不良贷款率为0，较上年降低100%。实现经营收入4553万元，较上年增长28%；实现经营利润2395万元，较上年增长22%。年末，有经营网点1 家（支行）；自助银行1家，ATM（含CRS）机3台。

（徐　惠）

【上海银行股份有限公司宁波奉化支行】 2019年，全年支行存款余额为40745万元，其中公司存款余额为32907万元、储蓄存款余额为7838万元。贷款余额为125085万元，比年初新增42537万元，其中公司贷款余额40495万元，比年初新增16035万元；个人贷款余额84590万元，比年初新增26502万元。不良个人贷款余额为48万元，不良率为0.057%，较年初增加37万元。实现经营收入3244万元，较上年增长15.8%。开立经营网点1家，ATM（含CRS）机3台。

较好地完成分行普惠金融指导性指标和人行奉化支行制造业贷款新增指标。全年新增普惠金融2800万元，新增普惠贷款客户11户；制造业贷款新增2080万元。

零售业务继续稳步发展，个贷业务持续上量。截至12月末，住房按揭贷款累计投放519笔，39827.2万元，余额净增27803万元。信义贷完成211户，保险首年保费222万元，完成率为96.5%；基金大类销售5242万元，完成率为134.4%；个人中间业务收入87万元，完成率为96.7%。

信用卡业务稳步发展。截至12月底，信用卡新增742户，完成率为87.29%。分期业务放量上升。截至12月底，信用卡专项分期营销1653.9万元，完成率为91.88%，其中存量房贷O2卡70.6万元；信用卡中收入账341万元，完成率为62%。在经历18年他行政策影响后，利用分行新策，深化汽车商户合作，提高别克、上汽大众品牌的业务占比。

（王　霞）

【宁波奉化罗蒙村镇银行有限责任公司】 2019年，全年存款余额为3.39亿元，较上年增长58.87%；贷款余额为3.58亿元，较上年增长23.83%。不良贷款率为3.52%，较上年降低5.48个百分点。实现经营收入2954.38万元，较上年增长21.25%；实现经营利润646.16万元，与上年持平。年末，有经营网点2家，其中支行1家、营业部1家。

坚持业务创新。推出“助微贷”“普惠短融通”“全额贷”等利企惠农产品。截至年末，小微企业贷款余额为20909.47万元，比年初增加5563.97万元，增长36.26%，占各项贷款的58.43%。加强与保险公司、人力资源和社会保障局等合作，推出“创优贷”“税务贷”等产品，实现资源、信息交互融合。打造阳光信贷，向“利奇马”台风影响的农户及涉农企业投放2100万元。搭建融资平台，优化金融资源配置。在区农合联的牵头下，分别与水蜜桃、竹笋、柑橘、草莓、茶产业农合联签订战略合作协议，共计授信1.1亿元。截至年末，累计发放贷款924户，金额42933.43万元，其中涉农贷款累计发放778户，金额26465.93万元，占各项贷款发放额的61.64%。

扩大业务发展。夯实存款业务发展根基，不定期开展等营销活动，做好存款增户扩面工作。改变以往零星撒网、主动等客的方式，贯彻全员营销服务理念，进入社区、村镇（街道），上门服务。截至年末，不定期外出宣传190余次。

（竺锡红）

【中信银行股份有限公司宁波奉化支行】 2019年，全年本外币存款余额为32.01 亿元，较上年增长88%；本外币贷款余额为32.58亿元，较上年增长18%。不良贷款率为0.015%，较上年降低0.12%。实现经营收入11045.07万元，较上年增加19%；实现经营利润10942.88万元，较上年增加25%。年末，有经营网点3家，其中二级支行1家、营业部 2家；自助银行2 家，ATM（含CRS）机4台。

进一步降低普惠金融成本，普惠型小微企业法人贷款平均利率为5.13%，比上年平均下降0.24个百分点；个体工商户和小微企业主贷款平均利率为5.94%，比上年平均下降0.46个百分点。承担普惠型小微企业法人贷款项下的房产评估费，对于标准房抵贷产品无须购买房产保险。

（郑　蕾）

【浙江泰隆商业银行股份有限公司宁波奉化支行】 2019年，全年本外币存款余额为2.92亿元，较上年增长155.67%；本外币贷款余额为2.74亿元，较上年增长59.89%。不良贷款率为0.56%，较上年增长0.51%。实现经营收入1711.09万元，较上年增长87.22%；实现利润总额950.93万元，较上年增长156.61%。年末，有经营网点1家，其中支行1家；自助银行1家，ATM（含CRS）机2台。被宁波市、奉化区文明委评为宁波市、奉化区公共服务窗口文明单位。

（孙　丽）

【平安银行股份有限公司宁波奉化支行】 2019年，全年存款余额为2.5亿元，较上年增长4%；贷款余额为9.5亿元，较上年下降7%。不良贷款率为0。实现经营收入5600万元，较上年增长147.79%；实现经营利润4800万元，较上年增长178.79%。年末，有经营网点1家，其中支行1家；ATM（含CRS）机3台。

（毛诗盈）

【浙商银行股份有限公司宁波奉化支行】 2019年，全年本外币存款余额为15.46亿元，较上年增降低21.72%；本外币贷款余额为17.72亿元，较上年增长32.23%。不良贷款率为0.14%，较上年增长55.56%。实现经营收入15861.35万元，较上年增长297.01%；实现经营利润15048.64万元，较上年增长251.78%。年末，有经营网点1家（支行）；自助银行2家，ATM（含CRS）机2 台。

推出厂房按揭贷、房屋余值贷等产品。厂房按揭贷首付只需款额的20%，贷款前三年只还息，无需归还本金；单笔贷款最大可达2000万元，期限最长10年。房屋余值贷主要发放个体工商户、小企业主等，主要优点可让按揭房屋做二次抵押，能有效的盘活客户资产。

推广“e家银”代发工资平台，破解传统代发工资业务开卡繁琐的业务难点。推广“e家银”资产池业务，满足个人客户统一管理与统筹使用其所持金融资产、不动产等需要。推广分期通、分销通业务，为核心企业供应链上下游企业提供融资、结算、资金管理等综合服务。

联合奉化区金融办、经信局等部门，推出智能制造“回租通”产品，为奉化区智能制造设备供应商及设备采购企业提供金融支持。购买设备的企业可直接向浙商银行申请1—3年的设备融资贷款，奉化区中小企业融资担保公司提供担保。区经信局将贷款企业技改项目补贴资金直接划入企业在浙商银行的保证金账户中，用于到期还款付息。

（竺倩倩）

【恒丰银行股份有限公司宁波奉化支行】 2019年，全年存款余额为4.29亿元，较上年增长38.7%；贷款余额为9.26亿元，较上年增长20.5%。无不良贷款，较上年无变化。实现经营收入4965万元，较上年增长31.3%；实现经营利润4386万元，较上年增长34.4%。年末，有经营网点1家，自助银行1家，ATM（含CRS）机2台。被宁波市、奉化区文明委分别授予宁波市公共服务窗口文明单位、奉化区公共服务窗口文明单位称号。

（吕　冉）

【兴业银行股份有限公司宁波奉化支行】 2019年，全年本外币存款余额为9.06亿元，较上年增长284.94%；本外币贷款余额为11.92亿元，较上年增长153.05%。不良贷款率为0，与上年持平。实现经营收入4870.16万元，较上年增长759.94%；实现经营利润3201.67万元，较上年增长1129.95%。年末，有经营网点1家（营业部），ATM（含CRS）机2台。

（裘家琦）

【台州银行股份有限公司宁波奉化支行】 2019年，存款余额为2.85亿元，贷款余额为3.1亿元。不良贷款率为0。实现经营收入1012.76万元，实现经营利润649.93万元。2018年11月底开业，当年经营时间仅1个月，无同比增长率数据。年末，下设前台业务部、业务拓展一部、业务拓展二部、小额信贷业务拓展部，营业网点1家，ATM（含CRS）机1台。共有员工34人。

坚持小微企业伙伴银行的定位，实践社区银行的商业模式，推出“易收款”“容易贷”“园区易贷”等产品，增量扩面，提质增效。

深化移动工作站、扫码贷项目，对接小微金融服务智慧平台，为客户提供全面金融服务。截至年末，大多数金融产品都可通过移动工作站操作，打破物理网点的限制，提升信贷人员的服务半径及效率。

热心践行普惠金融，全年开展“3·15”消费者权益保护、“小小银行家”、“反假货币、人人有责”、“打击洗钱，远离犯罪”等公益宣传活动60余场，受众1万多人，发放各类宣传单页3000多份；通过LED等行内宣传渠道播放信息10万多条次，提升百姓金融常识普及率。

（王丽君）

保险公司

【概况】 2019年，保险业金融机构26家，45个营业网点。其中财产险公司18家，营销服务部12家；寿险公司8家，营销服务部74家。全区保险机构全年实现保费收入14.52亿元，同比增长17.62%。其中，财产险8.16亿元，同比增长29.69%；人身险6.37亿元，同比增长5.09%。

【人保财险奉化支公司】 2019年，牢记“人民保险，服务人民”的企业使命，以打造让人民信赖的卓越品牌为目标，提升服务水平，发展创新业务，全力提供更高质量、更高效率的保险服务。全年完成保费收入16021万元，增速20.28%。其中车险完成9696万元，增速为23.69%；非车险6326万元，增速15.41%。政策性农险完成保费收入1195万元，增速15.12%。理赔支出11685万元，较上年增长40.59%。其中车险赔付5412

万元，较上年减少6.35%；非车险赔付6273 万元，较上年增长147.65%。年末，有营业网点8个，从业人员 73人，比上年增加14人。

（吕淑冰）

【太平洋财险奉化支公司】 2019年，根据“对标一流、看齐先进”的工作目标，推动“以客户需求为导向”的转型发展，坚持合规经营，提高管理品质，转变增长模式，朝着健康、稳定发展的方向前进。全年实现保费收入 15009万元，较上年增长28.24%，其中车险9149 万元，非车险5860万元，分别较上年增长2.8 %、83.06 %；理赔支出8426万元，较上年增长27.53%，其中车险6571 万元，非车险1854 万元，分别较上年增长7.5 %、274.55%。年末，有营业网点2个，从业人员 53人，比上年增加2人。

车险稳定有序发展。完善车商、电网销、交叉、个代、踪拓等渠道经营，引进车商、个代、电网销专员各1人，将续保率纳入KPI考核，调整车险业务结构，加强车险承保风险管控。

非车险继续提速发展。新设非车险销管，成立专项推动团队，全国首家水库防洪超蓄救助保险成功落地。同时，开展普惠金融、建筑企业保函、农业建设等政保业务，其中小额贷保证保险，保费482万元，同比增速12.88%，累计发放贷款24053万元；建筑工程综合保险，保费478万元，同比增速30.6%，累计释放企业保证金2.5亿元；茶叶气象指数保险和烘干机责任保险等自营农险，保费46万元，同比增速220%；政策性中小微企业财产保险，新增保费20万元。

理赔服务进一步优化。车险理赔“太好赔”，构建“三极三动，无忧无虑”服务体系，搭建“移动、自动、互动”技术支持，推出“人伤无忧和车损无虑”服务，实现“极速、极易、极暖”客户体验。

同时借助移动互联技术，开发指尖系列APP技术平台，包括“指尖查勘”“指尖自助”“指尖通赔”“指尖回收”“指尖大案”“指尖专修”“指尖人伤”七大工具。

（卓　园）

【中国人寿奉化支公司】 2019年，实现保费收入 22995万元，较上年增长5.9%，其中营销主险新单3369 万元，银保新单468.06万元，分别较上年增长8%，37.3 %。理赔支出2247.7万元，较上年增长729.7万元，其中短期险1736.23万元，赔付率为99.17%，较上年增长50.66 %。年末，有营业网点2个，从业人员 266人，比上年增加26人。

根据总部“鼎新”工程统一部署，实施“三定”改革，总经理室下内设部门作相应变更：原个险销售部分设为营销发展部、收展发展部，原团体业务部、银行保险部合并为机构业务部，综合部、客户服务中心保持不变。

从事保单借款业务。全年保单质押贷款3319户，借款金额15662万元。新增个人客户数1638户，个人累积客户数和法人客户数均创历史新高。

响应奉化区政府号召，开展农村小额保险、妇女安康保险。该两项保险收费低（人均20—30元），覆盖广，理赔简单，保障全面，涉及全区11个镇（街道），服务9万余人次。

给付多起大案赔案，属历史罕见。赔付江口街道张某高空坠落50万元、戴某乳腺癌55万元，西坞街道李某交通事故35万元等，保险的保障作用凸显。

（应竹波）

【太平洋寿险奉化支公司】 2019年，实现总保费收入18613万元，较上年增长10.5%，其中新保保费4585万元，个险新保4072万元，分别较上年减少16.1%、18%。理赔支出984.37万元，较上年增长1.2%，其中长险赔付612.95万元，较上年增长15 %。年末，有营业网点1个，从业人员 199人，较上年减少45人。

（葛盛良）

【平安财险奉化支公司】 2019年，实现保费收入 7771万元，较上年增长21.3%，其中车险7122万元、财产险447万元、意健险202万元，分别较上年增长21.8 %、11.8%、25.1%。理赔支出4879万元，较上年增长4.9%，其中车险4688万元、财产险134万元、意健险57万元，分别较上年增长3%、67.9 %、171.4%。年末，有营业网点1个，从业人员 24人，比上年减少3人。

（宋　航）

证券营业部

【概况】 2019年，证券业金融机构5家，均为营业部，从业人员68人。全区全年证券成交总额786亿元，比上年增加105.82亿元，同比增长15.56%。年末，证券投资者有58689户，比上年增加3.82%；客户保证金余额为3.69亿元，同比增长58.37%。

【光大证券股份有限公司奉化中山东路证券营业部】 2019年，累计股票基金交易量为342.33亿元，同比上升9.5%；托管市值为36亿元，同比上升35.8%。新开户数548户，同比上升97.8%；客户总数34749户，同比增长1.6%。融资融券余额为3.31亿元，同比上升40%。年末，从业人员22人，比上年增加2人。

1月21日，营业部从奉化区南山路160号商贸大厦13楼迁至奉化区中山东路461号，因租赁面积缩小，营业部取消现场客户服务。

（唐靖茹）

【中信证券股份有限公司奉化南山路证券营业部】 2019年，累计股票基金交易量为247亿元，同比增加78.0%；托管市值为10.03亿元，同比增加47.5%。新开户数610户，同比增加49.5%；客户总数11438户，同比增长5.6%。融资融券余额0.5384亿元，同比增加77.0%。年末，从业人员16人，与上年相同。

（陈　隆）

【中泰证券股份有限公司奉化南山路证券营业部】 2019年，秉持“合规创造价值、人才提升效率、创新推动发展、诚信铸造品牌”的经营理念，为客户提供更具实用性和有效性的金融服务。全年累计股票基金交易量137.07亿元，同比下浮0.59%；托管市值为7.84亿元，同比上升3.84%。新开户数253户，同比上升110.83%；客户总数7261户，同比增长1.23%。信用账户累计交易额为26.55亿元，同比上升14.09%；融资融券余额为0.67亿元，同比上升6.8%。年末，从业人员17人（含经纪人9人）。

开展金融消费者权益日活动、全国投资者保护宣传日活动；组织现场投资者主题教育活动，迎来科创板开市。根据客户需求，分类进行投资者教育活动。

（陈金蕾）

【中国银河证券奉化岳林路营业部】 2019年，累计股基交易量为51.08亿元（含国债回购），同比增加146.75%；托管市值为1.63亿元，同比增加23.48%。新开户数604户，同比减少41.30%；客户总数4575户，同比增长15.21%。融资融券余额为1044.01万元，同比增加337.92%。年末，从业人员8人，与上年相同。

（沈腾勇）

【浙商证券股份有限公司宁波奉化南山路证券营业部】 位于宁波市奉化区南山路37–2号，2017年12月在宁波市奉化区市场监督管理局注册工商营业执照，2018年3月8日正式对外营业。2019年，累计股票基金交易量为12.75亿元，同比上升433.69%；托管市值0.51亿元，同比上升156.89%。新开户数306户，同比下降7.83%；客户总数638户，同比增长92.17%。融资融券余额为6.01万元，上年为0。年末，从业人员5人，比上年减少3人。

（梁则平）

（王　亮　统稿）

经济综合管理

发展和改革

【概况】 2019年，是改革开放再深化的开局之年，区发改局坚持“五位一体”总体布局和“四个全面”战略布局，推进“八八战略”、聚焦“六争攻坚”行动，以服务实体经济和优化城乡品质为目标，在重大谋划、有效投资、改革创新、产业转型、民生保障和区域合作、对口支援等方面，发挥发改参谋部、项目部、改革部、服务部和协调部的作用。

【统筹规划】 启动“十四五”规划编制研究。编制《奉化区“十四五”规划编制工作方案》，召开全区“十四五”规划编制动员部署会。开展“十四五”规划前期研究，完成“十四五”时期奉化经济社会发展战略和规划思路初稿，开展“六个重大”谋划和向上争取对接工作。做好“十四五”能源专项规划的编制工作。

抓好重大战略规划编制研究。编制完成《宁波海洋经济发展示范区（奉化区）建设实施方案》《宁波市生态海岸带工程建设方案研究》《奉化区长三角一体化发展行动计划》初稿。明确大湾区、大都市区、“一带一路”综合试验区考核办法。开展国家城乡融合发展试验区申报工作，完成基础调研、资料搜集和框架对接。编制《宁波市奉化区实施高质量发展2019年度工作计划》，明确“十大专项行动”重点工作（共计112项重点工作）。编制《区高质量发展评估报告》。完成《区楼宇经济发展规划》《区产业布局规划》《城乡融合均衡协同发展体制机制创新研究》《奉化水源地（大堰镇）产业导入研究》等重大规划调研课题的研究。完成《奉化撤市设区三周年建设回顾》。

“十四五”时期社会领域重大项目谋划。将区教育局、区民政局、区卫健局等相关单位征集的区社会服务领域建设项目上报宁波发改委13个社会领域谋划项目。

产教融合“五个一批”申报。向宁波发改委上报产教融合型试点企业一家（亚德客）。

【经济运行监测分析】 调整完善2019年区经济运行监测考核联席会议办法，将“双底线”“底线”和“地区生产总值支撑性指标”考核，会同督查进行亮灯公示和督查通报。做好指标跟进、监测预警、任务分解和分析研判等工作，完成季度经济运行分析报告。调整和完善重点企业运行监测体系，每月20日统计汇总125家重点企业生产经营情况，对波动异常企业加强调研联系。

【象山港区域海洋发展与保护】 推动象山港区域海洋经济发展和生态文明建设，完成2017年度开始规划制订的象山港区域保护和利用工作要点。

【推进世行项目】 武岭西路项目建设完工，武岭坊项目完成施工招标，春节后进场施工建设；蒋氏宗祠周边区块改造项目完成征迁和方案确定，启动设计招标；智慧交通技援项目完成1—5的编制和评审工作。

【体制改革】 牵头推进打造创新平台、要素市场化配置等5个方面13项改革项目，组织专项小组成员单位申报省改革案例4项。深化应用城市空间市场化开发新模式促进城市高质量发展的改革，总结该模式在城市转型示范区（中交未来城）、宁奉城际铁路金海路站综合配套工程等区块的实践经验，挖掘和深化完善运作模式，制定《宁波市奉化区关于创新应用城市空间开发新模式促进城市高质量发展的改革实施方案》，该改革已列入市十大改革试点。

推进“一城两镇”建设。指导省级特色小镇培育对象奉化时光文旅小镇完成2018年度考核资料上报并获评合格，指导4个市级特色小镇做好2019年度考核，指导溪口民国文化小镇做好市级特色小镇申报验收命名并成功申报列入第一批验收命名的市级特色小镇；联合区财政局做好区2个市级创建类特色小镇政策扶持兑现的奖励性补助工作；指导溪口镇完成2018年省级小城市考核并取得优秀，指导溪口、莼湖、松岙镇做好宁波2018年度卫星城市中心镇考核，三镇均获得优秀等次。

【社会事业】 推进民生实事项目。做好城乡危旧房改造、城区道路畅通改造、教育文化设施提升、区域医疗卫生服务共同体创建、老旧住宅小区环境整治及品质提升、四好农村路建设、食品安全监管、养老服务水平提升、农村饮用水达标提标、城区污水处理厂扩建和提标改造十大民生实事项目进度跟踪，督促各责任单位按期保质保量完成，确保民生实事项目取得实效；统筹抓好医疗卫生资源合理配置、教育设施同城提升工程等8项民生同城化改革项目。十大民生项目和8项民生同城化改革项目已全部顺利完成。

【信用和营商环境建设】 调整区信用体系建设领导小组名单并建立联络员制度，印发2019年区社会信用体系工作要点。健全信用查询、信用承诺、信用应用、信用修复等制度建设和流程管理。加强“信用宁波”公共信用信息查询服务窗口管理，建立月报告制度。服务区级各部门在行政管理和公共服务中查询企业或个人信用档案以用于信用奖惩。系统性组织开展信用承诺报送并公示。组织各部门制定信用修复流程，指导企业开展信用修复。推广信用应用，完成区行政权力运行系统和公共资源交易系统信用协同应用改造，落实区级部门梳理行政许可、行政处罚事项及3800余项事项目录编制公开工作。推动全域旅游信用试点建设，经省信用办推荐，该项目入选长三角区域信用专题组第29次例会的浙江省信用典型案例。召开区优化营商环境工作推进会，强化市优化营商环境工作，抓好政策落实和指标维护。对148项市场准入负面清单中涉及区级权限的事项落实情况进行梳理，形成《市场准入负面清单落实情况汇总表》。

【投资管理与服务】 全区累计完成投资比上年增长19.1%，增幅排名为宁波各县市区第三。全年77项“三年大变样”项目中74项顺利推进，累计完成投资152亿元，投资完成率为114%；150项“项目争速”年度项目累计完成投资221亿元，投资完成率为105%；5项省重点建设项目累计完成投资20.5亿元，投资完成率为164%；21项市重点工程累计完成投资54.6亿元，投资完成率为152%；63项区重点工程累计完成投资135.2亿元，投资完成率为108%。

强化项目谋划服务。按照“扩总量、促增量、调存量、提质量”这一转型升级、内涵式发展的投资理念，编制了“项目争速”三年攻坚专项行动方案，对重大项目年度计划进行优化扩充，精准投向各个领域，加快促进经济转型。强化重大前期项目储备，编制《2019年区重大前期项目计划》，安排区重大前期项目125项。11个项目列入宁波市重大前期项目计划。编制《2019年重大基础设施项目储备库》，储备重大基础设施项目41项。制定2019年省市县长项目工程计划，列入省市县长项目工程4项。在国家重大建设项目库储备亿元以上基础设施补短板项目13项，在库项目共63项。推进未来社区试点申报，对全区适合建设未来社区的区块进行全面排摸，完成未来社区建设试点申报实施方案编制。

推进重大前期项目。开展省市县长项目走访服务活动，4个省市县长项目（亚德客三期、中烟二期、万洋众创城和宝湾国际物流中心项目）全部落地，落地率为100%，超额完成落地率50%的任务要求。服务跟进宁波市重大前期项目，根据项目进展逐个对项目要素需求情况和存在问题进行分析，并提出具体的解决方案和解决时限，11个市重大前期项目均按计划推进，6个项目（城区污水处理厂扩建和提标工程、比亚迪新能源电动叉车、今日生物科技健康产业园、宁波宝湾国际电商物流中心、南山路中段棚户区改造安置房、宁奉城际铁路金海路站综合TOD配套工程）提前开工。会同区自然资源和规划分局申报宁波市统筹新增建设用地项目，规划S310省道奉化G228至S203段公路工程、甬台温高速奉化（西坞）互通收费站改造、甬江防洪工程东江剡江奉化段堤防整治二期、宁波城市职业技术学院奉化校区、丝路扬帆小镇山下地村二号地块等项目获得宁波市第一批统筹新增建设用地计划指标。组织“规划S310省道奉化G228至S203段公路工程”项目建议书初审会议，推进该工程项目建议书获得宁波市发改委批复。牵头推进重大平台突破攻坚战，制定2019年区重大平台突破攻坚战计划，共安排105个项目。绘制攻坚项目作战图，组织开展重大平台突破攻坚专题培训，按月评价项目进展情况，协调和督促项目加快推进，105项攻坚战项目累计完成投资约131.7亿元，年度投资完成率为114.5%。

强化投资督导。对照投资结构性考核要求，强化目标考核导向，制定总量与结构双考核方案，确保有效投资增长。在进一步健全完善区领导联系重大项目等制度的基础上，按季度安排新开工项目计划，进行重点工程“红绿灯”月督查通报，结合设区三周年集中开工活动、重点工程立功竞赛、重大项目百村立功竞赛等活动，进一步营造大抓项目、抓大项目的工作氛围。

政府投资项目概算审核。以招投标形式确定2019—2021年度区政府投资项目概算协审单位。2019年共审核73个项目，合计送审价964087万元，审定价908358万元，核增32205万元，核减87934万元，净核减55729万元。其中自审项目52个，合计送审价110868万元，审定价108264万元，净核减2604万元；协审21个，合计送审价853219万元，审定价800094万元，净核减53125万元。

项目审批。共办理各类审批事项457件，按时办结率为100%，审批项目（含立项、初步设计审批、规模调整、重新批复、备案、核准）449件，包装项目共8个。449件审批项目中，新批准项目408件（不含初步设计、重新审批、规模调整），总投资745.06亿元，其中新批准政府投资项目154个，投资76.9亿元，比上年总投资增加61.8%；新备案企业项目249个，投资648.96亿元，比上年总投资增加124.47%；新核准企业项目5个，总投资19.2亿元，比上年总投资增加802.2%。

深化“最多90天”改革。拟定改革方案，落实责任分工，线上线下多种形式开展“最多90天”专题宣传，提高改革的知晓度。做好企业投资项目“最多跑一次”专项评估和各类满意度调查迎检工作。巩固2018年“最多跑一次”“最多100天”的各项创新成果，进一步落实优化审批流程和环节的各项改革举措。依托投资项目在线审批监管平台，对项目审批事项进行全过程在线跟踪监测，做到项目、审批过程全覆盖。2019年，赋码且已完成全流程审批的一般企业投项目23个，占宁波全大市完成量的44.2%，

"最多90天"实现率为100%，项目开工前审批"最多60天"、竣工验收阶段"最多30天"两个考核指标也实现100%，全过程平均用时32天，高质量完成考核目标。完成《宁波市奉化区投资项目模拟审批工作办法》以及《宁波市奉化区政府投资项目开工前审批"最多100天"工作方案》的部门意见征求及文件修改完善工作，进一步简化优化审批流程，增强建设单位责任意识，提升投资项目报批效率。

推行标准地和区域评估制度。深化标准地改革，出台《奉化区企业投资项目"标准地""承诺制"改革暂行办法》《工业投资项目"标准地"投资建设协议示范文本》《工业地产项目三方投资建设协议示范文本》及《奉化区新增工业用地标准地控制性指标》等文件，规范"标准地"出让流程，明确奖惩条款，为"标准地"改革保驾护航。省级以上平台新批工业用地原则上100%按"标准地"出让，省级以下平台新批工业用地"标准地"占比不低于50%，省级以上平台区域环评、能评、地质灾害及压覆矿评估、水土保持、防洪评估完成率不低于80%，区域水资源论证、地震评估、雷电灾害风险评估、文保评估完成率不低于30%。2019年，区新增工业用地"标准地"供地62宗，总面积979.07亩，其中省级平台标准地供地14宗，总面积498.04亩，区域内标准地出让宗数、面积占比均实现100%，超额完成省考核目标。省级平台区域评估工作除尚桥区块文保、环评未完成外，其余区域评估均按计划推进，基本已在年底完成报批。

推进投资在线平台3.0应用。投资在线平台3.0（工程审批系统2.0）是省委、省政府推动政府数字化转型"13+8"重大项目之一，宁波市作为全省第三批试点地区之一，于8月26日全面开展投资在线平台3.0的试运行。9月1日正式上线，已办350个审批事项。业主可直接通过3.0平台下载批文，逐步实现项目审批纸质归档向电子化归档转变，真正实现"跑零次"的目标。投资在线平台3.0上线后，统一应用4个阶段审批模块，除4个省建系统以外，其他各自建设的投资项目审批功能停止使用，做到系统之外无项目、流程之外无审批。实现投资项目在线审批监管平台与工程建设项目全流程审批系统一体化运行，实现投资项目审批监管过程、结果数字化，最大程度破解投资项目审批痛点、难点、堵点，提高企业获得感、满足感。

【推进产业转型升级】 服务业经济运行。2019年，全区实现服务业增加值221.87亿元，比上年增长6.7%，服务业增速分别快于GDP和工业1.3个百分点和1.2个百分点，三次产业结构比为4.8∶60.8∶34.4。完成服务业投资223.37亿元，增长18.2%，其中房地产投资114.72亿元，增长25.5%。1—11月，完成规上其他营利性服务业营业收入22.44亿元，"1531"方案增速为-25.56%。全年接待境内外游客2801.28万人次，实现旅游总收入268.08亿元，分别增长17%和24.7%。

2019年奉化区服务业各行业增加值情况

表26

类别	增加值（亿元）	增速（%）
批发和零售业	41.57	7.6
金融业	34.23	10.9
房地产业	21.43	7.7
交通运输、仓储和邮政业	23.93	10.6
住宿餐饮业	8.33	5.2
其他服务业	90.92	3.8

项目选商和平台建设。2019年新引进服务业项目12个，总投资73.2亿元，其中孵化器项目1个、总部经济项目2个，招商项目的领域、质量、档次等均有很大提升。推进溪口雪窦山风景名胜区、滨海旅游休闲区、宁南贸易物流园、中交城投城市转型示范区等服务业重大产业平台项目。

现代服务业培育。培育科学技术服务业项目，复旦科技园（浙江）创新中心开园，启迪众创工社（奉化）创新中心启动，锋成纳米研究院、麦博韦尔研发园、瑞凌研究院开工建设，紧紧围绕“互联网+”、金融服务、软件信息、影视文创、新材料、智能制造等新兴产业发展方向，各项工作进展顺利。

指标统计监测。根据《国民经济行业分类》标准，对符合条件的服务业企业进行梳理，列出清单，将质量效益好、符合入库要求的服务业企业及时纳入统计，做到不遗漏。厘清注册地不在奉化、实际有业务发生的规模较大的物业企业，促成其落地奉化。

【粮食物资】 订单粮食购销工作。稳定订单政策，以“两个结合，两个倾斜，一个兼顾”为总体原则，统一订单分配基数，做到“分季签订、签订到户”，小麦订单基数依旧保持200千克/亩，麦稻订单总量不突破区政府的2.3万吨指标。严格执行国家粮食收购政策，向集中化、机械化、智能化储粮发展，协议区商投集团公司做到人员、资金、仓容、设备“四落实”；整年度共收购小麦1228吨（其中超标粮268吨）、早稻6635吨（其中向鄞州外购800吨），中晚稻收购15263吨（其中晚籼谷12271吨，粳谷2992吨）。提高原粮自检能力，鼓励国有粮食企业购置呕吐毒素、重金属指标等快速检测仪器，前移质量监测关口，掌握新收获和收购期间的小麦、稻谷质量情况。出台超标粮临时收购政策，针对5月下旬小麦收购中后期，赤霉病及呕吐毒素卫生指标普遍超标的现象，达成“临时收购”意见，化解“麦农卖粮难”的突出矛盾。

储粮数量质量安全工作。2019年度全国政策性粮食库存数量和质量大清查行动，制定《奉化区政策性粮食库存数量和质量大清查实施方案》《全区政策性粮食数量和质量大清查自查督导工作实施方案》。以每季度“一符四无”粮仓鉴定为抓手，要求公司将具体操作规程和标准统一上墙，按“一符三专四落实”要求，发扬“宁流千滴汗、不坏一粒粮”的传统保粮精神，确保全年无坏粮。按照储备粮管理轮换要求，平衡好市场“抛售潮”与政策“轮空期”的关系，科学均衡安排储备粮油轮换，确保区地方储备粮油常储常新，完成1.7万吨地储粮和250吨油的轮换任务。调整国有粮食仓储设施保护清单，在确保储备粮规模和仓容1∶1.3的比例要求的前提下，主要对河头粮站和中心库等将征收、扩容作了目录调整，并向市、省备案。

完善粮食应急和预警监测体系。优化应急供应和粮情监测网点，确保每个镇街道至少有一个应急网点的基础上，优化个别网点，开展跑企业摸底行动，根据粮油商发展变迁情况，调整及优化粮情监测网点，提高监测科学性。完善市场统计和价格监测机制，落实价格监测人员并实行监测不间断的AB岗，会同物价采集及整合相关数据，准确掌握市场供应和价格动态，保障区域内市场价格相对稳定的敏感机制。每月对10家重点粮食企业购销存数据进行统计，宏观掌握区粮食流通数量和口粮消费特点。开展上年口粮供需平衡调查行动。2018年度区产量6.08万吨，粮食消费总量21.72万吨，缺口15.64万吨，自给率为28%，呈逐年下降趋势。

落实粮食安全区长责任制考核。2018年度宁波市人民政府考核奉化区成绩为“良好”，居全市第五名。认真执行2019年度粮食安全考核。理顺其他重要物资储备机制。编制其他物资储备计划和管理机制，对于救灾物资，通过创新形成奉化储备特色。明确储备，原先由区民政局储备的物资，租赁商投集团江口粮站空余仓库用于储备生活保障类应急物资。

【能源管理】推进省民生实事工程——综合供能服务站与配套储运设施4座建设，成立推进工作专班和工作专群，明确宁波市奉化区浙能交投油气发展有限公司为2019年4座民生事实工程任务的建设主体，于8月底实现全面开工，已通过省发改委审核（按照综合功能服务站建设标准，站房主体结构完工、罩棚安装完成、场地道路硬化完成、供能设施安装就位、设置综合供能服务站标识标牌）。其中锦奉、金峨、状元为新建站点，江口东海加油站为改造站点，新建站点数占宁波的五分之一。

节能监测。夯实能源“双控”目标责任，各镇（街道）工业负责人签订年度能源“双控”工作目标责任状，将节能目标责任考核结果与区责任目标管理考核挂钩，对节能与淘汰目标责任考核前后三名分别增扣考核分，完善目标预警机制；对节能目标完成情况进行预警通报，对前期未完成“十三五”节能考核目标的地区，进行压力传导，指导各职能部门推进各领域节能降耗工作。推进能源“双控”节能降耗。能源“双控”指标下降6%。下降率位居宁波大市前三名。三是淘汰落后产能，推进高污染燃料锅炉淘汰改造工作，开展对燃料煤使用的监管工作，进行告知性备案，建立燃料煤运行台账，开展燃料煤质量抽检等工作。针对区仅剩的3台燃煤锅炉制定淘汰计划，淘汰武岭泰鑫、罗蒙、今日食品3家公司名下所有的燃煤锅炉，提前全面完成燃煤锅炉的淘汰改造工作，辖区内已无使用燃料煤的企业。四是推进产业优化升级，对全区70家铸造业企业开展铸造产能核准联合专项整治工作，为下步铸造行业整治提升做好前期相关准备工作。五是开展节能宣传教育培训，利用节能宣传月、节水周、全国低碳日等活动，通过网络、广告、报纸、电子屏、宣传窗等多种方式开展节能宣传工作。六是做好有序用电工作，根据区的实际负荷缺口情况，制订A—F6个等级的错避峰有序用电方案。七是落实中央环保督察整改，开展“低散乱”行业整治工作，加大对“四无”“低散乱”块状行业的整治力度。八是做好固定资产投资节能审查，严控八大高耗能产业发展，严格落实节能审查全过程监管，坚决查处超限额审批、批建不符等违法违规行为，开展对“十三五”以来，18个年综合能耗在1000—5000吨标准煤的区级节能审查项目事中事后监察工作，尝试对新上项目实行节能目标承诺制，在项目建成投产后，项目能耗超出审查通过的能耗水平10%以上，如在整改期限内未完成整改的，将由项目建设方承担相应的缴纳惩罚性电价和停止供电的违约责任，共审查涉及海锦机械、秉航科技一期、奥迪斯丹、中坚塑胶行等4家企业节能审查工作，宁波海锦机械有限公司过户变压器容量3650千伏安，新增变压器容量8000千伏安；宁波秉航健康产业发展有限公司新增变压器容量2800千伏安，浙江奥迪斯丹科技有限公司新增变压器容量400千伏安；宁波中坚塑胶有限公司新增变压器容量1600千伏安，合计审批变压器容量16450千伏安。

推进新能源发展，促进可再生能源增长。推进企业屋顶光伏和家庭屋顶光伏发展。2019年安装企业屋顶光伏56家，安装容量8233.72千瓦；安装家庭屋顶光伏83户，安装容量718.2千瓦。做好家庭集体屋顶光伏补助。全年区共备案集体屋顶光伏23个单位，装机容量为4.44兆瓦，其中12个项目符合政策补助条件。认定尚田镇龚原村文化礼堂100千瓦屋顶分布式并网光伏发电项目等10个项目为2019年度区非自然人家庭屋顶光伏补贴项目，依据项目发电量证明可下达补贴资金合计26436.6元，共计补助资金59011.35元。上报光伏发电项目44个，涉经济相对薄弱村16个，获批后每度电可补助0.1元，补助时间为20年。

推进油气管道保护安全生产。探索和尝试开展智能化管控工作，及时发现、整改隐患。做好第三方施工审批，实现最多跑一次。做好沿线境内管道隐患排查。完成高后果区分析识别工作，将“一点一案”（一区一案）编入运营单位的安全事故处置应急预案中。

（楼旭美）

财　政

【概况】 2019年，奉化区实现财政总收入90.14亿元，比上年增长14.66%。其中一般公共预算收入60亿元，增长21.29%，占财政总收入比重为66.56%。一般公共预算支出82.27亿元，增长14.45%，其中八项支出63.33亿元，增长17.99%。税收收入48.96亿元，比上年增长18.12%，占一般公共预算收入的81.6%。非税收入11.04亿元，比上年增长37.66%。

【组织财政收入】 加强预算收入监测与分析。主动联合税务、人社等部门落实国家减税降费政策，防止应纳税费流失，努力做到应减尽减，应收尽收。建立收入合理增长的管控机制，把握全年收支力度和节奏，确保各项收入平稳有序增长。加强非税收入管理。继续推进统一公共支付平台建设，在区行政服务中心增设自助缴费与自助取票一体机，新接入丰收互联、建行手机银行等缴费渠道，全年通过平台累计发生业务130578笔，合计金额17593.56万元。化“零”为“整”盘活财政资金。对各单位历年结存资金、上级拨付资金、暂存等其他资金情况开展自查，推动预算单位账户闲置资金缴户，全年盘活约3000万元。

【服务经济社会发展】 推进教育、科技、社保、医疗等各项民生事业发展，全年民生支出累计完成62.02亿元，比上年增长12.14%，占总支出的75.38%，新增财力三分之二以上用于民生领域。教育支出14.09亿元，比上年增长8.17%；社会保障和就业支出11.92亿元，比上年增长5.21%；卫生健康支出6.86万元，比上年增长10.26%。

支持实体经济转型发展，及时做好“强龙工程”、冷链供应链、中国制造2025等涉企政策项目审核和资金兑付工作，全年共兑付企业扶持资金2.99亿元，惠及企业1455户。

大力支持乡村振兴，安排专项资金1亿元，占当年新增财力近20%，重点用于农村农房改造以及村庄环境整治等支出。做好涉农资金整合工作，通过整合部门大专项活动，盘活涉农专项投向方式，全年投入整合靶向村庄及区乡村振兴重点项目资金6.5亿元，实际整合4.84亿元。

大力推进建立政府产业发展基金尽职容错机制，重新修订产业基金管理制度，拟定政府产业基金尽职免责实施办法，完善产业基金投资决策程序，充分发挥产业基金撬动作用。

【财政改革】 继续深化预算编制改革，打破基数和盘子概念，坚持量入为出，突出以收定支。重点推进“两库”建设，以宁波财政信息系统为依托，完善基本支出预算定额定标适用范围，清晰项目库管理，实现项目管理的规范性、完整性和滚动性；统一部门预算编制政策、审核流程等，进一步规范预算编制审核。推动全面预算绩效管理改革，试点开展事前评审、事中绩效跟踪，加强事后绩效监督，坚持预算和绩效同步抓、制度和监管双融合，建立财政专项资金绩效管理闭环。

【政府性债务管理】 积极争取新增债券和债券置换额度。积极争取宁波新增专项债券3亿元；全额置换全区到期政府债券7.03亿

2月15日，区财政局组织召开全区债务工作会议

元，其中一般债券2.88亿元、专项债券4.15亿元。

做好政府债务限额管理。全年政府债务余额108.15亿元，其中一般债务60.64亿元、专项债务47.51亿元，均控制在限额内。

积极做好现金流断裂风险防控。不断提高债务日常监测广度、深度和精度，全过程、全方位优化债务监测预警，基本形成“年初下达任务、每月统计预警、年末考核通报”的债务监测督导机制。按计划完成化债目标任务。全年共计化解隐性债务160.08亿元，完成计划进度198.68%，化债进度居宁波前列。

【财政监督】 通过会计监督、专项检查、日常检查、配合纪委巡查等手段，全年开展财政检查项目11个，收回财政资金2029.95万元，办理大案要案1件，核减预算81万元，冻结预算26万元，中层免职2人，向纪委移送线索8条，涉及人员4人，调整政策2条。

重点针对扶贫领域和保障民生领域开展专项检查。开展精减退职、遗属人员财政补助政策专项检查，发现不符补助条件人员96人，提出追缴多发补助、停发不符规定人员补助、优化管理等建议。开展全区五保供养政策执行情况专项检查，抽查6个镇、街道，发现存在转嫁经费到五保资金，供养水平未达标，五保资金发放依据不足、标准不一，五保资

9月12日，区财政局组织召开“不忘初心、牢记使命”主题教育工作动员部署会

金沉淀，存在不符合条件的五保人员等问题。提出完善五保供养制度，规范资金管理，加强五保人员审查、外包程序、考核力度，切实保障五保户权益等建议。

积极推进绩效管理。全年完成事前重点绩效目标编制31个、事前评审项目5个、事中绩效跟踪13个、事后绩效评价8个，发布绩效评价报告8份，提出各类意见、建议31条，涉及相关政策调整6条，调减2019年预算3077.13万元，核减率为31.89%，核减2020年度预算16211.54万元，核减率为44.34%，收回财政资金70万元。

【队伍建设】 组织开展“不忘初心、牢记使命”主题教育活动。利用好“三个周期”，深入学习贯彻习近平新时代中国特色社会主义思想，开展廉政警示教育、初心之旅革命传统教育、“初心力量——我身边的优秀财政人”评选等活动，不断提高干部党性修养、坚定理想信念。结合“四联四跑”工作要求，严格落实“一企派一员，一员联多企”，帮助企业出谋划策、解决难题，不断提升财政工作服务质量。深入开展“五对标五自查”检视剖析，组织召开对照“18个是否”自我检视问题分析会，对照“18个是否”逐项查找问题。组织召开民主生活会，结合财政工作实际，就思想、政治、作风、能力、廉政等5个方面逐项认真梳理、检视，严肃认真开展批评和自我批评。针对调查研究和检视剖析发现的问题，列出清单，归纳分类，逐条研究，制定具体的整改措施和计划，坚持立行立改。主题教育期间，局党委班子共组织开展专题研讨交流4次，赴基层调研12次，发现问题22个，形成调研报告6篇；全局组织开展集中夜学9次，各支部集中学习18次、征集体会文章49篇，查摆问题10个，已整改9个，未整改完成的关于党员“出口不畅”的问题已报组织部审批。

严格落实干部重要事项报告

制度，全年上报领导干部个人重要事项10项、中层干部个人重要事项16项、一般干部个人重要事项16项，其中婚丧喜庆报告3项。

推进建设清廉财政。出台《宁波市奉化区财政局关于大力推进清廉财政建设的实施意见》，做好责任分解和贯彻落实工作，抓实党员教育管理监督。开展廉政警示教育月活动，以召开警示教育大会、开展党风廉政专题培训、观看廉政警示记录片、警示教育参观等形式，深化以案为鉴，引导党员干部坚守底线思维，提升党员干部廉政意识。全年开展党委中心组理论学习14次，党委书记上专题党课2次，党委班子上专题党课6次。强化党建带动群建，成立党群一体化工作小组，激发群团组织服务大局新活力，督促各支部、群团组织把从严治党的要求贯穿于主题党日活动、团委活动、工会活动中，进一步加强党性修养和党性锻炼，形成党群共建的强大合力。

（周露璐）

税　务

【概况】 2019年，区税务局完成税收收入80.27亿元，比上年增收8.6亿元，增长12%。其中地方级税收入库48.79亿元，增长18.2%；中央税收入库31.48亿元，增长3.6%。组织社保基金收入28.48亿元，其他非税收入2.67亿元，增长9.25%，税费收入稳定增长，为全区经济社会发展提供了可靠财力保障。是年，区税务局被评为宁波市模范集体，全局有2家国家级“青年文明号”、2家国家级“巾帼文明岗”、5家省级文明单位。

【减税降费规模空前】 1月1日起，实施小微企业普惠性减税、个人所得税专项附加扣除政策；4月1日起，实施深化增值税改革政策，降低制造业等行业的增值税税率，扩大进项税抵扣范围；5月1日起，降低社会保险费率。区税务局牢固树立“硬任务”思想，不折不扣百分之百落实减税降费政策，政策红利充分释放，市场主体活力不断激发。减税降费成效受到央视、新华网、人民网等媒体的正面报道。

2019年，全区新增减税降费9.69亿元，其中增值税改革新增减税4.49亿元。全区98.79%的一般纳税人（含税负持平55.6%）都享受了减税；小微企业普惠性减税1.52亿元；个人所得税新增减税2.99亿元，惠及全区30.4万人次。

通过“实地+互联网、专题+普惠性”辅导模式，小微企业普惠性政策辅导企业2.56万户次；个人所得税新政培训，覆盖1.2万户扣缴义务单位和24万户自然人纳税人，全区4.4万人次

区税务局税费征收情况表

表27　　单位：万元

征收项目	2019 年	2018 年	差额	同比增减 %
一、国内税收合计	802639.00	716598.33	86，040.67	12.01%
国内增值税	409660	398434.82	11，225.18	2.82%
企业所得税	98778	88261.53	10，516.47	11.92%
个人所得税	55467	59889.17	–4，422.17	–7.38%
契税	60992	45074.07	15，917.93	35.32%
土地增值税	55549	34971.06	20，577.94	58.84%
城市维护建设税	32597	29460.09	3，136.91	10.65%
房产税	10341	17843.57	–7，502.57	–42.05%
城镇土地使用税	5697	14421.80	–8，724.80	–60.50%

续表27

征收项目	2019年	2018年	差额	同比增减%
车辆购置税	12969	11825.60	1，143.40	9.67%
印花税	6503	5681.32	821.68	14.46%
车船税	4393	3788.04	604.96	15.97%
耕地占用税	44462	2147.39	42，314.61	1970.51%
消费税	3949	3149.87	799.13	25.37%
资源税	1135	1212.20	-77.20	-6.37%
营业税	27	345.88	-318.88	-92.19%
环境保护税	120	91.92	28.08	30.55%
二、其他收入合计	333960.92	326672.60	7，288.32	2.23%
非税收入	26695	24435.90	2，259.10	9.25%
社保基金	284827	300811.41	-15，984.41	-5.31%
工会经费	1222.92	1425.29	-202.37	-14.20%
职业年金	21216	—	—	—
三、收入总计	1136599.92	1043270.93	93，328.99	8.95%
四、出口退税	148000	155400.00	-7，400.00	-4.76%

通过APP填报个税专项附加扣除信息；增值税新政辅导实现对近1万户一般纳税人全覆盖。

依托大数据研发“减税降费金卫士”系统，建立“一户一档”企业档案库，为享受优惠政策的每户企业都单独建档，确保各项减税降费政策精准落实到位。在精准管户的基础上，算好改革效应分析、经济社会影响、企业减税红利“三本账”，实时推送“减税e账单”，实现企业对政策红利的一目了然。联合多家银行实现免跑退税，3341户纳税人小微普惠政策追溯退税难题得到有效解决。

2019年1月1日起，小微企业普惠性减税全面推开

【改善税收营商环境】 结合“不忘初心、牢记使命”主题教育，区税务局以纳税人办税难点、痛点、堵点为突破口，从“纳税人视角”看问题，一大批便民惠民的税收新服务迅速推开，“玲玲e站”“玲光热线”等创新成果不断涌现，以税务人的“用心”，换来税收营商环境的“清新”。

减负担、简流程、优服务，取消11项税务证明事项，132项“最多跑一次”事项网办、“掌办”开通率达100%，80个事项实现全市通办，109个事项实现即办，20个事项36项资料实现容缺办理。设立5个电子税务局服务专区，建成3个“7×8”小时自助办税点，网上申报率提升至99.88%，发票领用网上自助推行率达73.95%，发票代开网上自助推行率达71.85%，实体办税人数呈明显下降趋势。推行增值税“一表集成”申报和消费税“一键申报”，推广第三方非银行支付机构缴纳税费，办税服务厅设立专窗、专岗，全面实现办税提速。

全年累计走访“四联四跑”企业、“税企同心桥”企业256户次。为亚德客等7家百佳小巨人企业做好重点服务和跟踪培育，帮助企业运用好税收政策。走进科技园区，搭建“一对一”长效沟通联动机制，助力企业释放更大的自主创新潜能。走访全区出口退税大户，深度调研中美贸易摩擦对区域经济影响，及时为外贸企业提供帮扶。

完成对奉化区11050户企业纳税人的纳税信用评价，其中A级企业纳税人1245户，占比11.27%，比上年增加3.06%，引导纳税人不断增强诚信自律意识和税法遵从度。“银税互动”活动成果进一步体现，全年累计为奉化区1295户次守信企业发放贷款9.15亿元，纳税信用增值作用持续提高。

【优化税收执法方式】 正确处理好服务经济与规范执法的关系，健全完善税务监管体系，营造法治公平的税收环境。以制度和技术推动税务监管体系更加优化高效，自主开发“金三小助手”实时监控重要风险点，全面推开“三项制度”，优化执法记录视频拍摄质量，先行先试征管规范创新版，建立起覆盖全业务事项和流程的岗责体系。稳妥推进金税三期系统并库，增值税专用发票管理系统2.0版、自然人税收管理等系统顺利上线，信息化保障不断加强。持续发挥企业所得税后续管理平台作用，严格落实出口退税工作新规范，重新规范土地增值税的清算制度，大企业税收管理服务更加精准，社保费、城乡居民“两险”税务征收业务平稳推进。

（周羽嘉）

4月29日，区税务局和区工商联主办“亲清税企共话减税降费”主题论坛并签订助力民营企业发展合作框架协议

统　计

【概况】 2019年，统计部门全面贯彻落实区委、区政府和统计系统重大决策部署，紧紧围绕中心工作，重点抓好基层统计基础、统计服务、数据质量、队伍建设、统计调查5个方面，为实现全区“三年大变样”提供强有力的统计支撑。是年，区统计局被评为第四次经济普查省级成绩突出集体、区三年大变样（重点实事工程）优质服务单位、局工业投资科被评为全市统计系统干部“建功新时代、统计我争先”风采展示先进团队。

【统计产品与服务】 2019年，共编印《奉化统计月报》11期2200余份、《奉化统计》50期1300余份、《奉化领导干部统计手册》400册、《2018年奉化区国民经济和社会发展统计公报》150份、《奉化统计年鉴》300本，发送区委、区政府及各相关单位；加大区政府信息公开平台更新力度，月、季、年度统计数据和资料及时上网，促进数据、信息资源跨部门、行业共享，全年公开文件、数据、分析及动态信息等

369篇；及时做好经常性统计信息咨询和服务工作，一年来，通过网站、电话、当面解答等方式，累计为区委、区政府、相关部门和社会各界，提供统计信息咨询服务数千人次。2019年，为纪念新中国成立70周年，运用GDP、财政收入、投资、消费等十大主要统计指标图解，编印宣传册，制作展板，持续在全区各政府大楼与公共场所巡回展示。

10月18日，区统计局召开基层统计负责人会议

【统计基础与队伍建设】 2019年，全区贯彻落实宁波市关于加快建立完善基层统计队伍的通知，进一步加强基层统计队伍建设，夯实统计基层基础。区委办、区府办专门发文，分类明确各镇（街道）统计机构、统计负责人、统计人员配置具体要求。12个镇（街道）统计办公室已全部在发展服务办挂牌成立，均已明确一名中层干部专职担任统计负责人，并按要求配齐配全统计人员。组织开展庆祝新中国成立70周年暨基层统计知识竞赛，动员12个镇(街道）工业副镇长(副主任）各带领3名统计人员参加，邀请区相关部门参与观摩。

【基本单位名录库建设】 2019年，名录库工作采取“一库在线、基层维护、适时更新、共建共享”的维护更新模式，不断夯实统计工作基础。一是有序推进准“四上企业”（规模以上工业企业、资质等级建筑业企业、限额以上批零住餐企业、规模以上服务业企业）单位核查确认工作，做到“先有库，后有数”。二是强化部门配合，确保即时更新。与工商、税务、编办、民政、质监等部门强化对接，配合做好企业“五证合一”后的信息更新工作以及新老登记注册模式的衔接，做好名录库维护工作。三是加强专业联动，提高数据质量。认真梳理往年“四上企业”审批过程中存在的问题，增强对本年新增单位名录库信息核查，提前做好“四上企业”调查单位月度审核入库的准备工作。

【统计教育培训】 开展常规业务培训，重点加强镇（街道）、部门和重点企业统计人员培训指导，通过季度例会、专项统计会议、年报会等形式，加强对基层统计人员业务培训。对全区镇（街道）、部门及企事业单位农

7月9日 区统计局召开高质量发展指标体系培训会

业、工业、能源、科技、投资、房地产、建筑业、贸易业、服务业、劳动工资等专业的4312名统计人员进行业务培训，共79次；组织统计专业技术资格考试，全区报名4人，其中1人通过考试，取得初级统计师资格。做好统计继续教育工作，加强推广省统计局开发的网络平台，学习人数达到上级要求。

4月18日，奉化区统计局召开统计法制工作会议

【统计调查与监测】 开展多项常规调查，涉及农业、工业、能源、科技、房地产开发、投资、建筑业、服务业、贸易、消费价格、住户调查、人口抽样调查、劳动力调查等多项内容；2019年共开展7项社情民意调查，内容涉及人口基础信息收集、平安调查、5‰人口抽样调查、污染源调查、党风廉政建设调查、“三年大变样”群众满意度调查、企业运行情况监测。各镇（街道）、宁波各区县（市）主要经济指标等监测项目。进行月度粮食、有效投资、工业强市、节能减排、科技进步和重点服务业等六大重点监测工作，在《奉化统计月报》中发布规模以上工业主要经济指标。2019年，根据各项调查与监测数据，共撰写统计分析、调研文章46篇，被区委、区政府录用21篇。

【统计法制】 修订完善统计工作规范和制度，先后制定下发《2019年奉化区统计法制工作要点》《奉化区统计局统计执法全过程记录制度（试行）的通知》《宁波市奉化区统计局重大行政执法决定法制审核制度》《奉化区统计局防范和惩治统计造假弄虚作假责任制实施办法》等文件，规范统计法制工作；全年共组织检查53个单位，依法查处6家企业，其中5家处以警告并罚款的行政处罚，1家处以当场警告的行政处罚；全年双随机抽查企业17家，并将检查结果公示；继续推进统计普法宣传，普法宣传日举办知识竞赛活动，借助区政府信息公开平台、短信群发、纸媒、广播电视、“掌上奉化”、公交车等多种渠道宣传统计法，通过企业走访、各类统计调查以及培训等，对统计从业人员普法4000余人次，发放普法资料及宣传品千余份。

【基本完成区第四次经济普查】 根据《宁波市奉化区人民政府关于开展第四次经济普查的通知》（奉政发〔2018〕76号），2019年，基本完成机构组建、队伍建设、综合试点、业务培训、区域划分、地图绘制、清查摸底、数据处理等各项经济普查工作。1月，正式进入上门登记阶段，使用PDA进行数据采集，4月底，完成即时访问登记工作，年底，完成报表审核和查遗补漏、国家检查组质量抽查等工作。根据初步汇总，全区有从事第二产业和第三产业活动的法人单位12342个，第二产业和第三产业法人单位从业人员265318人，第二产业和第三产业法人单位资产总计2828.06亿元。奉化区第四次全国经济普查工作进入尾声，下一步继续做好普查总结表彰、数据汇总、普查资料开发、普查文件汇编、普查资料归档、普查成果研讨和汇编。

（单玲燕）

审　计

【概况】 2019年，区审计局完成审计项目55个，查出违规金额

3.01亿元，管理不规范金额6.92亿元，核减项目总投资1.63亿元，跟踪审计核减工程进度款1.7亿元。全年完成调研课题11篇，提交审计专报6篇；撰写信息53条，其中3条被《中国审计报》采用。

【专业审计】 财政审计。在区本级财政预算执行和其他财政收支情况审计中，重点审计了预算编制和执行、财政资金管理、土地出让收入、小城镇环境综合治理项目管理、旅游专项资金使用管理等重要事项。收回土地出让金及滞纳金2.44亿元，收回借款5071万元，清理矿产资源治理备用金6826万元。

投资审计。项目竣工决（结）算审计。中山路地块拆迁安置用房、方桥污水管网工程等9个竣工决（结）算审计项目，工程送审总投资27.54亿元，审计核减投资1.63亿元，净核减率为5.92%。

重点项目跟踪审计。跟踪审计溪口旅游专线、浙江佛学院女众部等28个重点工程项目，审核工程进度款13.31亿元，核减工程进度款1.7亿元，提出审计意见或建议341条。

【经济责任审计】 全年完成3个街道13个部门共19位领导干部经济责任审计，同时在大堰镇开展领导干部自然资源资产责任审计，共查出单位违纪违规和管理不规范金额27987万元。创新审计方法，深化“审计+巡察”“审计+内审”等工作方式；统筹利用经济责任审计、财政同级审计、专项审计等审计成果，提升全局审计成效。

【政策执行审计】 对民办教育发展情况、政府购买服务资金绩效、公益林保护情况3个政策措施落实情况进行审计。审计揭露各项政策措施执行中存在的问题，提出审计建议，有力地推进各项政策的落地生根。政府购买服务资金绩效专项审计，促使宁波市生态环境局奉化分局出台《应急执法检测项目购买服务第三方服务工作制度》。

【审计管理】 审计整改。首次召开全区审计发现问题专项整治推进会；制订《宁波市奉化区开展审计发现问题专项整治活动工作方案》以及关于“国有资产管理”和“工程建设管理”两个专项整治方案；扎实开展审计整改专项整治活动。全年审计整改率为98.1%，督促被审计单位上缴国库资金3297.84万元，收回各类借款9201.16万元，补缴税费20.37万元。

内部审计。进一步探索国家审计与内部审计协同发展模式，实行“教审结合”方式，并借助内审力量监督审计整改落实。加强培训，组织参加宁波菜单式培训8期、宁波内审大讲堂以及内审辩论赛活动4次。完成内审调研论文3篇，均获奖；上报两个内审项目，分获宁波优秀项目及表彰项目。

【干部队伍建设】 扎实开展“不忘初心、牢记使命”主题教育，做到规定动作做到位，自选动作有特色。通过评选“学习之星”、开展“我感受最深的习总书记的一句话”微型党课比赛等，丰富学习形式，确保学习成效。加强干部作风建设，认真开展以“七个一”为主要内容的警示教育月活动，深入开展谈心谈话，积极排摸廉政风险点，干部廉洁审计意识从中得到进一步强化。加强干部审计能力锻炼，开展“不忘初心、牢记使命，争当审计先锋”活动，要求审计干部比业绩、拼实力，并将廉政建设作为评选的首要条件，着力培养德廉才并举的干部。

（周海亚）

国有资产管理

【概况】 2019年，是奉化区实现“三年攀高”任务的攻坚之年。按照《浙江省全面深化国有企业改革行动方案》和市委、区委全面深化国有企业改革工作部署，紧密结合“不忘初心、牢记使命”主题教育，积极推进重点领域和关键环节改革，充分发挥专业化监管优势，狠抓落实党风廉政建设，各项工作取得成效。区属国有企业资产总额1245.20

亿元，比上年增长25.57%；净资产245.39亿元，比上年增长7.79%；营业收入27.23亿元，比上年增长8.88%。

【国企改革攻坚】 推进重点领域和关键环节改革，不断激发企业内在活力和动力。一是分类推进国企整合重组。完成城投、水投、交投、工投、商投、新农投、水务、保安等集团（公司）的整合重组工作。推进区投公司的转型升级和文旅集团方案落地，形成了国资主框架下十大集团（公司）运作的企业布局。二是试点推进现代企业制度。规范现代国有企业制度建设，建立健全权责明确、决策科学、执行高效、相互制衡的法人治理体系。将党的领导融入公司治理，完善“双向进入、交叉任职”领导体制，厘清集团党委与其他治理主体的关系，落实重大事项党委决策前置程序。启动城投集团董事会建设试点，优化内部董事会结构，根据建设推进程度，在符合条件时，下放部分出资人权利。三是稳步推进资产整合优化。结合全区国有资产资源大清查，完成国企空置土地、厂房、楼宇和无权证房产等存量资产的排摸清查。对已收储和空置、零星的国有土地、矿产等资源汇总交予有关部门逐一核实。逐步将分散在各部门的不动产纳入国资“资产池”，实现集中管理。

【增强企业服务能力】 对标区委、区政府的重点工作部署和任务分解，区国资国企敢于担当、攻坚克难，发挥服务全区经济社会发展的支撑作用。一是有效投资持续发力。区属企业勇挑重任，保障各类重点工程建设，为全区稳增长作出贡献。在大交通项目方面，轨道交通建设快速推进，城区四大主干线确保畅通，甬金高速至大张连接线、生态连接线按计划实施路基建设，S203省道奉化段公路加紧跟进；在民生建设和都市开发方面，落实城区污水处理厂扩建和提标改造，规划启动城市智慧停车场一期工程，1180个车位开启“云停车”服务；体育公园建成开放，金钟邻里中心建设进入冲刺阶段。二是市场化推进稳步提速。区投资有限公司、溪口城市建设开发公司、四明山公路投资有限公司、滨海建设开发有限公司正式退出地方政府融资平台管控名单。有32家国企厘清政企融资责任，着力做大、做实企业资产，在原有4家（交投、区投、溪口城投、红胜海塘）AA资信国有企业的基础上，增创区城投集团AA级资信企业；提升区投公司融资实力，于7月打造全区首家AA+级资信企业，开拓融资渠道，突破融资“瓶颈”。三是混改合作迈新步。鼓励支持企业依托自身产业优势走出去，寻找强势战略合作伙伴，达成“双赢”共识。城投集团与杭州宋都集团合资的城都建设开发公司，拍下浙江医药高等专科学校片区部分地块，启动综合规划建设工程；首个合作开发的房地产项目——学林新天地，11月26日开盘销售，770套房源和460只车位实现一次性全盘售罄，销售总额达72911万元。交投集团与保利发展集团成功签订《奉化区交通基础设施建设暨生态文化城开发合作项目合作合同》，成为第二届世界“宁波帮·帮宁波”发展大会签约总投资最大的开发项目。区投公司筹备入股新浪人寿。新农投公司与上海刁乾互联网金融信息服务有限公司以2∶8的股权合作，成立全区首家以金融服务为主体的股份合作公司，为3家区属国企导入区域外资金7亿元。四是责任担当更显成效。推动区属企业积极参与东西部扶贫协作、乡村振兴（村企结对）、山海协作等战略工作，12家国企累计提供各类扶贫援助及合作共建资金1820万元；新农投公司在保障小城镇环境综合整治、农村生活污水治理、污水零直排区创建等三大区重点项目建设成效显著，各镇（街道）均通过省小城镇环境综合治理考核验收，其中5个镇（街道）成功创建省级样板，1个镇获得省级免检，1个镇获评宁波市示范区；勇挑民生服务保障重担，水务公司统计完成城市供水2006万立方米，比上年增长9.61%；城区污水处理量994.8万吨，出水合格率为100%；商投集团健全菜篮子供应体系，加强食品安全检测，同时有序推进全区粮食储备工作。

【国资职能转型】对标国资监管转型改革发展任务，坚持国资监管机构出资人定位，发挥好专业化监管优势。一是转变国资监管职能。坚持依法监管原则，围绕“最多跑一次”和“以管资本为主”要求，研究编制国资监管“最多跑一次”办事事项目录。通过全面梳理、精简优化，形成产权管理、全面预算、人事监管三大类17项监管事项清单，完善办事指南和流程，把监管重点从以项目审批为主向以“管资本”为主转变。二是完善国资监管手段。修订完善《奉化区国有企业负责人薪酬制度改革的实施方案》，坚持国有企业完善现代企业制度的方向，从9个方面深化国有企业负责人薪酬制度改革。拟定完成《关于明确区属企业功能定位推进分类改革和分类监管的实施意见》《区属企业功能界定与分类实施方案》两个草案，确定城投集团为改革试点单位，推进实施分类改革和分类监管。印发《宁波市奉化区国有资产管理中心关于进一步规范区属企业采购有关事项的通知》，规范企业采购管理。三是强化国企风险防控。指导督促企业落实风险防控主体责任，通过股权融资、债券发行、融资租赁等方式，优化债务结构，防范企业债务风险；强化企业管控能力，以建立完善“三重一大”决策制度、内审制度为核心，推动企业健全内部管理制度和风险防控机制，严控企业决策风险、债务风险、运营风险和法律风险。

【深化国企党建党风廉政建设】全面贯彻落实中央、省市国有企业党建工作会议精神，以抓铁有痕的劲头狠抓落实。一是压紧压实管党治党责任。深化党组书记抓党建述职评议，并全面延伸到二、三级企业。印发《区国有企业党建工作检查考核暂行办法》，落实考核评价“两个20%”目标。二是夯实党建基层基础工作。探索开展集团“党建+内设部门”建设，开展“一企一品一阵地”规范化党建，夯实基层组织的执行基础。加强国企国资党建统筹协同，开展“党建争强”主题活动和“双服务双提升”作风建设专项计划，拓展国企国资宣教阵地。三是持续推进清廉国企建设。建立健全二级巡察制度，从严从实推进国资国企担当，加强对政治纪律和政治规矩执行情况的监督检查，强化对国资监管制度和国企改革重组的纪律监督。构建“清廉国企”量化指标体系，推动国企廉洁教育“虚功实做”。四是支持配合纪检监察工作。指导区属企业设党委的集团配设专职纪委书记，设党总支、党支部的企业按要求配备纪检委员。

（胡　乔）

公共资源交易

【概况】2019年，区公共资源交管办以建设统一规范的公共资源交易市场为目标，服务奉化发展大局，切实保障各项制度、措施落实到位。全年交易中心累计受理项目612个，金额51.76亿元，增收节支5.14亿元。其中，工程类292个，金额46.5亿元，节约4.58亿元；政府采购类254个，金额4.19亿元；产权类66个，金额1.07亿元。其他交易类成交187个，金额3.76亿元，增收节支4049.163万元。

【规范交易】强化制度规范。以制度建设为抓手，持续推出公共资源交易四大类共12个规范制度文件。审批缘由方面，明确规定申请单位须提供项目立项文件、实施单位党组会议纪要、非公开交易申请论证材料。审批流程方面，采取“逐级审核＋集体决策”审批方式等，强化源头规范。实施规模以下工程建设项目交易单位名录库扩增和调整工作，重新建立各镇（街道）房建、市政、装修、绿化、水利、交通6类小型项目交易单位名录库，每类名录库的企业数量从10家扩大到15家。强化平台规范。创新推行电子化公共资源交易，打造统一的区级网上交易平台，推进网上项目登记、网上场地预约、网上审核、网上缴退保证金等电子化操作流程及优化，实施网上开评标，实现项目交易全程在线、资源信息全程共享、交易操作全程留痕。

【重点项目服务】围绕市区两级重大项目和民生实事工程，落实“提前介入、主动服务”，指导区重点建设单位、重点区块，协助项目业主制定切实可行的招标方案，助推城市转型示范区综合开发项目、圣墩村拆迁安置项目等重点项目招标。2019年，共组织、参与各类项目前期协调、工程变更、核价工作等会议30余次。其中，对区人才公寓建设等重点民生项目，试行项目招标“容缺受理”，助推项目高效落地。

【风险控制】建立“编定分离”机制。坚持“公开透明、公平竞争”原则，建立文件编制、审核、会审“三级”管理机制，实现采购、产权交易文件编制与审核的分离，有效控制风险。针对复杂项目、重大项目，设立会审制度，完善动态管理机制。实行“一个项目、一份承诺、一次考核”，按照《评标专家库和评标专家管理办法》规定，对评标专家评标质量、程序执行和出勤情况进行严格考评，严处不良评标行为。共记录评标专家行为不良22人次，存入信息档案。

【现场交易管理】严格执行开标、评标程序，对投标单位做好指引、疏导，对不按规矩履行对象进行严肃处置，一纠到底。如针对评标过程中投标单位技术标编制严重不完整，疑似存在围标的迹象，从而导致废标的问题，对两家涉事设计院警告一次，三个月内不得在奉化参加政府采购项目交易。

【标后监督】实施中标单位备案约谈机制，强化标后履约管理。对所有区级平台交易的政府投资项目，实行中标企业标后履约情况约谈，并要求中标企业签订《诚信履约承诺书》。共对43家中标企业开展标后约谈。同时，依托行业监管力量，配合各行业主管部门，开展标后监督检查，加大联动整治力度。

（沈　磊）

市场监督管理

【概况】2019年，市场监督管理工作强化安全监管，优化营商环境，维护市场秩序，保护消费者权益，服务高质量发展和高品质生活。

【“最多跑一次”改革】将企业开办流程再造、业务整合、申请材料、流程分别压缩，基本实现“一网通办、集成服务”“一日办结”常态化；全面推行住所申报承诺制，实行负面清单外行业和领域一表申报承诺，破解场地证明难的困扰。整合与企业名称变更相关7个审批事项，率先在省内实现商事主体名称变更登记“一件事”联办。全年新增市场

2月28日，区市场监督管理局局长、党委书记陈晨磊（右二）带领科室负责人入企开展“菜单式”定制服务

主体10410家。

【助推发展】 开展市场主体年报工作，企业、农专社和个体户自然年报率分别为93.76%、88.54%和89.16%。重新梳理整合多项服务职能，创新推出“你点我送——服务企业菜单”，按需为企业提供定制服务，为企业破难378个，入企提供点菜服务78家，递交流转问题31个。该服务获省局冯水华局长批示肯定，被浙江多家媒体报道。

【商标品牌】 指导溪口镇政府申报浙江省商标品牌示范乡镇、宁波圣菲机械制造有限公司申报浙江省商标品牌示范企业。扶持小微企业商标品牌建设，全年有9家企业申请商标国际注册资金补助，申请金额共计12万元。培育涉农商标，奉化茶文化促进会的“奉化曲毫”地理标志证明商标于2019年3月注册成功。

8月14日，全区农贸市场改造提升攻坚行动大会现场

2019年品牌建设情况一览表

表28

名单	企业名称	备注
奉化区区长质量奖获奖名单	浙江中烟工业有限责任公司宁波卷烟厂	特别奖
	宁波卡伦特电器有限公司	
	宁波海威汽车零件股份有限公司	
	浙江奥迪斯丹科技有限公司	

续表28

名单	认证产品名称	企业名称	类型
“浙江制造”认证名单	多元酸咪唑啉消光固化剂	宁波南海化学有限公司	认证
	水相法氯化橡胶树脂	宁波昊鑫裕隆新材料有限公司	认证
“丽水山耕”认证名单	银杏叶	宁波绿之健药业有限公司	认证

【质量提升】 开展全面质量提升行动，助推高质量发展。制发《2019年奉化区全面质量提升行动计划》，牵头推进六大领域质量提升：组织区长质量奖评选，获得区长质量奖4家，全区品牌企业和实施“浙江制造”标准企业销售占比提升至50.7%，位列全市第三名；强化“品字标浙江制造”品牌培育，通过“品字标”认证企业2家，获得“丽水山耕”品牌认证1家；开展“标准化+”行动，鼓励主持制订修订各项标准，发布国家标准2项、行业团体标准1项、地方标准1项、“浙江制造”标准5项；新立项1个省级标准化示范区项目，1个市级标准化示范项目；新增2家企业导入国际测量管理体系，2家企业开展定量包装C标志自我声明。

2019年主持制修订标准名单一览表

表29

序号	单位名称	标准编号	标准名称	标准类型
1	国家气动产品质量监督检验中心	GB/T 14513.2—2019	气动 使用可压缩流体元件的流量特性测定－第 2 部分：可代替的测试方法	国家标准
2	国家气动产品质量监督检验中心	GB/T 38206.1—2019	气动元件可靠性评估方法 第 1 部分：一般程序	国家标准
3	宁波市哈雷换热设备有限公司	TCECS10008—2018	供暖器具及供暖系统用钎焊板式换热器	团体标准
4	浙江中星光电子科技有限公司	DB33/T 2222—2019	船载宽带卫星通信终端 主要技术参数要求	地方标准
5	宁波昊鑫裕隆新材料有限公司	T/ZZB 1118—2019	水相法氯化橡胶树脂	浙江制造团体标准
6	宁波协诚电动工具有限公司	T/ZZB 1441—2019	手持式电动长杆修枝剪	浙江制造团体标准
7	宁波索诺工业自控设备有限公司	T/ZZB 1466—2019	气动精密减压阀	浙江制造团体标准
8	宁波力品格工业机械有限公司	T/ZZB 1470—2019	汽车用压缩气弹簧	浙江制造团体标准
9	宁波霖华塑胶有限公司	T/ZZB 1477—2019	冷链用阻隔气调盘	浙江制造团体标准

（王 铮）

物价管理

【概况】 2019年，区物价管理工作以“稳增长、促改革、调结构、降成本、减负担、惠民生”为中心，加强市场价格监测和预警分析，积极稳妥地推进和实施价格改革，规范政府制定价格行为，积极做好价格和收费服务，价格总水平基本保持稳定。

2019年居民消费价格指数

表30　　上年价格=100

项　目　名　称	价　格　指　数
居民消费价格总指数	103.8
一、食品烟酒	107.7
二、衣着	102.9
三、生活用品及服务	103.3
四、医疗保健	103.8
五、交通和通信	98.9
六、教育文化和娱乐	104.9
七、居住	100.5
八、其他用品和服务	107.7

【价格监测】 定期发布民生商品价格信息。对奉化城区3家大型超市和奉化煤气公司开展九大类35个品种的民生商品价格监测，在《奉化日报》定期发布监测信息。全年发布民生商品价格监测信息36期，取得了较好的社会效益。

加强市场价格预测和分析。健全价格监测网络，落实重要商品和服务价格监测报告制度。重点对生猪生产成本、粮食销售、主要商品及服务价格、农贸价格进行市场基础监测，指导生猪、粮食及草莓监测业务，并对其价格变动情况、收益状况进行分析，及时把握市场动态。

加强商品房价格调控。贯彻落实国家和省、市有关房地产市场调控政策精神，规范奉化区商品住房销售行为，维护消费者和经营者合法权益，有效促进奉化区房地产市场健康稳定发展。全年商品房价格备案32批次，开盘面积211.80万平方米，预售16573套。

【收费管理】 规范教育收费。规范小学校内托管服务收费，出台校内托管服务收费政策，调整锦溪书院高中学费基准价。

规范公墓价格。加强公共墓地价格管理，审核新墓型成本构成，对不同墓型分别核定不同价格，明确维修基金须专款专用。

规范停车收费。为加强城区道路机动车停放管理，促进车辆规范有序停放，对城区部分道路停车实行收费管理；对火车站广场、大桥市场、凤山体育公园及居敬、炒货市场等专业停车场收费标准进行了核定。

公布经营服务性收费目录。对奉化区现行地方政府定价经营服务性收费，进行梳理形成目录清单，向社会公布。

规范公共资源交易收费行为。明确全区公共资源交易服务收费项目和标准等有关事项，提高公共资源配置效率和效益。

落实各项清费政策。及时贯彻落实国家和省、市制定的各项清费减负政策。全年涉企收费事项减免政策：一是减免部分行政事业性收费有关政策，主要是减免不动产登记收费标准，对不同情形不动产登记费，分别规定免征或减收政策；二是降低部分行政事业性收费标准，主要是涉及公安系统的通行证、出入境证照类及电信部门的无线电频率占用费等收费；三是免征易地扶贫搬迁有关行政事业性收费，主要是对易地扶贫搬迁项目免征城市基础设施配套费、不动产登记费等收费项目。

【价格管理】 完善价格形成机制，稳步推进价格改革。非居民用管道天然气销售价格从每立方米3.84元调整为每立方米3.51元，降幅达8.6%，全年为企业减负1000余万元。建立非居民用天然气价格上下游联动机制，平稳有序推进非居民用天然气价格改革，及时疏导上游价格调整带来的价格矛盾。持续深入推进降低重点国有景区门票价格工作，黄贤森林公园门票价格由90元/人调整为70元/人。

严格履行定价职责，调整规范价格行为。加强对住宅小区前期物业服务收费的管理，对冠成国际、时代瑞府等小区前期物业收费标准进行核定。规范公交票价，核定了297路、298路和595路公交线路票价，同时对全区所有公交票价作了规范明确。

【成本临审】 严格成本监审程序，提供价格调整依据。对宁波奉化华润兴光燃气有限公司配气和非居民管道预埋和改造价格进行成本调查，对黄贤森林公园景区门票定价成本进行监审，对区水务有限公司年度供水价格成本进行定期监审，以及对奉化区出租车运营情况进行成本监审。

（郭　辉）

安全生产监督管理

【概况】 2019年，全区上下牢固树立“生命至上、安全第一”的理念，认真贯彻落实国务院、省、市关于加强安全生产工作的指示精神，落实安全生产责任制，不断深化安全生产专项整治，全面开展安全风险隐患排查治理，坚持最严格的安全生产管理制度，安全生产和消防安全形势平稳可控，自然灾害防治工作稳中有序。共发生并上报各类生产安全事故13起、死亡11人，比上年分别下降23.5%、21.4%。共发生火灾112起，直接经济损失90.04万元，无人员伤亡，比上年分别下降20.3%、24.2%、100%；共接到森林火警46起，其中森林火情5起，过火森林面积1.26公顷，受害森林面积0.27公顷，烧毁林木蓄积8立方米，由于应急处置到位，均未引起森林火灾。宁波市对奉化区的安全生产目标管理责任制考核成绩为优秀。

【完善安全监管责任体系】 建立完善区、镇两级安全生产、应急管理、防灾救灾的“1+X”领导体系、责任体系和组织体系，建立安全生产协会、消防协会两个民间组织，调整了森林防灭火指挥部和防汛防台抗旱指挥部组织架构及社会应急联动单位。基本建立与气象、水利、自然资源和规划、农业农村等部门的应急管理协同机制。开展了应急物资、应急装备、应急力量调研，基本掌握了全区“大应急”现状。全面完成全国“两会”、重要节日、梅雨汛期、台风、新中国成立70周年大庆等重大活动、重要节点的安全和应急保障工作，确保了组建之年安全生产和应急管理工作开局良好、形势稳定、工作有序。

【安全宣传与培训教育】 在《奉化日报》上发表书记、区长联合署名文章《践行安全发展理念 防范化解重大风险》，刊登《我与化学“零距离”》征文展示以及防灾减灾、应急演练等各类信息；在全区范围内举办安全生产“七进”文艺展演、危化行业安全发展论坛；在奉化电视台黄金时段播放电视宣教片、“安全365”安全生产月宣传专题片以及安全生产公益广告；在“奉化应急管理”微信公众号、“掌上奉化”APP、钉钉等新媒体上不间断推送安全生产、消防安全、防灾减灾等特色活动信息，并开展线上安全知识“闯关达人”有奖竞答活动。开展安全生产咨询宣传日活动，展出各类安全生产、应急互救等宣传展板，分发各类安全宣传资料，特邀区消防救援大队、奉化水鹰救援大队作逃生帐篷疏散逃生、救生圈正确抛投、救生衣正确穿戴及逃生绳索应用演示。开展“5·12”防灾减灾日宣传活动，组织避灾点搭建、抽水打靶、心肺复苏、水上救援4个项目现场演练竞赛，提高居民防灾减灾意识，增强应急救援技能。开展突发公共事件应急演练活动，全面提高预防和处置突发公共事件能力和群众的反恐意识。

持续推进企业安全生产和消防安全教育培训，尤其是危化品使用单位和“两小”企业从业人员培训，确保企业员工“四懂三会”，切实督促企业主体责任落实。牢固树立“培训不到位是最大安全隐患”的理念，深入实施“全员安全培训”实名制工程，强调证书、身份证原件和具体参训人“三合一”。全年累计培训企业主要负责人3338人次、安管员3567人次、特种作业人员1031人次，其他从业人员64346人次，共计培训72282人次，超额完成培训指标。

【加强应急队伍建设】 结合“不忘初心、牢记使命”主题教育，区应急管理局组成7个服务小组，对25家拟上市企业进行现场服务指导，共收集49项问题困难，其中现场解决28项，得到了拟上市企业的好评和区领导的肯定。开设“科长讲堂”，每位科长通过“钉钉直播”平台为全局人员上课，共6期，收看186人次。集中组织“夜学夜议”14次。

【安全生产专项治理】 全力推进全区危险化学品大检查、“防风险保平安迎大庆”消防安全执法检查、“三场所三企业”整治、“铸安”系列执法等专项行动，完成工业厂房违规改建公寓楼专项整治，共整改、清退工业厂房违规改建公寓楼49家，总面积10.76万平方米，有效保障人民群众生命财产安全；顺利开展海上安全铁拳专项行动，共下达警告125次，责令限期整改61起，罚款14.2万元，没收并拆解“三无”渔船7艘，保持了海上安全铁拳整治高压态势。结合“铸安”系列行动要求和年度执法计划，全区累计检查企业140家次，查处隐患800余条，挂牌督办企业3家（其中省级挂牌督办1家，市级挂牌督办2家）；年度执法计划完成78家次，完成率为100%，立案查处企业25家，已完成指标任务，罚款金额68.26万元。全区累计检查生产经营单位577家，达1019家次，查处生产安全事故隐患1466条，完成整改1390条，整改率达94.8%，行政处罚180起，处罚金额累计278.5616万元，使用执法文书4079份，在“奉化应急管理”、《奉化日报》上曝光违法违规企业26家。

【危险化学品监督管理】 为全面推进危险化学品使用单位及小企业小加工作坊安全生产和消防安全整治百日大会战，全区累计检查7951家，发现隐患12245条，整治隐患10036条，整改率为82.0%。限期整改1872家，停产整顿38家，取缔关闭2家，处罚金额94.645万元，拆除违章面积3.7735万平方米。在开展全区危险化学品大检查中，共检查危化企业41家，发现隐患180条，重大隐患3条，共发《危险化学品安全生产大检查专刊》4期，发文7起，通报2起，责令停产停业企业3家，挂牌督办2家（其中省级挂牌督办1家，市级挂牌督办1家），并邀请第三方对7家使用单位进行隐患详查。大检查期间立案查处8家企业，其中已发行政许可决定书6家，处罚金额14.95万元，移送公安机关给予治安处罚2件。

【烟花爆竹监督管理】 全区有烟花爆竹长期经营单位33家，春节期间，区应急管理局会同区公安分局治安大队开展烟花爆竹联合打非治违，共查获非法烟花爆竹200余箱，全部按规定进行销毁。通过奉化电视台、《奉化日报》等媒体，介绍烟花爆竹安全燃放知识和各类事故案例，提高经营户的依法经营意识和广大市民的自我保护意识，增强安全消费意识以及对伪劣烟花爆竹产品的识别能力。

【事故救援演练】 5月12日，由宁波市奉化区减灾委员会主办、宁波市奉化区应急管理局承办

11月12日，区应急管理局水鹰户外应急救援队在宁波市社会救援力量技能竞赛中荣获狭小空间破拆项目第一名以及L型支撑第二名

的，应急综合演练暨“5·12”防灾减灾日宣传活动在奉化仁湖公园广场进行。现场有4个演练竞赛项目：避灾点搭建、抽水打靶、心肺复苏、水上救援，丰富多彩的演示活动吸引了众多市民围观参与，有效提高了居民防灾减灾意识，增强应急救援技能。

在新中国成立70周年之际，区应急管理局协同区公安分局、区机关事务局在区行政服务中心，开展突发群体性公共事件应急演练活动。区公安分局现场指挥部和应急处置力量、区应急管理局救援力量、区消防救援大队、“110”应急指挥联动中心、岳林派出所、供电公司、水务公司、“120”紧急中心等部门人员参与此次演练。副区长、区公安分局局长马亚伟为此次演练活动并做点评。

【行政审批改革】 深化安全生产领域“最多跑一次”改革，事项由原来的18项增加到33项，利用多个系统和平台升级运用，并结合“互联网+政务服务”工作项目，严格安全准入，提升办事效率。区应急管理局“最多跑一次”事项比例达到100%，材料电子化比例达到100%，网上办事实现率达到100%，掌上办事实现率达到100%，即办件比例达到100%，承诺期限压缩比达100%。网上办件率50%以上，均达到考核目标。共受理审批、备案事项52项。完成行政许可事项24项，完成其他行政权力事项19项。

【分析、评估风险隐患】 完成11个镇（街道）区域风险辨识评估，重新筛选重点企业207家，共计录入宁波风控系统重大区域风险1条、重大企业风险1条，其他风险2597条，制定管控措施2448条。积极推广应用隐患排查系统，隐患排查治理信息系统企业基数1858家，季报率和整改率均为100%。严格落实重大安全隐患挂牌督办机制，全区2个省级、1家市级、16家区级挂牌隐患均按限期整改，坚决做到整改措施、整改时限、整改责任、整改资金和整改预案“五落实”。

11月27日，区应急管理局局长余林海（中）带队“四联四跑”服务企业

【防灾减灾、防汛防台】更新382张村级防汛防台形势图，并明确镇（街道）、村（社区）两级防汛防台责任人；与区气象局联合签署关于加强气象防灾减灾联动合作框架协议；督促指导全区12个镇（街道）成立两级防汛组织，并建立各级抢险突击队和专业抢险队伍370余支，共3700余人。率先完成29处省级避灾安置场所规范化建设任务。全区共建有避灾安置场所213处，面积42.5万平米，可容纳灾民15万余人。创建综合减灾示范社区70个，其中11个社区（村）先后创建国家级、省级综合减灾示范社区。全区各地各部门严阵以待，严防死守，全力防御第9号超强台风“利奇马”。

11月18日，莼湖街道森林消防扑火队参加宁波市高压水泵接力灭火技能比赛

【森林防火灭火】建立森林消防扑火队值班备勤制度，提高了应急处置森林火灾的反应能力，并为全区符合投保条件的289名扑火队员及238名护林员参保50万元保额的人身意外伤害保险。宁波市森林防灭火队伍建设在奉化、象山试点，奉化区莼湖、尚田两支森林防灭火应急救援专业队伍建设试点如期完成。在宁波市高压水泵接力灭火技能比赛中，莼湖街道森林消防扑火队代表奉化区出赛，夺得冠军，实现四连冠；裘村镇黄贤大茅岙森林防灭火培训、演练基地被宁波市森林防灭火指挥部办公室列为全宁波唯一的培训、演练基地。全年的火情、火灾次数、过火森林面积、受害森林面积为2011年以来最少，有力地保障了森林资源和生态安全。

（孙　洁）

生态环境保护

综　述

2019年，生态环境保护工作围绕美丽奉化建设，打好污染防治攻坚战，强化监管与服务并重，辖区生态环境质量不断提升，成功创建省级生态文明建设示范县市区，荣获“美丽中国·我是行动者”全国十佳公众参与优秀案例及其他多项先进。

环境质量

【空气质量】 2019年奉化区空气质量继续呈稳中向好态势，空气质量达标天数比例（优良率）为88.8%，比去年上升2.5个百分点，其中优（一级）天数由去年的128天增加到141天，全年无重度污染（五级以上）天气。

大气环境质量评价的6项常规污染物浓度较去年同期均有所下降，PM10、PM2.5、二氧化硫、二氧化氮、一氧化碳和O3（臭氧）项目均达到国家二级标准。PM2.5浓度从2014年的46μg/m3连续6年下降到29μg/m3，达到国家二级标准。

2019年环境空气质量（表1）

表31

统计天数	AQI 指数分布天数					优良率（%）
	一级（天）	二级（天）	三级（天）	四级（天）	五级（天）	
365	141	183	39	2	0	88.8

【酸雨】 2019年降水pH值最低为4.49，最高为6.18，全年酸雨率为43.2%，较去年同期（55.8%）大幅度降低，但仍属轻酸雨区（5.00≤pH<5.60）。

城区酸雨监测情况表

表32

酸雨率（%）	降水 pH 值			质量状况
	最小值	最大值	均值	
43.2	4.49	6.18	5.53	轻酸雨区

【水质监测】 2019年1—12月，全区区控以上监控断面14个，Ⅰ类占7.1%，Ⅱ类占57.1%，Ⅲ类占35.7%，水质优良率为100%，功能区达标率为100%。全区地表水综合评价水质为优，与上年相比水质优良率提高6.7个百分点，功能达标率提高6.7个百分点。按28项全项目评价，横山水库和亭下水库水质符合Ⅱ类水质标准，舍辋水库水质符合Ⅲ类水质标准，全区饮用水水源地水质状况总体良好。

污染减排

【污染减排】 科学推进污染减排与总量控制，落实排污许可证发放、主要污染源总量减少和强制性清洁生产企业审核，并持续推进自行监测、刷卡排污监督。

2019年，化学需氧量(COD)目标削减3%，实际削减9.5%；氨氮(NH3-N)目标削减2%，实际削减34%；二氧化硫(SO2)目标削减1%，实际削减2.5%；氮氧化物(NOX)目标削减1%，实际削减2.6%，均超额完成年度目标。

【污染防治攻坚战】 创新实施污染防治攻坚战“挂图出征”，采取“十日一更新、一月一通报”方式，助推31项年度目标任务顺利完成。在蓝天保卫方面，完成200家涉气“散乱污”企业(作坊)清理整顿和12家落后产能企业淘汰，15家企业完成VOCs整治提升；淘汰老旧营运车辆310辆，超额完成年度任务的130.8%；每平方公里月均城市降尘量为2.6吨，稳定保持在5吨以下。在治水提升方面，各镇（街道）和开发区全面完成“污水零直排区”创建；102家涉水企业和5个入河（海）排污口完成整治提升，仁湖创建成为省级美丽河湖。在治土清废方面，第一阶段6个农用地土壤疑似超标点位完成“对账销号”，金欣家园污染地块完成修复施工并通过省级效果评估；危废综合收集和处置单位（浙江佳境环保科技有限公司）开工建设，预计2020年底投产，同时，为解决中小企业危废处置难问题，已在西坞街道设置一个危废收集、暂存仓库。危险废物和医疗废物安全处置率100%，危险废物规范化管理达标率95%以上；重金属污染物提前一年完成“十三五”减排任务。

【绿色产业】 深入发展生态循环农业，推进肥药减量增效，建设3个氮磷生态拦截沟渠示范点。减少不合理化肥使用，全区推广应用配方肥0.1万吨，推广商品有机肥1.8万吨。实施农作物病虫害专业化统防统治8.5万亩。

环境管理

【环保审批】 依法审批，严格把关，强化服务。共受理各类涉行政审批事项223件，其中建设项目环境影响评价文件190件；零土地技改备案项目5件；降级登记表备案28件；办理企业排污许可证28件，网上登记表备案312件。

【环境执法】 完善网格管理，加强分层次监管。将全区划分成12个网格，每个网格确定1名监察队员和1名协管员。根据污染程度分层次进行监管。24小时在线值守监控污染源，并对市控以上污染企业手机联网，确保实时掌握企业排污情况。2019年，共发现数据异常983起，在线监测脱机22起、视频监测脱机119起。严管、严控、严防环境违法，全年共计出动执法人员4806人次，检查企业1923家次，行政处罚案件85起，处罚金额911.24万元；加强公安环保联动，发挥检察官办公室、法官办公室效用，共移送公安9起；推进“互联网+监管”模式，全年度双随机检查企业460家，跨部门联合执法、夜查共计检查企业40家；开展了“绿剑”系列、“低散乱”行业（区块）整治提升百日大会战等专项行动。

【环保督察】 坚持“一个问题、一套方案、一名领导、一个牵头部门、一抓到底”工作机制，按时序完成第一轮中央及省环保督察反馈问题整改，并做好第二轮中央环保督察的迎检。完成省督察反馈问题编号6、7、8、14、22、26、27、30、31的销号工作；国家海洋督察方面已完成问题编号56、72、82的整改并上报销号台账资料。

【第二次全国污染源普查】 设立“污普服务大厅”，创新“企业培训—集中填报—入户复核”填报模式，建立“一厂一档”，实行“交叉复核+质控专家+行业专家+单源比对”数据审核方法等，完成全区6159家工业源、188家集中式、368家生活源、48家移动源、30家农业源的产排污核算、审核整改、质量核查、普查定库、总结报告编制、普查验收等各阶段工作任务，数据质量位列省市前茅，得到国家、省、市普查办高度肯定。

【环境监测】 继续加大投入，优化完善区域环境监测网络，做好软硬件的升级改造，构建现代化环境监测监控体系。

【信访调处】 认真、及时、妥善处理好污染事故和污染纠纷，确保全市环境安全。2019年，受理办结各类环境信访投诉671件，比2018年下降28.95%。

污染防治

【水环境整治】 推进“污水零直排区”建设，狠抓美丽河湖建设，重抓涉水污染源头治理，加快饮用水源地划分，着力提升水质环境。14家电镀企业的深度治理完成情况居全市排名第一；完成5个“千吨万人”以上饮用水水源保护区划定工作，全面完成全区9家加油站34个地下油罐的更新改造任务。

【大气环境整治】 大力推进燃气锅炉低氮改造和建成区生物质锅炉超低排放改造，加快推进重污染企业搬迁，落实产能淘汰，共完成15家VOCs重点企业和4家臭气异味企业的治理，完成滨海新区大气污染治理，完成200家“散乱污”企业整治，加快废气矿山整治推进扬尘治理，提升大气质量。

【土壤整治】 有序推进重点行业企业用地土壤污染状况详查。已全面完成78家重点行业企业的基础信息调查和采样方案制定，和13家新增企业的信息采集和空间信息整合。着力推进污染耕地和工业地块治理修复，落实工业地块、疑似污染地块再开发利用管控，完成1025个农用地土壤污染状况详查样品检测，完成3个地块的场地调查。

【危废治理】 制定出台危废收集、暂存及转运试点工作方案，公开试点工作实施方案，确定危废收集、暂存和转运的试点单位，暂存转运仓库已按时完成基础建设并投入运行。

【辐射监管】 强化废源收缴，完成辐射项目初审，加强辐射监管单位的环境监管及监督性监测。督促2家企业完成废源收缴，出具8个项目的辐射初审意见。对13家核技术利用单位进行专项检查。

环境优化

【生态示范创建】 10月，浙江省政府正式发文命名奉化区为第三批省级生态文明建设示范县市区，生态文明示范创建取得阶段性成效。2019年新增1家市级生态文明教育基地、11家市级绿色单位。

【生态修复】 全区森林覆盖率基本稳定在65.18%，林木蓄积量增长到348.9万立方米，完成绿化造林530亩；累计完成水土流失治理面积3.22平方千米。

【环保宣传】 借助“聚焦生态环境·奉化议事厅”“凤凰行动”“环保知识大课堂”等“六个一”服务平台，充分结合世界环境日、生态公众满意度调查等主题活动，多渠道、多方式普及生态环境及法律法规知识，弘扬环境文化，倡导生态文明。

（毛可启

教育 科技 卫生

教 育

【概况】 2019年，全区教育系统以内涵发展、提高质量为核心，以敢于担当负责、勇于攻坚克难的作风，统筹推进“一个同步，四个加速”，向“撤市设区”5年内实现“让奉化学生享受与宁波主城区基本同等教育水平”迈出了关键一步。年末，全区有中小学校和特殊教育学校共53所，幼儿园80所。全区在校中小学和特殊教育学校学生53627人、幼儿园在园幼儿14677人，其中普通高中学生5761人、中等职业学校学生3936人、初中学生13670人、小学学生30195人、特殊教育学校学生65人。中小学和特殊教育学校专任教师3921人、幼儿园教师979人，其中普通高中教师644人、中等职业学校教师316人、初中教师1134人、小学教师1806人、特殊教育学校教师21人。

【基础教育】 学前教育赶超发展。启动实施公办园扩容提升计划，在全市率先出台区县级政府层面住宅小区配套幼儿园同步规划、同步建设、同步装修、同步验收、同步交付“五同步”实施细则，新增公办幼儿园3所，撤并低小散园11个，新城实验幼儿园（暂名）等11所公办园在建或即将启动建设，推动学前教育发展经验在全省会议上作典型交流。同时，深入推进与浙师大杭幼师的“院地合作”项目，专题调研、专家指导、项目引领等活动辐射1000人以上，并培育园本特色课程11项，幼儿园课改、幼儿特色文体活动等均取得喜人成果。义务教育和普高教育精准施策变中求进。启动实施“小学强基”“初中强校”双强工程和普高攻坚计划，制定实施方案，召开动员大会，组建初中教学共同体4个，聘请区外专家顾问12人，义务段学科素养测评全面推行。小学放学后校内托管服务实现全覆盖，破解“放学后一小时”接送托管难题，“四点钟学校”设有作业辅导、兴趣特长培养两种模式，融合体育、艺术及拓展、社团等多种元素，在放学后的1—1.5小时内提供服务，涵盖课程数百门，重点培养学生意志品质，发展其健康志趣。活动在非营利大框架下进行，社区负责收取少量费用，家庭困难学生予以全部减免。“四点钟学校”推进一年间，服务学生近万名，各校平均参与率超过80%。超额完成“互联网+义务教育”省重点民生实事工程目标任务，两所民办学校成功创建省标准化学校，全区标准化学校比例达到100%。实施普高校际协同发展、分类办学试点等举措，2019年高考全区本科上线率比2018年上升9.4个百分点。

【职业教育】 启动“职教提升专项行动五年计划”，深化产教融合，校企协同育人，积极创新人才培养模式，加快构建现代职业教育体系。打造“校企合作共同体”“职教集团”“订单班”等产教融合新平台，2所职校分别与罗蒙集团、宁波佳尔灵气动机械有限公司签订“校企合作共同体”协议，凝聚政府、行会、企业、职校四方合力，建立“产教融合、校企合作、工学结合、知行合一”共育模式。成立机械制造和机电职教集团，采取“行业+企业+专业”抱团式发展方法促进教育链、人才链、产业链、创新链有机融合。开展校企（行业）交流10余次，覆盖师生近千人。两校与宁波奉化德朗能动力电池有限公司、宁波利安电子有限公司等企业签订“订单班”合作协议，为企业提供技能人才“定向委培”服务。建立汽修、服装、机械等校企“大师工作室”“名师工作室”，20余位职校名优骨干教师和企业技术骨干年均组织参与活动超50次，惠及师生200余人。实行企业、学校“双导师”制，有效夯实“中职学校师生技术技能提升工程”。深化“中高职升学促进工程”，畅通升学渠道，建设校级高职高考教学团队，安排专业教师及生涯辅导教师帮助学生进行升学备考和生涯规划。在已有五年一贯制、中高职一体化等的基础上，建立包含高职提前招生、单招单考、“三位一体”、退伍军人和企业职工高考复习等形式的多元升学机制，增加中职生和企业职工接受高层次职业教育的机会。首届职业学校高考班17人升入本科院校，656名职高学生升入高职院校就读。加强职业化、人文化、特色化职校德育品牌建设，如职教中心的“红帮德育”体系，工贸旅游学校的“吾龙”德育模式。通过搭建特色学生社团、开展特色德育活动等方式实现“立德树人”育人目标。在“现代学徒制”背景下，职校还加强实习生的德育引导，通过企业文化、企业师父职业道德传授，完善品牌建设和优化育人效果。以参评区县排名首位成绩创建省学习型城市，首获全民终身学习活动周国家级优秀组织奖，全年组织服务乡村振兴专项培训4607人次，社区老年大学在全区各镇（街道）实现全覆盖，10所成校获评宁波特色示范成校、优秀学习共同体等称号，成人教育工作先进经验得到《中国教育报》、浙江卫视等媒体专题报道。

【基础设施建设】 2019年，区教育局根据新一轮基础教育设施专项规划和幼儿园布点专项规划（含小区配套幼儿园建设），全年完成投资约1.5亿元。其中，畸山小学行政综合楼建设、武岭中学仇全林科技楼、全区校舍改造提升等项目已相继完成并投入使用。实验小学迁建工程作为区重点项目和“三年大变样”项目，10月投入使用。培智学校新校区投入使用，结束奉化区特殊教育无专用校舍历史。

【教师队伍建设】 全力打造一支高素质专业化教师队伍。2名正高级教师成功竞聘专业技术三级岗位，3名教师成为新一批正高级教师，1人获评市首批骨干校长，11人获评市第七批学科骨干（市第六批双师型教师），1人入选教育部乡村优秀青年教师培养奖励计划，3人获省教坛新秀称号。新进教师层次不断提升，中小学新教师学历全部达到全日制本科或以上，其中重点高校毕业生61人，研究生学历9人。全年举办区级培训项目181个，参训1万余人次。平稳推进“区管校聘”管理改革，168名义务段教师（校长）开展校际交流，22名民办幼儿园挂职在编教师回流，编外用工量化管理得到进一步增强。集中组织教师职业道德规范专题培训2000多人次，各校开展各类师德师风教育180多次，成功举办全区第35个教师节庆祝大会暨优秀教师颁奖典礼，集中表彰基层一线优秀教师（团队）120余人（个）。

【党建廉建工作】 扎实开展“不忘初心、牢记使命”主题教育活动，高标准、高质量、创造性完成各阶段各项任务，局党委牵头解决为民服务难题11个，建立长效机制3个，全系统组织党员集中学习386次，落实问题整改1100多个，进社区服务近2600人次，典型经验在区委主题教育推进会上作交流。新建基层党支部11个，开展“三会一课”、主题党日等活动1200余次，党组织领导下的校长负责制试点工作起步顺利。完成对萧王庙街道、西坞街道区域基层学校作风巡察，对16所学校校务公开工作进行专项检查，开展作风建设专项督查7次，查处问题20多个，召开“清廉校园”创建工作现场会，相关工作被市、区两级主要媒体报道。

【教育对口帮扶】 选派28名骨干教师赴新疆、延边、缙云等对口帮扶地支教，组织教师送教活动33场次，1180多名受援地教师受益。尚田中学教师虞旺钢强忍病痛坚守援疆岗位，教师进修学校教师卓海雅等援疆团队联系宁波红十字会为库车困难学生送去10000双袜子和5000双运动鞋的爱心物资。与吉林省延边州安图县、珲春市进行教育对口帮扶，搭建延边教育人才到奉培育工程、建档立卡贫困户子女帮扶工程等平台。投入扶贫资金90余万元，培训延边教育人才1000多人次。筹集善款40万余元，结对帮扶延边建档立卡贫困户子女200余人，并在安图设立首个“奉化中职班”，计划三年扶贫150名建档立卡贫困户子女，2019年录用“安图奉化中职班”56人。

【交流学习】 3月6日，锦屏中学、锦屏中心小学入选第二批宁波市“千校结好”特色学校，实验小学入选品牌项目学校。三校分别与台湾地区高雄市弥陀国中、高雄市阳明国小、英国梅勒小学、高雄市四维国小等结为姊妹学校。从文化、课程、活动等维度，多面向开展活动20余次，参与学生300多人次。6月16日，区教育局与美国大芝加哥区开启中美教育交流项目。与美国新帕瑞利学区（New Prairir School District）签订中美基础教育国际战略合作备忘录，约定双方合作性地开展高水平或特定学科领域方面的校长培训或教师培训；合作进行教育研究及普及教育成果；推动校际间有关管理系统、深度合作、学校发展策略、增进师生互动、分享教学科研活动案例及高质量教学资源；促成学区内中小学校姐妹友好学校关系的搭建，进一步加速两学区间的教育国际化步伐；积极推进除教育领域之外的合作。

5月21—24日，“奉化名师团”在区教育局党委副书记、副局长张建军带领下远赴新疆库车地区开展送教活动

【全区教育大会召开】 6月20日，全区教育大会隆重召开，区委常委全体出席会议。区委书记高浩孟专题部署当前和今后一个时期全区教育改革发展工作，提出“高水平实现奉化教育现代化”目标。

【班溪小学教师入选全国乡村优秀青年教师培养奖励计划】 6月21日，奉化区班溪小学教师潘林佳入选教育部2019年乡村优秀青年教师培养奖励计划名单。

【区学前教育“院地之约”专场展示活动】 9月26日，2019年奉化区学前教育“院地之约”专场展示活动正式启动，中国学前教育研究会理事、浙江省学前教育研究会副理事长兼教师发展专业委员会主任朱宗顺参加活动。特色课程、主题论坛及27日的观摩活动精彩纷呈。

【区义务段“双强工程”实施动员】 12月2日，奉化区义务段

“双强工程”实施动员大会在奉化中学举行。副区长陈彩凤到会并提出要求。区教育局局长周永龙强调“双强工程”重要性，并向管理顾问、教学顾问、科研顾问颁发聘书。莼湖中心小学校长王昌杰、奉港中学校长朱朝辉、教师进修学校校长周道义、宁波市鄞州蓝青学校校长王勇分别代表“双强工程”小学、初中、业务指导单位、顾问现场发言。宁波市鄞州实验中学校长李优治作《一流学校建设的若干思考与实践》办学历程专题报告。相关与会人员还观摩了锦溪书院校园及特色课程。

【获评省示范学习型城市】 12月29日，浙江省教育厅办公室公布2019年示范学习型城市名单，奉化区位列参评区县排名首位，成功创建省学习型城市。2019年，区教育局全力推动全民学习活动，培育各类学习型组织、社团260余个，超20万名市民参与终身教育活动，其中创建活动纪实被《中国教育报》专题报道。

（余佳汶）

科 技

【概况】 2019年，以科技高质量发展为导向，以提高自主创新能力为核心，以促进科技与经济紧密结合为重点，深化科技体制改革，优化创新创业生态，努力提升科技创新对全区经济社会发展的支撑引领作用。

【科技创新】 全年新增省级高新技术企业研究开发中心8家、宁波市企业研究院2家、宁波市级企业工程（技术）中心16家、区级企业工程（技术）中心32家。至年底，全区有省级企业研究院3家、省级高新技术企业研究开发中心35家、宁波市企业研究院5家、宁波市级工程（技术）中心116家、区级工程（技术）中心244家。全年新认定国家高新技术企业20家，浙江省高成长科技型中小企业20家，宁波市创新型初创企业169家，区级科技型初创企业23家。全年全区实现高新技术产业产值230.53亿元，同比增长2.5%；高新技术产业增加值62.96亿元，同比增长11.1%；规模以上企业技术（研究）开发费12.56亿元，同比增长7.9%，新产品产值135.56亿元，同比增长1.2%，为全区经济转型、倍速发展，提供了科技引领和支撑。2019年，通过宁波“3315”系列引进高端创新创业人才项目9个，奉化“凤麓英才”计划项目18个，宁波市茶花友谊外国专家1位，摩米创新工场已引进科技型人才63人，其中博士6人，硕士11人；启迪众创工社（奉化）创新中心引进高端技术人才220余人，其中博士21人，硕士71人，引才效果显著。

【科技计划】 积极实施科技领航计划，夯实创新实力，引领成果转化。全年确定科技计划项目72项。其中宁波市级21项，奉化区级51项。宁波市级有智团创业项目15项、“科技创新2025”重大专项2项、产业技术研究院定向委托项目4项，奉化区级有工业重大科技项目19项、农业科研攻关项目20项、社会发展科研攻关项目12项。

2019年宁波市科技计划实施项目表

表33　　单位：万元

序号	计划类别	项目名称	实施单位	补助经费
1	宁波智团创业项目	全自动双面胶带粘贴机的研发及产业化	宁波美德威机械科技有限公司	20
2	宁波智团创业项目	安全灭弧大功率直流继电器的研发及其产业化	宁波金宸科技有限公司	15

续表33

序号	计划类别	项目名称	实施单位	补助经费
3	宁波智团创业项目	航空发动机镍基高温合金材料切削工具的研发及产业化	宁波艾赛德航空科技有限公司	15
4	宁波智团创业项目	60–70系列智能型拖拉机的研发及产业化	浙拖奔野（宁波）拖拉机制造有限公司	12
5	宁波智团创业项目	高性能组合执行器的研制	宁波坤易气动科技有限公司	12
6	宁波智团创业项目	碳纤维高压蓄能器	宁波市巴克蓄能器技术有限公司	12
7	宁波智团创业项目	智慧循环包装平台的开发及应用	宁波绿栈环保科技有限公司	12
8	宁波智团创业项目	高耐磨耐腐蚀改性超高分子量聚乙烯特种管材的研发及产业化项目	宁波派谱新材料科技有限公司	12
9	宁波智团创业项目	高稳固智能管状电机减速箱的研发及产业化	宁波智启机电有限公司	12
10	宁波智团创业项目	高精度多功能电动移车器的研发及其产业化	宁波大秦机械有限公司	12
11	宁波智团创业项目	美式加强型冷链物流保温箱的研发及产业化	宁波市万玛塑业有限公司	12
12	宁波智团创业项目	高强度抗疲劳低成本汽车发动机钛合金曲轴连杆关键技术研发及产业化	宁波北理汽车科技股份有限公司	12
13	宁波智团创业项目	新能源电动车用低能耗不漏油双螺杆空压机系统的研发及产业化	宁波天风汽车科技有限公司	12
14	宁波智团创业项目	多功能健身车的研发及产业化	宁波佰世健健身器材有限公司	12
15	宁波智团创业项目	具有强抗干扰能力的车载固态激光雷达核心芯片及系统的研发及应用	宁波飞芯电子科技有限公司	12
16	宁波“科技创新2025”重大专项	总线控制阀岛和微型电磁阀关键技术及产业化	宁波索诺工业自控设备有限公司	600
17	宁波“科技创新2025”重大专项	竹林林下新品种选育及高效循环模式研究与示范	宁波市中林竹产业研究院	100
18	产业技术研究院定向委托项目	辐射制冷超材料表面防护技术研究	宁波瑞凌节能环保创新与产业研究院	2500
19	产业技术研究院定向委托项目	辐射制冷超材料色彩调控关键技术及应用	宁波瑞凌节能环保创新与产业研究院	500
20	产业技术研究院定向委托项目	碳基双亲纳米流体提高石油采收率现场应用及注采工艺研究	宁波锋成先进能源材料研究院	1700
21	产业技术研究院定向委托项目	适用于大规模储能的水系电池技术	宁波锋成先进能源材料研究院	1300

2019年奉化区科技计划实施项目表

表34　　单位：万元

序号	计划类别	项目名称	实施单位	补助经费
1	工业重大科技项目	七基色柔性光谱智能调光LED灯具	浙江金缘光电有限公司	40
2	工业重大科技项目	除尘器智能控智系统	宁波盛达阳光自动化科技有限公司	30

续表34

序号	计划类别	项目名称	实施单位	补助经费
3	工业重大科技项目	基于二次光学系统和MCU模块的高效节能LED路灯开发	浙江拓华能源科技有限公司	30
4	工业重大科技项目	基于ARM+FPGA的多机头同步智能切割系统	宁波瑞利时数控科技有限公司	30
5	工业重大科技项目	节能干式变压器研发	浙江尚能电气股份有限公司	30
6	工业重大科技项目	精准控流调节智能角座阀/快速响应长寿命电磁阀	星宇电子（宁波）有限公司	40
7	工业重大科技项目	汽车雨刮传动轴先进表面强化处理技术研发及产业化	宁波精益微型轴有限公司	30
8	工业重大科技项目	高精度QPV电气比例阀的研制	浙江亿太诺气动科技有限公司	30
9	工业重大科技项目	智能互联蒸烤一体机的研发及产业化	宁波安佳卫厨电器有限公司	30
10	工业重大科技项目	执控双缸一体型助力缸的研发及产业化	宁波全盛世纪气动科技有限公司	30
11	工业重大科技项目	高强度长寿命舰船用大型柴油机齿轮的研发和产业化	宁波市浙东齿轮有限公司	30
12	工业重大科技项目	城市供排水系统双向压高性能关键蝶阀、静音止回高性能止回阀的研发产业化	宁波一机阀门制造有限公司	30
13	工业重大科技项目	千斤顶油缸总成研发产业化示范项目	宁波市奉化区南方机械制造有限公司	30
14	工业重大科技项目	铁硅软磁粉芯制备及产业化	宁波瑞丰汽车零部件有限公司	40
15	工业重大科技项目	新型有机硅树脂乳液在橡胶制品脱模剂中的应用	宁波辉宏新材料有限公司	30
16	工业重大科技项目	特殊钢材的材料成分控制与其高频淬火热处理工艺研发	宁波创跃园林工具有限公司	30
17	工业重大科技项目	耐热聚乳酸的热成型关键技术研究	宁波钜亿新材料科技有限公司	30
18	工业重大科技项目	环保竹浆海绵制备工艺研发及产业化	宁波尼可海绵科技有限公司	30
19	工业重大科技项目	第三代碳化硅纤维、透波纤维	宁波众兴新材料科技有限公司	30
20	农业科研攻关项目	秸秆低温生物降解技术的研发	宁波费尔诺生物科技有限公司	25
21	农业科研攻关项目	优质脆蜜金柑引进与环境适应性研究及丰产栽培技术示范	宁波春华秋实农业发展有限公司	20
22	农业科研攻关项目	观赏桃种质资源筛选与创新利用技术研究	宁波同鑫农业科技发展有限公司	20
23	农业科研攻关项目	奉化水蜜桃特色果香型蒸馏白酒研发及产业化	宁波弥香源果酒有限公司	20
24	农业科研攻关项目	“奉化水鸭”野种质资源保护与产业化开发	奥纪农业科技有限公司	20
25	农业科研攻关项目	果桑套种大球盖菇栽培模式研究与示范	宁波市奉化本味园家庭农场	20
26	农业科研攻关项目	珍稀白茶优化培育与加工关键技术研究	宁波市奉化山川茶场	20
27	农业科研攻关项目	远洋变水层大网目双拖生态拖网的研发与应用	宁波市奉化佳盛渔业捕捞有限公司	20

续表34

序号	计划类别	项目名称	实施单位	补助经费
28	农业科研攻关项目	基于RFID技术的农产品冷链物流智能化配送体系研究与应用	宁波凌晨农业科技有限公司	20
29	农业科研攻关项目	香菇新品种‘沪香F2’的引进及水蜜桃木屑、菌渣代料栽培香菇技术的应用与示范	宁波顺源农业科技有限公司	15
30	农业科研攻关项目	基于稻鸭共生环境的物联网技术应用与示范	浙江欣星生态农业科技有限公司	15
31	农业科研攻关项目	优质酿酒毛葡萄引种与高效配套栽培技术研究及产业化示范	宁波奉化双岩谷生态农场	15
32	农业科研攻关项目	无公害草莓高架基质栽培生产及示范	宁波文创智慧农业有限公司	10
33	农业科研攻关项目	泽青1号三叉紫花矮杆白芨高产优良品种引进、培植技术改革研究推广	宁波素王农业科技有限公司	10
34	农业科研攻关项目	优质竹笋深加工关键技术集成及产业化应用	宁波市奉化区兴达海产食品有限公司	10
35	农业科研攻关项目	甜龙竹种引种与设施化栽培技术研究	宁波市林联科技有限公司	10
36	农业科研攻关项目	“嵩翠”茶叶品质提升项目	奉化市大堰镇董家岙村股份经济合作社	10
37	农业科研攻关项目	奉化水蜜桃生产全程绿色防控技术研究及推广	奉化市奉东桃果专业合作社	5
38	农业科研攻关项目	奉化柑橘产业品质提升技术攻关	宁波奉化祖民农场	5
39	农业科研攻关项目	无公害东魁杨梅栽培技术开发应用项目	宁波市奉化区西坞街道白杜村股份经济合作社	5
40	社会发展科研攻关项目	小学生近视发生率及其影响因素的队列研究及综合干预效果评价	宁波市奉化区疾病预防控制中心	3
41	社会发展科研攻关项目	奉化地区高危卒中筛查及规范处理对降低本地区卒中发病率的前瞻性应用研究	宁波市奉化区人民医院医共体	5
42	社会发展科研攻关项目	不同干预方法治疗经桡动脉PCI术后皮下瘀斑及疼痛的效果研究	宁波市奉化区人民医院医共体	/
43	社会发展科研攻关项目	运用曲美他嗪片治疗缺血性心肌病伴房颤的临床研究	宁波市奉化区人民医院医共体	/
44	社会发展科研攻关项目	中药益气和血通络方治疗糖尿病周围神经病变的临床研究	宁波市奉化区中医医院医共体	/
45	社会发展科研攻关项目	奉化地区下颌阻生齿拔除术后两种缝合方式防治并发症的研究	宁波市奉化区中医医院医共体	/
46	社会发展科研攻关项目	平衡火罐配合穴位贴敷在心脾两虚失眠症护理方面的应用研究	宁波市奉化区中医医院医共体	/
47	社会发展科研攻关项目	中医特色疗法对腹部手术患者术后胃肠功能快速康复的临床疗效观察	宁波市奉化区中医医院医共体	/
48	社会发展科研攻关项目	天突穴穴位注射联合西药治疗咳嗽变异性哮喘的效果及安全性分析	宁波市奉化区中医医院医共体	/
49	社会发展科研攻关项目	中药超声雾化熏眼联合药物治疗病毒性角膜炎的临床疗效观察	宁波市奉化区中医医院医共体	/

续表34

序号	计划类别	项目名称	实施单位	补助经费
50	社会发展科研攻关项目	耳穴压豆辅助B超引导下肢神经阻滞在基层医院的应用研究	宁波市奉化区中医医院医共体	—
51	社会发展科研攻关项目	加味逍遥丸结合Q开关Nd：YAG1064nm激光治疗肝气郁结型黄褐斑的应用效果	宁波市奉化区中医医院医共体	—

【科技金融】 联合宁波银行奉化支行、农业银行奉化支行、中国银行奉化支行、奉化农商银行、邮储银行奉化支行、上海浦东发展银行宁波奉化支行、广发银行股份有限公司宁波分行等7家银行和中国人民财产保险、中小企业信用担保有限公司、中国太平洋财产保险3家保险公司，设立区科技信贷风险池专项资金，扶持全区新“6+1”产业体系的科技型中小微企业。贷款利率上浮不超过中国人民银行同期同档次基准利率的30%，担保费或保险费不超过担保额的2%。全区科技信贷风险池，2019年累计放贷33家企业34笔贷款，合计7200万元，有效贷款存量达8150万元。

【科技合作】 全年全区科技合作项目政策兑现34项，总计合同金额1478万元，发放补助经费188.03万元。

2019年产学研项目政策兑现情况表

表35

序号	企业名称	项目名称	合作院校
1	宁波市安利特机械有限公司	长寿命耐腐蚀电磁阀先导头的研发	浙江大学宁波理工学院
2	宁波荣昌祥服饰股份有限公司	自动悬挂式服装分拣吊挂系统项目的研发	浙江纺织服装职业技术学院
3	宁波市狮山管业有限公司	户内直饮水不锈钢波纹管道系统	宁波大红鹰学院
4	百琪达智能科技（宁波）股份有限公司	防爆氢碎炉自动出料系统	宁波工程学院
5	宁波市东方金丰机械有限公司	高精度汽车可换式过滤器关键技术研发	浙江大学宁波理工学院
6	宁波精科机械密封件制造有限公司	智能泵可监控机械密封研制	浙江工业大学
7	宁波市鑫潮自动化元件有限公司	自适应缓冲高速可调气缸的研发	浙江纺织服装职业技术学院
8	宁波酒石新材料科技有限公司	高纯度杨梅素制备工艺项目	兰州大学
9	宁波精益微型轴有限公司	雨刮器微型轴表面处理技术研究	浙江纺织服装职业技术学院
10	宁波霍科电器有限公司	婴童折叠餐椅及婴童电器产品创新研发	浙江工业大学
11	宁波市新兆印业有限公司	高效自动翻纸设备的研发	宁波职业技术学院
12	宁波大昌药业有限公司	中药芪珍胶囊制剂工艺创新、药效学分析与中试生产研究	浙江大学宁波理工学院

续表35

序号	企业名称	项目名称	合作院校
13	宁波市奉化鑫福生物科技有限公司	浓缩型秸秆有机肥农业推广技术应用	宁波城市职业技术学院
14	宁波海融电器有限公司	美国希尔顿电容器卷绕机的智能化改造	浙江大学宁波理工学院
15	浙江顺动科技有限公司	PCB 绕组盘式系列电机开发	湘潭大学
16	宁波朗辉工具有限公司	割草机动力及控制系统研发	浙江大学宁波理工学院
17	宁波利达气动成套有限公司	高性能微型气动电磁阀关键技术研发	浙江大学宁波理工学院
18	宁波秉航电子科技有限公司	秉航精益管理系统软件开发	中国计量大学
19	宁波晟禾医疗器械有限公司	ICU 及手术室悬臂吊塔设计	宁波工程学院
20	宁波天勤电子科技有限公司	区域天网系统的研发	浙江工业大学
21	宁波管通机械有限公司	转向管柱底座总成关键技术研发	浙江大学宁波理工学院
22	宁波盛达阳光自动化科技有限公司	柔性智能生产线关键技术研发	浙江大学宁波理工学院
23	宁波力品格工业机械有限公司	全自动活塞杆组合机的研发	浙江大学宁波理工学院
24	宁波市博林日用品制造有限公司	提篮与推车通用型安全座椅关键技术的研发	宁波大红鹰学院
25	宁波恒烨泰科光电技术有限公司	大口径 HUD 自由曲面制造技术研究	苏州大学
26	宁波滕头环保有限公司	农村生活污水信息化管理平台关键技术研发	浙江大学宁波理工学院
27	宁波一品生物技术有限公司	医用氧化铁杂质含量工艺的研究	浙江大学
28	宁波新佳行自动化工业有限公司	动车组专用油压调节装置技术研发	浙江大学宁波理工学院
29	宁波市沃瑞斯机械科技有限公司	钢筋混凝土结构用钢筋机械连接接头快速成形技术	宁波职业技术学院
30	宁波辉格休闲用品有限公司	智能燃气烧烤炉的研发	宁波职业技术学院
31	宁波南海化学有限公司	丙烯酸树脂的技术开发及应用研究	华东理工大学
32	宁波蓝释电子科技有限公司	基于深度学习的人脸识别系统软件设计	宁波大学城市学院
33	宁波今日食品有限公司	易吸收型金枪鱼油和蛋白粉等的清洁生产关键技术研究和产业化	宁波大学
34	宁波鲍斯能源装备股份有限公司	柔性智能制造工厂生产线技术研发	浙江大学

【创新创业平台】 做实创新创业（简称“双创”）平台建设，其中气动产业创新服务综合体和节能环保新材料产业创新服务综合体分别列入宁波市级创建和培育名单，“尚田+青农创客星创天地”被认定为国家级星创天地，凤麓新材料众创空间、奉化电子商务产业园入选省级众创空间备案。启迪智能装备(气动)科技园工业地块一期8万平方米建设完成，二期部分厂房完成第一层主体结构建设。复旦科技园（浙江）创新中心自6月8日开园后，累计完成投资逾亿元，引进注册项目约140个，全年引进入驻企业158家。“茗山智谷”创新综合体建设稳步推进，麦博韦尔研究院、锋成先进材料研究院、瑞凌新能源研究院等研究院动工建设，瑞凌和锋成两个产业技术研究院累计集聚硕士以上高技术人才近百人，申请国内外专利175项，国内外商标注册383个。实施“科技飞地”协同创新模式。已在北京、上海、杭州、深圳设立4个异地孵化平台，孵化器面积累计近18000平方米，入驻孵化企业20余家。

（汪审浩）

卫　生

【概况】 2019年末，全区有各级各类医疗卫生机构476家，其中公立医院4家，其他公立医院1家，看守所卫生所1家；专业公共卫生机构2家，急救站、采供血点各1家，独立设置社区卫生服务中心2家，镇（街道）卫生院（社区卫生服务中心）9家，社区卫生服务站38家；民营医院8家；民营改制卫生院（所）8家；村卫生室273家，门诊部15家(社会办13家)，诊所、医务室112家，医学检验实验室1家。全区有卫生技术人员3724人，其中执业医师（含助理）1749人，注册护士1622人，每千名常住人口执业医师数为3.56人。全区各级各类医疗机构核定床位2792张，每千常住人口医疗卫生机构床位数为5.42张。全区医疗机构全年共诊疗7351060人次，出院72740人次，平均住院日为9.9天。区级公立医院门急诊均次费用为197.74元，同比增长3.95%；住院均次费用为7504.93元，同比下降1.36%。2019年出生2857人，比上年同期减少197人，同比减少6.45%。其中“一孩”出生1786人，同比减少19人，“一孩”率为62.51%，比上年同期上升3.41个百分点；“二孩”出生1018人，同比减少200人，“二孩”率为35.63%，比上年同期下降4.25个百分点；“多孩”出生53人，同比增加22人，“多孩”率为1.86%，比上年同期上升0.84个百分点。2019年，居民期望寿命81.04岁，其中男性79.21岁，女性83.11岁。孕产妇死亡率为0。2019年，总活产4359人，婴儿死亡6人，婴儿死亡率为1.38‰。2019年，无甲类传染病报告，乙类传染病报告发病率为301.94/10万，丙类传染病报告发病率为2399.28/10万；报告处理聚集性疫情166起，同比上升84.44%。不断深化医药卫生体制改革，提升医疗质量，发展公共卫生事业，推进最多跑一次改革和“双下沉 两提升”工程。成立奉化区中医诊疗中心、奉化区中西医结合骨科微创中心，中医药服务能力进一步提升，有两项民间中医药类项目（单氏针灸毛刺疗法、汪氏中医正骨疗法）入选第六批宁波市奉化区非物质文化遗产代表性项目名录，“六门诊二中心”“等级村卫生室”建设项目全面开展。

【资源配置】 相继完成区溪口医院、莼湖镇卫生院的改扩建工程，新建成萧王庙卫生院并投入使用；区中医医院迁建项目按计划动工。多元化办医格局获得新突破。2019年新增各类社会办医17家，其中民营医院（宁波奉化奉城口腔医院）1家，设置住院床位15张，投资总额2550万元；门诊部2家；诊所14家。全区已有上规模民营医疗机构8家，核定床位831张。新成立宁波市中心血站奉化采供血点，成为宁波市内唯一成立采供血点的区。

【人才建设】 全年招录各类卫技人员102人，其中紧缺专业70人，硕士研究生及副高专家11人。择优与30名高考学生签订定向培养协议，为历年人数最多、层次最高。组织开展各类综合管理、业务培训共计60期4227人次；举办继续教育项目13期，其中国家级继续教育项目3期。选送35名医疗业务骨干赴北京协和、上海、杭州等权威医院进修；系统内发表SCI论文8篇，申报科研项目28个，申请国家专利14项。改革卫生人才评价机制，全面实施高级职称自主评聘。两家医共体分类分级建立起医药护技各类人员考核评估新体系，自主评审出38名高级职称。李斌武等人入选全国中医药创新骨干人才、浙江省基层名中医培养对象；全年派遣18名医疗专家支援吉林延边，其中杏林援边医疗队获评“最美宁波人”。

【综合医改】 9月制定出台《奉化区2019年度公立医院综合改革评价办法的通知》。每月以简报形式通报各公立医疗机构控费情况，并落实问责。将公立医院综合改革评价结果与该单位奖励性绩效工资额度、改革补助资金等相挂钩并纳入绩效考核，以控制医疗费用不合理增长。2019年，医疗总费用增长6.37%，门急诊均次费用为197.74元，增长3.95%，住院均次费用7504.93元，降低1.36%，不含中药饮片收入药占比为33.32%，比上年同期下降0.17个百分点；百元医疗收入（不含药品收入）消耗的卫生材料支出21.44元，比上年同期下降8.88个百分点。2019年安排670万用于“双下沉、两提升”相关工作，比2018年的450万元增加220万元。截至2019年底，全区4家公立医院分别与上海、杭州、宁波等地8家三甲医院的24个学科54名专家建立长期合作关系，开展坐诊、技术指导、科研教育、科学管理等帮扶工作，如溪口医院医共体由宁波李惠利医院全面托管。全区医共体牵头单位派遣近50名高年资临床专科医生长期坐诊分院，采取“全—专科联合门诊”“重点学科精准帮扶”等方式提升基层医生服务能力。医共体专家团队定期在分院坐诊并参加流动医疗服务，山区医疗服务水平全面提升。到年底，已服务山区百姓2000余人次，医保现场结报1043人次。自医共体推进以来，基层就诊率提高5.3个百分点，达66.7%，其中山区就诊率在90%以上。2019 年1月，区委、区政府正式印发《宁波市奉化区区域医疗卫生服务共同体建设工作方案》，成立由区政府主要领导任主任，区政府分管领导任副主任，各相关部门和各镇（街道）主要领导为成员的区医共体管理委员会。组建3个医共体，形成医共体内纵向合作、医共体外横向互补和竞争的运行体制，于3月1日授牌。区域内医疗卫生资源进一步整合共享，基层医疗机构服务能力进一步提升，分级诊疗更加科学合理。2019年7月1日起，以医共体为单位，确定药品耗材唯一采购账户，药品价格实行统一谈判，实现统一账户、统一采购、统一配送、统一支付。12月，制定出台奉化区区域医共体基本用药统一目录及医共体基本用药目录增配制度，统筹开展医共体药事管理，提升服务管理效能，建立药品、耗材采购价格监测、分析和预警机制，促进药品耗材合理使用。

【医政管理】 修订《2019年度公立医疗卫生单位综合目标管理考核办法》，委托各专业医疗质控中心，加强对医疗机构的培训、督查，并完成对全区医疗机构医疗质量的考核。全区二级以上医院全年共设置临床路径病种423个，实施病例数52315例，临床路径病种病例数占全区出院病例总数的79.67%，同比增长21.24%，同时全面启动实施DRGs质量与绩效评价工作。落实2019年国务院颁布的《医疗纠纷预防与处置条例》，依法处置医疗纠纷，严禁公立医疗机构医责险外发生赔款。对重点医疗纠纷、医学鉴定典型案例定期进行分析。2019年共受理60起医疗纠纷，调解已决60起，其中赔付1万元以上24起。服务态度投诉72起。未发生因医患纠纷引发的重大恶性事件。在2018年推出的十项改革举措基础上，2019年新推出十大改革举措，将“最多跑一次”实施范围从以区人民医院为主的区级公立医院方阵扩展深入到全区各公立医疗机构及相关民营医疗机构。挂号群众的按时就诊率达96.23%，排队候诊时间显著减少；区级医院门诊智慧结算率达78.05%；对本区域内医疗机构的免费用血患者，可享受出院时进行直接核销减免，实现病人100%“零跑”；全区区域内医疗机构慢性病用药目录得到统一。5月开始实施结核病就诊“一站式”即时结报，累计补助1249人次，结报金额136925.49元（其中流动人口47265.58元），保障了低保、特困结核病患者的免费救治。拨付经费7.2万元，完成区人民医院的结核病实验室改造，强化液体药敏检测能力。2019年共计派遣19位医务人员赴吉林延边州医疗帮扶，开展专科建设，年度内帮扶人员开展手术82例，门、急、会诊近8462人次，义诊人数1200余人次，在受援地开展继教项目1次，参与人数274人次；开展业务培训88次，累计培训1752人次。另派1名医疗人员至丽水市缙云县协作帮扶。以区急救站为中心，莼湖、溪口等4个急救点为补充的院前急救体系不断完善，日常运行不断规范。2019年共出车12943次，其中急救出车7294次，放空1740次，非急救出车3909次，救治病人10043人次，未发生医疗投诉及其他重大安全事故，2019年院前急救考核宁波市优秀。

【社区卫生服务】 全区有镇（街道）卫生院（社区卫生服务中心）11家、社区卫生服务站（分院）47家、规划内村卫生室50家，完成等级村卫生室创建42家。镇（街道）卫生院（社区卫生服务中心）卫技人员737人，其中大专以上学历 538人，占卫技人员的 72.9%；中高级职称234人，占卫技人员31.8%。基层持证全科医生190人，社区护士187人，每万名城乡常住居民拥有全科医生4.14人。2019年，基层医疗机构继续开展功能区块星级化建设，累计创成三星级全科门诊10家，创建率为100%。星级中医药门诊10家，其中四星级1家、三星级9家，创建率为100%。星级健康管理中心10家，其中四星级1家（江口街道卫生院）、三星级9家，创建率为100%。2019年，全区共建立居民电子健康档案42.88万份，建档率为83.92%；全区高血压患者管理人数47212人，规范管理率为60.59%，控制率为57.95%；2型糖尿病患者管理人数为11995人，规范管理率为61.67%，血糖控制率为53.62%。老年人健康管理率为69.72%。全面开展签约服务工作，基层医疗机构实施率为100%，家庭医生累计签约居民20.76万人，在签人数6.24万人，重点人群在签5.82万人，参与签约服务的家庭医生192人，组建家庭医生团队51支，家庭医生人均签约居民325人。

【中医中药】 对0—3岁儿童和65岁以上老人，分别开展中医体质辩识、中医药保健服务等指导，其中辖区内0—3岁儿童接受中医药基本公共卫生服务5073人，占比为57.0%，65岁以上老人接受中医药基本公共卫生服务人数46083，占比为66.03%。同时开展具有中医药特色的儿科诊疗技术6项、妇产科诊疗技术9项，年诊疗达81646人次。镇(街道）卫生院(社区卫生服务中心）基层中医药综合服务区(中医馆）和星级中医药门诊的创建完成率均达100%。2019年，开展中医药适宜技术19项，各镇（街道）卫生院（社区卫生服务中心）按要求开展中医药适宜技术10项；规划内村卫生室（社区卫生服务站）基本掌握4项中医药适宜技术。控制中药饮片帖均费用（每帖30元以内）及中药饮片大处方，遏制过度治疗和医药费用的不合理增长。

【医教科研】 2019年，共发表晋升有效杂志论文106篇，其中SCI 12篇、一级期刊19篇、其他杂志75篇，宁波市优秀论文三等奖1篇。2019年度全区申报各级各类科研项目51项，其中科研课题立项20个，验收合格11项。2019年举办国家级继续教育项目5个、省级继续教育项目5个、市级继续教育项目9个，参与培训2875人。完成2019年住院医师规范化培训招录，两个规培基地新招录本市规培学员22人，其中西医8人，中医6人。区人民医院基地共招录8人、区中医院基地共招录6人（其中区外2人）。

【智慧医疗】所有区级公立医院各项检查预约时间精确在30分钟内；全区推广云胶片，减少患者医疗费用；检查信息共享，方便患者就医。建立分级诊疗制度，打通双向转诊渠道，确保医疗资源合理利用。下沉区级专家，结合大堰镇和溪口镇的流动医疗队“送医、送药”模式，让偏远山区居民看病、配药、报销“一次也不用跑”。2019年，完成全区基层医疗机构CDSS相关软件升级，社区心脑血管疾病智能化综合管理项目全面启动实施，全年完成评估推荐90806次，使用75336人。

【疾病预防控制】在“1+6”慢性病防控体系基础上，2019年新成立骨质疏松防治临床指导中心。区人民医院—松岙镇卫生院医共体运用CDSS开展心血管病发病风险评估，建立宁波市级基础高血压工作室；在大堰镇推行H型高血压管理项目。全年高血压、糖尿病的规范管理率分别为60.59%和61.67%，控制率分别为57.95%和53.62%。全年全区无甲类传染病报告，乙类报告发病率为301.94/10万，丙类报告发病率为2399.28/10万；报告处理聚集性疫情166起，同比上升84.44%。突发公共卫生事件8起，处置2例狂犬病疫情。实施结核病防治规划，落实耐多药结核病防治措施，强化重点人群监测与防治工作，防治核心指标完成。2019年，全区报告HIV/AIDS 39例，同比下降34.48%，开展HIV检测84987人次，占常驻人口的16.63%，阳性检出率4.04（1/万）。加强疑似预防接种异常接种反应监测，全年无死亡、群体性接种反应等重大事件报告。完善疫苗采购工作，制定下发《奉化区疾控中心二类疫苗采购遴选工作方案》，专题召开二类疫苗入围专家论证会，规范疫苗采购流程。全区10家预防接种门诊实现二类疫苗移动支付，锦屏岳林街道社区卫生服务中心、溪口医院和莼湖镇卫生院三家接种门诊完成数字化门诊改造。3家产科医院和3家犬伤门诊均实行信息化扫码接种。溪口医院和莼湖街道卫生院预防接种门诊成功创建宁波市五星级预防接种门诊。积极探索将疫苗补充保险纳入医疗责任保险，由单位统一购买疫苗补充保险，实现疫苗保险覆盖0—6岁接种儿童。共有80余名儿童参加疫苗补充保险。全年国家免疫规划疫苗接种率均在90%以上。制定《宁波市奉化区严重精神障碍患者肇事肇祸预防处置工作相关部门（单位）职责任务》《宁波市奉化区严重精神障碍患者肇事肇祸预防处置信息交换反馈机制》《宁波市奉化区社会心理服务体系建设推广工程实施方案》，2019年7月24日召开专题会推进社会心理服务体系建设。对600余位本级精防医生、精神专科医生、患者家属、镇（街道）社区干部进行针对性培训，对200名村社区志愿者和镇街道心理咨询师及志愿者开展专题心理培训，代表队获宁波市2019年精神卫生知识竞赛团体一等奖。100余名患者率先应用定位设备，失联失控严重精神障碍患者管理有方；制定《奉化区精神分裂症患者应用长效针剂门诊治疗项目工作方案》，有23名使用者获益，案例入选浙江省优秀案例并纳入汇编。严重精神障碍患者同伴支持项目成功入选宁波市卫生健康委购买服务项目，同伴已发展至45人。全年稳妥处置应急事件148起，与公安移交信息10人。全区共管理严重精神障碍患者2505人，报告患病率为4.90‰，管理率为99.80%，规范管理率为99.40%，稳定率为99.80%。继续做好精神障碍患者“一站式”服务，共有2161人享受门诊“一站式”补助金额139.32万元，130人享受住院补助金额49.75万元，总计2291人享受补助金额189.07万元。出台《宁波市奉化区身后事项“一事联办”操作规程（试行）》（奉党改办〔2019〕13号），联合区电子政务办制定身后事项“一事联办”智慧办理系统建设方案。7月8日，召开工作会议并正式启动该系统。截至12月31日，全区12个镇（街道）均有死亡个案通过该系统报告，共报告死亡个案509例；7家医疗机构报告医院内死亡个案156例。将28种重点职业病纳入监测范围，对2018年底报告的102例职业性尘肺病病例开展随访与回顾性调查，其中失访20例，死亡5例，摸清全区现患和死亡情况及工伤保险待遇落实情况。完成辖区内30家用人单位的工作场所职业病危害因素监测项目调查及工作场所重点职业病危害因素现场采样和检测。全年总计为450家受托企业9000人体检，发现疑似职业病12人。完成从业人员体检16480人。共检查企业33家（其中尘毒企业24家），检查职业健康体检机构2家，立案查处19起，处理投诉举报2起，共计罚款11.4万元。5月9日—6月10日，组织区疾控中心、区人民医院、区中医医院和区溪口医院调查儿童青少年近视4676人，总体近视率为61.46%，其中幼儿园（6周岁）儿童、小学生、初中生、高中生近视率分别为10.45%、43.96%、83.38%和90.46%。对全区有资质的10家医疗机构进行专项检查，只有1家开展儿童青少年近视矫正服务。新媒体宣传青少年近视防治3次，《奉化日报》刊登公益广告1次，社区讲座1次，发放宣传册500份。

【卫生监督】2019年，全区共抽取"双随机"单位495家，其中部抽查210家，省抽查285家，完成率为100%。责令改正18家，出具指导性意见7家，共立案查处61家，查处率为12.32%，比2018年度9.49%提高了近3个百分点。所有监督监测及处罚结果都按要求公示公开。对区级医院、卫生院（社区卫生服务中心）、大型民营医疗机构等进行医疗废物处置专项检查，共检查医疗机构71家，立案11家。至年底，已有4家区级医院、2家民营医院和7家镇街道卫生院开始推行医疗废物智慧终端的收集与处置。对10家使用集中空调通风系统的公共场所开展现场监督检查，对问题单位下达卫生监督意见书，督促其整改落实。全年对15家游泳场所抽检133户次，依法查处水样不合格的7家游泳场所。对大堰7家民宿开展卫生安全大检查，出具7份卫生监督意见书，要求民宿经营单位加强自身责任意识。对4家影剧院3D眼镜卫生管理情况进行专项督查，明确影剧院卫生管理主体责任。对全区1048家公共场所开展监督检查，并进行量化分级管理，量化分级率100%，其中A级单位3家、B级单位141家、C级单位904家。按照"分类监督、动态监管"的原则，对59家医疗卫生机构（一级及以上医院10家、未定级医疗机构48家、疾病预防控制中心1家）实施传染病防治分类监督检查评价。经综合评定，优秀单位11家，合格单位48家，重点监督单位0家。2019年，共立案203起，办结191起，已结案197起，全年结案197起，全年罚没款总计58万余元。结案案件中，一般程序案173起，简易程序案24起，共计执行罚没款584158元，与上年同期相比案件数大幅上升。移交公安案件1起。

【妇幼保健】全区产妇总数2801人（户籍），活产数2842人（户籍），早建率为97.01%，产前检查率为98.49%，产后访视率为97.96%，孕产妇系统管理率为96.59%，住院分娩率为100%，围产儿死亡率为2.81‰，孕产妇死亡率为0/10万。修订完善危重孕产妇抢救预案（奉卫〔2019〕36号）和区孕产妇妊娠风险评估与管理实施细则（奉卫〔2019〕37号）。筛查出高危孕产妇2173人（户籍），高危孕产妇发生率为77.58%，高危孕产妇管理率为100%，住院分娩率为100%，成功救治危急重孕产妇50例；全区共分娩3181例，剖宫产率为34.2%。区妇幼保健院及区人民医院均申报第二批省镇痛分娩试点医院，镇痛分娩率从上年同期的10.09%上升到27.2%。全区7岁以下儿童21455人（户籍），保健管理人数20899人，保健覆盖率为97.41%，3岁以下儿童9214人，系统管理人数8910人，系统管理率为96.70%，5岁以下儿童死亡率为1.06‰，婴儿死亡率为0.70‰，新生儿死亡率为0‰。母乳喂养率为93.78%，3岁以下高危儿筛查率为97.19%，管理率为100%。开展免费婚检，婚检率为95.43%，开展免费孕前优生健康检查，检查2372人次。产前筛查率为95.79%，查出高风险孕妇53例，确诊异常胎儿31例，高风险孕妇随访率为100%。新生儿疾病筛查率为99.89%，新生儿听力筛查率为99.47%。

加强出生缺陷监测，全区医院监测共发生出生缺陷34人，发生率为10.67‰。开展2岁内婴幼儿儿童孤独症筛查项目，筛查2176人，可疑9人，确诊孤独症3人。制定《奉化区儿童早期综合发展项目实施方案》，11月在岳林街道金钟社区实行儿童早期发展启动活动。在区妇女儿童服务中心建立儿童早教亲子基地，每两周举办公益亲子课程。全年共有3502名（包括1993名户籍孕妇和1509名非户籍孕妇）孕妇享受“两筛”免费补助52万余元。户籍人口产筛人数2359人，产筛率为97.97%，高风险人数53人，确诊4例异常；非户籍人口产筛1227人，产筛率为87.83%，高风险人数24人，确诊2例异常。全区机构活产3181人，新生儿疾病筛查率为99.94%，其中多种代谢性疾病筛查的筛查率为99.94%。新生儿听力筛查3164人，筛查率为99.47%，确诊异常6人。积极实施省新生儿先天性心脏病筛查项目，全区助产技术服务机构均开展新生儿先天性心脏病的“双指标法”筛查项目，筛查率达到 99.25%，已有155例筛查阳性病例进行了心彩超检查，确诊病例16例（其中新生儿14例）。

2019上半年启动城乡妇女乳腺癌、宫颈癌免费检查，并于6月初进行质控检查。全年检查宫颈癌13090例、乳腺癌13387例，确诊8例宫颈癌和9例乳腺癌，均已进行后续治疗。全年有4852名孕妇享受了免费项目，给予14名患梅毒、3名患艾滋病孕妇免费补助，给予160名乙肝阳性孕妇的新生儿免费治疗，累计免除经费19万余元。全年目标人群增补叶酸知晓率为100%，服用叶酸1738人，服用率为97.81%，依从性达到96.2%。积极推广流产后避孕服务，在区妇幼保健院开展人流后关爱PAC门诊试点，门诊流产后避孕方法落实率在80%以上，长效避孕方式实施率在50%以上；整合避孕药具发放渠道，建立以镇（街道）和村妇女主任发放为主，卫生院和村卫生室发放为辅的双渠道机制。至12月31日，已采购入库避孕药具25.45万件，超额完成2019年采购计划，发放药具24.16万件。

【行政审批】 2019年共受理许可审批1964件，其中医师执业许可（包括变更）318件，医疗机构类许可(包括医疗机构校验)577件，公共场所卫生许可（新发证、变更）295件，放射诊疗许可12件，护士执业许可370件，再生育审批58件，其他审批事项76件。

【爱国卫生】 2019年，全区实现省卫生镇(街道）全覆盖的目标，新创建31个省级卫生村，大堰镇创成国家级卫生镇。开展春秋季灭鼠、夏季灭蚊蝇蟑为重点的除“四害”活动，加强孳生地调查。推进各乡镇、街道“四害”消杀市场化运作，加强对消杀公司的监督管理。深入开展爱国卫生月活动。农村卫生户厕普及率为99.82%，新建17家健康支持性环境，培育健康生活方式指导员233人。积极开展公民健康素养巡讲活动，在72家农村文化礼堂试点实施。居敬小学、新城实验小学成功创建省健康促进(金牌）学校，岳林中心小学、龙津实验学校成功创建省健康促进(银牌）学校，全区共有中小学校52家，铜牌以上健康促进学校共35家，占比为67.31%；溪口医院创成省健康促进医院。2019年，居民健康素养水平为26.73%，较2018年提高0.24%。

【无偿献血】 2019年，完成采供血机构改革，撤销宁波市奉化区献血办公室，行政职能划转至区卫生健康局机关，宁波市中心血站奉化区采供血点单设为独立法人事业单位。重新核定事业编制17人，负责全区范围内无偿献血者招募、血液采集、血液储存质量控制和医疗机构临床用血业务指导等工作。全区血液采供真正实行一体化管理。全年无偿献血5962人次，1785500毫升，千人献血量达到3467毫升，同比分别上升了7.6%和10%。全区使用红血胞5398单位，同比增加0.77%；使用血浆和血小板分别为179140毫升和2113单位，同比分别减少12.87%和13.58%。血液自给率为159.1%，实现临床免费用血“零”次跑。

【计生管理】 2019年共出生2857人，比上年同期减少197人，同比减少6.45%。出生性别比综合治理工作稳步推进。全年出生人口性别比为106.88。多次跨区域、跨部门联合组织开展出生性别比集中整治活动，共查处3件“两非”案件，其中1件与台州市路桥区、海曙区卫生健康局联合执法，涉案人员移送司法机关，有力打击了非法鉴定胎儿性别和选择性引产等“两非”行为。计划生育家庭奖扶、特扶政策和关怀服务有效落实。2019年，新增奖扶、特扶对象3267人，实发人数为30648人，合计发放4422.96万元。全区公共场所母婴设施标准化建设积极推进，2019年新建母婴设施7家，改建2家，母婴设施累计23家，公共场所母婴设施配置率达92%。区计生协以计划生育特殊家庭帮扶、青春健康工作、优生优育宣传服务和流动人口关爱服务等为工作主线，强化失独家庭精准帮扶，联合社会公益组织开展计生特殊家庭帮扶关爱项目；强化协同配合，联合区教育局积极推进全区青春健康工作，实现各中小学校青春健康教育全覆盖；持续开展“新市民健康行动”和关怀关爱“三留守”（留守儿童，留守妇女，留守老人）活动。

（舒旗威）

文化　新闻　体育

文　化

【概况】 2019年，文化建设方面主要围绕提升群众幸福感和获得感，加快文化设施建设，提升文旅惠民水平，抓好特色文化活动，提高公共文化服务覆盖面和实效性。注重传承弘扬优秀传统文化，做好博物馆筹建、文物保护和非遗传承工作，文化遗产创造性转化和创新性发展得到推进。

【公共文化服务】 完成城市文化中心项目，于11月中旬对外开放。完成萧王庙街道及5个村、社区等第二批省“十百千”重点工程建设工作，推动基层公共文化服务均等化、标准化。深入推广“和乐大舞台”文化惠民活动，全年共安排文化惠民补助250场次。积极开展“一人一艺”全民艺术普及系列活动，共开设校园、社会联盟机构、春秋季及暑期等各类公益培训117门、1527课时，参与2270人。举办“一人一艺”全民艺术普及工程社会联盟机构成果展演。深入推广全民阅读，成功举办第五届巴人读书节、献礼新中国成立70周年朗诵晚会暨奉化区“凤麓之声”朗诵团成立仪式、“共和国70周年”主题展览等庆祝新中国成立70周年系列活动，丰富了群众的业余文化生活。成功举办“金猪闹元宵 嗨翻古青云”2019年元宵节文化惠民演出活动、2019宁波市奉化区首届礼堂文化节启动仪式、浙江·宁波滕头2019年中国农民丰收节、奉化撤市设区三周年文艺晚会、第二届“少年非遗说”布袋弥勒故事大赛暨“渌渚周雄杯”第三届浙江省少儿故事会、“文化托起未来 遗产不容忘怀”2019奉化区非物质文化遗产薪传盛典等活动。在庆祝新中国成立70周年宁波美术书法摄影展中，奉化区选送作品获摄影组一银一铜一优秀、美术组四铜二优秀的优异成绩；奉化区腰鼓协会、岳林街道迎恩社区“秀之美”志愿者团队代表奉化参与“祖国礼赞”宁波市广场健康舞展演，分别获银奖；奉化区选送节目《梦里梦外都想你》《奉化故事》参与“诗画浙江”全省旅游歌曲创作演唱大赛，分别摘金夺银;《奉化故事》《美丽的勇敢》入选宁波市第八届“我的城市我的歌”之“最佳歌曲”；奉化区非物质文化摄影大赛，征集作品千余幅，入选百分之十左右。

【传统文化传承】 做好奉化博物馆《新中国成立70周年奉化成就展》布展工作，历史文物陈列室、宪法馆、中正图书馆旧址陈列馆、抗战馆常年免费开放。奉化籍著名书画家竺庆有向博物馆捐赠200件书画作品待装裱并将集结印刷出版。推进博物馆文创产品开发，完成奉化博物馆新年红包和纸巾盒的设计与制作等。南渡广济桥列为第八批全国重点文物保护单位。完成第七批省级文物保护单位“二划”工作并完善“四有”档案工作（指针对各级文物保护单位进行的：设置保护机构、划定保护范围和建设控制地带、树立保护标志，建立记录档案）。完成区级文保单位畸山庙后墙修复工作、文保点白杜花墙门照壁维修，指导江口街道做好文保点王才运故居维修工作。同时，协助宁波市文物考古研究所完成白杜S203省道、下王渡二期、何家遗址二期等考古发掘工作；协助完成西圃3号、江口杜家畈、宁奉城际铁路金海路站4-17三个地块及宁南新城等考古项目，白杜低效用地等勘探项目。“朱金漆木雕”等24个项目列入第六批奉化区级非物质文化遗产代表性项目名录；棠岙纸入选浙江省优秀非遗旅游商品；做好省级非遗项目“红帮裁缝技艺”国家级名录的申报，资料已上报文化和旅游部平台；做好非遗展示馆首批展品征集和捐赠颁奖；编纂《在醉美的地方遇见非遗（市级卷）》。做好“薪火计划”中青年传承人群培养工作等。

（应一枝）

新　闻

【概况】 2019年，区新闻宣传围绕“六争攻坚、三年攀高”行动部署，充分发挥1+1>2的媒体融合效应，持续推进体制改革、新闻宣传、媒体融合、产业发展、内部管理等重点工作，加快融媒体中心建设，为实现奉化区“三

6月6日，奉化区融媒体中心正式揭牌成立

年大变样”提供了强有力的舆论支持和精神动力。区融媒体中心获2019年度浙江省广播电视新闻协作县级电视二等奖、2019年度浙江省广电新媒体新闻协作三等奖和2019年浙江乡村振兴带头人评选优秀组织奖。区广电网络有限公司被浙江省广播电视局评为2019年度有线广播电视运营服务浙江省级优秀单位。全年度广告收入2241.26万元，其中电视（含栏目创收）2037.48万元、电台203.78万元。

【体制改革】 5月16日，区委召开2019年第十二次常委会，会议讨论并原则同意《宁波市奉化区融媒体中心建设实施方案》。5月28日，区委常委、组织部部长唐军华宣布中心融媒体党委成立以及相关人事任命。5月31日，中心党委召开第一次党委会。6月6日，区融媒体中心正式挂牌成立。在奉化日报社由宁波日报报业集团主管变更为奉化区委主管的前提下，归并区广电中心、奉化日报社（奉化新闻网）等单位，组建奉化区融媒体中心，为区委、区政府直属正处级公益二类事业单位，归口区委宣传部管理，对外保留“奉化区广播电视台”和“奉化日报社”牌子。区融媒体中心设29个职能科室（其中内设机构19个，派出机构10个）。7月31日，区深化机构改革协调小组办公室印发《宁波市奉化区融媒体中心职能配置、内设机构和人员编制规定》。中心通过稳步推动机构整合、平台融合、人员磨合等一系列工作，全面打通广播、电视、报纸、网站、“两微一端”等各个媒体平台，实现统一调度、统一管理、统一运营，构建全媒体的传播格局，有力推动奉化区媒体融合向纵深发展。

【重大主题宣传】 围绕政府中心

工作，顺应媒体融合大局，创新宣传报道形式，唱响重大主题宣传主旋律，做精做强《奉视新闻》《民声1890》等品牌新闻栏目，为冲刺“三年大变样”，建设奉化现代化健康美丽新城区营造良好的舆论氛围。全媒体、全方位策划重要题材报道，做好《壮丽70年 奋斗新时代》《四联四跑——决胜三年大变样》《重大项目巡礼——决胜三年大变样》《六争攻坚 三年攀高》《垃圾分类 奉化更美》《扫黑除恶进行时》《不忘初心 牢记使命——主题教育》《东西协作 对口帮扶》《深化最多跑一次改革》等重要新闻专栏20余个，累计刊播出近4000篇新闻稿件，集束推出的专题、专栏、专版、专刊形成全面的传播覆盖效应，为全区重点工作推进营造了良好舆论氛围。精心策划重大活动报道，相继推出《万朵鲜花送雷锋》《你从三月款款走来》《聚焦“3·15”——“以诚信为名”》《奔跑在那桃花盛开的地方》《垃圾分类进行时》《清明忆》《看这世间的奋斗者》《高考“职”通车》《挡刀女孩崔译文》等20余组系列报道，累计播出系列稿件百余篇。围绕高考、“世界献血者日”“世界禁毒日”等重要节点，系列报道鲜活生动。积极宣传奉化本土的民国文化、佛教文化、绿色生态文化、红色文化、史前文化等具有区域特色的人文历史文化，有力助推奉化城市品牌的提升。不断拓展新闻触角，加强重要新闻挖掘，做深做透重要新闻事件。推出《奉化物业调查》《垃圾分类袭村样板》《忆往昔峥嵘岁月 纪念奉化解放70周年》《难舍再见当“非遗”遭遇环保》等相关系列新闻调查在社会上引起较大反响。新闻调查《预付卡里的“陷阱”》4篇播出后产生强烈反响，在浙江卫视《午间播报》栏目逐一播放。此外，《难舍再见》调查类报道，引起上级媒体极大关注，在浙江卫视《深一度》、浙江之声、宁波电视台《看看看》大篇幅报道，促进和推动了社会和谐进步。深入一线采编群众关心的热点、难点问题，高密度刊播了《中南置地房地产项目等工地问题不少》等100余篇舆论监督稿件，特别是“奉邑文明大曝光”全媒体联动报道得到市民极大关注，总点击量超10万人次，受到区主要领导充分肯定并多次作出批示，已成为推动“文明奉邑”“环境整治”等重点工作的有力抓手。突出重点精准增强言论引导能力，通过《犇犇说事》《奉视快评》等报刊电视言论栏目，共刊播60余篇。

【对外宣传成果】 外宣工作再创佳绩。电视外宣报道被中央电视台采用34篇，浙江卫视用稿145篇，省台其他频道用稿160条左右，宁波一套用稿400篇。广播外宣报道在中央人民广播电台用稿4条，浙江之声用稿19条，宁波电台用稿225条。据奉化区委宣传部统计，自《奉化日报》首次推出报道以来，“挡刀女孩”事迹3次登上《人民日报》官微头条，多次登上新浪微博和抖音热搜榜第一位，累计阅读量超过9.2亿次；新华社、《光明日报》、《中国青年报》、《环球时报》等800多家媒体平台刊发信息；“崔译文”的名字入选百度百科词条。《身中8刀！面对凶徒奉化女大学生用身体护住了同学》被浙江广播电视集团新蓝网评为2019年度“中国蓝新闻·蓝媒号”新媒体协作最佳“蓝媒头条”。

【生活娱乐频道】 内设6个自办栏目：社教栏目《奉城纪事》、党建栏目《奉化党建》、对农栏目《乡间小路》、青少栏目《阳光城》、综艺栏目《阳光大舞台》、联办栏目《卫生与健康》（周播）。其中对农栏目荣获浙江省2019年度广播电视对农节目服务工程建设考核电视类鼓励奖。频道在顺利完成5个常规栏目工作的基础上，完成2019海峡两岸婆媳文化节、2019奉化区庆祝“五一”国际劳动节暨先进表彰大会、奉化区第35个教师节庆祝大会暨首届“叶氏育人奖”颁奖典礼、“初心红·奉化区‘不忘初心 牢记使命’主题教育”专场等15场大型活动的采编播。推出“乡村振兴 加油干”6场系列活动，主要以“党建引领乡村振兴支部大会战”行动为内容，通过先进村的典型成功案例，深入解读乡村振兴“十大工程”，激发全区农村党组织的战斗力，以“党建争强”推动乡村振兴。相继承接工作宣传片《奉化设区三周年》《解锁》，工作纪实片《银辉耀奉城》，党建专题片《追梦者》《破浪前行的“红色引擎”》等10余部作品的策划创作和庆祝新中国成立70周年文艺晚会、奉化设区三周年文艺晚会10余场次区级各类活动的配合摄制。被奉化区大型活动办公室评为2019年度节庆工作先进集体。

【FM99.4广播频道】《城市早七点》节目新增《嗨，早上好》《资讯速递》版块，满足听众对“资讯+话题”方式的需求。《城市晚点名》节目新增《我说你听好》猜方言互动版块，听众的参与感与互动性显著增加，每天每档节目的微信互动500条左右。推出对农节目《农村百事》，每天10分钟，受众面不断扩大。特色活动精彩纷呈。《囡囡好声音》少儿品牌活动，有将近1800名少儿参加，风行7季，不断创新，是迄今为止奉化广播史上规模最大、历时最长、影响力最广的选拔活动，深受奉化少儿、家长和老师的认可。不断推出“温暖回家路”“我是妈妈的风筝”等公益活动和“寻找奉化最美女掌柜”等商业活动，频道影响力不断扩大。

【访谈问政栏目】《民生大问政》栏目通过定期电视问政直播，聚焦城市管理、交通建设、市民服务等民生焦点，高质量打造民生问题“整治组合拳”，共举办《民生大问政》8期，40余家单位接受现场问政，130余个民生问题得到有力整改，被区委作风办列为“六争攻坚”优秀案例，并受到宁波市委书记郑栅洁及奉化区委书记高浩孟批示肯定，已成为奉化市民最为期待的电视节目之一。

【《奉化日报》】 实际征订数为21128份，比上年增加388份，小记者增加766份。合作办刊单位共计46家，达到历年最多，其中：对外合作办刊单位34家，镇、街道达到全覆盖。开展莼湖镇、司法局、区经促会3家单位微信代管业务。积极拓展会展经济，成功发布“两会”广告、奉化春夏秋季品牌车展等活动，进一步形成品牌化，牢牢稳住广告量。成功承办桃源赶集、一带一路国家学员培训班等活动，进一步推进非报经营内容与体量。

【媒体融合】 与宁波广电集团进行媒体融合战略合作，启用蜂鸟采编协同平台，设立统一的融媒体采编中心，重构新闻采编播流程，促进资源、数据、渠道的共建共享，实现“统筹策划、一次采集、多种生成、多元传播、科学评价、有效应用”的全新业务模式。集中力量资源，不断壮大以“掌上奉化”为主核，“奉化发布”和“奉化头条”为羽翼的融媒体矩阵，分众传播、分类覆盖，形成立体、全面、广覆盖的传播效果。同时在内容运营中一直保持旺盛活力，推出H5、短视频、原创卡通微剧等创新融媒体产品。作品《线儿长 针儿密 奶奶绣旗献祖国》获2019年度新华社浙江分社“融媒圈”短视频优秀作品三等奖。“掌上奉化”共推送即时报道8000余条次，总阅读量超1500万次，粉丝量达12.2万人。“奉化发布”、“奉化头条”及FM994资讯音乐台累计发布文章3300余篇，总粉丝量达26万人，用户数约占奉化户籍人数的五分之三。《我和我的祖国》《垃圾分类可以这么有趣》等作品均被推送至“学习强国”浙江平台播出。相继开通“掌上奉化”、《阳光城》栏目和FM994抖音号，进一步拓宽传播途径，扩大受众范围，推介奉化元素，加大奉化影响力。

【设备及技术更新】 配合宁波广电集团完成跟宁波电视台融媒体的初步对接，包括专网的打通、外宣的专线互传、部分资料的调用、大屏展现页面的制作、指挥调度系统的搭建。完成中心UPS机房的主备机和电池的扩容，保障网络新机房的用电要求。完成网络机房搬迁及奉化电视台8套电视节目和电台1个频率所有线路铺设。历时18天赴湖北随州，对使用5年的高清转播车进行一次全面维修。完成大洋融合媒体系统和蜂鸟采编系统的对接和培训工作，蜂鸟采编APP于8月15日正式启用。拆除枫树林、同山、马头和三十六湾调频同频发射台的设备设施，避免固定资产的流失。

【网络建设】4月，数字电视前端系统设备进行整体搬迁。5月，高清机顶盒进行全网升级，数字电视前端进行了一次高清节目落地扩容，高清节目增至60套，高清IPQAM点播扩容至覆盖2万户，总传输近200套节目。新增社会治安视频监控402个点位（松岙46个、萧镇28个、西坞10个、江口300个、莼湖18个），医保局150个点位，公路段7个点位，总计559个点位。对城区部分用户集中区块进行网络升级改造，共升级改造35个光节点。配置各类网络设备1278套（只），其中新增EOC、ONU绑定更换447套设备，光纤入户831户。新增万璟华府、金欣家园、金明家苑、时代瑞府小区OLT设备，新增江口南渡点监控OLT设备。做好东郡尚都、丽江名庭、水景苑、朝阳路17号等用户区域的楼道接入交换机的日常巡检及维护，共维护70余次，更换楼道交换机20只，更换ONU 11个。奉化广电被浙江华数广电网络有限公司授予2019年度浙江省合作单位大众市场评优双向业务发展优胜奖银奖（B），获双向业务发展年度抢盘竞赛活动第三名、年度优秀经验推广高清整转发展奖。区广播电视中心营业厅被宁波市精神文明建设指导委员会评为首批宁波市公共服务窗口文明单位。

【党风廉政建设】通过书记领学、支委导学、座谈交流、闭卷测试、专题调研等方式，把“不忘初心 牢记使命”主题教育抓深、抓实。党委班子成员先后讲授以《不忘初心 牢记使命 扎实推进媒体融合向纵深发展》等为主题的专题党课，撰写《推进媒体融合发展的路径与思考》《关于掌上奉化客户端提升发展的思考》等高质量调研报告，共开展调研25次，汇集各类问题34个，破解各类难题30个；开展专题党课10节，完成调研报告10篇；检视反思促整改，共检视问题108个，已完成整改落实。深化党风廉政建设，持续推进巡察整改落实工作，开展廉政风险防控“回头看”，进一步强化责任意识和法纪意识。深入开展作风大整治和巡察，督促各基层广电站落实“五小一跑”工作，进一步加强中心的纪律作风和效能建设，共完成5个基层广电站的专项巡察工作，组织开展正风肃纪行动24次，出勤102人次，检查科室（站）160余个次。

【自身建设】出台《新媒体审核以及值班制度》《中心新媒体考核制度》等，完善制度体系。通过“请进来、送出去”，先后组织开展融媒讲堂、蜂鸟采编系统操作等各类业务培训20余次，累计500余人次参加培训。全年举办专业技术讲座32场，参与685人次；开展公共课学习10场，参与470人次。年末，全系统有在编职工137人，其中高级职称17人，中级职称56人。

2019年奉化区融媒体中心作品获市级奖项一览表

表36

类型	名称	获奖名称、等级
技术类	《音乐在路上》	2019年度宁波市广播节目技术质量金鼎奖录制技术语言类三等奖
	《台宣——水蜜桃》	2019年度宁波市广播节目技术质量金鼎奖录制技术片花广告类三等奖
	奉化区广播电视中心	2019年度宁波市广播节目技术质量金鼎奖播出技术三等奖
	《奉视新闻》	2019年度宁波市广播节目技术质量金鼎奖录制技术新闻类二等奖
	《银辉耀奉城》	2019年度宁波市广播节目技术质量金鼎奖录制技术专题类二等奖
	奉化区广播电视中心	2019年度宁波市广播节目技术质量金鼎奖播出技术二等奖

续表36

类型	名称	获奖名称、等级
作品（节目）类	《连续（系列）报道：难舍再见》	荣获2019年度宁波市广播影视政府奖广播新闻一等奖
	长消息《箭岭村：垃圾就是一块宝 大家都在抢着要》	荣获2019年度宁波市广播影视政府奖广播新闻二等奖
	《新闻专题：改变》	荣获2019年度宁波市广播影视政府奖电视新闻一等奖
	《连续（系列）报道：难舍再见》	荣获2019年度宁波市广播影视政府奖电视新闻二等奖
	《短消息：一个信访投诉件的“魔力转圈圈”》	荣获2019年度宁波市广播影视政府奖电视新闻三等奖
	《长消息：坚守58年的初心今天完成接力》	荣获2019年度宁波市广播影视政府奖电视新闻三等奖
	《电视服务类：“一件事”联办服务：50万奉化群众正享改革红利》	荣获2019年度宁波市广播影视政府奖服务类节目二等奖
	《文字内参：“夺命改装”！谁奖魔手伸向了未成年学生？——我区一些商家存在私自改装电摩行为，用户多为未成年学生！》	荣获2019年度宁波市广播影视政府奖内部参考三等奖
	《文学节目：勇敢，也是一种美》	荣获2019年度宁波市广播影视政府奖广播文艺三等奖
	《艺术片：奉化水蜜桃 沉醉江南的味道》	荣获2019年度宁波市广播影视政府奖电视文艺二等奖
	《服务类主持：打击乐扰民 投诉无门怎么办》	荣获2019年度宁波市广播影视政府奖广播播音主持二等奖
	《文艺及其他播音：勇敢 也是一种美》	荣获2019年度宁波市广播影视政府奖广播播音主持三等奖
	《服务类主持：垃圾分类 家家行动》	荣获2019年度宁波市广播影视政府奖电视播音主持二等奖
	《文艺主持：“走进新时代 奉献新奉化”奉化设区三周年文艺晚会》	荣获2019年度宁波市广播影视政府奖电视播音主持三等奖
	《综艺：梦想起航2019奉化少儿春晚》	荣获2019年度宁波市广播影视政府奖电视少儿节目三等奖
	《杜绝高空抛物》	荣获2019年度宁波市广播影视政府奖广播广告二等奖
	《各自回家》	荣获2019年度宁波市广播影视政府奖广播广告三等奖
	《跟着小蚁哥学分类》	荣获2019年度宁波市广播影视政府奖电视广告一等奖
	《她走过的三年，我眼中的140秒》	荣获2019年度宁波市广播影视政府奖短视（音）频新闻二等奖
	《奔跑吧！尚田》	荣获2019年度宁波市广播影视政府奖短视（音）频新闻三等奖
	《城市晚点名》	荣获2019年度宁波市广播影视政府奖新媒体主持一等奖
	《“浙东运河，走过岁月走进你”奉化：一针一线走运河 南来北往传古今》	荣获2019年度宁波市广播影视政府奖新媒体主持三等奖
	《我们的幸福生活》	荣获2019年度宁波市广播影视政府奖新媒体主持三等奖

体　育

【概况】 2019年，奉化区体育事业和体育产业发展重点围绕“健康奉化”“奉化区全民健身计划”，全面推进省“四提升四覆盖”全民健身工程和体育现代化强区创建。

【群体活动】 先后举办“两岸共跑212”暨第四届海峡两岸桃花马拉松赛、“王者之战”国际街舞挑战赛、华夏气排球超级精英赛、“健康迎新年·快乐溢奉城”

第二届奉化区徒步毅行大会、龙腾狮跃闹元宵暨奉化区龙鼓展示大会、“全民健身·与我同行”广场舞比赛、“迎国庆”工间操展示大会、“宁波豪发液压杯”2019中国·宁波奉化海峡两岸暨香港排球精英赛、海峡两岸体育舞蹈（国标舞）公开赛等赛事200余场次，参与人数近15万人。同时，开展广场舞、户外运动、健身气功、乒乓球、太极拳、瑜伽6期区级公益培训班，共吸引各镇（街道）、机关企事业单位600余人参加。2019年，共培训三级社会体育指导员109人。

【竞技体育】 在2019国际皮联世界皮划艇静水锦标赛中，奉化籍运动员邢松勇夺男子双人划艇500米项目冠军，实现了中国在皮划艇世锦赛上金牌零的突破。在第七届世界军人运动会中，奉化籍运动员汪顺分获男子200米个人混合泳、男子4×200米自由泳接力金牌。在第二届全国青年运动会比赛中，奉化籍运动员汤凯伦勇夺男子马术个人三项赛金牌。在宁波市第十八届运动会上，奉化区共获得金牌182枚、银牌106枚、铜牌136枚，团体总分3495分，参赛运动员和金牌、奖牌、团体总分再创历史新高，在宁波市10个县市区中位列金牌榜第二，团体总分榜第三。同时，持续开展体育后备人才输送工作，2019年共推荐150余名学生去宁波试训。

【体育产业】 连续第4年提前超额完成宁波市体彩中心下达的体彩销售总量，是全市唯一一家完成该任务的县、市、区。完善产业数据，建立联络机制，奉化进入到省体育产业名录库里的经营单位共485家，其中规上企业19家。2019年，全区体育产业生产总值14.8亿元，增加值2.3亿元，总产值在GDP中占比为2.4%。积极申报省、市体育产业引导扶持资金项目，天驿马术俱乐部申报的马术培训基地建设项目入选省级重点项目，获得扶持资金50万元，徐凫岩景区成功申报省级引领性运动休闲综合体项目，获得扶持资金80万元，徐凫岩的房车度假营地成功创评浙江省运动休闲旅游优秀项目。

8月3日，2019中国—卡塔尔男排挑战赛在区体育馆举行

3月26日，第四届奉化海峡两岸桃花马拉松在溪口开跑

【体育设施】 为进一步提升和完善奉化区全民健身设施建设，2019年共投入96.8万元建设社区多功能运动场6片、全民健身广场1片、体育休闲公园1片、笼式足球场1片、拆装式游泳池2片、体育小康村升级工程12个。同时，采购健身路径39套、篮球架12.5副、乒乓球桌36台，为构建全民健身服务体系提供保障。

（应一枝）

军　事

地方军事

【概况】 2019年，区人武部始终坚持以习近平强军目标为统揽，落实党管武装，加强与地方党政机关沟通协调，确保人武工作稳步有序推进。

【学习教育　岗位练兵】 坚持集中教育与常态教育相结合，不断提高核心军事能力。组织现役干部、专武干部、民兵骨干开展岗位练兵。区分层次、合理安排时间，夯实军事素质基础。优化队伍结构，着眼反恐维稳、安全警戒和抢险救灾等急难险重任务，从实战出发，强化专业技能演训。通过参加不同规模的演练摔打，提高应急反应处突能力。

在防抗17号台风“利奇马”中，发挥突击队作用，与方桥街道和村干部一道奋战近6个小时，转移两个村的群众。

11月1日，邀请参加70周年国庆阅兵奉化籍士官赵斌授课，并指导人武部干部职工队列训练。

12月4日，邀请中国人民解放军陆军勤务学院博士生导师、军队资深杂志主编刘朝勋教授作《周恩来的初心情怀》专题报告。

【民兵建设】 重点推进民兵基层规范化建设，坚持有规划、有目标，结合主题教育调研和地方包乡进村活动，加强民兵队伍训练。与民兵骨干、船老大座谈交流，增进维系情感；完善奖励措施。

抓好基层武装部达标软硬件兼备建设检查考评，规范基层武装部台账资料梳理和相关统计工作。4月25日，召开年度民兵整组点验大会，为下一步开展民兵训练、组织民兵执行应急任务作准备。

【军事训练】 抓好年度军事训练，提升各级训战能力，联合区应急管理局，演练应急综合暨“5·12”防灾减灾日宣传活动。组织民兵应急分队训练、全区民兵连长集训、水上分队抢险救灾训练，提升应急处突水平和抗灾抢险能力，确保社会治安长久稳定。

【国防教育和宣传】 利用组织整顿、民兵训练、战备执勤和参加重大军事活动等时机，组织民兵预备役人员学习党的路线方针政策，开展爱国主义、形式战备、战斗精神、历史使命等教育；借助传统手段和民兵刊物、宣传栏和新闻等媒体的教育功能，开展全民国防教育；通过《奉化日报》开设《国防专刊》，在人员密集场所放置国防宣传广告牌，开展区四套班子领导军事日活动；在学校、社区组织国防教育图片展，营造全民国防意识。

在《中国国防报》、“中国民兵”、“钱塘兵事”公众号等省级以上媒体刊发文章30多篇，其中《中国国防报》头版头条1篇，头版二条1篇，其他版面3篇。一人获评“特别贡献奖”和“优秀撰稿人”。

【双拥活动】营造崇军尚武社会氛围，推动双拥工作。协调区教育局解决20余名军人子女入学。从区民兵应急分队中抽调退伍军人担任教官，组织全区7个批次、3530名学生参与军训和国防教育。

落实军委国防动员部和省军区指示，8月底，宁波军分区司令员沙忠明带领区人武部政委付欣、区政府办公室副主任李雷杰、滕头村党委书记傅平均、滕头村学生社会实践基地主任王盛龙及军分区、人武部机关人员一行，赴河北省阜平县店房村开展对口扶贫工作。

【安全工作】落实领导责任制，定期分析安全形势，查找薄弱环节，及时制定整改和防范措施。建立和完善信息通报制度，及时落实归口督导机制，通报情况，跟进防范。抓好教育，时刻绷紧安全弦，明确重点和负责人。落实人员、车辆、装备物资和组织值班、执勤制度，切实保证部队安全稳定。加强经常性的安全常识教育，人人自觉参与，切实打牢干部职工的自我安全防范意识.经常组织全体人员学习相关的安全防范事故知识，最大限度地减少不安全因素。

【征兵】抓好兵役100%登记率。针对辖区内无大学主校区（高校的征兵工作由主校区所在地负责）的实际情况，利用高三毕业生高考后返校和毕业典礼等时机，瞄准征集高素质高学历兵员，到区内7所高中设点，开展征兵宣传和志愿填报咨询会。组织预定兵员役前教育训练，举行新兵入伍欢送大会，完成年度征兵任务。

【规范后装保障】提升后装保障水平，立足应急备战搞保障、集中财力办大事，推进综合保障提质增效。7月底，搬迁到新营区，投入资金，完善营区环境，升级通信设备线路，营造军营文化氛围。近年来，增购征兵体检和民兵训练物资器材，以保障征兵体检站规范化和民兵训练基地承训能力。

【资产清查】对使用年限一年以上、价值500元以上的办公设备、用品造册登记。按照“谁使用、谁负责”的原则，责任到科，落实到人，专人保管。建立物资交接制度，确保账物一致，杜绝资产流失。

【垃圾分类】依据中央军委后勤保障部《关于军队单位落实生活垃圾分类制度的意见》和宁波市《生活垃圾分类管理条例》，宣传垃圾分类意义和必要性，抓好本单位生活垃圾分类，设置垃圾分布点位图，引进垃圾智能回收装置，增强全体人员垃圾分类意识。

（郑健强　徐　晶）

人民防空

【概况】区人防办将人防融入城市规划，首次在规划里明确人防配建标准及功能等设置要求，并划归土地招拍挂附条件中，有84个项目规划条件明确人防设置要求。初步建立常态化建设和运行机制，完成区级人防指挥部组织架构调整。加强专业力量培训，参加宁波人防办周训练活动。选点设置高位监控，提升区防空保障能力。升级改造警报统控系统，实现市、区两级控制，通过“5·12”“9·18”警报试鸣检验。

推行“互联网+政务服务”与“一窗受理、集成服务”相结合服务，方便群众办事进程，鼓励实现网上办理，提高审批效率。强化人防政策法规宣传贯彻，组织“防灾减灾”科普宣传教育和应急疏散演练。

【工程产权制度改革试点】5月，省人防办下发《深化人防工程产权制度改革试点工作的指导意见》，要求各地明确人防工程产权，加快推进试点工作，奉化区成为省14个试点区（县、市）之一。

8月，区人防办完成《宁波市奉化区人防工程产权制度改革试点工作方案》《奉化区人民防空工程产权登记实施细则》《奉化区人民防空国有资产平时使用管理办法（试行）（征求意见稿）》

4月26日，奉化万达广场模拟空袭演练及疏散

等改革试点文件的起草和意见征求工作。

【“5·12”人防宣传周演练】 4月26日，在奉化万达广场举行“5·12”人防宣传周人口疏散演练。由区人防办主办，奉化万达广场、艾盛寰球中心、区人民医院和交警等部门共计200余人参加演练。演练持续一个小时，包括发放防空警报、人员防空袭疏散隐蔽、掩蔽人员自救互救、医护人员医疗救护、对掩蔽人员开展心理疏导5项内容。

（周益扬）

法　治

综合治理

【概况】 2019年，全区综合治理工作以夺取平安金鼎为新的工作起点，落实“保平安、迎大庆”各项工作措施，完成平安护航系列重大任务，实现了全区社会治安、安全生产、综治维稳形势总体平稳可控，为全区顺利实现“三年大变样”创造了安全稳定的社会环境。全区群众安全感达97.3%。

【社会治理创新】 推广村(社区)道德庭建设，吸纳当地德高望重、热心公益人士为成员，打造化解基层矛盾、引领村风民风、劝说非理性信访人、助力公益事业的工作平台。全区已建成道德庭379个，占村（社区）总数的98.44%，处置涉及邻里关系、婚姻家庭、打架斗殴、工程建设、债务关系、干群关系等各类案事件2900余起。莼湖街道章胡村道德庭在《人民日报》《十九届四中全会精神在基层》栏目刊出。

推进专职网格长配备，增强网格工作实效。全区733个网格累计走访、巡查200余万人次，共报送信息18万条，事件办结率在99%以上，累计录入人口、单位、场所等信息80余万条。

【整治社会治安重点】 全年累计查处“黄赌”违法行为376起、行政处罚“黄赌”人员1603人，破获黄赌刑事案件66起，采取刑事强制措施211人，移送起诉184人。紧盯市级治安重点整治单位岳林街道大田小区的治安问题，通过清查场所隐患、清零重点人员、清理交通堵点，严查、严打、严治“黄赌”违法犯罪，规范区域经营活动，取得了显著的成效。2019年 6月以来，大田小区区域受理涉黄涉赌报警数、受理刑事案件数、治安案件数分别比上年下降33%、9%、11%。

【平安宣传】 将平安宣传纳入公益宣传范畴，自9月开始，实行全领域、全时空、全媒体大强度宣传，线上线下、新媒体与传统形式共同发力。“平安奉化”微信公众号粉丝总量接近7万人，每日推送平安建设宣传图文4则；发放《给全区人民的一封信》25万份、宣传小礼品20万份，发送平安宣传手机短信20万条、钉钉短信3万条；组织开展以平安宣传为主题的网格拉练活动30次，走访宣传3.8万户。启动“建设平安奉化 我们共同参与”主题系列活动，向全区幼儿园、中小学全体师生发放《平安奉化宣传手册》7万余份，由学生和家长共同完成7万余份问卷平安“三率”（平安建设群众安全感、参与率及电信网络诈骗犯罪防范知识知晓率）模拟测评。

【执法监督】 实行涉法涉诉信访联合接访制度，在区矛盾纠纷调处化解中心（信访超市）单独设立涉法涉诉信访接待窗口，对涉法涉诉信访实行定时定人统一接访，共接待受理涉法涉诉来访23件32人次，已化解15起。在全区政法系统中开展案件评查工作，通过对9件案件的评查，共纠正错误或弥补瑕疵16个，总结经验教训1件。通过司法救助，彰显司法人文关怀，共发放司法救助专项资金49万余元，救助个案21件21人，停访息诉21件。

（杨亦刚）

公　安

【概况】 2019年，区公安分局紧紧围绕70周年大庆安保维稳工作要求，以扫黑除恶专项斗争为龙头，以“枫桥式公安派出所”创建为契机，不断夯实基层基础，深挖铲除黑恶土壤，深化平安奉化建设，确保全区社会大局持续稳定。全年接报有效警情87596起，比上年上升6.6%。其中刑事警情1555起，比上年下降16.4%；治安警情18405起，比上年上升11.3%。共受理各类案事件6205起，比上年上升1.6%，其中刑事案件2699起，比上年上升0.7%；治安案件3506起、比上年上升2.3%。发案为全大市最少。共侦破各类案事件1772起，其中破获刑事案件1238起、治安案件534起，移送起诉1592人，行政拘留1133人。区公安分局年度综合绩效考评位列全市第五。获评宁波市公安局“大巡访”活动成绩突出先进集体，区政府表彰集体三等功一次。有2人荣立二等功，31人荣立三等功，57个集体232人次受到各级表彰奖励，大桥派出所获评全省首批“枫桥式公安派出所”。

【机构人员】 2019年，区公安分局共设职能科室36个，下辖溪口、大桥、岳林、江口、方桥、西坞、尚田、莼湖、萧王庙、裘村、松岙、大堰12个派出所。共有民警588人，占全区户籍人口数的1.22‰。

【惩治违法犯罪】 惩治严重刑事犯罪。2019年，区公安分局快侦快破严重暴力犯罪案件，对现发命案、“五类”（一般指爆炸、劫持、绑架、放火、强奸等）案件，集中优势打击，力争发一破一。全年破获命案3起、“五类”案件10起，破案率为100%。

严打侵财犯罪。强势惩治事关群众切身利益的各类侵财违法犯罪，共刑事拘留侵财犯罪嫌疑人411人，移送起诉339人。加大对电信网络诈骗案件打击力度，多警种入驻分局反诈中心，坚持小案、大案一起打，全面梳理、研判、串并原发案件线索，多次组织警力远赴湖北武汉、贵州毕节等地开展集中收网，成功破获电信网络诈骗犯罪团伙18个，摧毁了从贩卖公民个人信息到制作假信用卡、贩卖银行“黑卡”实施诈骗的整条犯罪产业链，共抓获犯罪嫌疑人181人。

深入开展扫黑除恶。建立“领导包案、挂牌督办、巡察督导、约谈问责”四项机制，强化全方位综合保障，建有10名审讯专家、10名法制专家的“双十专业团队”和50人的线索核查专业队，专项斗争力度空前，累计破获涉黑团伙2个、涉恶犯罪集团10个、恶势力团伙33个。抓获九类黑恶犯罪嫌疑人836人，移

3月19日，市委副书记、政法委书记宋越舜（右三），到奉化调研督导扫黑除恶专项斗争工作

送起诉710人。累计惩治“保护伞”11人。

严惩“黄赌”违法犯罪。开展“黄赌”违法犯罪集中整治专项行动，强化警种联动、所队联合，实行每周例会、研判通报、挂图作战、宣传发动、督察核查“五项机制”，对各类茶馆、会所及农村牌九摊、冲刺摊等违法犯罪情况开展地毯式摸排、链条式打击，涉“黄赌”类警情比上年下降14.1%，共行政处罚涉赌人员1443人，采取刑事强制措施196人，移送起诉169人；行政拘留涉黄人员160人，采取刑事强制措施15人，移送起诉15人。

严惩涉毒违法犯罪。抓获涉毒犯罪嫌疑人82人，查处吸毒201人，执行强制隔离戒毒58人，破获贩卖毒品3人以上团伙4个；破获公安部目标案件，抓获犯罪嫌疑人42人，查处吸毒人员83人，缴获毒品“海洛因”3.5千克。

严惩经济犯罪。通过“扫楼排雷”“猎狐2019”“云端”“蓝剑2019”“打击发票犯罪”“打击假币犯罪”等专项行动，强力打击民生、商贸、金融领域经济犯罪，实现快侦快破，共破案61起，涉案金额9465.64万元，抓获犯罪嫌疑人110人，移送起诉46起、60人，追缴赃款赃物、非法所得折合人民币4747万元。

严惩食药环犯罪。运作好打击食药环犯罪联席会议和联合执法机制，全年侦办各类环境犯罪案件5起，采取刑事强制措施9人，移送起诉3人，行政拘留2人。

开展犬类管理整治行动。全区排查登记犬只27397只，集中免疫27102只，收容无主及流浪犬只2138只，捕杀855只，纠正不文明养犬1658起，涉犬警情比上年下降36.1%。

开展车棚车库违规出租居住清理整治行动。共排查出违规出租居住底数342间，口头劝退222间，下发整改通知书120间（完成整改117间）。

严惩涉网违法犯罪。严格执行24小时网络巡查制，严格落实线索初查、落地追踪、侦办跟进、打击处理，发现删除有害信息122条，落地查证170条，警示教育211人。

【行政管理】 加强维稳安保工作。全年三分之二时间处于治安等级响应状态，全警超负荷、高强度运作，完成各级“两会”、“第六届世界互联网大会”、“中国进口博览会”、庆祝新中国成立70周年等重大会议、敏感节点、活动期间的维稳安保工作。

深化“最多跑一次”改革。2019年，区公安分局全省首创规范化“不动产+户籍”网上联办和人民调解协议司法确认“零次跑”；助残服务事项“零次跑”得到省残联、市深化改革办的肯定；户口登记项目内容变更“一件事”联办做法，成为市级层面推广样板；推行商事主体变更登记“一件事”联办，主动联办刻章备案和机动车户名变更，走在全市前列；推广新生儿落户当场即办服务，获得群众好评。优化涉企行政审批，实现刻制公章及备案“零材料”，上门推广外籍员工签证网上审批，主动对接申请港澳商务签注绿色通道，全面实行旅馆业特种行业许可证、保安培训单位审批告知承诺制。梳理部门间办事事项15项，全部实

8月28日，召开全区公安机关决战决胜70周年大庆安保动员部署暨誓师大会

6月13日，宁波市“枫桥式公安派出所”创建品牌培育工作交流会召开

现“最多跑一次”。

创建“枫桥式公安派出所”。全力争创“枫桥式公安派出所”，涌现了警调超市、“娘舅姆调解工作室”、“南溪阿姐调解工作室”等多个经验做法；培育“红袖章、小喇叭”“警物联盟”“红驿甬山”等各类平安志愿者队伍；打造大桥邻家派出所“新居民驿站”、溪口“旅游警察示范岗”、尚田警企“微”联动等工作模式。6月13日，全市“枫桥式公安派出所”创建品牌培育工作交流会在奉化大桥派出所召开。12月底，大桥派出所获评全省首批30家“枫桥式公安派出所”之一。

【交通安全管理】2019年，区公安分局运作好智慧交管工作室、推行交通执法网络直播，引导群众文明自律出行。持续深入推进交通安全整治百日大会战专项行动，全面强化各类交通违法犯罪查处、“三小车”源头治理、“两客一危”风险治理、“护校安园”交通治理、安全宣传教育等工作。共接处警交通事故48863起，受理各类交通事故30210起，其中快处快撤9130起、快速处理事故12605起、简易程序处理事故8249起、一般程序处理事故226起。死亡57人、受伤209人、直接经济损失65.8万元，比上年分别下降18.6%、16.9%、10.3%。亡人事故同比前三年平均数下降26.2%，全区交通秩序总体持续平稳。

10月10日，召开区公安机关安全生产隐患整治百日大会战动员部署会

8月15日，召开全区预防溺水事故工作推进会

【安全生产】 2019年，区公安分局以危险化学品使用单位及小企业小加工作坊为重点，开展安全生产整治大会战，累计检查危化企业798家次，发现隐患353处，现场整改278处，限期整改75处。全年未发生重特大安全生产事故。

开展防溺水工作。累计协助各镇（街道）排查各类水域1887处，发现整改隐患122处，共计安装隔离防护栏23个、太阳能语音喊话器9个，增配救生箱（内含救生衣、救生圈）62套、救生杆43个，增设警示标识530个、禁游标识120个。全区溺水警情比上年下降22.2%，水域游玩溺亡数比上年下降200%，未发生中小学生溺水死亡事件，获评全市公安机关防溺水工作考评优胜单位。

【警务保障】 推进“雪亮工程”。继续推进视频监控“进农村、进社区、进重点部位”三进工程，已在全区行政村、社区及重点部位等主要出入口安装视频监控共计3072个，全部接入公安视频专网或属地派出所视频分控中心。

推进“全息感知”。已建人脸识别、MAC数据采集等“全息感知”点位840个，全年通过“全息感知”系统预警及二次研判工作，共抓获各类网上逃犯21人，其中潜逃5年以上命案逃犯1人。

推进“护校安园”。联合区委政法委、区教育局开展“护校安园”专项工作，在全区146个幼儿园、中小学、高校，科学设置170个“护学岗”，并深入开展“智安校园”建设，在2所学校增设访客登记、人脸识别、联网监控等设施，实现保安防护器械设备、紧急报警装置、警务联络室全覆盖，全区未发生涉及校园安全重大事故。

【队伍建设】 强化政治建警。深化“不忘初心、牢记使命”主题教育和“践行新使命，忠诚保大庆”实践活动，连续8年举办“七一”主题党日活动，组织全体区管干部开展“红色传承、砥砺奋进”初心之旅，局领导逐层逐级上好专题党课。开展“身边的感动”“践行新使命”等主题征文活动，进一步凝聚警心。

强化教育训练。深入开展全警大轮训，进一步提升民警专业本领。全年开展刑侦、技侦、网警、情报、治安等专业培训11次，参训民警350人次。修订全局辅警晋级管理办法，开展为期3天的全封闭式辅警层级晋升培训，受训辅警159人，晋升157人，继续推动辅警学历提升工程，新增报名100人，辅警综合实力进一步提升。

全面落实从严治警。运用队伍“4+1”督导机制，开展正风肃纪专项行动17次、专项督察12次，下发督察通报12起，队伍扣分68人次。

强化关爱保障。组织民警有序开展疗休养活动，制定出台慰问工作办法。严厉打击阻碍民警辅警正常执法、有损执法权威的违法犯罪，办理相关案件46起，刑事拘留19人，行政拘留36人。

【案例举要】 破获一起公安部毒品目标案件。3月，在打击多起零散吸贩毒案件时，查清了以王某为首贩、运、购、分销毒品层级架构，并挖出一条云南至奉化的隐秘贩毒通道。10月24日，组

10月22日，分局举行“不忘初心、牢记使命”主题教育专题党课

织120余名警力，在奉化一举打掉以王某等人为首的贩运毒团伙，抓获犯罪嫌疑人15人，并查处吸毒人员21人，缴获冰毒和麻黄素100余克。11月13日，组织警力赴云南抓获王某上家2人，缴获“海洛因”3.5千克。

打掉一个电信网络诈骗团伙。1月15日，区公安分局接周某报警，称其通过他人介绍在“品币网”上投资虚拟货币被骗9万余元，经侦查，初步查清了涉案团伙的组织架构及落脚窝点。8月20日，分局组织抓捕警力远赴湖北武汉开展集中收网，成功抓获犯罪嫌疑人115人，并押解回奉化刑事拘留。经审讯，以陈某、王某为首的犯罪嫌疑人交代了实施诈骗的犯罪事实。

打掉一个假冒注册商标团伙。6月初，经侦查发现一个生产、销售假冒高档车辆品牌刹车片团伙，6月14日，组织警力开展集中收网，现场查获假冒奔弛、宝马等知名品牌的汽车刹车片成品1.4万套，非法印制的各类刹车片品牌包装标识14万余件，涉案价值1000余万元，现场抓获犯罪嫌疑人11人。6月24日，成功劝投潜逃国外的主犯邬某。经审讯，该团伙人员如实交代了实施假冒注册商标的犯罪事实。

侦破“5·25”故意杀人案。5月25日，区公安分局接群众报警称，在江口街道东江河面上发现一具男性尸体，尸体颈部有创口。5月30日，抓获犯罪嫌疑人王某。经审讯，王某交代了5月21日凌晨，在被害人李某家中喝酒因琐事争吵后，用砍刀砍死被害人李某并抛尸的犯罪事实。

侦破“9·30”故意杀人案。9月30日，区公安分局接报警称，王某被人伤害致死，当晚抓获犯罪嫌疑人牟某。经审讯，牟某交代了9月29日下午在西坞街道东陈村北面500米附近的竹林内，与被害人王某发生争执后，用手掐王某脖子致其死亡的犯罪事实。

（沈丹枫）

检　察

【概况】 2019年，是奉化检察工作转型发展的深化之年。一年来，区人民检察院以习近平新时代中国特色社会主义思想为指导，深入学习贯彻省委《进一步加强检察机关法律监督工作的若干意见》和区一届人大三次会议决议，紧扣区委全速推进“357”、全力冲刺“三年大变样”等重大决策部署，全面履行检察职能，各项工作稳步向前。

【机构人员编制】 区人民检察院共核定政法专项编制63人，事业编制7人，共70人，实有人数68人。其中现职副局、专职委员（处）级以上9人（内院领导6人），正处级调研员1人，副处级调研员2人，中层正职13人、副职9人；硕士及以上学历20人，占比为28.57%；本科学历48人，占比为68.57%。女干警23人，占干警总数的32.86%；非宁波籍干警19人，占干警总数的27.94%。全院员额检察官26人，占比为37.14%；检察辅助人员27人、司法行政人员10人、司法雇员15人。

【内设机构改革】“捕诉一体”

5月8日，区人民检察院召开“捕诉一体”检察官办公室工作机制建设专题座谈会

改革后，在机构设置上，按照“7+2”模式，设检察业务第一至第七检察部和综合行政机构2个，撤销归并原先侦查监督、公诉、民事行政检察等业务科室，按照案件类型和业务性质重新设置办案部门，机构名称一律称“部”，真正建立了刑事检察捕诉一体全过程办案机制。第一检察部负责办理普通刑事案件，第二检察部负责办理重大刑事犯罪、经济犯罪和职务犯罪案件，第三检察部负责刑事执行检察（包括对司法工作人员14种犯罪的侦查），第四检察部负责民事检察，第五检察部负责行政检察和公益诉讼检察，第六检察部负责未成年人检察，第七检察部负责控告申诉检察、法律政策研究、案件管理、检察技术，并挂公益损害与诉讼违法举报中心牌子。在资源配置上，构建完善未成年人检察、公益诉讼检察等专门检察机构，设立专门负责办理民事检察、行政检察和公益诉讼、未成年人检察的业务部门，每个部门均配备员额、辅助、司法雇员，比例为1∶1∶1，为“四大检察”全面协调充分发展提供必要保障。在工作运行上，更加突出专业化，坚持“一类事项原则上由一个部门统筹，一件事情原则上由一个部门负责”，特别是在刑事检察方面，实现一类刑事检察业务由一个机构、一个办案组、一名主办检察官办到底；同一案件的批捕、起诉由同一名检察官负责到底，实行“捕诉一体”办案模式。

【保障服务大局】 主动融入党委政府中心工作。围绕区委、区政府“三大计划”“五大攻坚战”“七个专项”等重大决策部署，制定出台系列服务保障实施意见，确保检察工作始终紧贴中心、同向发力。

深入开展扫黑除恶专项斗争。始终把扫黑除恶作为检察机关的重大政治任务和维稳关键之举来抓，坚持全员办案理念，形成上下协作联动工作机制，“设过滤网、固质量墙”，真正做到“是黑恶势力一个不放过，不是黑恶势力一个不凑数”，从严从快批捕涉黑恶案件12件84人、起诉12件126人，依法追捕、追诉涉黑涉恶犯罪嫌疑人4人，追罪3项。对移送审查起诉的3件案件作不认定涉黑恶案件处理，移送关系网、“保护伞”线索27条。

保障民营经济健康发展。出台护航民营经济健康发展实施意见，部署安排“3·4”主题日全体员额检察官集中走访50余家企；坚持从讲政治、顾大局的高度依法妥善办理涉及民营企业、民营企业家的案件。批准逮捕非法经营、合同诈骗等扰乱市场经济秩序犯罪案件15件23人，起诉38件69人，依法对情节轻微的涉罪企业负责人、管理人员不批准逮捕4人，不起诉15人。2件案件分获全市检察机关服务民营经济精品、优秀案件。

努力提升司法为民水平。坚持“少捕慎诉”，依法对情节轻微的犯罪嫌疑人不批准逮捕136人、不起诉209人，比上年分别上升22.5%和14.2%；全面落实“群众来信件件有回复”，办结涉检涉法信访案件85件，群众来信7日内回复率和3个月内办理答复率均达100%。清单式推进检察环节“最多跑一次”11项司法便民举措，推进“12309”检察服务平台功能转型升级，为律

3月6日，检察长叶林达（右一）走访民营企业

师、群众提供更加便捷的“一站式”服务。

【履行职能】 做优刑事检察监督。监督立案、追漏、发出纠正违法通知书等主要监督数据比上年均有上升。提出抗诉4件，比上年上升100%；挂牌成立全市首家社区矫正检察官办公室并实质化运行，督促收监8人，协调解决2名异地罪犯在奉化社区矫正问题。

做强民事检察和做实行政检察监督。部署开展虚假诉讼专项监督，案件办理数创历史新高。办理的一起系列虚假诉讼案,《检察日报》等媒体相继报道，该案获评全省检察机关民事检察优秀案例；与法院行政审判庭建立联动机制，办理行政非诉执行监督案件54件，1件案件获评全省行政检察优秀案例。

做好公益诉讼检察。发出诉前程序检察建议73件，实现四大领域全覆盖，有效采纳回复100%，1件案件获评全市检察机关公益诉讼专项监督活动优秀案例。

推进未成年人检察工作。加强涉罪未成年人教育挽救，不批准逮捕11件16人、不起诉9件15人。观护帮教15人，其中1人考入大学，3个案件获评全市检察机关未成年人司法保护精品案例。

【创新发展】 积极推进认罪认罚从宽制度落地生效。在全市率先出台配套工作机制，案件适用率、量刑建议采纳率均居全市前列，工作成效得到上级检察院主要领导批示肯定。办理的全市首例适用认罪认罚后被告人上诉、经检察机关抗诉获法院改判案件，被《浙江法制报》、“浙江在线”等10余家媒体相继报道。

探索捕诉一体背景下检察官办公室工作机制建设。相关新做法在全省检察机关专题会议上做交流，探索开展的虚假诉讼立体化查办和认罪认罚精准量刑两项机制获评全市检察机关优秀创新成果。

打造新时代优质普法宣传产品。牵头建成并试运行“宁波奉化刑事犯罪警示教育基地”，已接待各类参观群体1150余人次，入选奉化区初心教育基地；创新形成基地“6+”普法模式，《检察日报》、中国普法网等媒体以《浙江宁波奉化：全国首家线上线下展厅具备“6+”模式普法》为标题进行报道，入选中宣部“学习强国”平台。

【队伍建设】 始终把政治建设放在首位。自觉把学习贯彻习近平新时代中国特色社会主义思想和党的十九大及历次全会精神作为首要政治任务，扎实开展“不忘初心、牢记使命”主题教育活动，积极引导全体检察人员树牢“四个意识”，坚定“四个自信”，坚决做到“两个维护”。

深入推进全面从严治检、从优待检。探索建立检察官履职监督机制，溪口检察室成为全市首个申报“清廉站所”的基层检察室，相关做法获《检察日报》专题报道；重视干部培养，提任区管副局级干部2人（其中1人任区委巡察组副组长），新选2名优秀部门负责人任检委会委员，提拔年轻干部2人（其中1人为90后）；积极争取解决了司法雇员与公安辅警同等待遇问题。

加强专业能力建设，组织开展“队伍素能提升”行动，建立检校合作、奉检夜校、刑检论坛等锻炼机制，组织教育培训、岗位练兵及业务竞赛等活动2150余人次，推动队伍专业素质不断提升，全年获得市级以上荣誉33项。

【詹政洁获省“人民满意的公务员”称号】 9月26日，第四届全省“人民满意的公务员”和“人民满意的公务员集体”表彰大会在浙江杭州召开，区人民检察院第二检察部主任詹政洁获省“人民满意的公务员”称号，并受省、市人民检察院主要领导等接见。

（王爽爽）

法 院

【概况】 2019年，新收各类案件12730件，结案13157件，未结案1555件，收案数、未结案数比上年分别下降6.07%、21.54%；二审改判发回率、二审改判发回瑕疵率均较上年大幅下降。审判执行核心质效指标明显优化，位居全省法院前列。区人民法院被最高人民法院评为“2019年度在司法宣传工作中表现突出的人民法院”。

【刑事审判】 新收刑事案件702件，审结706件。其中新收涉黑涉恶案件14件，审结11件，判处罪犯73人；判处贪污贿赂等职务犯罪6人；判处非法集资、非法吸收公众存款犯罪11人，涉案金额3809万元。

【民商事审判】 新收民商事案件6652件，审结6959件。其中审结婚姻、继承等家事纠纷案件521件，调撤率达63.92%；为1026名劳动者追回劳动报酬968万元；审结涉房屋买卖、租赁、建设工程等案件561件，涉案金额2.72亿元；审结涉金融借款、民间借贷等案件2584件，涉案金额13.6亿元。推动构建矛盾纠纷分层过滤化解机制，推进“分调裁审”改革，全年诉前化解纠纷907件，调解撤诉4356件，诉前化解和民事可调撤率达80.73%。通过ODR平台受理案件2196件，调解成功1842件。开展“奉法讲堂”进企业、进基层、进学校普法宣传活动12次。推动民间借贷协同治理，全年新收民间借贷案件1459件，涉案金额4.55亿元，比上年分别下降30.56%和20.32%。发布“职业放贷人名录”2期25人次；重拳惩治虚假诉讼，排查涉嫌虚假诉讼案件64件，罚款24人，司法拘留6人，判处刑罚4人。

【行政审判】 新收行政诉讼和行政赔偿案件120件，审结98件。连续11年召开府院联席会议，并发布行政审判白皮书。联合区司法局开展“百名机关干部进法院”活动，邀请40多家行政机关领导干部参与旁听。

11月13日，童某某等四人虚假诉讼罪案一审判决

【执行克难】 新收执行案件4762件，执结4885件，执行到位金额4.11亿元。有财产可供执行案件法定期限内实际执结率为99.22%，居全市法院第一；与区不动产登记中心建立网络查控专线，全年成功查询到不动产784处；开展责令交付财产、凌晨执行等专项行动5次。累计限高消费4869人次，发布失信名单4655人次。罚款140人次，司法拘留210人次，移送追究刑事责任4件4人，执行制裁违法率比上年提高17.84个百分点。

【改革审判机制】 重新设置3个专业民事审判庭，明确各庭审理案件的主要类型，组建专业化审判团队，让法官从“全科”回归“专科”；完善主审法官会议和审委会制度，全年召开主审法官会议92次、审委会22次。修订完善岗位目标管理考评制度，压实院庭长监管责任。开展积案清理专项行动，全年同期结案率达103.35%，居全市法院第一，12个月以上未结案比上年下降60%。建立常规评查、专项评查、重点评查三级案件质量评查制度。深度运用移动微法院，全年微法院引入案件9800件，引入率为90.87%，居全市法院第三，证据交换、庭审737件次，送达文书4614份，智能送达率居全市法院第一。深入推进政法一体化协同办案，入矫执行、审判反馈协同两项指标均达到100%。与看守所、监狱实现互联互通，采

4月25日，知识产权新闻发布会现场

用远程视频方式开庭20余次。

【护航经济社会发展】 通过征地拆迁协调会、葛岙水库司法联络室等平台，为重大工程、重大项目顺利推进提供法律意见。审结区自然资源和规划分局申请强制拆除违法建筑案件109件，有效助推“拔钉清零”；审结区环保局申请强制执行案件28件，准予执行率为100%，判处污染环境犯罪8人，服务保障污染防治攻坚战；获批增设方桥人民法庭，更好地服务宁南新城重大平台建设。依法保护企业合法权益，审结涉企案件3015件，涉案金额20.65亿元；加强知识产权司法保护，审结知识产权案件95件，联合区市场监管局发布知识产权十大典型案例。联合多家单位出台优化营商环境办理破产便利化行动方案及《关于建立服务保障民营经济健康发展合作机制的意见》。全面推行网上立案、跨域立案，全年当场立案登记率达97%，网上立案5332件、跨域立案163件。主动与宁波海事法院对接，将海事纠纷立案服务延伸至莼湖法庭，方便辖区渔民。加大司法救助力度，给30人发放救助款215.77万元。启动“天平慈善救助基金”，用于救助“执行不能”案件中生活困难的申请执行人。

【打造过硬队伍】 通过强化学习教育、深入调查研究、深刻检视问题、狠抓整改落实、狠抓支部建设等，推进主题教育走深走实。持续提升干警司法能力水平，组织干警参加各类培训900余人次，调整中层干部岗位25人次，完成12名员额法官的遴选和等级晋升工作。开展书记员技能比武，优秀案例、优秀裁判文书评选及“奉法论坛”活动，营造比学赶超的浓厚氛围。不定期开展纪律作风巡查，对发现的问题实名公开通报，同时每月发布表扬各类先进的“红榜”，树立奖优罚劣鲜明导向。

【监督公开】 向区人大常委会作执行工作专题报告。建立分片定向联络人大代表、政协委员制度，增强接受监督的主动性。全年共召开人大代表、政协委员座谈会11次，征求到意见、建议20余条。与区人民检察院共同出台

11月26日，区法院组织奉法讲堂进学校活动

检察长列席审委会制度，认真办理检察院抗诉、建议再审案件，切实做到“有错必纠”。聘任新一届13名特约监督员，并召开专题座谈，诚恳听取意见、建议。配合区司法局新选任90名人民陪审员，人民陪审员参审普通程序案件1841件，陪审率达99.19%。网上直播庭审1272次。组织公众开放日6次，400多名群众走进法院“零距离”感受司法。网络拍卖成交额3.34亿元，网拍率达100%。加强正面宣传，在国家级、省级媒体刊发报道37篇，干警自导自演的微视频《法是我的信仰》被最高院官微转载。

（陈群力）

司法行政

【概况】 2019年，全区司法行政系统根据省厅、市局工作部署，紧紧围绕区委、区政府“三年大变样”战略决策，以“开拓创新、争创一流”为工作总基调，以“倍速”为抓手，进一步厘清职能定位、抢抓发展机遇、深化服务优势，通过谋划实施“五倍速五提升”，各项工作取得明显成效，为全区高质量发展提供了坚强的法治保障和法律支撑。社区矫正“奉化模式”作为全区改革创新项目，获得省委副书记、市委书记郑栅洁批示肯定，多次受到省司法厅党委书记、厅长马柏伟批示肯定。奉化区被评为全省“七五”普法中期成绩突出县（市、区）。

【社区矫正“奉化模式”再结硕果】 深化社区矫正“奉化模式”内涵，加大民营企业参与社区矫正的“政企社”模式宣传推广。年初，在全省社区矫正工作会议上作典型交流。中央电视台社会与法频道到奉化拍摄专题片，并于6月1日播出了36分钟的纪实片《回归阳光家园》。受邀参加第六届海峡两岸社区矫正论坛并做专题推广，受到海峡两岸专家学者的肯定。社区矫正“奉化模式”的相关经验材料被司法部网站、浙江政务信息、省司法厅简报、市政府领导专报录用。该项工作被推荐为全区改革创新重点项目。

【推进法治奉化建设】 成立区委全面依法治区委员会，下设办公室和四个协调小组，办公室设秘书科，负责处理日常事务。顺利召开区委全面依法治区委员会第一次会议和办公室第一次会议，出台《2019年全面深化法治奉化建设工作要点》《2019年法治奉化建设重点工作任务清单》，明确任务要求，压实各成员单位依法治区责任。组建100名法治督察员队伍，增强法治监督力量。配合创建全国法治政府建设示范市，落实考核指标，开展专项工作督查。

【人民调解和基层司法所建设】 充分发挥人民调解定纷止争作用，聚焦土地纠纷、征地拆迁、“四联四跑”、扫黑除恶等社会热点，部署开展专项行动，全面排摸各类矛盾纠纷和苗头隐患，累计排查矛盾纠纷178件，化解152件。实施调解质量提升工程，积极开展调解组织规范化建设示范点创建，加强调解员分级分层培训，累计组织各类培训13个班次，培训600余人次。全年受理

8月27日，召开区委全面依法治区委员会办公室第一次（扩大）会议

矛盾纠纷4212起，调处成功4188起，成功率为99.43%。进一步完善“大调解”工作格局，深化警调、诉调、访调衔接机制，联合区公安分局、区人民法院出台驻所人民调解工作室调解协议司法确认“最多跑一次”工作机制。联合各职能部门，扎实推进人民陪审员选任工作，顺利完成71名人民陪审员选任。加强基层司法所基础建设，召开司法所建设推进会，确定岳林、溪口司法所为建设示范点，率先进行改造升级。

【普法宣传】 深入推进区级法治文化阵地建设，联合区人民检察院建成刑事犯罪警示教育基地，展览面积780余平方米，该阵地成为全区第6个区级阵地。深化基层“一地一品”建设，开展“法治文化建设示范点”活动，建成以溪口镇五林村三治融合主题公园为代表的重点法治文化阵地17个，全区有各类法治文化阵地71个。编印《法治文化阵地掠影册》《法治文化阵地宣传手册》5000余份，集中展示法治文化阵地建设成果。深入开展“服务大局普法行”主题实践活动，累计组织垃圾分类、扫黑除恶、法治化营商环境等专项宣传200余场次。举办庆祝新中国成立70周年法律知识竞赛，吸引全区43支代表队共计129人参赛。发展壮大社会普法力量，新建成基层普法志愿者队伍3支、普法工作室3个。制定下发《奉化区民主法治村（社区）建设工作经费补助的实施办法》，对获得国家级、省级、市级民主法治村（社区）荣誉称号的村（社区）分别给予5万元、2万元、1万元的经费补助，为全区开展民主法治村（社区）创建以来，首个区级层面经费补助政策，已向首批18个村（社区）发放补助经费24万元。

【法律服务】 围绕打造法治化营商环境目标，实施法律服务专项行动，为民营企业提供法治体检、法治宣传、金融风险防范和知识产权保护、矛盾纠纷排查化解、法律援助等专业服务。全年为140余家民营企业、7家工业园区（包括商会和协会）累计解决法律问题、提供反馈意见、提出法律建议等240余个。法律援助案件大幅增长，全年共办理刑事法律援助案件474件、民事法律援助案89件，总量排全市第二。深入推进“最多跑一次”改革，实行“零次跑”“异地通办”等机制，打通服务群众“最后一公里”，主动上门提供服务18次。加快律师行业发展，引入大型全国优秀律所浙江海泰律师事务所在奉设立分所，主动搭建平台，鼓励本地律所做强做大。全区律师业业务创收3088.55万元，比上年增长90%；新引进执业律师13人，比上年增长32%。

【队伍建设】 坚持一手抓业务、一手抓队伍，着力打造一支“思想正、业务精、作风硬、敢担当、讲奉献”的新时代司法行政干部队伍。深入开展“不忘初心、牢记使命”主题教育，利用中心组学习、领导上党课、中层干部大讲堂等学习制度，推动“两学一做”常态化、制度化，全年累计领导上党课14次、举办中层干部大讲堂5次。年初，利用中层干部竞聘契机，选拔10名青年干部充实到中层干部队伍，并根据能岗匹配要求，完成5个岗位人员调整。选派13名优秀干部参与

9月12日，区司法局召开“不忘初心、牢记使命”主题教育动员部署会

南山路中段、圣墩村、葛岙水库、宁南建设区块拆迁征地等全区重点工作，通过挂职锻炼帮助年轻干部加快成长。扎实推进“清廉司法”建设，强化制度约束，营造机关党内政治文化氛围，举办“红歌忆初心、礼赞新中国”歌唱比赛，组织参观宁波长山清风馆、张人亚党章学堂、奉化大堰党校等红色教育基地。

（邬万春）

8月21日，区司法局邀请区政府特邀行政执法监督员专项监督检查农民工欠薪领域执法情况

法制工作

【概况】 2019年，法制工作坚持以习近平总书记系列重要讲话精神为指导，认真贯彻落实中共中央《关于全面推进依法治国若干重大问题的决定》《法治政府建设实施纲要（2015—2020年）》，扎实推进法治政府建设，努力提升依法行政水平，为全区经济社会发展、社会和谐稳定提供了强有力的法制保障。

【法制监督工作】 深入开展执法监督。一是加强执法人员资格管理。全区组织110余人参加行政执法证考试，确保执法人员持证率进一步提升，并根据岗位调动、辞职、退职等情况及时对执法证件进行清理。二是强化行政执法案卷评查。区司法局借助区法院、区府办，以及创新部门互见互查等形式，对全区32家主要执法部门160卷行政执法案卷进行检查，并反馈相关单位整改。自觉接受省政府、宁波市政府对奉化区的案卷评查，区选送的案卷成为市级合格案卷。三是开展行政执法监督检查。组织特邀行政执法监督员赴区人社局、区环保局、区教育局等单位开展当场检查、当场评议执法督查，重点对农民工欠薪、环境保护、教育等受群众关注领域加大督查力度。探索建立常态化的执法监督制度，做到实时监督、重大事项事事监督。四是继续做好行政执法主体公告工作。根据机构改革情况，对区级部门进行执法主体公告，确保机构改革后执法主体落实有序。

【行政争议处理】 推进复议体制改革。按照浙江省行政复议规范化建设三年行动的要求，全区积极行动、精密部署、层层推进。在机构改革中完善行政复议科和行政应诉科的设置，顺利完成科室建设。借助区公共法律援助中心，设置行政复议窗口，真正使得区级行政复议工作“一窗对外”，全年在窗口接待行政复议人员30余次，有效接受和化解了一批行政争议。

提高复议案件办案质量。2019年，以区政府为被申请人的行政复议案件共13件，维持1件，未结12件。另有以省政府为被申请人，区政府负责答复的国务院裁决案件1起，省行政复议案件2件。区司法局共收到行政复议申请63件，全部审结，其中维持54件，终止（撤回）7件，驳回1件，纠错1件（区应急管理局）。所有案件均严格落实受理、审查、决定等环节的要求，通过经办人、分管负责人、负责人三级审查，以书面审查与实地调查、听证审理相结合的方式办理。

应对行政诉讼案件。2019年，各级人民法院受理以区政府为被告的行政诉讼案件58件，旧存14件，撤诉3件，一审已审结32件，其中败诉3件，一审败诉率为9.3%。以区政府各部门、镇（街道）为被告的行政诉讼案件94件，审结83件，其中败诉13件（溪口镇5件、征收办2件、资规分局2件 、锦屏1件、江口1件、大堰1件、市场监管1件），败诉率为15.7%。全区各单位继续加强行政应诉工作力量，落实行政应诉工作责任。通过个案汇报、加强部门答辩审查等方式，及时指导、协调规范个案应诉工作，不断强化应诉职责，着力规范行政应诉工作。

自觉接受司法监督。严格执行行政负责人出庭应诉制度。全年已审结的以区政府各部门、镇（街道）为被告的行政诉讼案件中，负责人的出庭率为92%；审结的以区政府为被告、要求负责人出庭的案件为8件，出庭应诉率为37.5%。组织败诉案件分析会。在区人大的牵头下，区司法局和区人民法院召集相关败诉部门，就2018年败诉案件情况进行通报和分析。

（邬万春）

社会生活

精神文明建设

【概况】 2019年，全区精神文明建设以践行社会主义核心价值观、深化文明城市创建、实施美丽乡风专项行动、推进文明创建引领专项行动等为抓手，城乡文明程度得到显著提升。

【深入文明创建】 以奉邑文明行动、文明强基行动和“五整顿两提升”为抓手，补齐文明城市创建短板，顺利通过省城市文明指数测评和全国文明城市复评；全年累计曝光不文明行为50批次；对“非机动车机动车停车位划线”“机非隔离带设置”“老旧小区停车棚及晾晒区建设”“重点路段公益广告”等基础性的薄弱环节，上压一级、部群联动，累计新增机动车停车位17150个、非机动车划线18750米、机非隔离带15300米，完成5个小区的电瓶车充电桩及停车棚建设和3个小区的公共晾晒区建设，完成中山路大成路等旗杆广告更换、公交站点公益广告提升、万达广场对面墙绘创作；红黄绿交通协警志愿服务品牌获得上级领导批示肯定。

9月27日，“‘奉’进新时代 勇担新使命”庆祝中华人民共和国成立70周年晚会在奉化剧院举办

【突破文明实践】 推进并突破各项文明实践活动。区新时代文明实践中心建设工作入选全国试点；建成区级实践中心1家、镇（街道）实践所12家、村（社区）实践站374家；累计整合志愿者队伍511支，推出志愿服务项目514项，开展各类志愿服务活动3315场次，参与志愿者达2.7万人次，志愿服务活跃度、时长均名列宁波市前茅。

何美蓉获浙江省“最美志愿者”称号，并被推荐为全国志愿服务“四个100”先进典型；3个项目评获宁波志愿服务“五个10”先进典型，分别为最佳志愿服务

7月17日，礼堂文化节美丽新农村篮球赛举行

工作者崔磊、最佳志愿服务组织奉化区博爱志愿服务协会、最美志愿服务社区（村）奉化区锦屏街道南溪社区；制作《文明一“点”》系列访谈节目3期，组织社区、企业等6000多人集中观看。

【培树文明典型】 强化表彰激励，发挥先进典型示范带动作用，好人好事不断涌现，小草志愿服务队获宁波市道德模范称号；金钟社区获宁波第三届品质社区称号，阳光社区获提名奖，10家单位获市级公共服务窗口文明单位称号，8所学校入选市级文明校园，9个家庭被评为市级文明家庭，5个家庭被评为市级最美家庭；省道德模范巡演和“宁波好人”发布会在奉化举办，召开全区志愿者总结表彰大会；海韵渔歌文明示范线顺利开线，连山堰情文明示范线在海峡两岸文博会上做推荐。

（蒋珊珊）

关心下一代工作

【概况】 2019年，全区各级关工委紧紧依托广大“五老”的独特优势，推出新举措，展现新作为，取得新成效，牢牢把握“四化型”创新发展模式的引擎作用，各项工作取得新突破、实现新跨越。

【学习宣讲】 坚持做到教育内容主题化，教育路径实践化，教育载体阵地化。结合奉化地域文化资源，传承红色传统基因，学深悟透做实党中央有关未成年人思想道德教育的各项精神，与时俱进转变工作思路，抓住不同时期未成年人心理成长共性和奉化青少年地方特性，开展红色主题教育活动。利用传统节日教育契机，发挥其优势，不断创新工作方式、工作品牌和亮点。

广泛深入开展“弘扬红船精神、争当时代新人”“腾飞中国、辉煌70年”等主题教育活动。从党史国史教育、青少年普法教育、传统文化教育入手，坚持实践育人，依托各类校外教育阵地，组织参观卓兰芳烈士革命事迹展览馆、王鲲烈士纪念馆、荣昌祥红帮服饰纪念馆等。《国际灾童教养院史料陈列馆》成为对未成年学生进行“毋忘国耻，铭记历史，珍爱和平”的爱国主义大课堂。在红色之旅中让青少年受到崇尚美德、奋发进取、热爱祖国等多方面的精神教育，激励他们树立远大理想，争做新时代好少年。在开展“新时代好少年”主题教育活动——“我为祖国点赞”的总结大会上，奉化教育关工委获评部级先进集体，龙津实验小学李煊泽获市级朗诵比赛一等奖，锦屏中学学生傅子倩、江口中学学生邹骏杰获部级优秀书画作品奖，全区6个班级获评宁波市级优秀班集体，5名学生获评宁波市级“读书之星”；岳林小学学生宋烨卓代表宁波市获全国小学组朗诵一等奖。

举办“关爱明天 普法先行”主题教育活动，“普法”主题作品获全国集体、个人共计5个奖项。

【假日学校】 秉持为青少年学生服务的理念，区关工委综合各镇（街道）地域文化特色，与区文明办联合打造“春泥计划暨假日学校”“关爱青少年　圆梦村礼堂”等教育品牌，共办学128所，其中，11所办在学校，7所办在企业，

110所办在农村文化礼堂、文化中心等场所，3960余名未成年人参加，共招募972名“五老”、大学生、在职教师及其他志愿者。其中，有186名“五老”志愿者持续发挥他们的各种优势，在春泥计划暨假日学校中发挥独特作用，延伸和补充正规教育，传播和继承乡土文化教育。假日学校充分体现了党和政府对青少年的希望和关爱，成为孩子开心、家长称心、社会放心的“三心工程”。

【关爱帮教】 5月29日，区关心下一代志愿者协会启动“摆渡人”公益项目，区关工委阳光关爱实践基地更名为“奉化区关工委凌晨摆渡阳光关爱实践基地”。全区12个关爱帮教志愿组织中共有650人次“五老”志愿者参与结对帮教工作，885名失足失范青少年得到帮教，成功挽救687名失足失范青少年，成功矫正社区缓刑少年42人，参与关爱帮教的人员增加至612人，形成了上下、专兼、社会、家庭、基层组织协力同心、网格化管理、组团式服务的科学管理体系。

【改革创新】“四化型”发展模式稳步推进。继2018年区关心下一代志愿者协会成立以后，2019年在全区大力推进“组合联谊化、管理社团化、运行项目化、服务专业化”的“四化型”工作模式，12个镇（街道）全部成立协会分会，共有52个工作室，最多的8个，最少的2个，推动完善与相关单位的配合协调机制，部门联动、活动联办、阵地联建、资源联用，发挥“关工委+协会+分会+工作团队”的体制优势，以项目化运行的方式，走出具有新时代特点、关工委特色的关心下一代工作新路子，大大激发了关工委组织的生机和活力，产生了“1+1 > 2”的综合效益。

（周索妍）

社会事务管理

【农村组织】 2019年，区民政局联合纪委、农林等单位实行村务公开督促检查制度，采用定期检查、抽样检查和举报检查相结合的方式，共督查检查155个行政村的村务公开栏、重大村务民主决策、“三资”管理情况等。明确问题反馈和结果应用，通报督查情况，要求各行政村逐条分析整改落实到位，并在下一次的督查活动中检查问题整改落实情况。依托奉化基层综合服务平台全面开展网上村务公开，明确网上季度公开、月度公开的内容和时间，落实专人负责，50%的行政村已开展此项工作。2019年末，全区有351个行政村。

12月24日，纪念奉化区关工委成立30周年大会召开

【社区管理】 2019年新设3个社区，其中仁湖社区正式挂牌，其他2个社区还在筹备阶段。完成岳林街道梁家墩村和王叶村撤销行政村建制的工作。1个社区的全新综合用房投入使用、同时落实2个社区规划设计面积均在1800平方米以上的新综合用房布点。截至年末，全区有28个社区。

落实“十个一”任务清单，2个直属单位与锦屏、岳林街道的社区结对。建立以社区党组织为核心，由社区党组织、“网格长”、物业、居民组成的“四方议事厅”。制订《关于在“不忘初心、牢记使命”主题教育中开展涉村（社区）机构牌子多、工作台账多等问题专项整治工作的通知》和《关于进一步明确涉村（社区）机构牌子多、上墙制度多、工作台账多等问题专项整治细化的函》，起草《关于村（社区）职责事项、机构牌子、上墙制度和工作台账准入管理的实施办法》。共摘除对外牌子12个、室外服务标识牌158个，清理上墙制度1110个、工作台账765个、涉村社事项108个。

2019年，分两批公开招聘32名社工和9名社区网格长，年末全区有专职社工225人，较上年底增加19%。对新进社工开展任前培训，对参加社会工作职业资格水平考试的106名社工开展相关辅导。

【婚姻家庭】 全区婚姻登记5241件，其中结婚登记2669对，离婚登记1462对，补结婚证845件，补离婚证261件，出具无婚姻登记记录4件。

【殡葬服务】 全年火化遗体3755具。根据惠民殡葬政策减免收费3646人、299.16万元，其中骨灰盒减免678人、20.34万元，灵堂减免14人、2.24万元。

【老龄工作】 全区60周岁以上老年人口134411，占全区总人口的27.98%。

至年末，有养老机构27家，养老床位5510张。新建成丰康颐养院正式运营，增加床位200张。全年新增居家养老服务机构6个，其中区域性居家养老服务中心3个居家养老服务站3个。至年末，全区建成各类居家养老服务机构386个，区域性9个，服务覆盖全区所有老年人。继续开展居家养老服务机构等级评定，新增AAA级居家养老服务机构7个、AA级居家养老服务机构118个、A级居家养老服务机构252个。组织养老机构安全员和护理员参加养老安全和消防演练培训，全年累计培训1500人次。

2019年，17080名80周岁以上老年人发放高龄津贴1159.67万元，为1400名60周岁以上老年人办理老年优待证。至年末，奉化区百岁老人22名。

（尹佳佳）

11月13日，浙江省人民政府副省长王文序（前中）到奉化调研，图为在滕头怡乐园看望老人

民族宗教

【概况】 2019年，奉化区民族宗教工作贯彻全国和省、市、区宗教工作会议精神，开展民族团结宣传教育活动，落实党的民族政策和宗教工作基本方针，创新工作举措，把握宗教工作主动权，引导宗教与社会主义社会相适应，切实维护全区民族宗教领域和谐稳定。岳林禅寺和莼湖善济寺分别创建省级宗教普法示范点和省级宗教法治宣传教育基地。

【民族工作】 广泛开展民族团结宣传教育活动，通过维护少数民族群众的合法权益，搭建平台，促进各族群众交流交往。切实加强少数民族流动人口管理服务工作，利用微信、网站多种形式开展民族团结进步宣传活动。11月4日，省民宗委主任楼炳文一行考察畸山小学，对该校民族团结进步创建工作表示充分肯定。组织少数民族群众参加区统一战线文艺会演和奉化第十一届新奉化人篮球赛，共同谱写民族团结的精彩赛事。

【宗教工作】 以“三人驻堂”的安全责任体系建设为依托，在打通宗教基层管理“最后一公里”上取得了新的突破。全区120处宗教场所和271处民间信仰场所全部纳入社会综合治理全科网格化管理。落实专项资金131万元，探

11月4日，省委统战部副部长、省民宗委主任楼炳文（中）与畸山小学学生合影

索引入第三方安全监管模式。承办全市宗教活动场所消防安全标准化建设现场会。深化精品寺院创建，挖掘树立华林讲寺、善济寺等一批标杆场所，引导每个镇（街道）树立1—2处标杆场所。提炼民间信仰场所中的优秀文化元素，生动讲好“一庙一故事”。

【**弥勒文化**】 弥勒文化节综合曝光量超2亿人次，雪窦名山影响力进一步提升。承办“2019中国佛教讲经交流会”，举办“2019雪窦山弥勒文化高峰论坛”和“2019数字佛教论坛”；开通运行现代佛教网；持续推进海外弥勒文化弘扬计划，赴意大利举办弥勒文化交流活动，吸引华人华侨社团和当地民众上万人参加；举办“2019雪窦山佛文化用品展”，现场成交1525.7万元，意向成交7200万元。

（李希萌）

社会保障服务

劳动与就业

【概况】 2019年，奉化深入实施就业优先战略，在宁波市内首次以“季度”模式开展密集型就业创业服务系列活动。全区城镇新增就业16088人，其中城镇失业人员实现再就业4017人，就业困难人员实现再就业933人，城镇登记失业率控制在1.2%，就业形势稳定。高校毕业生就业率实现100%，城镇“零就业”家庭动态归零。

【公共就业服务】 全年举办现场招聘会97期，其中有春季大中专毕业生和技能人才、夏季高校毕业生和退役军人、“金秋送岗”、知名企业等专场招聘会，进场单位9300家次，提供岗位16万个次，吸引各类求职者15.5万人次，初步达成就业意向3.8万人次。

完善大学生实践基地建设，出台《奉化区大学生就业实践基地管理办法》，新建大学生就业实践基地19家，年末总数达128家；实施“千名毕业生实习、见习计划”，先后接收就业实践大学生1185人。优化政策保障，落实就业创业工作细则，发放各类就业创业补贴2507万元，惠及382家企业、12313人次。全力保障高校毕业生等重点群体就业，全年接收高校毕业生5466人，创历史新高。

深化奉化区与安图、珲春扶贫协作，选派各领域扶贫专技人才52人；组织贫困村创业致富带头人培训280人次，就业技能培训600余人次；吸引建档立卡贫困人员到奉化就业77人。

【创业带动就业】 深化创业型区县（市）“高质量就业社区（村）”创建，全年发放创业担保贷款4190万元，新增创业实体10095家，创业带动就业50475人，年末高质量就业社区（村）达到42家，其中省级4家、市级30家。深入实施大学生创业引领计划，新增大学生创业实体268家。

【职业技能培训】 2019年，完成各类职业技能培训15879人次，新增高技能人才5977人；开展职业技能鉴定等各类考试121批次，4336人次，总合格率为76%。成功举办市、区两级职业技能竞赛8场，评出技师11人、高级工69人，裘亚川获评宁波市首席工人。

加强企业技能人才自主评价体系建设，新建技能人才自主评价市级引领企业3家。推进专业化培育，新建博士后工作站2家，6名博士后进站开题；新建市级专业技术人员继续教育基地1家、市级企业专家工作站1家、区级技能大师工作室3家。

【和谐劳动关系建设】 推进“双爱”活动提质扩面，宁波协诚电动工具有限公司和宁波奉化太平洋购物广场2家企业被评为第五轮省级创建和谐劳动关系暨双爱活动先进集体。先后开展大型政策宣讲活动5次、企业用工法规政策培训1次。完成164家企业薪酬调查，对30家劳务派遣单位经营许可证进行年检，做好企业集体合同（工资协议）备案工作，全区各类企业劳动合同签订率达到98%，已建工会企业集体合同签订率为100%。

【劳动人事争议仲裁调解】 全年受理仲裁案件618起，结案率为96%，调解率为75%，60%以上的劳资人事争议案件化解在基层。加强劳动仲裁“张蝶工作室”建设，打造“线下+线上”双轨并行服务模式，不断发挥其在劳动争议调解中的引领作用。深入推进镇（街道）劳动纠纷多元化解机制建设，实现12个镇(街道）全覆盖。

【劳动保障监察执法】 深化劳动监察“网络化、网格化”管理，强化对中小微企业的分类监管，从源头上减少劳动纠纷。保持治欠保支高压态势，全年开展各类专项检查活动8次，处置各类欠薪案件160起，依法为1307名劳动者追讨劳动报酬1636万元；保障农民工工资支付和“无欠薪”创建成效获省根治欠薪联合督查组肯定。

【议案提案和信访工作】 2019年，收到建议、提案24件（主办件9件、协办件15件），所有建议提案均按时办理完毕，主办件面商率为100%。加大积案化解和初信初访办结力度，及时回应群众合理合法关切诉求。全年接访61次，快速答复办理702件，完成书面信访答复12件，完成率和正确率均为100%。

【行政审批和工伤认定】 至年末，完成行政许可268件、行政确认1144件、其他服务事项174件，办结率为100%。工伤认定1955件，劳动能力鉴定1403人次。行政诉讼及行政复议5件，仅1例开庭维持原定结论，其余均通过调解撤诉。

（李静静）

保险保障

【概况】 2019年，奉化区城镇职工基本养老保险参保266931人，失业保险参保133254人，工伤保险参保200109人，被征地人员养老保障参保12760人，城乡居民基本养老保险参保113692人。区户籍人员养老保险参保共396623人，奉化区户籍人员各类养老保险参保率98.82%，提前三年完成宁波市要求“2020年户籍参保人员参保率达到94%”的任务。全区社会保险基金总收入45.3亿元，累计结余50.96亿元。企业职工基本养老保险基金抗风险能力12.49个月。

【社保制度改革】 深化社保扩面，全区户籍人口基本养老保险参保率超额达标，建设、交通、水利等工程项目从业人员工伤保险参保实现全覆盖。进一步推进机关事业单位养老保险制度改革，完成45名转制后退休的非事业单位人员调待工作。启动“两民”单位参保，稳妥处理“事改企”等非事业人员参保衔接。大力开展社保精准扶贫工作，城乡居民养老保险政府扶贫对象实现应保尽保。全区困难群体城乡居民养老保险参保情况核查率100%；全额补助对象参保1万余人，部分补助对象参保1.3万人，实现全区100%按年参保。

【社保待遇提高】 实施社保惠民提质专项行动，稳步提高养老保险（障）待遇，全区企业退休（职）人员人均月增资147元，月人均达到2726元；城乡居民基本养老保险基础养老金人均月提高至210元；被征地人员养老保障待遇人均月增发29元。

【基金监管】 2019年，利用基金监管平台共排查疑点数据989条，追回基金102.6万元。完善基金风险管理办法，依托市局社会保险风控系统，实现现金业务、手工经办、社银人工报盘“三个全面取消”；改进现有内控检查方式和内容，以“大数据+社保稽核检查”模式，将内控检查重点转变为业务数据的审计和业务规则校验，将人工检查转为数据稽核、线下稽核转向线上稽核，进一步提高内控检查的针对性和实效性。

【经办服务】 加强对定点医疗机构的管理及工伤医疗费的审核，实现对网络平台工伤医疗费结算的监控，实时掌握工伤职工就医情况，区人民医院试点于7月启动。推动“一窗受理、集成服务”，社保类、非社保类业务均实现“无差别全科受理”。推出人社领域8个“一件事”上线运行，4个“一件事”实现“跑零次”。加快“无证明人社”建设，先后清理12个经办事项共7个证明类材料。编印《说说人力社保那些事》，受到省人社厅跑改办肯定。承办第二届全市人社系统窗口业务技能比武活动，获团体三等奖。民生事项“一证通办”、网上办、掌上办、跑零次实现率等指标均实现100%，全年网上办件率达到70%，网上办件量居全区之首。12个镇（街道）分层次承接人社44个经办事项，其中民生事项23个，基层全过程经办事项32个。加强社保卡业务银行网点网格化建设，全区有即办网点30个、非即办网点39个，实现12个镇（街道）全覆盖。开展“社保服务月”活动5场，咨询群众1300余人，发放各类宣传资料1500余份，解决具体问题500余个。

（李静静）

【社会福利和救助】 2019年底，全区最低生活保障对象总数为6506户8665人，根据宁波市人民政府办公厅《关于改革最低生活保障标准调整机制的通知》，城乡居民最低生活保障标准从2019年12月1日起进行调整，从原745元提高到799元，全年发放最低生活保障资金6485万元。全区特困供养人员286人，根据市政府《关于进一步健全特困人员救助供养制度的实施意见》，特困供养基本生活标准从2019年4月起，从原1400元/月提高到1447元/月，并落实特困人员照料护理费，2019年发放特困人员基本生活保障资金和照料护理费共573.83万元。2019年元旦、春节期间，全区发放节日生活困难补助金595.24万元，奉化区已连续5次启动困难群众物价补贴机制，2019年共发放困难群众基本生活价格补贴926.26万元。

2019年，全区共支出临时救助款352.96万元，2879户4676人次困难家庭得到及时救助，较好地解决了城乡居民临时性困难。孤儿及困境儿童基本生活保障标准从2019年6月起，集中供养孤儿从原来的1868元/月调整至2026元/月，散居孤儿和困境儿童从原来的1494元/月调整到1621元/月。至年末，全区孤儿24人，困境儿童605人，孤儿及困境儿童基本生活保障资金发放650万余元。

（尹佳佳）

气象服务

【概况】 2019年，区气象局全力抓好防灾减灾气象服务、气象现代化、改革创新等各项工作，为奉化区加快实现“三年大变样”目标提供优质气象保障。

【气象服务】 2019年，区气象台共发送气象服务材料53 期、气象预报预警短信62万条次。

保障灾害性天气气象服务。严密监测天气变化过程，做到灾前灾后预报服务准确及时、针对性强。年初出现罕见的持续阴雨寡照天气，区气象台仔细研判天气形势，服务主动及时，预报结论基本正确。针对8月4日由东风波系统引起的强降水过程，提前发布气象信息，及时向公众发送预警短信并做好跟踪服务。在“利奇马”“米娜”“玲玲”“塔巴”等台风影响期间，准确预测台风强度、路径、登陆地点及风雨的影响，为区委、区政府防台抗灾提供科学的决策支撑；对接区政府需求，在台风服务中增加对渔船回港避风的风力预报服务，为政府应急部署准备赢得宝贵时间，有效避免了人员伤亡，减少了财产损失。

提供重大节假日和活动气象保障。为春节、劳动节、国庆节等节假日以及水蜜桃文化节、农民丰收节、弥勒文化节和区“两会”、“撤市设区”三周年庆典等重大活动提供气象保障，取得良好社会效益。

深化生态气象保障服务。发布《2018年度奉化植被生态质量气象分析报告》，宣传奉化生态之美，获区领导批示勉励；助力商量岗旅游度假区和徐凫岩景区成功入选浙江省避暑气候胜地；开展“2018年好天气”评选活动，引导公众发现美丽天气时刻；在大堰镇南溪口村成功实施2次人工增雨作业，有效降低森林火险气象等级，增加水库蓄水；与市生态环境局奉化分局签订合作协议，深化重污染天气的部门联动、联合会商等预警机制。

推进三农气象服务体系。与保险公司联合开发的农业保险关键气象指数自动预警提醒系统获软件著作权，为农户理赔提供便利。准确预报桃花花期，与浙江省气象服务中心联合发布《2019浙江奉化桃花赏花指南》，并在《宁波晚报》、浙江天气网、网易等媒体上进行花期预测结果的宣传报道，为游客选择最佳赏桃花时段提供依据。与区文广旅体局、区农业农村局组织参加第一届中国天然氧吧文化旅游节暨特色农产品展，加大“中国天然氧吧”品牌建设与宣传推广力度。

【气象管理和防雷减灾】 进一步优化窗口办事流程，健全气象“最多跑一次”管理工作，加强事中事后监管。将雷电灾害防御纳入2019年各镇（街道）安全生产责任制。与区应急管理局联合，推进重点行业防雷安全监管，在《奉化日报》公布全区易燃易爆危化品企业信息并完成防雷安全全覆盖检查。应用“浙政钉”掌上执法平台开展防雷安全专项检查和双随机执法，实现防雷安全监管的常态化、电子化、可溯化。编制印发《2018年度奉化区雷电监测公报》。

【气象宣传与科普】 利用“3·23”世界气象日、防灾减灾宣传日、科普宣传周、安全生产咨询宣传日等节点开展科普宣传活动，累计发放气象科普资料800余份；气象台和气象探测基地接待学校、社会团体、群众参观 5批次约200人次；与区教育局、科协联合开展气象科技新苗培养活动，累计为区实验中学和岳林小学授课5次。推进完成溪口镇康岭村和莼湖街道缪家村两个农村文化礼堂建设工作。气象微信、微博传播效益日益明显，公众号“气象随行”入驻“浙里办”APP，链接20多家本地主流媒体微信公众号或APP。

（沈绿草）

住房公积金管理

【概况】 2019年，宁波市住房公积金管理中心奉化分中心明确“安全高效、制度完善、规范运作、优质服务、社会公认”的目标，公积金专项业务和内部管理工作取得较好成绩。重点做好深化“最多跑一次”改革工作，进一步发挥住房金融作用，为支持奉化区房地产市场健康发展，保障职工“住有所居”的目标发挥重要作用。

【房改和住房补贴】 有序推进奉化区住房货币补贴。审批新职工住房补贴417人、老职工住房补贴2人；公房出售审批79套，面积4120平方米。追回溪口52人批地建房款。

3月20日，锦屏中心小学学生参观气象科普基地

【住房公积金归集和使用】 2019年，在住房公积金归集、贷款发放和增值收益3个方面均取得较好成绩，为实现奉化区“三年大变样”做出了巨大贡献。

2019年，奉化区住房公积金缴存规模进一步扩大，特别是企业职工大幅增加，保障了职工的合法权益。全年归集住房公积金86040.29万元，完成计划的122.91%，同比增长19.7%；历年累计归集总额58.13亿元。当年净增缴存职工3518人，完成宁波考核指标（3000人）任务的117.27%。

全年提取住房公积金71212.23万元，完成计划的118.69%，比上年增加14.8%；提取人数19423人，住房消费类提取占70.28%。

2019年，发放公积金贷款33203万元，完成计划的110.68%，比上年同期增加4.6%；发放“公转商贴息贷款”3954万元，完成计划的100.42%。

【风险准备金及增值收益】 2019年度住房公积金业务收入5427.69万元，业务支出3806.46万元，增值收益1621.23万元，超额完成计划的124.71%。其中，提取公积金风险准备金972.74万元，提取中心管理经费454.91万元，提取廉租住房建设补充资金193.58万元。

【政策调整和服务提升】 政策调整。6月19日，宁波市住房公积金管理委员会出台《关于印发〈宁波市开发企业新建楼盘申请住房公积金个人住房贷款合作办法（试行）〉的通知》（甬房公委〔2019〕4号），即日起，在宁波市行政区域内房地产开发企业新建楼盘申请住房公积金个人住房贷款合作行为，执行该文件的有关要求；7月1日，年度缴存基数调整。以职工本人2018年度月平均工资为基数，按5%—12%的比例计算住房公积金月缴存额，2019年月缴存基数上、下限分别为24420元和1660元。不得高于上年度月平均工资的3倍。

服务提升。提升网上办理率，通过对接浙江政务服务网业务平台，实现PC端、移动端、窗口端等多端统一申报、跨部门跨地区联办。住房公积金业务实现网办开通率100%、掌上办开通率100%、“跑一次”比例100%、“跑零次”比例100%。网上办件比率达到考核标准以上；清理办事材料，清除所有不必要的书面材料，全面实现数据共享调用。实现政务服务事项大幅精简办事材料，材料电子化比例达到100%，办理结果电子证照化比例为100%；推行告知承诺、容缺受理制度，优化办事流程。住房公积金业务即办事项比例达100%；建设完成全省统一的可信身份认证体系。住房公积金自建办事系统与浙江政务服务网实现统一身份认证，安装身份证扫码系统，实现所有业务的一证通办。

（胡飞虹）

退役军人服务管理工作

【概况】 2019年1月4日，宁波市奉化区退役军人事务局成立，1月12日挂牌。全局设“一办二科”，下属事业单位2家。至年底，全区退役军人和优抚对象信息采集率100%，发放抚恤补助和优待金4669.53万元。

【建立服务体系】 区、镇（街道）两级均已成立由党委（党工委）书记担任组长的党委退役军人事务工作领导小组，形成“两级书记”一起抓的良好态势。

区本级、12个镇（街道）、391个村（社区）全部成立退役军人服务站，基本建立服务保障体系。

根据宁波市局创新基层服务站3张清单（任务、问题、考核清单）要求，梳理年度中心（站）两级服务保障的“N（规定动作）+X（自选动作）”工作任务，详细梳理各地存在的问题，将退役军人服务保障体系建设纳入区平安建设工作目标考核中，并把具体工作任务逐级分解到属地，推动各地各级落实责任。建设全国示范网点、市级试点和乡镇示范站点的“三级试点”，以点带面，全面铺开退役军人服务保障工作。年底，已建成示范站点24家。开展“上对下”“日常型”“面对面”3种督导形式，深入基层专项督导，实地走访12个镇（街道）和24个村（社区）退役军人服务站，推进各地退役军人服务保障。11月19日，在宁波市退役军人事务系统综合能力提升培训班上，奉化区是唯一的区（县、市）代表，作推进三级退役军人服务保障体系建设工作典型发言。

【“奉化模式”安置政策】 严格落实退役军人各项安置政策，坚持人岗相适、人事相宜、人尽其才的原则，通过审核个人档案、举办安置见面会等工作流程，引导退役军人，运用“专业对口、合理配置”的安置“直通车”，根据自身特点，选择合适单位和岗位。借鉴宁波市局实施的“单位性质、工作地点、岗位职能、薪资待遇、公休规定和录用条件”，安置退役士兵六个透明做法，推进“阳光安置”，提高安置质量。推广随军家属“互联网+”灵活劳务模式，促进随军家属灵活就业。

【慰问优抚】 将“一门三代军人”“一门多军人”纳入“八一”、春节慰问范围。全面梳理统计三代军人家庭、“一门三军人”（以上）家庭、荣立二等功(及以上）荣誉退役军人、享受低保待遇等新增群体，对烈士遗属和退役军人困难家庭进行排摸，全区退役军人全部纳入走访慰问范围。

【“六位一体”和“四步走”】 构建企业、人力资源机构、银行、创业园区、就业创业驿站、就业创业典型的“六位一体”退役军人就业创业服务体系。与16家优质企业签订就业扶持示范基地合作协议，开发优质就业岗位。发挥人力资源机构专业优势，提供定向精准培养，提升退役军人就业创业能力。与6家金融机构签订拥军优抚合作协议，为军人军属、退役军人和其他优抚对象提供优先、优质、优惠的特色金融产品和服务。探索构建创新创业园区、就业创业服务驿站，为退役军人提供优化服务方案，促进退役军人稳定就业、自主创业。引导专业化人力资源机构，参与退役军人人才开发。打造以专业化测评解决“能做什么”，以适应性培训解决“该做什么”，以市场化岗位解决“去哪里做”，以订单式培训解决“该怎么做”的“四步走”高质量可成长就业服务模型。做好退役军人全员适应性培训和职业技能订单式培训，树立退役军人正确择业观，提升就业创业能力，提高就业成功率。年底，已开发高质量可成长岗位10余个种类，起步年薪平均达6万元，帮助退役军人实现高质量可成长就业。

【开展“八个一”活动】 在建军节前后开展以“一堂思政课、一场征文活动、一次大走访、一声节日问候、一回微心愿圆梦、一次最美退役军人及军属选树、一场就业创业促进活动、一轮光荣牌规范化悬挂”为主要内容的“你为国尽忠 、我为你尽力”专题系列活动，解决退役军人和其他优抚对象实际困难；增强退役军人获得感、幸福感和尊崇感；引导社会各界力量共同参与，营造全社会尊军崇军的浓厚氛围。马莹标、马名锋、王建行、孙玉其、阮红斌、李则龙、李士峰、陈四海、竺国兴、周长忠被评为区首届“最美退役军人”；王勋红、王琳、王柳、王纯朴、叶小国、吴金泉、陈超萍、周旭荣、胡梅筠、程铜斐被评为区首届“最美军属”；周长忠、马名锋入选省、市“最美退役军人”；崔译文家庭被评为宁波市唯一“最美军人家庭”。

【“微心愿”活动】 按照“政府牵线搭桥、社会组织参与、退役军人受益”指导思想，建立退役军人社会化帮扶解困机制，引导社会力量为退役军人提供社会化、多样化、精准化、个性化服务。健全完善“爱在优抚”微心愿长效运作机制，征集退役军人微心愿100余个，被41家单位或个人悉数认领。区优抚“微心愿”做法在宁波市退役军人事务工作会议上作典型发言。是年，区累计组织开展优抚服务活动316次，服务优抚对象万人。

【退役返乡“一件事”改革】 推行退役士兵返乡“一件事”改革。由局牵头协调公安、组织、团委、人社、医保、人武部等相关部门多次研究，对涉及士兵退役需要办理的事项进行全面梳理和整合，优化士兵退役事项办理流程，从原先至少跑7个部门的办事事项减少到只跑2个窗口，证明材料平均减少50%以上，全事项办理时间由2—3个工作日缩短至最快30分钟以内。

【烈士褒扬纪念】 做好区烈士陵园等纪念设施修缮工作，努力为广大市民创造良好的祭扫活动环境。广泛组织“传承·2019清明祭英烈”活动。清明期间，共有152个单位、2.5万人次赴区烈士陵园等纪念场馆祭扫，深切缅怀革命先烈。9月30日，全区社会各界向英雄烈士敬献花篮，区四套班子领导及各界代表参加，缅怀革命先烈，继承革命传统，弘扬爱国主义精神。

【政策保障】 区退役军人事务局坚持全区“一盘棋”原则，全面梳理现行政策体系，做好政策实施评估，严格执行上级政策文件要求，做到统一标准、统一口径、统一步调。精准实施帮扶退役军人。落实与退役军人利益诉求密切相关的政策法规制度，压实属地责任和部门责任，建立近期和长远相结合的退役军人工作机制。

（徐孙亚）

1月12日，区退役军人事务局挂牌

镇 街道

锦屏街道

【概况】2019年，街道共31166户83366人，其中城镇人口73964人，乡村人口9402人。实现财政总收入21.89亿元，比上年增长15.33%；固定资产投资15.3亿元，完成年度任务的102%；完成一般预算收入19.58亿元，同比增长28.39%。

【经济能级提升】推进重大项目开发建设，合力共促绿城、云庐、祥生新语、珠江中央城、宋都南山府5个房地产开发建设步伐。实施旧工业园区攻坚战，引进德克德家高端家居、开元漫居酒店、时代西溪村住宅项目、保利集团等总投资5000万元以上项目4个。优化营商环境，街道12家规模以上企业实现总产值13.1亿元，增速7.5%，增加值为3.1亿元，增速10.4%；工业投资9290万元，完成率为186%；货物出口总额11.45亿元，完成率为98%。深化实施农产品质量安全、动植物检验检疫，全力做好非洲猪瘟防控。推进农业绿色品牌建设，申报无公害产品和放心安全基地各1家。

【魅力乡村建设】创新村级集体经济增收模式，对正明、西锦等11个村村级留用地指标折算为资金，以统一规划、联合开发、共同受益形式，组建股份公司购置印象奉化商铺，年增集体经济收入1500多万元。通过提高租金、盘活留用地等办法增加经济薄弱村村级集体收入，其中外应村、朱家河村、塔水村等已完成资产收购，各村年创收均近50万元。全年有7个村被列入区“百村立功竞赛”项目，另有占地面积60亩的街道农居房二期项目启动建设，西圃村农房改造列入区靶向村建设全面开展，外应村梳理式改造全面实施。深入推进全域旅游建设工程。弥勒文化园创建AAA级景区，长岭村、西圃村加快打造AAA级景区村，城西岙、溪岙等村积极创建A级景区村。城西岙、西圃、山岭、河头等农村生活污水治理通过初检，外应村二期污水工程与自来水改造同步推进，19个村的农村生活垃圾分类工作全面提升，28座农村厕所改造完成综合验收，其中投入50余万元建成3座微生物环保公厕。

【征迁改造】南山路中段危旧房改造项目包括塔水、惠政、人民医院周边3个区块，土地总面积约17公顷（约252.8亩），总建筑面积270285平方米，总户数2233（其中住宅1912户，非住宅321户）。截至11月，完成签约2158户，签约率96.6%。南山路中段Ⅰ、Ⅱ号标段已拆除旧房21幢，人民医院周边区块非住宅旧房建筑面积约5512平方米。城北征迁区块的长汀桃子市场内有企业和个体户共27家，面积44014平方米，于9月9日完成全部签约，用时一个月。仁湖公园扩建项目征地任务540亩，10月5日开始花木等作物评估，已完成评估任务的50%。仁湖公园南侧商住地块开发项目含地球村宾馆1家、别墅3户、住宅5户（7间）、广电仓库1家、超市1家和长汀村过渡房257间，评估测绘已全部完成。长汀路以北仁湖路以南地块，土地面积78641平方米，共有小微企业20家、88间长汀村过渡房、奉化劳动力市场1家和8户住宅，总征收面积82864平方米。已完成对金鑫商贸和新利针织的测绘评估，和长汀路以北响岭路以南小微企业及住宅的上门信息调查。时代广场南侧地块一期项目征地拆迁总面积117.3亩，涉及奉南、西溪两个村，其中征地118户、56.6亩，拆迁26500平方米，54户。9月1日开始签约。区政府东侧二期危旧房改造项目已拔钉清零和旧房拆除。危旧房改造三期（老城区1号地块）项目涉及被征收138户，总建筑面积约1.6万平方米。其中126户国有户已完成全部签约和腾房，房屋在拆除。12户集体户中还有4户未完成签约。老城区2号地块项目，涉及被征收530户，总建筑面积约4.3万平方米。3月7日，签约工作正式启动，首日签约户数破百，至年末已签约526户，签约率99.25%，腾房率94.1%。危旧房改造四期（中塔区块二期）项目，涉及被征收316户，总建筑面积约3.4万平方米，其中住宅267户、非住宅49户。此外，有2户集体土地计划以带拆的方式进行征收。3月30日签约工作启动，已签约315户，签约率99.7%；307户拆迁户完成腾房，腾房率97.5%。小路街33号零星危房排险解危项目，征收总建筑面积972.3平方米，征收22户，已全面完成签约任务。城中村改造的塘下村改造项目被拆迁村民325户，占地面积105亩，建筑面积45000平方米。按计划分两期进行，一期主要是塘下自然村区域，占地面积70亩，涉及240户农户，共拆迁面积35000平方米，于10月8日正式启动签约，年内已完成签约107户，签约率为45%。朱家河旧村改造全村90户外加1家企业，占地面积34亩，拆迁面积1.5万平方米，已于年内完成签约任务。

【治水治污】 街道成立污水零直排区创建工作领导小组，制定《锦屏街道污水零直排区创建工作实施意见》，为顺利通过宁波市级污水零直排区验收打下组织基础。开展县江长汀断面排口整治。主要对涉及排污的长汀桥排口、宠物诊所排口、润达典当行排口、大成路排口4个污水口实施全面整治，通过与区排水处等相关部门协作，4个污水口已基本得到根治，监测数据基本保持在2类水与3类水之间。对20个住宅小区雨污水改造任务进行改造，主要内容基本为修复破损排水管，雨、污分流，阳台污水管设置等。截至11月底，上宋地块排水改造工程已顺利完工并通过验收；广南商城、城南三区综合改造等7个项目主管网铺设全部完工；强人花园、望悠路南侧排水改造工程2个项目正在进行施工进场前期准备；居敬小学、弥勒五苑、河头小区排水改造工程已完成图纸编制，正在进行项目预算编制；锦山明珠、广平小区、阳光小区综合改造正在进行图纸设计；阳光茗都、长岭小区、庄山小区、春晖小区污水改造工程正在进行方案论证。所有列入改造的项目均在按计划有序推进。

【垃圾分类】 参照宁波垃圾分类工作经验，阳光茗都等5个示范创建小区垃圾分类的宣传、培训、分类指引、入户指导等工作采取社会化服务模式，服务期限暂定一年。自6月开始，小区开展第一阶段的垃圾分类入户指导工作，同时对小区物业、保洁员开展有关垃圾分类知识的培训。在此基础上，全面铺开物业管理小区的垃圾分类工作，并在社区、业委会、物业公司的协助配合下，开展垃圾分类宣传指导，在小区内设置垃圾分类四色标牌、“一图二栏”信息公示牌，改造垃圾桶底座等。对除3个计划拆迁小区以外的44个小区全面推进小区撤桶并点。先是各小区根据自身论证和实际情况制定撤桶并点实施方案，公示撤桶并点方案，逐步开展工作。已经有40个小区基本完成撤桶并点，例如阳光茗都从原来的174个点位撤并到37个，锦山明珠从原来的70个点位撤并到17个，宁兴城市广场从原来的18个点位撤并到9个，为桶边督导工作打下良好基础。从10月8日开始，各个小区实行由物业公司督导员和党员志愿者督导员进行垃圾分类督导。14个社区共计党员志愿者督导员1900多人，每个垃圾投放点配备2名督导员，每天分时段对各垃圾投放点轮流进行桶边督导，并进行破袋检查和分类指导。借鉴宁波相关小区经验，5个垃圾分类质量达标小区率先实行厨余垃圾统一收运，垃圾收运质量提高，小区物业保洁收运成本降低。根据2019年10月1日起正式实施的《宁波市生活垃圾分类管理条例》规定，个人和单位未分类投放生活垃圾的，由市容环境卫生主管部门责令整改，拒不整改的，处以数额不等的罚款。街道垃圾分类工作步入法制化轨道。全年投入500多万元加强垃圾分类基础设施改造，推进53个小区垃圾分类全覆盖，小区撤桶并点，垃圾桶由922个减少到320个，14个社区300多个固定点位分时段轮流进行桶边督导，13个物业管理小区实行厨余垃圾统一收运。累计创建宁波市垃圾分类示范小区9个，完成24条主次道两侧107个垃圾桶点位撤除、移位改造，保洁长效管理全面推进。同时投入1400万元，推进村庄、道路、河道和建筑垃圾堆放等环境卫生全覆盖管理，全天候保洁。

【东西部扶贫及山海协作】 与安图县新合乡于2018年签订对口帮扶协议，在先期拨付20万元对口帮扶资金基础上，第二笔20万元资金于2019年4月16日拨付。新合乡利用对口帮扶资金采购卡特彼勒310液压挖掘机用于生产活动。8月15—17日，奉化大桥商会代表团一行11人赴珲春考察工业地产开发、工程建设、对外贸易、服务业等项目，其中宁波市银蝶服饰有限公司与珲春方达成投资建厂有关意向。9月17—20日，新合乡党委书记一行到锦屏街道考察调研，街道邀请美特丽化妆品、丹盈服饰、怡芳果蔬、长隆制衣、利安电子、凌晨农业科技、天仕制衣、顺源农业等8家企业负责任共同商讨对口扶贫事宜。其中凌晨农业科技、怡芳果蔬与新合乡初步达成黑木耳、蜂蜜购销意向，顺源农业初步达成玉米粒（粉）、玉米棒购销意向，协议总额约500万元；利安电子有意去当地投资合作。怡芳果蔬订购的首批500份价值3万元的黑木耳、蜂蜜已投入奉化市场，其余意向企业正在进一步对接。与缙云县石览乡于8月签订友好结对协议，在理念、人才、信息、产业、市场等各方面展开合作，共同打造山海协作“村镇升级样板”。同时，根据区政府要求，街道将每年安排10万元帮扶资金，助推石览乡经济发展。

【社会综治】 扫黑除恶专项排查取得显著成效。辖区大桥派出所成功破获涉黑涉恶类刑事案件34起，抓获犯罪嫌疑人79人，移诉73人。参与矛盾化解专项活动，筑牢维护社会和谐稳定的“第一道防线”，全年未发生一起因调处不力而导致事态进一步扩大的案件或“民转刑”案件。着力打造一批村（社区）示范道德庭，规范群众行为，调节社会关系，弘扬社会正能量，促进乡风文明。安排3名有暴力倾向的重症精神病患者住院治疗，分别落实监护联系人、社区干部、公安民警、精防医生。对邪教人员明确“四帮一”包干责任；37名社区戒毒人员、29名康复人员“一人一档”，及时跟进医检、家访和谈话工作。70名服刑人员由“阳光家园”社区矫正结对帮扶。集中整治“三小车”和“工程车”，消除交通安全隐患。向农村、小区、学校发放《致全区“三小车”驾驶人的一封信》，悬挂横幅20余条，张贴公开信300余份，LED宣传150次，排查“三小车”经营户7家，发放头盔3000顶，充分营造浓厚的交通安全氛围。4月11日起，联合综合行政执法、建设、应急管理、派出所、交警和其他相关部门，依法拆除广南商城违章建筑2000平方米，包括占用公共通道搭建的违建（含钢棚）50余户，面积超1000平方米，拆除水斗30余个、破旧广告牌40余只。对商贩占道经营和老旧电线、破旧水管等设施设备实行边整边拆边改，全方位消除安全隐患。“平安街道和法治锦屏”建设实现初信初访调解成功率为100%，获评社会治理省级先进集体。

【阳光家园模式】 建立“阳光家园”社区矫正中心，由“管制”变“帮扶”，双模式打造社区服刑人员“新家园”。创新教育方式，丰富教育内容，运用心理矫正手段，引导社区服刑人员转变心理，融入社会。建立“1+X”社区服务体系，推出导医、助残、慈善等志愿活动清单，引导服刑人员完善自我、服务社会。同时，优化结对帮扶机制，定期走访服刑人员朋友圈，帮助解决实际困难，加强就业技能培训，架起社区服刑人员融入社会新桥梁。试点成果《回归阳光家园》36分钟专题片被央视12套社会与法频道隆重推介。

【作风建设】 切实抓好街道干部、村干部、社区干部3支队伍建设。常态化开展廉政警示、正风肃纪和作风巡察，共处置违纪党员17人，完成11个村、11个社区基层巡察，发现问题195个，整改到位184个。创新载体，学做结合，查改贯通，推进创新“丽屏社”悦读会、“书记微课堂”等学习平台，把握宣传舆论导向，强化思想政治引领，“不忘初心、牢记使命”主题教育活动走深走实。党建引领带动品质社区建设，大力打造长岭村党建精品点，新建仁湖社区、捷达物业等党建示范点，南溪社区锋领矫正、居敬社区银辉党建品牌日益打响，街道党群服务中心建设提标升级，进而锻造党建引领、敢作为、强担当的锦屏铁军。

【团建改革】 深化团建改革，创新群团工作。创建“共建委员会&公益联盟”新模式。将“共建委员会”和“I Green公益联盟”加以区分，赋予不同群体各自事务，提出“共建委员会&公益联盟”新模式：共建委员会力求做到辖区内建团机关和企事业单位的全覆盖，公益联盟争取吸纳辖区内有一定影响力的社会公益组织；由共建委员会负责项目的制定，由公益联盟负责项目的执行。经过一年努力，共建委员会聚集了锦屏街道、广电、国土、人民医院、银泰城、区城管局、区国税局、区交通运输局、区环保局、邮政银行、区财税联合团委、奉化农商银行等12家单位。“I green公益联盟”孵化了乐享志愿服务队，牵线了顺爱、锋之社、滴水、博爱等一系列区域内的志愿服务团队，共同参与社会公益事业。为回奉化青年搭建创业圆梦平台。已汇聚“鲶鱼街拍”的王强、“亿舟影视工作室”的饶亿舟、“青食堂”的陈乐、“杨社长家庭农场”的杨武斌等优秀青年在奉化创新创业，炫舞梦想。创新载体激励斗志。先后在银泰举办“爱在一起 圆梦青春”第七届公益文化节，在万达广场举办“青春好行路，志愿再起航”学雷锋主题活动，与广电中心的团员青年一起在浙东抗战老兵纪念园接受革命传统教育，传承红色基因。协助团区委在奉化烈士陵园开展“青春心向党，建功新时代”主题团日活动。邀请饶亿舟拍摄“锦屏新青年，我们一直在努力”公益宣传视频，纪念五四运动100周年、庆祝新中国成立70周年，并在团区委举办的大型纪念活动中播放。

（沈永明）

岳林街道

【概况】 2019年，岳林街道经济总量168.7亿元，同比增长7%，其中工业总产值105亿元，财政收入15.58亿元，同比增长27.1%，完成固定资产投资27.8亿元，同比增长23.1%。在区“双底线”考核中，亮绿灯4盏。

【征地拆迁】 完成长汀路以北、圣墩村安置房、甬金高铁、轨道交通接驳站等项目征地600亩。顺利完成圣墩区块签约、拆除工作，以及东部门户区（舒前一号地块）的签约（还未结束签约）；启动教堂区块签约工作（12月），完成惠政二号区块入户摸底及解决炒货市场部分遗留问题。

【重大项目】 复旦科技园（浙江）创新中心项目6月8日如期开园，麦博韦尔研发基地、锋成纳米研究院、瑞凌总部及研究院等一批落地项目相继开工建设；万达金街、华元欢乐城开业运营，惠政老街完成主体结构进入装修；瑞府、尚府、君麟府、金欣家园、东隆沁园三期已完成交付，江宸府、望府等完成主体结构，中南樾府、绿城大成路以北地块启动基础设施建设；邻里中心、中医院迁建、体育中心等项目顺利推进；海洋智慧产业园、医疗产业园、瑞晟智能研究院、传音研究院等正在实施前期工作，云狐数字产业园正在招商中。

【招商引资】 飞芯科技、超丰微纳科技、58众创等一批重点项目实现签约落地；截止2019年年底，落地注册资金300万元以上项目262个，申报“凤麓英才”项目7个（通过3个），申报宁波“3315”人才项目2个。

【环境整治】 通过麻厂路两侧拆违，拆除舒后、梁王、圣墩3个露天菜场，开展金峰路环境整治等集中行动，通过购买第三方服务、城管队伍体制改革、志愿者常态化巡查监督等方式进行长效管理，城乡环境进一步改善。

【社区创建】 完成鲍向村瑞丰村村庄建设规划修编，完成楼夹岙自然村旧房拆除和瑞丰家苑安置小区主体结构。实施品质社区创建工作，进一步优化社区环境和设施，金钟社区以总分第一的成绩获评市第三届十佳“品质社区”，成为奉化区唯一获此荣誉的社区。完成原炒货市场临时停车场，推进龙津广场停车场、斗门综合服务中心、圣墩村安置房基础设施等建设。完成清泉小区、大田小区、桃源小区等老旧住宅小区改造。

【垃圾分类】 投入200多万元，推进34个小区撤桶并点及垃圾桶点位基础设施改造，采购并更换2000余个垃圾分类桶，安装智能终端“小黄狗”，确保基础设施完善；投入近100万元引入第三方社会化服务，进行“10+5+1”小区创建并完成验收；集中收运7个示范小区厨余垃圾并纳入宁波处理体系；抽调社区干部、志愿者等人员组建20余人的垃圾分类督导队并开展督导，加强对物业公司、保洁收运人员的监督管理和对公共单位、住宿餐饮等重点部位的明察暗访，确保垃圾分类责任区与责任人制度执行取得实效。为倡导环保理念，街道积极推行“垃圾分类我先行”系列活动，共分发垃圾分类宣传画及倡议书2000余份。

【卫生事业】 “卫生巡逻员”“卫生监督员”“卫生志愿者”队伍开展多种形式的卫生宣传和卫生巡查监督，做到迎检复查人人知晓、人人参与。全面普及健康知识，村、社区、农贸市场定期刊出健康教育宣传资料。街道完成50人以上健康教育讲座2次，各社区完成一年6次的健康教育讲座。完成健康素养进农村文化礼堂12家。开展以蚊蝇孳生地和夏季灭鼠灭蟑为重点的爱国卫生运动，严防各种病媒传染病的发生与流行。2019年，共发放鼠药1000千克、蟑药80箱、灭蟑粉笔15箱，灭鼠公告和灭鼠知识与技巧资料各400余份。配合市爱卫办完成4期病媒生物工作专项督查。继续加强对消杀公司消杀工作的监督力度，有害生物的防除质量全面提升。完成新型合作医疗参保人员健康体检，妇女健康工程健康体检率提升，截至年底，妇女和60周岁以上老年人健康体检率完成任务。共开办4期公共卫生联络员业务专业知识培训，提高居民健康服务能力。超额完成无偿献血任务，共参加献血近400人，献血量达70300毫升。开展群众性应急救护培训工作，普及教育完成率为100%，培训救护员124人。

【残联工作】 为实现残疾人需求与服务供给的对接，提高残疾人工作的精准化和精细化水平，街道根据上级残联要求，对辖区内1032名残疾人的42项信息内容进行入户调查，并完成系统录入。同时，对辖区内15户残疾人家庭收入状况进行统计监测和针对性排摸，并落实精准康复行动需求名单申请。截至年底，已上报助听器需求6人，假肢安装4人，肢体残疾人辅助器具适配17人，机构康复训练12人，重大疾病医疗救助15人。街道残联把“两项补贴”，即困难残疾人生活补贴、重度残疾人护理补贴作为日常重点工作开展，定期做好两项补贴新增清退复核工作。做好残疾人契约式家庭医生制服务前期工作，有效发挥居民健康“守门人”作用，保障残疾人健康。做好低保残疾人和精神残疾、肢体一二级残疾、0—6周岁残疾儿童等三类人群备注，对346名残疾人居住地址进行核对和修改。做好残疾人的医疗保险工作。2019年，共有269名残疾人享受城乡居民基本医疗保险补助。

【工会建设】 街道总工会在企业工会建设中“分类管理，齐头并进”。首先，加强培育建设。2019年，组建单建工会10家，对25家星级工会开展复查复评，指导10家工会企业召开职代会，引领企业规范化建设。其次，打造关爱系列。从不同渠道、采取多种方式，将日常帮扶、专项资助、节日关爱结合起来。春节期间，慰问困难职工48人次，送去慰问金、米油等；在日常生活中为外来企业员工送演出、送书籍、送欢乐家乡游等精神食粮，并为533名一线职工送去免费健康体检休养；及时帮扶遭受台风“利奇马”袭击的困难企业职工，让员工真正体会到温暖与关爱，促使企业工会健康发展。再次，工会统领，企业主打，技能竞赛和文体活动齐抓共管，活跃企业文化。采取“工会搭台、企业助力、员工唱戏”方式，由街道、企业、员工三方共同参与，形式多样，为广大职工提供比武练兵、展示才能的平台，营造了良好的干事创业、比学赶超氛围。2019年，辖区2家企业队伍参加“快乐工作、健康生活”奉化区职工工间操展示大赛；宁波艾盛服饰开展“展技能、秀风采”服装制作技能比赛；辖区150多名企业职工参加海峡两岸桃花马拉松比赛；策划组织“‘5·1’嫁到，缘定岳林”相亲活动。

【安全生产】 全面实施安全生产托管服务，努力实现“三年攀高”目标。有302家企业纳入服务范围，每月服务不少于1次；成立由5名巡查员组成的专业安全生产巡查队伍，对辖区内消防重点单位、商贸企业（包括餐饮）、部分工业企业进行全面监管，并建立一企一档。已完成4轮巡查工作，共建档1133家。

【社会管理】 街道全面建成道德庭村（社区）29个，其中“示范道德庭”6个；招聘5名专职网格员，在桃源社区开展专职网格员试点工作；加强平安志愿者队伍建设，各村社均组建红袖章、小喇叭志愿者群防队，提高辖区治安巡控力度，为平安岳林保驾护航。

（胡　琛）

莼湖街道

【概况】 2019年，莼湖街道区域面积145.32平方千米，下辖51个行政村、3个居委会，辖区常住人口9万人。全年实现经济总量约137亿元，财政总收入5.7亿元，固定资产投资5.2亿元。通过省级中心镇考核并评为优秀，获得浙江省小城镇环境综合整治省级样板、省民兵情报信息工作先进单位、宁波市语言文字规范化乡镇、宁波市休闲旅游基地等称号。

【工业经济】 2019年完成工业投资2.03亿元，规上工业产值37.6亿元，完成货物出口总额11.2亿元。对接宁波“一带一路”综合实验区建设，庆泰机械、吉威盛等重点企业投资项目结项完工，分别完成投资3079万元和2479万元；引进总投资2亿元的瑞博俐项目和总投资8000万元的尚展科技项目；安徽尚展模具工业有限公司扩建项目开工。

【农渔产业】 莼湖农渔产业年产值28.7亿元。农作物播种面积33285亩，粮食作物播种面积15122亩，产量6412吨；外海捕捞15.42万吨，产值13.88亿元；养殖总产量1.26万吨，产值11326.83万元。实施外海捕捞渔船“减船转产”三年任务，完成69艘外海渔船拆解工作，合计功率17700千瓦；实施大埠丘等7座山塘水库整治，完成投资350万元；引进种植象山红柑橘、白枇杷、新西兰猕猴桃等新品种作物300多亩，打响老品种水蜜桃、青梅等莼湖特色农产品品牌。

【旅游经济】 2019年，累计吸引游客50余万人次，旅游业产值近6000万元，同比增长约20.2%。以“山海互动”为抓手，着力推进后琅片产业园区建设，翡翠湾海洋公园辐射带动滨海旅游，成功举办农民丰收节分会场暨奉化桐照开渔节、第一届“翡翠湾青春放飞季”莼菜渔歌节、莼湖老品种水蜜桃文化节等旅游品牌活动；南岙长寿村、银杏谷等乡村旅游多点开花，全域旅游呈现多业态发展，获得“浙江省AAA级景区镇”称号。

【环境整治】“四季花香”风景线沿线路口环境美化提升完成建设，桐照村获评中国最美渔村，章胡村获浙江省美丽乡村特色精品村。持续开展“赤膊墙”“牛皮癣”清理，“蓝色屋面”“四无企业”整治和店招整改，消除乱停乱摆乱卖现象，建成区新建停车场13个，新增停车位1400余个，中心主干道完成视频监控改造。新增污水管网约8.2千米，新建污水处理厂调节池，顺利通过宁波市污水零直排区创建验收。推进爱国卫生工作，谢家村、茅屿村、南岙村被命名为省级卫生村。

【重大项目】 城中村改造一期安置房项目顺利推进，324套安置房完成主体工程质监验收，进入附属工程建设和装修阶段。生活垃圾分类工作全面实施，新建奉化最大的厨余垃圾终端投入使用。总投资1.5亿元的甬昇建筑科技项目于4月竣工，实现年产值7000万元。宁波湾区智慧文旅小镇分块实施，吴家埠I号、II号、III号地块正式开工。马夹岙雕绘艺术小镇项目调整项目主体及建设期限，总投资扩大至26亿元。投资1750万元建设医养一体的奉化区人民医院医共体桐照分院工程进入前期报批。

【乡村振兴】 启动“乡村振兴”引领计划，整理出134个村级项目，安排5000万元专项资金撬动2亿元投资。已有65个项目完工，39个项目动工，累计完成

莼湖街道章胡村农房改造（12月）

8月26日，莼湖街道成立大会暨授牌仪式现场

投资6000余万元，下拨扶持资金约1500万，实现涉农资金靶向发力。以农村住房改造为突破口，个人建房累计获批172户，成片农房改造累计拆旧85亩，拆除危旧房550余间，新建房屋约9000平方米。发挥莼元农业投资公司优势，推进联动“消薄”，全面消除经营性收入10万元以下经济薄弱村。

【民生事业】 创建文明示范线1条，新建村级文化礼堂12个，51个行政村均建立新时代文明实践站。落实低保、五保、临时救助等帮扶措施，全年发放临时救助资金29.68万元，发放宁波级阳光家园庇护性就业机构补助资金19.5万元，五保老人集中供养率达到84.4%，城镇登记失业率控制在3%以下。举办“翡翠湾杯”“万海阀门杯”篮球赛，腰鼓表演赛等莼湖特色文化活动，栖凤村腰鼓队连续两年获得区龙鼓大赛一等奖，并代表奉化区参加第二十届澳门“金莲花”节获得最高奖及最佳组织金奖。

【平安建设】 创新维稳“四人签字法”，深化“五个一”领导包案化解稳控机制，持续开展扫黑除恶攻坚斗争，不稳定因素信息预警率和超前控制率均在90%以上，确保全国“两会”和新中国成立70周年大庆期间保持零进京上访。探索“三治”融合新模式，以章胡村为代表的村级道德庭试点取得较好成效，相关经验在全区推广。落实普法依法治理工作，袁岙村、牌门头村分别被命名为浙江省“民主法治村”和宁波市“民主示范村”。

【小城镇环境综合整治被评为省级样板】 围绕“桃源渔港、养生福地”建设主题，推进小城镇环境综合整治攻坚战，累计投入2.1亿元，完成红星桥改造、文化中心景观提升、太极房修建、吴亮平公园建设等49个子项目，融合海洋文化、养生文化、农耕文化、莼菜文化等特色元素，建成区面貌得到全面提升，成功创建省级样板。

【莼湖街道挂牌】 8月26日，莼湖街道成立大会暨授牌仪式在文化中心举行。区委书记高浩孟、区长张文斌等区四套班子领导出席大会。大会上，副区长张巍宣读省政府《关于同意宁波市奉化区部分行政区划调整的批复》、宁波市政府《关于同意奉化区莼湖镇尚田镇行政区划调整的批复》；区委常委、组织部部长唐军华宣读街道机构设置及人事任命文件。

（何永刚）

西坞街道

【概况】 2019年，西坞街道规上企业实现总产值64.95亿元、销售总额62.73亿元、利润总额3.1亿元，分别同比增长5.8%、4.9%和8.2%；农业总产值4.21亿元，同比增长3%；财政收入3.89亿元，同比下降11%；完成固定资产投资额7.8亿元，完成率为155.9%，其中工业固投7.07亿元，完成率为294.6%（全区排名第一）。“夜学夜访夜服务”“区域党建联合体”“第一书记跨村任职”“名誉村主任”等创新工作做法被《浙江日报》《宁波日报》等各级媒体连续多次报道，“婆媳文化节”登上中央电视台

9月25日，西坞街道召开垃圾分类工作推进会，全面部署垃圾分类工作

《海峡两岸》栏目。

【工业经济】 2019年西坞街道不断强化招商引资“一号工程”，累计引进新项目53个，其中重大产业项目3个，双招双引项目3个，特别是华璞微电子作为唯一一家奉化企业代表参加第八届中国创新创业大赛，获总决赛初创组第九名。全力提升质量效益，成功培育国家级高新技术企业2家（全区共14家）、省级工程中心2家（全区共8家，西坞占25%），并助推9家企业在宁波股权交易中心挂牌。街道17个工业投资项目，其中5个已基本完工，6个接近尾声，投资较大的项目为奉环再生资源的垃圾焚烧发电项目、鲍斯能源的年产8万台智能一体螺杆压缩机技改项目和锋成的双亲纳米材料1号地块项目。

【农业经济】 扎实推进粮食综合生产能力建设，稻麦等主要粮食作物播种面积居全区第一，早稻、单季稻、优质大米均获宁波市绿色高产示范坊称号。进一步夯实农业生产基地建设，全年获评省级农机专业合作示范社2个、市级种粮示范家庭农场4个、市级果蔬示范家庭农场2个。

【旅游经济】 完善旅游基础设施建设，新建4个交通旅游驿站、2个AAA级旅游公厕、196个停车位。示范村建设靶向发力，蒋家池头村成功创建省AAA级景区村庄；“吾居吾宿”民宿、“青蒿1号餐厅”正式营业，标志着以金峨为代表的金溪五村旅游产业链已初步形成。

【城乡建设】 加速推进重点项目。S203省道、南岙循环经济园区、杨四岙地质灾害点搬迁等8个指挥部紧扣时间节点全力推进项目建设，其中垃圾焚烧发电项目基本完成前期工作，处于全速建设阶段；S203省道已完成400亩土地和11户农房的征迁；金甬铁路在完成全部301.83亩土地征收的基础上，已确定红线和环评线内拆迁范围；南岙循环经济园区正处于房屋确权和安置房设计招标阶段；东江二期工程两泵一闸已全线开工；杨四岙地质灾害点搬迁签约率已达96.6%，安置房主体工程完成主要框架，正在主体验收；“丝路扬帆”特色小镇和农旅小镇项目根据区里相关部署推进中。全面实施乡村振兴。深入贯彻实施《西坞街道深入实施乡村振兴战略行动计划》，开展党建引领乡村振兴支部大会战，制定印发5类93项年度作战项目上墙公示，到年底项目完成率达到96%。加快旧房改造进度，分步推进蒋家池头、雷山等村梳理式改造，累计完成拆旧38.6亩、建新45套。实施“村企结对”行动，助力经营性收入10万元以下的7个经济薄弱村全部摘牌。排摸完成178名乡贤档案，顺利筹划并召开乡贤联谊会。

【环境改善】 加速推进污水零直排区、治危拆违、垃圾分类、小城镇环境综合整治长效管理机制等工作，建设完成212家企业污水纳管和23个行政村生活污水工程，新增镇域停车位200余个；处置各类违法建筑约11.6万平方米，完成全年任务的105.6%；拆后土地利用面积约11.35万平方米，利用率达到93.4%。推进“撤桶并点”及村（社）垃圾桶点位基础设施改造，23个村全面推行垃圾分类，且探索形成“量身定做垃圾桶”“给垃圾桶编号”等经验做法加以推广。

【社会公共事业】 提高社会保障水平。农村居民基本养老保险和医疗保险实际参保率均达到95%以上，享受标准逐步提高。全年发放低保金416.07万元，五保金60.07万元，大病医疗救助资金48.41万元，低保临时救助16.12万元，募集慈善款282.31万元，慈善救助187户。加快发展社会事业。积极对接协商西坞小学教学楼提升工程，扎实推进西坞村便民服务中心建设，新建康亭、庙后周、尚桥头3个文化礼堂，金峨、孔岭分别获省五星级和四星级文化礼堂称号。全年开展各类群体活动35次，其中西坞中心小学篮球项目获全国赛优胜奖，白杜小学毽球比赛获全国第三名。西坞中学13人考入省一级重点中学，成绩名列同类学校前茅。强力落实对口扶贫协作对接，与吉林英安镇、宁夏利通区、浙江双溪口乡三地结对帮扶，累计提供扶贫资金60万元。不断创新社会治理。完善社会矛盾协调机制，创新建立街道信访接待室，办结区长电话、网上投诉、领导信箱291件，办结率达100%；完成“110”社会应急联动75起，成功破解5起区级历史遗留问题、3起镇级历史遗留问题和3起区级信访积案，切实维护社会大局和谐稳定。

【干部作风建设】 强化基层党建堡垒。规划打造街道党群服务中心，从严从实加强机关党建工作，基本实现“走前头、做表率”目标。创新实施“红色导师”和“书记跨村任职”模式，并成立全区首个公益党建联盟“益呼百应”，逐步形成党建与发展同频共振新格局，持续打响“红动西坞”品牌。推行“三查一述”党建督查工作法（联村联企干部月度自查、区域党建联合体季度互查、机关党委半年督查、党组织书记年底述职）、党员星级“量化”考评管理制，得到区委组织部高度肯定，基层党建规范化建设取得明显成效。强化干部队伍建设。深化“四联四跑”服务年活动，遍访辖区企业，累计走访群众2500余户，帮助解决200余个问题。健全“传、帮、带”干部管理培养机制，安排工作经验丰富的干部教导培养年轻干部，引导20余名年轻干部到街道8个重点项目指挥部挂职锻炼，不断提升工作能力。建立街道督查室并实施红黑榜发布制度，累计发布督查通报11期，把上榜结果与干部评先评优、工资福利挂钩，营造“想干事、能干事、干成事”良好氛围。强化党风廉政建设。坚决落实党工委主体责任和党工委书记“第一责任人”职责，全面落实“三书三查两报告”工作要求，班子成员切实履行好“一岗双责”，形成较为完善的廉政建设责任体系。加大力度开展正风肃纪专项行动，处理违纪党员17人。

（江守娟）

尚田街道

【概况】 2019年，街道区域面积154.6平方千米，辖42个行政村、1个居委会；年末，街道共13942户，39306人；全年公共财政收入2.1424亿元，财政总收入3.0292亿元。

【工业经济】 2019年，完成工业销售收入60.3亿元，同比增长10.47%；外贸进出口总额16.2亿元，同比增长15.62%；51家规上企业完成总产值33.45亿元，与上年同期基本持平；规上企业利润9811万元，同比增长194.9%；固定资产投资完成3.3621亿元，增长13.35%，工业投资完成2.0322亿元，与上年同期持平。招商引资成效明显。全年引进工业项目26个，其中晟创家居、食宝科技、和创物流、波御钢化、瑞莱泊电子、项源钢球等总投资2000万元以上项目6个，投资额2.3亿元。服企水平不断提高，工业技改项目竣工验收22个，低效用地报批完成350亩。老旧工业园区改造全速打响，全年拆除旧厂房2.56万平方米，新建标准厂房4.63万平方米。

10月30日，宁波市副市长卞吉安（前中）一行调研尚田街道莓好青创农场

【农业经济】 总投资3738.5万元的富硒草莓文创园、草莓三产融合示范园、茶文旅融合发展示范区农业产业强镇项目完成，成功创建产业融合示范区。农创经济大力发展，青创大厦完工，“1+4”的“青农创客平台体系”基本形成,53名青农创客加入“尚田+乡创”联盟。

【全域旅游】 成功举办中国尚田草莓文化节、孙家莓好乡村音乐节等节庆。深入建设“王家岭—鸣雁—鹊岙—冷西”观光体验线和“茗雪—印家坑—九龙—南山茶场”龙舞竹海线等乡村旅游精品线，因地制宜发展农家乐和民宿等旅游体验项目，全年接待游客近15万人次。

【城镇建设】 引进第三方专业单位强化城镇精细化管理，重点路段、重点区域定人定时管理；一江碧水Ⅱ标段竣工验收并完成摇号分房，汪家安置小区二期完成立项，规划方案公示，金钟山移民安置小区主体工程顺利结顶；葛岙水库坝址下游金地寺、溪汪、梅岭下3个村自来水贯通，杨家堰、柴家岙等6个村农村饮用水改造提升项目完工；西岙至山登、尚岭线至下畈村联网公路建成通车。

【生态环境】 实施污水零直排、垃圾分类、拆厕改厕三大“革命”，镇北路、镇西路污水管网铺设完成；投入108万元，19座农村公厕完成新建改建；垃圾分类村社入户指导率达100%，两分桶、四分桶点位投放完毕，厨余垃圾清运工作正式启动。持续推进治水治污、治危拆违工作，关停“四无”企业10家，完成“三改”10.01万平方米、拆违13.56万平方米，分别完成年度指标的143%和123.24%；新发现疑似危房81户，解危26户。

【乡村振兴】 农房改造加速推进，全年累计拆旧122.68亩，建新36.1亩，分别完成全年指标153.5%和138.8%。广渡、龚原、王家岭、溪汪4个村光伏项目实现安装运营；梅岭下、木吉岭、下王3个村共同成立宁波市奉化东江源三盟农业发展有限公司，推动草莓种植运营。27个经济薄弱村组建宁波市尚盛农业发展有限公司，推动集体经济发展。2019年，21个经营性收入低于10万元的经济薄弱村实现“消薄”。乡村景区化加快推进，鸣雁村入选浙江省美丽乡村特色精品村，印家坑村成功创建AAA级景区村，孙家村、畈头村成功创建AA级景区村。积极打造“尚莓森活”文明示范线，大岙村“平语近人”主题壁画等景观节点完工。

【重点工程】 葛岙水库工程按下“快进键”。葛岙水库项目半月完成线上线下7632.6亩土地征用，被征地人员养老保障服务工作和A线、B线迁建公路等政策处理工作全面完成，均比原计划提前3个月，28家企业完成签约。10月4日起，全面实施“689”工作制度，12月1日正式签约，到年底，1511户移民已有1060户正式签约，完成率达70%，住宅旧房拆除7.5万平方米。金甬铁路工程步入“快车道”。沿线放样，花木、土地计量评估以及186.96亩红线内农户土地征收、187座坟墓迁移等工作提前完成，鲍村隧道于12月31日正式开工建设。

【社会事业】 尚田小学被评为宁波市风筝非遗基地，尚田中学舞龙队获浙江省第六届龙狮竞标赛竞速舞龙金牌；鸣雁村党建文化主体公园、大岙村法治文化阵地建成使用；布龙文化博物馆、畲族文化馆等农村文化阵地得到完善；9个省、市卫生村新创申报和2个省卫生村复评申报完成；柴家岙、后潭等9个文化礼堂完成新建改建，鸣雁村文化礼堂入选省五星级农村文化礼堂名单；街道新时代文明实践所成立，新时代文明实践站覆盖42个行政村；新中国成立70周年首届礼堂文化节、排舞比赛、庆祝新中国成立70周年文艺晚会等群众文化活动相继举行；全年免费送500场次电影、80场次戏剧、40场次文艺演出。街道、村二级挂牌成立退役军人服务站。

【社会环境】“两融网合”“三治融合”不断深化，创建6个“示范性道德庭”，化解各类矛盾纠纷120余起；扫黑除恶专项斗争深入推进，一批非访和涉黑涉恶势力得到重拳打击；安全生产大检查工作专项行动全面推进，生产形势总体平稳，事故等4项指标逐年下降；2件区级、2件镇级历史遗留问题得到化解；维稳工作建设有力，全国“两会”、新中国成立70周年大庆等各类重大活动期间社会整体平稳有序，葛岙水库、金甬铁路等重大工程信访问题第一时间化解。

【党的建设】“不忘初心、牢记使命”主题教育深入开展。集体学习12次，专题研讨3次，上党课17次；赴村企专题调研收集建议问题38个，形成调研报告16篇；召开专题民主生活会，形成检视剖析材料17篇，班子及个人查摆问题75个，整改46个；各基层党支部班子自我检视问题258个，党员个人检视问题2687个。建立“重点结对帮扶学”“指尖课堂主动学”“网格指导督促学”“三学”机制抓实外出流动党员学习教育；实施“三上党建工作法”，成立葛岙水库工程移民征迁指挥部党总支，建立党员攻坚小分队，开展党员包干行动；探索实施网格党建，大岙村垃圾分类成效显著。从严治党全面推进。开展正风肃纪行动15次，通过自查检视，查摆、整改问题41个；运用“四种形态”处理干部共36人。开展党风廉政建设专题学习4次，培训12次；举行警示教育月活动，组织“两个责任”约谈、信访监督谈话和日常廉政谈话等30余人次；26个村清廉村居建设完成。基层基础不断夯实。健全基层党建常态化督导机制，开展为期三个月的地毯式基层党建专项检查工作；抓实楼岩、孙家、杨家堰3个落后村整转，新建“两新”党组织3个，申报区级“双强”2个；推进沿甬临线党建风景线建设，投入100余万元打造青创党群服务中心，大岙村、鸣雁村、浙拖奔野、冷西小栈及青创农场等党建示范点全面提升。统战工作开创新局面。尚田乡贤联谊会挂牌成立，“尚山尚水、尚品尚行，我们都是尚田人”乡贤省亲恳谈会顺利召开。

【奉化草莓】 1月12日，2019年中国尚田草莓文化及暨2018感动尚田年度人物颁奖仪式在冷西村举行。区委常委、宣传部长邵方毅宣布草莓文化节开幕，副区长张巍致欢迎辞。开幕式上，还举行了尚田镇与安图县永庆乡结对帮扶仪式。结对仪式后，奉化区农业农村局、尚田镇和安图县、珲春市的草莓专家们，座谈交流了草莓种植技术。

“奉化草莓”属蔷薇科多年生草本植物，果呈球形、锥形、楔形，肉质多汁。“奉化草莓”，含有人体必需的维生素A、B、C和氨基酸。早在清末年间，溪口武岭农场梨园里，就有零星种植草莓。1983年尚田王董村引种栽培“宝交早生”品种；1992年尚田木吉岭村应永成从省农科院引入“丰香”草莓，开始大量栽培。经测定，奉化草莓可溶性固体物大于8%，含糖量大于10度，品味酸甜可口。1999年奉化市被国务院发展研究中心、农村发展研究部等单位联合命名为“中国草莓之乡”。2001年获宁波市名牌产品，省国际农业博览会优质奖；2003年通过宁波绿色农产品基地认定和国家A级绿色食品认证，获省名牌产品称号和省农业博览会银奖；2005、2006、2007年又获省农业博览会金奖。2019年，全区种植草莓5600亩，总产值近2亿元。

【尚田街道挂牌】 8月26日，尚田街道成立大会暨授牌仪式在尚二村文化中心一楼会议室举行，区委书记高浩孟、区长张文斌等区四套班子领导出席大会。副区长张巍宣读省政府《关于同意宁波市奉化区部分行政区划调整的批复》、宁波市政府《关于同意奉化区莼湖镇尚田镇行政区划调整的批复》；区委常委、组织部部长唐军华宣读街道机构设置及人事任命文件。

【菲律宾学员参观美丽乡村】 10月26日，2019菲律宾中国经济发展政策研修班25名学员到尚田街道鸣雁村，参观村内的法治文化苑、休闲健身公园、文化礼堂、党建文化长廊等各项设施和圣灵谷集装箱度假村。

（仇飞青）

萧王庙街道

【概况】 2019年，萧王庙街道完成固定资产投资9.88亿元，同比增长41%；财政总收入3.6亿元，同比增长4%。2019年，小城镇环境综合整治团队登上宁波市委“六争攻坚先锋榜”，成功创建宁波市“四好农村路”示范乡镇、省级规范化农村公路管理站、全省社区戒毒社区康复工作示范点。水蜜桃文化节、桃花马拉松，滕头村、青云村等萧王庙元素15次登上中央媒体，其中滕头村作为“中国农民丰收节”分会场举办相关活动。

【项目攻坚】 重点项目迅速推进。8名班子成员进驻滕头旧工业园区改造提升项目，分别带班包干攻坚，11月5日前签约率超过80%；扎实推进企业腾房工作，21家企业19家已落实厂房，2家拟临时过渡后回迁中信工业综合体；甬金高速至生态公路连接线工程，涉及的征地拆迁工作均如期完成，同时妥善处置了因道路施工导致的红线外部分民房墙体开裂问题，保障道路顺利施工；宁波城市职业技术学院项目一期199亩征地任务全部完成，并配合校方完成图纸设计与论证、现场勘查等前期工作；剡江及其支流整治工程征地工作已全面完成，保障15米宽堤防工程顺利推进；四明路改造提升项目计划征地249亩，一期隧道至西河路需征地208亩，已完成131亩，其余77亩完成评估，道路南侧已进场施工；泉口路东侧商业地块开发项目已全部结顶，内外墙粉刷和附属设施均已完工；滨江诺德学府所有高层及排屋都已结顶，开始内部装潢和粉刷，附属工程进场施工；世茂泉溪江项目4号地块顺利交付，5号地块就推倒重建达成一致；桃庄项目绿化和附属工程基本完工，准备验收；宋都项目顺利开工；设区三周年集中开工重大项目——滕头二号地块开发项目按时间节点开工建设。招商引资成果丰硕。新增规上企业3家，净增高新技术企业2家；新增浙商回归到位资金1.17亿元，实际利用外资100万美元，实际引用宁波市外境内资金2.57亿元，同比增长267%，深化“三改一拆”及无违建创建工作，“三改”3万平方米；总计拆违51处，建筑面积86082平方米，累计完成全年任务的107.6%。依法拆除大棚房4处，建筑面积10501平方米，违建别墅1处，建筑面积1599平方米，并顺利通过“无违建街道”复验。

【产业转型】 工业经济稳中向好。全年街道工业企业实现销售25.46亿元，同比增长6.5%。规上工业企业完成总产值17.2亿，其中高新技术产业产值4.98亿元，同比增加17%，申报高新技术企业4家。君禾智能科技产业园项目建设按计划推进，一期三号车间主体结顶，浙江瑞晟智能科技股份有限公司回迁项目顺利推进，生产场地选址滨海新区，已开工建设；利用闲置厂房引进浙江云润环保科技有限公司，预计2020年可实现销售2000万元以上；宁波鹿康生物科技有限公司完成公司注册。农旅融合加速转型。2019年水蜜桃丰产，总产量达2.56万吨，产值超2.5亿元。水蜜桃文化节持续火爆，节日期间共有超过40万名游客涌进萧王庙街道，涉农企业、周边农民从农家乐经营、农副产品销售等渠道实现增收超过3000万元；街道本土企业——弥香源果酒公司产销两旺，2019年共收购本地水蜜桃3000吨，生产的各种酒实现销售收入300余万元，其中52度“桃香醇酒”获八省市酒类质量检评金奖。产业形态多点开花。滕头村自主打造农创中心、漫非酒店、生态农庄旗舰店、“心沐”滕家小院、月亮湖户外天空探索乐园等多项旅游业态；街道依托2019年中国宁波青年大学生创业大赛平台，投入近200万元打造青云众创空间，吸引涉及旅游、农业、农村电商、设计等门类的25家企业落户青云村；滕头乡村振兴学院、滕头学生实践基地、滕头养生颐乐园正式投入使用，青云旧居民宿、滕头精品民宿正在招商。全年累计接待游客227.2万人次，旅游综合经济收入2.96亿元，同比增长10.6%和15.1%。

【城乡建设】 全域环境不断优化。借小城镇环境综合整治之机，全力打造具有书香气质、桃源魅力、古镇韵味的宜居宜业宜游小镇，持续发力抓巩固，以点带面优环境，街道全境颜值和魅力指数进一步提升；通过干部包干巡街、智慧设备抓拍、城管中队严查、专门机构监测等手段，全力防止“道乱占”“车乱开”“线乱拉”“摊乱摆”“低小散”等问题反弹；改革街道建成区保洁方案，将镇区背街小巷全部纳入街道委托的第三方公司保洁，环境面貌再次提升；被宁波市整治办推荐为全市美丽城镇建设现场会考察点，争创2019年启动的全省美丽城镇示范区；高标准实施垃圾分类工作，完成全部21个行政村的点位设置、垃圾桶放置和入户桶分发等工作，林家村获区生活垃圾分类“十佳村庄”。乡村振兴稳步推进。持续提升“桃花盛开”美丽风景线，自2018年底成为宁波市乡村全域旅游示范区创建单位以来，2019年围绕“一线、三节、四区”全域旅游总布局，规划“滕头AAAAA景区—青云古村—萧王古庙—林家桃园—棠云山水风光”全域旅游新版图，串联“新农村—古村落—赏花休闲—美食餐饮民宿”等旅游元素，带动芋艿头、水蜜桃、竹笋等本地农产品销售以及住宿餐饮等旅游综合消费，扎实开展基础设施建设、旅游节点培育、运营团队引入、旅游产业开发等工作，努力打造高质量的乡村旅游目的地。农房改造不断推进。2019年，共实施拆旧建新项目9个，其中拆旧7个，面积49.55亩、建筑面积28816平方米。土地增减挂钩项目3个，改造完成土地面积18.5亩。林家村农民联建房交付使用，新凉亭农民联建房全面完工，正在交付，傅家岙二期、云集二期开工建设。特色项目顺利落地。棠云艺术谷项目一期占地面积18亩，投资1800万元，含宿舍楼、教学楼、美术馆、艺术走廊、艺术研讨中心、茶餐厅等设施，打造集会议、训练、交流、创作、休闲等多功能文旅一体化的写生创作基地，主要面向美术院校师生、绘画爱好者。该项目已于2019年5月开始运营，截至年底，累计接待美术院校师生、绘画爱好者3000余人次。

【民生保障】 扎实开展助残扶弱工作，按期发放各类补助。积极建设惠民设施，新建停车场2个，新增停车位508个，设置垃圾收集点62个；实施公交车全覆盖工程，新建14个公交站台，并在此基础上开辟了多条公交线路；持续推进“厕所革命”，新建公厕10座；街道本级投入3000多万元建设的中心幼儿园完成迁建并投用，前期招收10个班级299名幼儿，自9月起开设12个班级；街道中心小学扩建项目顺利推进，基础施工已开始；完成许家山水站和袁家岙联片水站建设，10月启动街道自来水厂对慈林、云溪、棠岙等村的管网延伸工程。

【平安建设】 深化扫黑除恶专项斗争，各类刑事案件、治安案件分别下降36%和18%。持续提升“四平台一网格”运作实效，办结区长电话、网上投诉、领导信箱690起，处理“110”应急联动18起。应急管理体系更加完善，高标准开展安全生产百日大会战，排查23家涉危企业发现的67个问题已全部完成整改，安全生产、消防、食品安全、社会治安形势总体平稳；完善村民自治，深化“村民议事厅”、文明实践所建设，推动村民说事实效化；建设法治乡村，常态化开展农村小微权力专项整治，切实抓好村规民约的执行落实；全面推广道德庭，实现村村全覆盖。推进矛盾纠纷排查化解，5个区镇级历史遗留问题全部化解，宁波市无信访积案现场会在青云村召开。

【基层党建】 扎实开展主题教育。组织班子集中学习6次、专题学习会3次、初心之旅1次；组织6期1901名党员轮训。举办庆祝新中国成立70周年文艺演出，表彰20名一线优秀共产党员和最美萧王庙人。围绕乡村振兴、党建短板、全域旅游、垃圾分类等热点开展专题调研，收集问题建议64个，提出解决问题的具体做法、意见和建议57条。针对“8+1”专项整治和上级反馈，共整改问题33个。通过对照党章找差距，累计梳理问题236个。12月6日，专题民主生活会召开，会后，建立班子整改清单12条，班子成员整改清单147条，细化完善整改措施，明确整改时限。通报1起主题教育问题，给予1人组织处理，12人完成股份和分红清退。严实推动作风整治。建立党员干部负面清单，实施作风建设积分管理，提升基层干部作风。强化队伍建设，上半年共调整干部13人。深化“四联四跑”服务年活动，与22个村社、28家企业、33个重大项目、15条街巷建立联跑关系，共发现问题2420个，解决2368个，解决率为97.9%。运用监督执纪“四种形态”处理人员42名，立案13件，对14名违法违纪党员干部作出开除党籍、撤销党内职务、党内严重警告、党内警告等处理。开展正风肃纪明察暗访10余次，发现问题18起，作出通报批评等处理。务实抓好基层党建。制定2019年基层党建工作要点和“三张清单”，全年专题研究党建工作16次。多次组织各类党建工作培训，每季度高质量召开村书记例会。举全街道之力扶持滕头村及滕头区域党建联合体发展，为滕头乡村振兴学院专项拨款150万元，3名在编干部全日制在滕头工作。学院自2019年7月开班以来，先后接待、承办来自吉林、湖南、贵州等地各类培训班近30个班次，累计培训基层干部近2000人次，并成功承办“2019滕头论坛——基层书记谈振兴”活动。省委办公厅、省委组织部、市委办公厅、市委组织部专题刊发学院的经验做法。省委书记车俊专门批示、市委书记郑栅洁连续三次批示肯定。

【体育竞技】 云溪籍游泳运动员汪顺在国际泳联2019年冠军游泳系列赛、全国游泳冠军赛男子200米混合泳中均获冠军。

（许光辉）

江口街道

【概况】 2019年，江口街道财政收入15.27亿元，实现工农业总产值305亿元。成功创建“污水零直排区”，获宁波市“美丽水乡”、奉化区招商引资第一名、奉化区“双底线”工作考核第二名、奉化区“三年大变样”项目（重点实事工程）工作考核第三名、奉化区旧工业园区改造工作考核第三名、奉化区工业经济发展竞赛第三名等荣誉。

【经济建设】 全力加速经济发展，一、二、三产齐头并进，工业经济稳中向好。全年，街道规上工业实现产值301亿元，比上年同期增长2%；实现利润28.4亿，同比增长12%，规上工业增加值增速4%（含中烟），实缴税金10.5亿元；完成固定资产投资9.2亿元，其中工业投资9.1亿元，完成年度任务的130%；实现商贸销售额58.9亿元，同比增长23%；实现货物出口总额26.3亿元，同比增长11%；实际利用内资5.9亿元，外资1738万美元，利用宁波市外资金3.6亿元。新引进投资1000万元以上工业项目10个（甬兴电子、启搏智能装备、优马汽车、超竣智能、法奴德兰、林内、智升机械、赛派科技、博洋纺织以及陌禾展示）、招引重大产业项目4个（优马汽车、甬兴电子、汇峰嘉福、奔驰4S店）、零地项目3个（林内、中唐空铁、富爵电子）。主抓完成鄞州区拆迁项目汇峰嘉福项目、甬兴电子项目、万林电器项目的招商落地；谋划启动服装时尚产业园、四明小微园区、闲置地块利用等平台的推进建设，正在招商洽谈；一机阀门、宁波均胜、金盛镀业、华远厨具配件4个区级“三年大变样”项目已完工并投产，另外13个项目也全部按计划推进。

全年实现农业总产值4亿元。完善农业基础设施建设，大力实施农业综合开发项目，建成标准农田8600亩，总投资1280万元，为街道打造“美丽田园”、促进休闲农业发展打下坚实的硬件基础；充分利用政策优势，实施品牌提升，举办江口街道首届金秋菊文化旅游节，并顺利成为2019年中国农民丰收节分会场。

街道共有限额以上商贸企业21家，全年实现销售58.9亿元，同比增长23%，主要涵盖汽车4S店和亚德客销售总部两大板块。重点商贸企业亚德客（中国）实现销售29.6亿元，同比增长3.1%，占比为50.2%。宝马、奥迪、别克、丰田等11家优质汽车品牌4S店在辖区内集聚，全年实现销售20.1亿元，同比增长66.1%，占比为34.1%。

【重大项目】 全力推动项目攻坚，平台保障持续增强。把保障重大项目推进作为工作重中之重来抓，继续发挥项目指挥部成功经验，在民营科技园区及中交平台基础上，新成立三横园中村、蒋葭浦2个拆迁指挥部，辖区共有8个项目征迁指挥部，保障项目加速推进。街道全年完成中交等重大平台征地910亩、民房拆迁签约193户3.4万平方米、企业拆迁签约14家9.6万平方米，其中南渡琎琳自然村拆迁地块49户拆迁100%完成；民营科技园区一号区块8家企业、前胡树桥头自然村34户签约率为100%；顺利完成北塘二期和孙俞村拔钉清零，涉及面积18934平方米；新启动三横园中村改造项目并完成入户丈量评估，已着手土地确权工作。

【招商引资】 2019年17个工业招商产业项目落地，鄞州区拆迁项目汇峰嘉福项目，建成投产后年产值可达20亿元；甬兴电子项目、万林电器项目，总投资分别达1亿元、1.1亿元。启动四明小微园区、宝通物流、闲置地块利用等平台建设，正抓紧招商中。11月，奉化撤市设区三周年大会成功举办，街道紧紧抓牢这个契机，通过和与会乡贤们联络感情、对接招商事宜，充分发挥乡贤的个人能量和资源优势，助推江口经济快速发展。

【城乡治理】 农房改造有成效。启动前胡村整村拆迁项目，其中树桥头自然村已完成100%签约，剩余246户正在洽谈整体拆迁；前胡农居房一期，总投资约1.46亿元，用地面积23亩，建筑面积45503平方米，共3幢259套住宅，工程建设已过半。治污拆违有突破。创建省级“污水零直排区”，完成农村生活污水治理全覆盖，投资7000万元完成“1+2”水环境整治工程，投资200万元对几个重点区域进行截污治理再提升，并在辖区所有河道建设1000个生态浮岛；全年累计拆违14万平方米，完成年度任务的175%。特色村庄成网红。精心打造周村“最美菊花村”，11月3日成功举办首届金秋文化旅游节，周村已成为网红打卡地，游客络绎不绝。积极推进王溆浦村红帮裁缝故居、民国风情村综合创建项目，村庄整体改造已启动，王才运故居一期重修工程已完成。开展“十大工匠”“最美江口人”“十佳税收企业”“十佳村干部”等评选活动，深入挖掘街道内技艺精湛的基层匠人、有美德有能力的基层企业和带头人，树立榜样，传递正能量。

【民生改善】 民生投入不断加大。启动江口养老院、江口建成区和南浦片区2所实验幼儿园、垃圾中转站迁建工程，投资2000万元完成大浦湾河排涝工程，投资300万元完成江口居家养老服务中心建设，完成横方路、科技民营园区（郭范村）亮灯工程，共计2600米，安装路灯59盏。垃圾分类工作全覆盖，街道9个居民小区、28个行政村均已完成撤桶并点、桶边督导工作，部分村垃圾分类正确率在90%以上。

【平安建设】 扫黑除恶全面打响，社会治理不断优化。成立“红驿甬山”平安志愿服务队，每周定期巡逻，大力提升村级治安，获得群众好评。全年先后排查24次，共排查出各类社会矛盾和不安定因素115起，全部成功调处；通过建立领导包案、信访接待日、村民说事等一系列制度，街道全年信访总量32件，同比下降36%；区级、镇级历史遗留问题8件，全部按期破解；信访形势总体“稳中有降”。

【组织建设】 扎实开展“四联四跑”“三服务”“不忘初心、牢记使命”主题教育活动，以“跑一线、抓小事、促服务”为载体，开展“联村社、跑村社”活动，联村干部现场解决问题400多个；深入开展党员“三亮三比一提升”活动，积极发挥党员在征地拆迁、环境整治、拆违治违、垃圾分类等重点工作中先锋模范作用；“两新”组织党建工作有效覆盖，顺利完成55家“两新”组织换届，新增1家区级“两新”组织“双强”党组织，共有3家区级“双强”、1家省级“双强”；推进前胡、三进桥村2个示范点建设，提高后进村和矛盾村的转化力度，完成张俞、周村2个后进村整顿转化；围绕九大专项整治工作，共梳理出需整改问题41项，完成整改29项，其余12项顺利推进；组织开展正风肃纪检查10次，发现问题5起，处理人员2人，调整处理不担当不作为村干部3人。

（殷　旗）

方桥街道

【概况】 方桥街道行政区域面积26.99平方千米，常住人口约4万人，其中户籍人口1.91万人，外来人口2.1万人，辖24个村、1个居委会，内有宁南产业园区、宁波生命科学城、中交未来城、东江田园综合体四大开发板块。全年实现财政一般公共预算收入1.87亿元。

【产业经济】 辖区企业完成应税销售43.4亿元，其中商贸销售额约16亿元，实现规上工业企业增加值增速12.4%；实际利用外资318.6万美元，完成全年考核目标的106%；实际利用宁波市外境内资金6479.2万元，完成全年考核目标的130%；完成固定资产投资约6.3亿元，工业投资2亿元。

【项目推进】 国美物流中心一期项目于年底投入试运营；汇诚北路基本具备通车条件，山煌路、顺浦路东环线东段已通车；宁南智能家居产业园完成规划编制，储备意向入驻企业20多家；奥迪斯丹纸箱项目完成主体施工，建筑排水标准与技术研发中心完成桩基施工；城镇管理体制改革完成招投标流程和合同签约；方桥村农房改造完工两幢110套并分配使用。

【城镇建设】 东江田园综合体完成框架协议签订，规划区域约4400亩，实现辖区24个村开发建设全覆盖。此外，乡道整改、主干道路灯建设、公交系统完善等一批惠民项目相继完成，满足了群众需求；国卫复审、文明城市迎检，通过动态保洁、四害孳生地消杀、乱设摊乱堆放治理、停车位划定、僵尸车清理等一系列举措，建成区环境卫生显著改观。

11月20日，上海师大附属宁波实验学校开工仪式现场

【平台保障】 全力推进宁南贸易物流区、宁波生命科学城、中交未来城三大平台项目地块政策处理，已完成25家企业、54户拆迁户签约，43家企业、1202户拆迁户测量评估，1414亩土地征用。辖区内奉化江堤防胡家渡段整治工程等4个征收（拆迁）区块共存未拆迁户38户，完成32户。

【社会治理】 持续深化专项斗争，广泛发动宣传，查明办结3条上级转交线索；化解5个区、街级历史遗留问题，确保行政区划调整、各级“两会”、庆祝新中国成立70周年和设区三周年等重要时期区域稳定。

【重点项目】 11月20日，上海师范大学附属宁波实验学校在方桥街道举行奠基仪式，宁南贸易物流区六号综合安置用房项目、轨道方桥站临时公交站、宁波生命科学城市政道路配套工程一期项目等一批重点项目集中开工，总投资额约17亿元。

（李　健）

溪口镇

【概况】 2019年，溪口镇辖6个社区（居委会）、55个村委会，面积381.6平方千米，全镇77324人（其中非农业人口12592），外来17914人。全年实现地区生产总值61.55亿元；财政总收入8.36亿元，增长5.8%，其中公共财政预算收入5亿元，增长3%；预测工业总产值83亿元，增长9.2%；旅游综合收入37亿元，增长2.8%；固定资产投资33亿元，增长43%，城乡居民人均可支配收入分别达5.66万元和3.32万元，增长7.1%和8.5%。

【旅游经济】 全域旅游战略开创新局面。溪口镇以“旅游引领，三产融合”为主要路径，服务业加速向多元化、高端化转型。现代服务业加快培育，共享经济小镇再发力，年营业收入预计可突破16亿元；旅游开发再提速，徐凫岩悬崖钢索栈道建成开游，商量岗森林度假区森林木屋试营业，民国风情街加快建设，东坑文旅、森语溪谷度假村等涉旅项目开工，省旅游风情小镇、市民国文化特色小镇成功创建，溪口景区荣获“杭州未来生活节·2019年度未来前景景区”称号。全年接待游客704.906万人次，门票收入2.01亿元，分别增长1.2%和6.8%；旅游综合收入36.42亿元，增长1.05%。

【工业经济】 传统工业加快转型，旧工业园区改造攻坚战有序推进，气动智创产业园一期基本完工，美容美发器具产业园（原裕隆化工地块）9家入驻企业全部开建，今日生物科技健康产业园落地动工，索诺公司成为全区首家“小巨人”企业。2019年，共引进共享经济企业26家，对引进的企业加强了管理，规上其他营利性服务业营业收入三季度为14.3亿元，同比增长9.3%，其中共享经济平台下企业营业收入为12.67亿元，同比增长25%。截至10月，溪口共享经济小镇先后累计签约运营平台公司8家，其中存续正常运营的有华柱、工汇等4家，2018—2019年，各平台共缴纳各项税收约4000万元，为全镇乃至全区经济发展做出了贡献。

【农业经济】 特色农业加快发展。传统产业以产业示范园区为引领，以市场销售为导向，不断提升品质，提高销售值。完善水蜜桃销售体系。线上运营天猫旗舰店，线下与深圳百果园实业发展有限公司签定《奉化水蜜桃战略合作框架协议》，推广精品水蜜桃，并投入58万元改建原有生猪屠宰场为桃子市场，给桃农提供桃子销售场所。同时，继续和超市、大型批发销售市场等经营主体合作，保障水蜜桃销售量。推广溪口竹产业。完成“中国大毛竹之乡”申报工作，银龙竹笋专业合作社的“山丁丁”牌羊尾笋获2019第三届中国（上海）国际竹产业博览会金奖。花木由粗向精转型。五针松示范园项目已基本完工；完成溪口沙堤精品苗木中心一期基础设施建设。新兴产业以香榧现代农业示范基地、大雷山高雾有机农业示范园建设为重点，鼓励种植高附加值产业。东姜坑弥猴桃基地和榆樟杨蓝莓基地完成主体工程建设；大雷山高山有机农业示范园区项目加快推进。农产品基地基础设施进一步完善，为发展采摘游奠

溪口镇五林村新建农房改造（8月）

定良好基础。五林村樱桃、董溪一村金橘等“一村一品”特色农产品基地加快建设，五针松示范园、沙堤精品花木园一期基本建成，溪口正式被命名为“中国大毛竹之乡”。2019年预计实现农业总产值10.26亿元，其中雷笋销售3.84亿元，同比增长6.1%；花木销售1.15亿元，价格基本持平；受气候影响，水蜜桃销售额同比下降9.8%，为2.37亿元。

【城乡建设】 以“三年大变样”为目标，狠抓重点项目建设，加快打造“名山名镇”。名山建设持续加快，弥勒圣坛、永平寺、资福寺、佛学院女众部等名山建设核心项目有序推进;《弥勒大藏经》加快编纂，首个城市超级IP“布袋弥勒”成功发布，首部弥勒题材动漫片《神奇布袋小子》在央视少儿频道顺利展播。名镇品质持续提升，城北集贸市场、武岭西路改造、中兴路立面提升等“三年大变样”项目顺利完工，其余项目加快推进;“城市品质提升年”深入开展，省小城市培育试点考核首获优秀；任宋、古镇一期、联胜等重点区块顺利动迁，全年完成拆迁签约面积18.38万平方米。名村打造持续升温，新创建AAA级景区村1个，A级景区村4个，五林村获评市级美丽乡村示范村；上白、沙堤、五林、柏坑4个村的农房改造大力推进，美丽乡村、“剡源九曲”等风景线通过宁波市级验收，全年完成拆旧1115户275亩16.12万平方米，建新1349套258亩21.78万平方米。

【区域环境】 坚持“生态优先”，大力推进生态修复和环境综合整治，切实维护溪口生态优势。大力推进生态修复，综合运用“补、留、改、降、转”等多种模式，加快推进新一轮四明山区域森林生态修复，全年完成苗木补植6000株，森林抚育3000亩。大力推进“五水共治”，跸驻江小流域治理顺利完成，岩头江清洁型河道整治加速推进，17个村饮用水提升工程全面完成，省级“污水零直排区”试点镇成功创建。大力推进村庄整治，9个村庄整治提升工程全部完成;“三改一拆”共完成“三改”21.66万平方米，处置违法建筑11.31万平方米，分别完成年度任务数的217%和103%；整治问题“大棚房”2处，拆除违法用地4亩。

【民生事业】 公共财政用于社会民生支出6.98亿元，占财政总支出的87.3%，较2018年上升3个百分点。文教事业更加繁荣，剡溪流动风景线同时获市级公共文化示范项目和市级终身学习品牌；“四点钟课堂”全面推行，“校外培训”乱象得到大力整治；教育设施改造力度持续加大，武岭小学成功创建首批市级智慧校园。社会服务更加完善，托底保障日益健全，阳光低保实现动态管理，居家养老助餐送餐服务点全面覆盖，平安志愿巡逻加快推广，五星级残疾人之家通过省级验收；医疗服务日益完善，溪口医院医共体加快建设，“医院、社区、家庭”联动的慢性病管理体系初见成效；行政服务日益便捷，“最多跑一次”向村（社）延伸试点基本完成，镇资源配置和综合（政务）服务中心获评“宁波市首批公共服务窗口文明单位”。平安溪口更加稳固，宁波市矛盾问题化解处置工作试点积极推进，2个区级、3个镇级年度历史遗留问题全部提前化解，新中国成立70周年庆典等重大活动期间实现“零上访”;“三治融合”大力推进，五林村法治公园和新建村法治文化阵地建成投用；扫黑除恶专项斗争深入开展，累计破获犯罪集团2个、团伙3个，破获涉黑涉恶案件47起。

【政府效能】 坚持打造法治型、服务型政府，加快推进机构改革和体制机制创新，持续提升政府行政效能。执法体制加速调整，积极推进综合执法体制改革，应急管理所成建制转入行政执法中心，“基层综合执法一支队伍建设”迈出重要一步。审批改革加速深化，149项可审批事项全部实现“最多跑一次”，上白、五林、东岙等“最多跑一次”向村（社）延伸工作试点基本完成。工作机制加速创新，通过创新“公司+指挥部”的运作模式，成立内审工作小组，进一步规范征地工作；加大财务内控力度，全镇“三公”经费同比下降27.9%；认真执行镇人大决议，如期办复区、镇人大代表提案建议27件，办结率为100%。武装、民政、工会、团委、妇联、计生、老龄、殡葬、社区管理等事业取得新进展，妇女儿童权益得到保障，宗教、对台、商会、协会等工作进一步加强。

（竺　蔚）

2月14日，省农业农村厅副厅长王建国（中）视察大堰镇箭岭村、西畈村

大堰镇

【概况】 大堰镇2019年辖区面积129.5平方千米，下辖40个行政村、1个居委会，户籍人口约2.5万人。2019年实现工农业总产值7.16亿元、旅游综合收入1.04亿元、财政总收入2665万元、农民人均收入12485元。成功创建国家卫生镇、省旅游风情小镇、省美丽乡村示范乡镇。

【工业经济】 梳理优势招商资源，编制《大堰镇招商引资白皮书》，“底线”考核获固定资产投资、宁波市外境内资金两盏绿灯。2019年，实现全部工业销售收入5.56亿元、规上工业总产值2亿元、固定资产投资5200万元、宁波市外境内资金800万元、规上高新技术产业产值9644万元。

【生态农业】 持续做优“茶米桃药”主导产业，引进培育布福娜、太仓脆柿、大球盖菇等新品种；以酵素农业为突破口，聘请台湾专家开展自然农法生产培训，以箭岭、湖边桥、西畈约140亩试验田为实践基地，试点种植酵素果蔬；推行白茶田间管理、采摘标准、加工工艺、创意包装、销售价格“五统一”模式；加大市场推介力度，举办白茶文化推荐会、水蜜桃音乐节、首届高山水稻收割节等活动，“云耕大堰”区域品牌进一步打响。2019年，实现全镇农业总产值1.61亿元、销售收入3580万元，建成高标准基本农田2.15万亩。

【乡村旅游】 巩固深化五洞桥国家AAA级景区建设，新建连山文化民俗博物馆、百福走廊、乡音博物馆、“把欢喜带回家”等文旅展示平台，新增7个省A级以上景区村，完成张家环溪栈道、半山银杏基地、布袋起漂等新景点建设，新增捏花草、布龙走亲、缸瓦艺术、古法酿酒4项区级非遗项目。探索“一路上”公司市场化运营改革，举办生态文化节、乡村年味节等“四季四节四游”活动，打造亲子田园、撒野乐园、自然教育研学基地等互动体验区，完善户外运动、军事拓展、自行车骑行三大基地，提升门球、攀岩、索道场地建设。谢界山“玖的心宿”“柿子红了”民宿、柏坑鸿蕴生态农场顺利投运，后畈“连山非宿”等项目平稳推进。2019年共接待游客56.2万人次，实现旅游收入1.04亿元，分别增长16.9%和15.7%，创建省级旅游风情小镇。

【生态环境】 聚焦饮用水源地生态环保问题，完成水环境功能区划调整；加大“五水共治”力度，完成镇区雨污分流改造、7个村8个山塘整治、5个村小流域治理及9个村农饮水改造提升工程，水环境质量持续提升；全力办好垃圾分类、厕所革命“关键小事”，新建21座厕所，推广箭岭村“零污染”垃圾分类模式，分层分类完成8批次1000余人培训，建立40个村499人志愿者队伍，建成万三等9个环保集市，建成垃圾就地处理终端设备37个，实现生活垃圾分类行政村全覆盖。

【**美丽乡村**】 实施村庄绿化美化工程，董家、竹林等13个村启动“一村万树”建设，湖边桥、谢界山成功创建“一村万树”示范村；实施景区村庄创建工程，箭岭村完成美丽乡村示范村建设，湖边桥村通过市级美丽宜居示范村验收，南坑岙、岭下等4个村村庄整治提升工程有序推进；实施农村住房改造工程，大力推进危房解危、社家畈梳理式改造，完成拆旧15亩、建新15亩4750平方米，108户困难户危房解危，改造25个村1614户老化电线。

【**镇村品质**】 投资700余万元，完成蒋家山头、宦墈等12个村异地光伏发电项目；完成社家畈、李家、严思坑等3个村旧茶山改造，新增耕地面积213亩；持续优化交通条件，完成县道边坡边沟改造、县道危桥改造、溪南线边沟改造及尚界线许家至常照段路灯安装工程，修复和新建机耕路22.3千米；加大“三改一拆”力度，完成拆违1.7万平方米，稳步推进农村宅基地确权登记工作；开展古建保护修缮，完成巴人故居及白闾门部分修缮工程、箭岭王氏宗祠一期工程建设，活化利用湖边桥周氏宗祠、谢界山大会堂等资源，建成博士工作站、土酒坊体验区，大堰村、董家村成功申报中国第五批国家传统村落。

【**民生事业**】 开展临时救助160户290人，发放各类助困、助学、助残资金1075万元；新建村级居家养老服务站2家，实现全镇41个行政村（居委会）养老服务全覆盖；成立镇村两级退役军人服务站，完善退伍军人服务，落实信息采集和抚恤政策；新建村级红十字服务站25个，契约式家庭医生签约2967人次，重点人群签约率达131%，“大雁”流动医疗志愿服务队获“首届健康长三角医疗卫生治理最佳实践案例评选”活动提名；成立宁波市首个“留守儿童之家”，大堰成校获评宁波市特色示范成人学校。

【**社会治理**】 积极开展安全生产百日大会战行动，查摆安全隐患87处，立整立改65处，开出责令整改通知书22份；制定完善各级重大事件维稳工作方案，深入开展“去存量遏增量”专项行动，持续推动平安大堰建设。全年受理信件87件，初信初访化解率97.8%，历史遗留问题破解率为100%；新增镇村主要出入口高清视频点位18个、风险水域太阳能语音播报设备15处。

【**乡风文明**】 启动全国文明镇创建，建成1个新时代文明实践所、40个新时代文明实践站、4个新时代文明实践点、10家文化礼堂；完成连山讲堂文明礼仪全域宣讲，“连山堰情”文明示范线参展2019中国（北京）文博会、厦门文博会；以镇志愿服务联盟空间为主阵地，落实志愿服务常态化举措，尝试志愿服务外包形式，深入推动“绿叶”“小草”等志愿服务团队入村帮扶。

（冯智颖）

裘村镇

【**概况**】 2019年，裘村镇行政区域土地面积86.1平方千米，下辖18个行政村，32个自然村，1个居委会，户籍人口24397人。全年实现地区生产总值22.9亿元，增长7.5%；一般公共预算收入9763万元，比上年略有增长。获浙江省森林城镇、语言文字规范化乡镇和宁波市无偿献血爱心单位等称号。

【**工业经济**】 工业经济平稳有序发展，预计全年实现工业销售收入14.5亿元，其中18家规上企业实现总产值8.26亿元，同比下降1.33%；完成固定资产投资1.01亿元。招商引资成效显著，引进宁波市外境内资金5432万元、浙商回归资金3420万元。切实加强技术提升，蒙达制衣等打造“机器换人”流水线。引导服装产业个性化定制，城区“裘村服装工厂”

直销店顺利开业。加强企业环保监管，成功实施环评审批改革。

【特色农业】 农业经济平稳发展，加快农业设施建设，积极实施造田工程，8个村12个项目累计造田340亩。山林塘除险加固、解空寺中央农田水利项目、官田弄水库等4座山塘整治工程不断推进。加深农旅融合，918亩美丽农业示范基地通过验收，成功创建省级森林城镇。加强农技服务，完成2个海水养殖尾水治理示范点建设。

【乡村旅游】 乡村旅游不断深化，深入挖掘山海资源，成功入围第四批浙江省旅游风情小镇培育名单，启动马头村国家AAA级景区创建。黄贤森林公园修编发展规划，景区提升及经营能力提质稳步推进。基础设施不断完善，新建黄贤、马头两座AAA级旅游厕所。有效提升经营水平，马头村乡旅文创中心、民俗体验活动有序开展，高端民宿、餐饮配套启动实施。《山海裘村》乡土散文集正式出版。

裘村镇翔鹤潭村农房改造（5月）

【基础设施】 基础设施有序推进，截污纳管全面覆盖，18个行政村全部完成农村生活污水处理工程，成功创建“省级污水零直排区”。交通路网不断优化，新建石盆至下山、下横线至马头2条农村公路，完成石沿边坡治理、龟鱼桥危桥维修工程，升级安装10个公交候车亭，公交车站项目施工进展迅速。实施翔鹤潭等6个村的村庄规划修编或局调。规范设施管养，顺利创建省级规范化农村公路管理养护所。翔鹤潭村梳理式改造全面启动，完成21亩拆旧任务、36户农房改造，老年公寓正在建设，公园、篮球场、农事乐园等配套设施有序推进。裘四村联建房项目顺利实施，13户农房基本结顶。甲岙、岭下、石盆启动前期工作，完成户型设计及平面布局。

1月19日，马头村、裘四村“外国人过大年活动”现场

【农村环境】 生态环境全面优化，持续深化“五水共治”，扎实推进美丽河湖建设。着力抓好“关键小事”，标准化提升6个农村公厕；生活垃圾分类工作全面深入开展，石盆、黄贤获奉化区生活垃圾分类“十佳村庄”，完成镇级垃圾中转站改造。坚持开展“美丽裘村、党员先行”义务劳动，甲岙创建浙江省美丽宜居示范村，马头获评浙江省“美丽

庭院”特色精品村。

【民生保障】 民生实事不断推进，18个行政村全部建立村级慈善工作联络站。充分发挥乡贤力量，出资筹建吴江老年协会活动中心。全面维护职工权益，全年受理劳动争议案件25起。深入实施“最多跑一次”改革，服务大厅累计办理各类事项1568件。此外，敬老院建设完工，公建民营模式顺利运营。

【社会事业】 社会事业统筹发展，成功创建语言文字规范化乡镇。积极开展文体活动，小学舞龙社团获省第六届舞龙锦标赛银奖，成功举办首届“山海裘村”杯农民篮球赛。扎实推进公共卫生，岭下、石盆、裘三创建省级卫生村，精神类疾病防治工作走在全区前列。家庭医生签约工作完成100%，医保一档签约率为65%。

【平安建设】 社会大局和谐稳定，大力开展扫黑除恶专项斗争。重点领域管控到位，娱乐场所“红黄绿”三色预警制度成效明显。持续推进网格化管理，在区网格工作中名列前茅。充分发挥人民调解作用，全年化解矛盾纠纷48起。组建“山海卫士”群防群治队伍，稳妥做好历史遗留问题破解。健全安全生产监管机制，全年未发生重大安全事故。

（李　琼）

松岙镇

【概况】 2019年，松岙镇全域面积70.6平方千米，其中陆域面积51.1平方千米、海域面积19.5平方千米。全镇有12个行政村，1个居委会，户籍人口1.27万人，常住人口1.26万人，外来务工人口1023人。是小城镇环境综合整治行动省级样板镇、省森林城镇、省级污水零直排区、省级卫生示范镇、省级无违建乡镇、宁波市教育强镇和体育强镇。2019年全镇实现工业总产值12.21亿元；财政一般公共预算收入1.2亿元；农村居民人均收入达到18174元。

【工业经济】 2019年实现工业总产值12.21亿元，同比增加11.3%；实现工业销售收入14.68亿元，同比增加25.7%；规上企业实现工业总产值10.12亿元，同比增加19.6%。工业实缴税金实现1.76亿元，同比增加137%；宁波市外境内资金实现3.89亿元，完成全年任务指标的194.3%。工业投资绝对值完成4619万元，完成全年任务指标154%；规模以上企业工业增加值增速实现10.3%；几项主要考核指标均位居全区前列。在全区“双底线”考核7项指标中，3项指标位列全区前茅，综合得分靠前。全年净增2家“小升规”企业，超额完成升规任务，总数达到12家。海丰纸业通过区“强龙工程”企业复评，松科磁材入选区“强龙工程”企业。开展“四联四跑”“服务企业”专项工作，累计走访帮服企业约120家次，帮助解决问题20余个。产业改造提升成果显著，宝龙建筑、百捷建材、斯维豪家居用品等项目相继投产，松岙农商大厦主体工程全面竣工。积极推进招商引资，恒大滨海旅游健康小镇项目按计划施工建设，浙江船厂破产重整扫尾工作有序进行，资产转让和土地转性工作逐步开展，船厂区域项目建设（宁波奉化滨海世纪城项目）前期工作稳步推进，峰景湾长龙海岸项目基础设施建设实质性启动。

【农业和农村经济】 2019年实现农村经济总收入19.03亿元，比上年增长5%；农村居民人均收入18174元，比上年增长7.9%。作为全省最大的粳杂交制种基地，2019年完成制种1700亩。农业基础设施日趋完善，完成28项小农水工程建设。总投资298.35万元，完成戴家湾山塘整治工程竣工结算，完成镇域水利综合治理项目隧洞工程结算审核，持续推进松溪小流域（路边庙到公路桥段）治理工程、2018年度小型农田水利项目、水产养殖基础设施提升工程施工，编制出台《松岙镇农业项目扶持政策》，完成大石坑水库除险加固工程及东溪小流域治理工程前期工作。集体经济收入稳步提升，完成淡溪村、街一村光伏设备安装，装机总量260千瓦，创造年收益22万元，全面完成2019年农村集体经济“消薄”任务。强化农产品质量安全管理，共签订农产品质量安全承诺书72份，组织相关工作人员对合作社、种养殖大户现场检查95人次。对辖区内农贸市场、生产基地进行农残抽样检测，共检测不同蔬菜样品872批次，合格率为98.9%。深入抓好“一打三整治”工作，从严打击非法捕捞行为，做好象山港伏休工作和自备船检验安全工作；同时进行增殖放流活动，加大对幼鱼资源保护力度，加强海上巡查力度，切实保护象山港海洋生态环境。切实加强森林消防和防汛防台工作，不断完善森林防火工作体系和预防能力，认真及时抓好汛前检查工作和汛期防汛工作，防汛防台责任体系和能力进一步完善。不断规范村级“三资”管理，认真抓好“三资”代理服务中心标准化建设工作，严格落实村级财务民主监督工作，严格执行非生产性开支定项限额制度，严格规范村级集体资产资源交易管理，加强内部审计和欠款清理工作。

【松岙蜜桔】 松岙蜜桔栽培历史悠久。相传南宋末年，由松岙姓卓字文贯的“文贯公”，自浙江南部一带传入。明清时代，多是房前屋后零星种植。解放前松岙村里大中户人家园地中、山坡下，都种有蜜桔。松岙蜜桔，芸香科柑橘属，小乔木，单花，花小。果皮宽松易剥，囊瓣容易分离。蜜桔果实中含有丰富的糖类、矿物质、有机酸和多种维生素。因松岙地处象山港畔，雨量充足，温度适宜，山坡地土壤适宜蜜桔生长，所以松岙蜜桔果实金黄，色香味甘，汁多爽口。60年代，松岙蜜桔栽种面积逐渐扩大，尤以海沿、街二、西岙村为多。松岙蜜桔果实无核，宜于鲜食，也宜加工制罐。蜜桔产业的发展，带动了桔子罐头加工业兴起。松岙是宁波市著名的“蜜桔之乡”，松岙蜜桔先后被授予国家无公害食品基地、宁波市名牌产品、宁波市知名商标、宁波市绿色食品基地等荣誉。2019年底蜜桔种植面积3320亩，每年可产松岙蜜桔830吨。

7月，松岙镇红色文化园投入使用

【第三产业】 编制镇区全域旅游规划，打造浙东滨海红色旅游基地，以凸显红色文化内涵为主线，有机结合本土山海文化、古村文化、民俗文化、渔耕文化，打造“红绿蓝古”组合式旅游产品。开展“浙东滨海红色之旅”定向活动，邀请全宁波各界人士组成26组队伍参加比赛。完成区委四套班子“初心之旅”接待工作，全年红色旅游接待量达到2.7万人。梅花公园、风车岭公路驿站竣工使用，开展旅游推介，集聚旅游人气。宁波大学潘天寿艺术设计学院大学生暑期实践基地落户松岙。旅游集散中心（公交总站）投入使用，智慧旅游无线网络二期工程全面完成。

【基础设施建设】 统筹谋划8个民生实事工程项目，其中总投资约200万元的农居小区雨污分流设施改造、总投资约45万元的学校基础设施改造提升、总投资约50万元的农村公厕改造提升和总投资约50万元的城镇智能化项目管理系统建设全部完工。

【镇村环境品质提升】 共创建宁波市级以上森林村庄5个，建成休闲绿地12处，总面积达3000亩，成功获评“浙江省森林城镇”。深化“河长制”管理，共设立“河长”25人，全年累计巡河48次，河网水体环境持续优化。“污水零直排”区成功创建，全年完成污水治理项目13个，累计改造铺设污水管网10.7千米，总投资4500万元，总受益居民3500户，受益率在80%以上，基本实现农村生活污水治理全域覆盖；污水管网建设全框架构筑完毕，投入200万元完成松溪两侧污水主管网改造提升工程；投入300万元完成镇区生活小区及镇中小学、幼儿园等事业单位截污纳管工程，实现镇区主要单位雨污分流；完成镇域内28家企业雨污分流设施建设和镇区企事业单位自来水接户及镇区六标段破挖补和接户，所有行政村自来水城乡同网接入。美丽乡村“串点连线”，打造美丽乡村精品线，改善农村人居环境，加快推进农民住房制度改革，西岙、五百岙、淡溪等六村全面实施农民旧房改造工作，累计拆旧16.2亩，征地32亩，56套新建房屋先后开工建设。被浙江省关注森林组织委员会、浙江省绿化与自然保护地委员会评为浙江省森林城镇。

【文卫事业】 全年投入80余万元对镇区中小学、幼儿园配套基础设施进行改造升级。共组建6支志愿服务队300余名队员，全年开展各类活动200多场，狠抓精神文明建设。出台《2019年松岙镇环境卫生考核办法》，持续推行环卫保洁市场化改革，不断扩大镇区保洁范围和保洁频次，每月检查通报和绩效考核，基本实现镇、村环卫一体化全覆盖，垃圾分类。积极承办区门球比赛、区象棋东部赛区比赛、区户外协会登山赛事等多个区级赛事活动，筹办象棋、乒乓球、排舞、篮球比赛等，形成“活动常态化、赛事多样化”良好氛围。

【民政社保】 便民服务中心、困难互助中心、困难群体救助网上服务管理平台等机构和平台有序运行，为人民群众提供优质高效的服务；强化民生代办员的业务培训和考核，“最多跑一次”改革持续深化。实现社会救助“一口子”受理，共发放农村低保金169万元。积极开展“慈善一日捐”“爱心助希望”等慈善活动，慰问、救助困难群体480户，发放慰问救助资金31.2万元。共安排慰问411户，其中困难群众275户，优抚对象20户，低保边缘户86户，困难党员30户，共安排慰问资金20.15万元；临时救助困难户68户123人，发放临时救助金11万元；通过困难互助中心共进行慈善助医34人，救助资金5.6万元；慈善助困16人，救助资金3.28万元；慈善助学10万元；“八一”慰问因公牺牲军人遗属、病故军人遗属、残疾军人、复员军人、参战退伍军人、带病回乡退伍军人、退伍军人等，发放慰问金35000余元。

【社会管理】 开展“铸安”系列安全隐患专项排查治理，完成年度执法计划检查25家，监督检查137家，检查隐患477处，全部完成整改。共消除消防安全隐患150多处。“一室四平台一网格”运行良好，组织开展“网格长”主题拉练4次，实现社会治理和居民诉求等精细化对接。落实推进“警网互融”工程，深化派出所与指挥室的互通互联，吸收协辅警做“网格长”，“网格长”人数达到23人。平安松岙创建有力，完成全镇12个村道德庭建设，全年信访总量维持在较低水平，成功化解历史遗留问题5件。深化多部门合作，与公安、交警等单位协调，完成景祐庙会、恒大开盘、嘉年华、假期旅游等活动维稳安保工作。以“零容忍”态度坚决查处涉黑案件。完善社会矛盾协调机制，健全信访维稳工作体系，有效化解各种历史遗留问题和信访矛盾，及时处置新问题和新矛盾，维护社会大局和谐稳定。

【党建工作】 结合“不忘初心，牢记使命”主题教育，“内外兼修、软硬共推”，开展“大落实、大调研”行动，镇班子成员共走访基层55次，征求意见、建议48条。以“党员之夜”暨“两优三户”文艺表彰晚会、“驻镇夜学”等活动为载体，引导广大党员干部进一步增强“四个意识”，坚定“四个自信”。镇主要领导带头上专题党课35次、班子成员理论学习会5次，观看警示教育片2次，主题夜学4次。加强对入党积极分子和发展对象的培训，做好党员评议，全年发展党员20人。研究制定《松岙镇2019年主要工作任务和责任分解》及《松岙镇2019年度党风廉政建设工作计划》，严格执行党委议事规则、“三重一大”事项集体研究等相关制度，形成以责任强担当，以制度促规范的的工作格局。开展正风肃纪督查行动，规范党员干部廉洁自律意识。严格落实“一岗双责”，采取监督、巡查、评议等多种方式，“主体责任”实现全覆盖、无盲区。2019年共处置违纪党员2人，其中开除党籍1人，警告1人，批评教育7人、廉政风险提醒60人次。

（王益宁）

人　物

新闻人物

“挡刀女孩”崔译文

崔译文，女，1999年2月出生，宁波奉化人，就读于桂林电子科技大学计算机与信息安全学院。2019年3月10日晚，在桂林电子科技大学花江小区内，崔译文和同学梁某结伴回宿舍时，遭遇歹徒对梁某挥刀行凶，崔译文为保护同学身中8刀，受伤后不顾自身安危，仍旧一心为同学止血。崔译文的救人事迹被全国媒体广泛报道，她的英勇行为在社会各界引起强烈反响。广西灵川县政法委授予崔译文“见义勇为积极分子”荣誉称号。宁波市委、市政府对崔译文发去慰问，并颁发“见义勇为基金”奖金。奉化区委书记高浩孟对崔译文先进事迹作出批示：“大无畏的军人气质，小女孩的美丽心灵。这是崔译文对青春的诠释，是核心价值观的生动展示。全区上下都要向崔译文同学学习，让正义之花在奉城大地绚丽绽放。”奉化团区委授予崔译文“青年学习榜样”称号，并在全区各级团组织积极开展崔译文事迹学习宣传活动。（团区委〔2019〕13号文件）。崔译文获评2019年度“中国好人”，获2019年度“最美浙江人·浙江骄傲”年度人物奖、2019年浙江省“五四”奖章。

“溪口老娘舅”何华海

何华海，男，1968年11月出生，溪口镇人民调解委员会华海工作室负责人。何华海在调解工作中对待双方当事人一视同仁，不偏不倚，坚持依法办事原则，十二年来，共参与调处矛盾纠纷1735起，大到各种形式的人身意外死亡赔偿案件，小到家长里短的邻里纠纷及家庭琐事，调处成功1710起，成功率为98.6%。2013年，因调解工作业绩突出，溪口镇成立了以华海名字命名的“华海工作室”，何华海也被当地群众亲切地称为“溪口老娘

舅”。2006—2010年，何华海连续五年被评为溪口镇社会治安综合治理工作先进个人，曾获2012年奉化市公安局十佳协辅警、2013年“宁波市金牌人民调解员”称号；2017年8月，被奉化区司法局评为最美司法行政人；2018年5月，被司法部评为全国调解工作先进个人。2019年2月，何华海入围“浙江好人榜”，4月2日荣登中央文明办发布2019年3月“中国好人榜”榜单，获评“敬业奉献”类中国好人。2019年12月，入选宁波市第三届“十大法治人物”。

纪念人物

张　岱（1919—1988），谱名泰岱，大桥镇东关村人。出生于职员家庭。14岁考入县立初级中学，组织嘤嘤文艺社，编印《嘤嘤周刊》。民国24年（1935年），考入杭州省立民众教育实验学校。1937年7月，全国抗日战争爆发后，在奉化民众教育馆见习。1938年5月，考入国民党军第十六师四十八旅九十五团宣传队。10月，经中共浙东临时特委委员竺扬介绍，与胡华奔赴陕甘宁边区陕西省枸邑县，先后进陕北公学普通班、高级研究班学习。次年10月，执教晋察冀边区华北联合大学，编写边区小学国语课本。1942年8月，加入中国共产党。1943年8月，参加晋察冀边区群众工作，先后在河北省涞源县、宣化县和山西省广灵县分别任抗日救国联合会宣传部副部长、文化界联合会会长、中共广灵县委宣传部部长等职。1947年11月，河北省石家庄市解放，调任市委宣传部教育科科长，恢复学校教育，举办干部文化学习班。1949年9月，改任中共归绥（今内蒙古自治区呼和浩特市）市委秘书长。1951年后，历任中共中央华北局企业管理委员会副组长、华北财政委员会办公室副主任、华北局工业部办公室副主任兼《工业导报》编委会主任、中共中央华北地区工作部工业处巡视员、中共中央书记处第三办公室巡视员、中共中央工业部政策研究室巡视员、华北局办公厅党刊《建设》编辑室副主任等职。1974年，任天津市生产指挥部宣传处副处长。1977年6月，调入中国社会科学院哲学研究所，任《哲学研究》副主编兼编辑部主任。1988年2月，在北京逝世。

著有短篇小说集《游击地带》《燎原之火》《怎样在厂矿企业中实行一长制》等。

先进模范人物

2019年“中国好人榜”：何华海、崔译文

2019年“浙江好人榜”：何华海、崔译文

2019年“宁波好人榜”：陈旖旎、崔译文、周平、溪口镇出租车翻车救人集体、汪知羞、周军、康君芳、中医院甘草园志愿服务队团体、袁甩意、奉化杏林援边医疗队

2019年“奉化好人榜”：

敬业奉献类：陈旖旎、何永定、裘飞龙、康君芳、毛贵香、徐世达

助人为乐类：奉化捐献造血干细胞团队、中医院甘草园志愿服务队、“大雁”流动医疗志愿服务队、箭岭村志愿服务队、孙贤娣

见义勇为类：陈志炳、袁海强、周伟杰（组合）、王立康、周军、崔译文、溪口镇出租车翻车救人集体、马名锋

孝老爱亲类：袁甩意、裘然安

诚实守信类：周洪富

附　录

中共奉化区委重要文件目录（2019）

表37

文件序号	文件名称
奉党发〔2019〕1号	关于坚持农业农村优先发展高质量推进乡村品质提升的指导意见
奉党发〔2019〕2号	关于印发《宁波市奉化区机构改革方案》的通知
奉党发〔2019〕3号	关于成立中国共产党宁波市奉化区方桥街道工作委员会和宁波市奉化区方桥街道办事处等机构的通知
奉党发〔2019〕13号	印发《关于开展"温故知新、知行合一"学习实践活动的实施方案》的通知
奉党发〔2019〕20号	印发《关于责任"上压一级"统筹建强村社党组织书记队伍的实施意见》的通知
奉党发〔2019〕24号	关于表彰区优秀共产党员、优秀党务工作者和先进基层党组织的决定
奉党发〔2019〕29号	关于开展专项整治工作的通知
奉党发〔2019〕31号	关于全面加强党的政治建设的若干措施
奉党发〔2019〕32号	关于撤销中国共产党宁波市奉化区莼湖镇委员会建立中国共产党宁波市奉化区莼湖街道工作委员会等机构的通知
奉党发〔2019〕33号	关于撤销中国共产党宁波市奉化区尚田镇委员会建立中国共产党宁波市奉化区尚田街道工作委员会等机构的通知
奉党发〔2019〕41号	关于开展"不忘初心、牢记使命"主题教育的实施意见
奉党发〔2019〕48号	关于实施"春苗计划"培养"小而美"企业的意见
奉党发〔2019〕50号	关于印发《宁波市奉化区完善项目统筹和成果共享机制促进全区联动招商实施办法》的通知
奉党发〔2019〕51号	关于高质量高水平推进新时代人大工作和建设的意见
奉党发〔2019〕52号	关于新时代加强和改进人民政协工作的实施意见
奉党发〔2019〕55号	关于加强新时代关心下一代工作的实施意见
奉党办〔2019〕5号	关于印发《宁波市奉化区医域医疗卫生服务共同体建设工作方案》的通知
奉党办〔2019〕8号	关于开展"持续深化作风大整治、全力助推三年大变样"活动的实施方案
奉党办〔2019〕9号	关于印发《宁波市奉化区新时代文明实践中心建设实施方案》的通知
奉党办〔2019〕10号	关于印发"四联四跑"服务年活动总体方案及四个子方案的通知
奉党办〔2019〕11号	关于印发《宁波市奉化区"三年大变样"项目计划实施方案》的通知
奉党办〔2019〕12号	关于建立分级负责协同推进狠抓落实工作机制的通知
奉党办〔2019〕20号	关于印发《宁波市奉化区深化农村集体产权制度改革试点工作实施方案》的通知

续表37

文件序号	文件名称
奉党办〔2019〕22号	关于印发宁波市奉化区2019年度五大攻坚战实施方案的通知
奉党办〔2019〕24号	关于开展“大学习大调研大抓落实”活动的通知
奉党办〔2019〕25号	关于印发《宁波市奉化区2019年七个专项工作领导小组及工作职责》《宁波市奉化区2019年七个专项工作任务清单》的通知
奉党办〔2019〕29号	关于表扬2018年度乡村振兴工作先进集体和个人的通报
奉党办〔2019〕71号	关于印发《宁波市奉化区加强统计队伍建设提高统计数据质量专项行动
工作方案》的通知	
奉党办〔2019〕72号	关于印发《宁波市奉化区实施高质量发展2019年度工作计划》的通知
奉党办〔2019〕74号	关于印发《2019年区委理论学习中心组学习意见》的通知
奉党办〔2019〕78号	关于印发《宁波市奉化区改革创新计划》的通知
奉党办〔2019〕79号	关于印发《宁波市奉化区“六争攻坚·三年攀高”2019年行动实施方案》的通知
奉党办〔2019〕86号	关于印发《宁波市奉化区深化国有企业负责人薪酬制度改革实施方案》的通知
奉党办〔2019〕92号	印发《关于进一步加强和改进离退休干部工作的实施意见》的通知
奉党办〔2019〕93号	印发《关于加强新时代人民政协党的建设工作的实施意见》的通知
奉党办〔2019〕96号	印发《关于责任“上压一级”统筹建强村社党组织书记队伍的实施意见》的通知
奉党办〔2019〕99号	关于印发《宁波市奉化区融媒体中心建设实施方案的通知》
奉党办〔2019〕101号	关于印发《宁波市奉化区“服务企业服务群众服务基层”活动2019年度实施方案》的通知
奉党办〔2019〕105号	关于印发《中共宁波市奉化区委党建工作领导小组2019年工作要点》的通知
奉党办〔2019〕106号	关于贯彻落实《县（市、区）政协开展“请你来协商”平台建设工作的指导意见》的通知
奉党办〔2019〕107号	关于开展“请你来协商”平台建设工作的实施方案
奉党办〔2019〕108号	印发《关于加强全区公立医院党的建设工作的实施细则》的通知
奉党办〔2019〕109号	关于印发《宁波市奉化区加快推进教育现代化实施方案（2018–2022）》的通知
奉党办〔2019〕111号	印发《关于建立完善干部关心关爱机制的实施办法》的通知
奉党办〔2019〕114号	关于印发《奉化区人才住房保障管理暂行办法》的通知
奉党办〔2019〕115号	关于印发《宁波市奉化区企业“三领”人才认定暂行管理办法》的通知
奉党办〔2019〕126号	关于《2019年宁波市奉化区与延边州安图县、珲春市帮扶协作工作要点及任务分解》《2019年奉化–缙云山海协作工作要点及任务分解》的通知
奉党办〔2019〕127号	关于印发《区委常委会带头深入开展“不忘初心、牢记使命”主题教育的实施方案》的通知
奉党办〔2019〕129号	关于印发《宁波市奉化区居住小区生活垃圾分类“点长制”实施方案》的通知
奉党办〔2019〕132号	印发《关于深入推进城市安全发展的实施意见》的通知
奉党办〔2019〕134号	关于印发《宁波市奉化区民生诉求事项办理工作办法》的通知
奉党办〔2019〕135号	印发《关于进一步深化推进清廉奉化建设的工作意见》的通知
奉党办〔2019〕147号	关于印发《宁波市奉化区公务员职务与职级并行制度实施方案》的通知
奉党办〔2019〕149号	关于印发《宁波市奉化区生态环境保护工作责任规定》的通知

奉化区政府重要文件目录（2019）

表38

文件序号	文件名称
奉政发〔2019〕1 号	关于同意调整奉化区江口街道行政区划批复的通知
奉政发〔2019〕11 号	关于印发区工程建设项目审批制度改革试点实施方案的通知
奉政发〔2019〕18 号	关于印发宁波市葛岙水库工程移民安置实施办法的通知
奉政发〔2019〕29 号	关于印发 2019 年重点工程项目、政府民生实事项目和重大前期项目计划及职责分解意见的通知
奉政发〔2019〕47 号	关于进一步加强区政府部门与民主党派工商联和无党派人士对口联系工作的意见
奉政发〔2019〕71 号	关于印发区政府产业基金暂行管理办法的通知
奉政发〔2019〕80 号	关于全面推进奉化区居家养老服务工作的实施意见
奉政发〔2019〕91 号	关于推动农村宅基地三权分置改革工作的试行意见
奉政办发〔2019〕1 号	关于开展建筑渣土处置攻坚行动的通知
奉政办发〔2019〕3 号	关于下发 2019 年春运工作方案的通知
奉政办发〔2019〕7 号	关于印发宁波市奉化区企业投资项目标准地承诺制改革暂行办法的通知
奉政办发〔2019〕12 号	关于印发宁波市奉化区创建省畜牧业绿色发展示范县实施方案的通知
奉政办发〔2019〕14 号	关于印发重大产业项目“拔钉清零”专项行动工作方案的通知
奉政办发〔2019〕16 号	关于进一步优化电力接入营商环境的实施意见
奉政办发〔2019〕19 号	关于开展部门领导窗口坐班制助推“最多跑一次”改革的通知
奉政办发〔2019〕23 号	关于印发区农民饮用水达标提标工程实施办法的通知
奉政办发〔2019〕25 号	关于印发区防汛防台抗旱应急预案的通知
奉政办发〔2019〕29 号	关于印发宁波市奉化区农贸市场改造提升三年攻坚行动实施方案（2019—2021 年）的通知
奉政办发〔2019〕37 号	关于印发宁波市奉化区打赢蓝天保卫战行动计划（2019—2020 年）的通知
奉政办发〔2019〕38 号	关于印发宁波市奉化区打赢治土攻坚战行动计划（2019—2020 年）的通知
奉政办发〔2019〕39 号	关于印发宁波市奉化区打赢碧水保卫战行动计划（2019—2020 年）的通知
奉政办发〔2019〕44 号	关于印发宁波市奉化区落实“春苗计划”培育“小而美”企业实施细则的通知

2019年经济风云榜获奖企业

突出贡献奖

亚德客（中国）有限公司

华润雪花啤酒（宁波）有限公司

宁波众浩广告有限公司

南海药化集团

宁波滕头控股有限公司

爱伊美集团

罗蒙集团

萧云建设股份有限公司

宁波鲍斯能源装备股份有限公司

宁波安佳卫厨电器有限公司

发展进步奖

宁波奉化瑞欣环保科技有限公司

宁波中坚塑胶有限公司

超竣电器制造（宁波奉化）有限公司

宁波锦诠科技有限公司

宁波杰森绿色能源科技有限公司
宁波尚引塑胶科技有限公司
浙拖奔野（宁波）拖拉机制造有限公司
宁波奥雷士洁具有限公司
宁波新乐电器有限公司
宁波奥霖国际贸易有限公司

转型创新奖

宁波海上鲜信息技术有限公司
宁波万海阀门科技有限公司
宁波吉田智能洁具科技有限公司
宁波铝宏汽车零部件有限公司
星宇电子（宁波）有限公司
宁波麦博韦尔移动电话有限公司
宁波索诺工业自控设备有限公司
浙江恒基永昕新材料股份有限公司
宁波奉化区凤麓企业孵化器有限公司
宁波奉宁苏宁电子商务有限公司

重大贡献奖

浙江中烟工业有限责任公司
宁波市奉化区城市建设投资有限公司
宁波市烟草公司奉化分公司
国网浙江宁波市奉化区供电有限公司
中国工商银行股份有限公司奉化支行
宁波奉化农村商业银行股份有限公司
中国农业银行股份有限公司宁波奉化支行
中国建设银行股份有限公司奉化支行

索　引

说　明

一、本索引采用主题分析法编制。

二、索引按主题词首字拼音字母顺序和音序排列，按标引首字的汉语拼音音序排列，首字相同按第二字音序排列，以此类推。

三、标引词后的阿拉伯数字表示内容所在的页码。

四、正文索引仅限于具体条目、类目、分目及条目中的“综述”“概况”“概述”不作索引。

五、《特载》《大事记》《附录》的内容不做索引。

阿拉伯数字

A

B

C

D

F

G

H

J

K

P

Q

R

S

T

W

Y

Z